Findbuch des Bestandes Abt. 49
Schleswig-Holsteinische Regierung auf Gottorf 1834-1851

von Jörg Rathjen

Veröffentlichungen des Landesarchivs Schleswig-Holstein
Band 112

Findbuch des Bestandes Abt. 49
Schleswig-Holsteinische Regierung auf Gottorf
1834-1851

von

Jörg Rathjen

Hamburg University Press
Verlag der Staats- und Universitätsbibliothek Hamburg
Carl von Ossietzky

Impressum

Bibliografische Information der Deutschen Nationalbibliothek:

Die Deutsche Nationalbibliothek verzeichnet diese Publikation in der Deutschen Nationalbibliografie; detaillierte bibliografische Daten sind im Internet über http://dnb.d-nb.de abrufbar.

Online-Ausgabe
Die Online-Ausgabe dieses Werkes ist eine Open-Access-Publikation und ist auf den Verlagswebseiten frei verfügbar. Die Deutsche Nationalbibliothek hat die Online-Ausgabe archiviert. Diese ist dauerhaft auf dem Archivserver der Deutschen Nationalbibliothek (https://portal.dnb.de/) verfügbar.

DOI 10.15460/HUP.LASH.112.166
URN urn:nbn:de:gbv:18-3-1668

Printausgabe
ISSN 1864-9912
ISBN 978-3-943423-32-7

Redaktion: Veronika Eisermann, Rainer Hering, Sven Schoen, Malte Bischoff
Gestaltung: Atelier Bokelmann, Schleswig
Produktion: Elbe-Werkstätten GmbH, Hamburg, Deutschland
http://www.ew-gmbh.de

Verlag
Hamburg University Press, Verlag der Staats- und Universitätsbibliothek Hamburg Carl von Ossietzky, Hamburg (Deutschland), 2017
http://hup.sub.uni-hamburg.de

INHALTSVERZEICHNIS

VORBEMERKUNG

Behördengeschichte

In den Herzogtümern bildeten unterhalb der zentralen Verwaltungsinstanzen in Kopenhagen seit 1648 bzw. 1713 die Regierungskanzlei in Glückstadt für Holstein und das Obergericht auf Gottorf für Schleswig die höchsten landesherrlichen Behörden. Beide Einrichtungen waren sowohl für die Verwaltung als auch für die Rechtspflege zuständig. Als Ergebnis längerer Reformdiskussionen über die administrativen und judikativen Verhältnisse erfolgte 1834 die Trennung von Justiz und Verwaltung auf mittlerer Ebene in den Herzogtümern. Infolgedessen wurde am 15. Mai 1834 eine neue und nun für beide Herzogtümer gemeinschaftliche Verwaltungsbehörde unter dem Namen Schleswig-Holsteinische Regierung (auch als Provinzialregierung bezeichnet) ins Leben gerufen. Am 1. Oktober 1834 nahm sie ihre Arbeit auf Schloss Gottorf bei Schleswig auf.

Die neu eingerichtete Regierung übernahm die bislang von der Regierungskanzlei in Glückstadt und vom Gottorfer Obergericht bearbeiteten Verwaltungsaufgaben. Diese umfassten nahezu sämtliche Bereiche der inneren Verwaltung mit Ausnahme des eigentlichen Finanz- und Steuerwesens, des Domänenwesens, der Landwesensangelegenheiten der Ämter und Landschaften, der Land- und Seemilitärangelegenheiten sowie des Justizwesens. Die räumliche und institutionelle Zuständigkeit der Regierung erstreckte sich auf alle Distrikte der Herzogtümer und die dort befindlichen Behörden und Einrichtungen. Es gab dabei allerdings einige Sonderfälle: Ausgenommen blieb vorerst die Stadt Altona, vorläufig fielen nur ihre Kirchen- und Schulangelegenheiten in den Verantwortungsbereich der Regierung. Auch war der Regierung die Aufsicht über das Polizeiwesen in Kiel entzogen. Gänzlich unberücksichtigt ließ man die Universität in Kiel, die weiterhin der Schleswig-Holstein-Lauenburgischen Kanzlei in Kopenhagen unmittelbar unterstellt blieb.

Der Schleswig-Holsteinischen Regierung stand bis 1848 der Statthalter mit dem Titel Oberpräsident vor. Ihm oblag die Aufsicht und Kontrolle über die allgemeine Behördentätigkeit. Für die Tagesgeschäfte zeichneten der Präsident, acht Regierungsräte und zwei Assessoren verantwortlich. Dazu kamen noch zwei geistliche Mitglieder für die Kirchen- und Schulangelegenheiten. Ein weiteres außerordentliches Regierungsmitglied führte die Aufsicht über die Gelehrtenschulen.

Organisatorisch gliederte sich die Regierung auf Gottorf anfänglich in zwei Sektionen mit jeweils einem Expeditionskontor:

1. Sektion: Landeshoheit, geistliche Angelegenheiten einschließlich Schule, Stiftungen und Taubstummeninstitut, Presse, Armenwesen, allgemeine Polizei und Sicherheit, Gesundheitspolizei, Strandwesen, Lotsenwesen, Einquartierung

2. Sektion: Kommunalverwaltung, Deich- und Wasserlösungswesen, Wege, Brücken und Fähren, Landveräußerungen, Gewerbepolizei, Brandversicherung, Bankinstitut in Altona
Ein Archiv- und ein Revisionskontor vervollständigten den Behördenaufbau. Im Jahr 1843 richtete man noch ein Wegekontor ein. Diese Organisationsstruktur wurde 1846 grundlegend geändert. An die Stelle der beiden Sektionen traten nun vier Kontore:
1. Kontor für Kommunen- und Gewerbeangelegenheiten
2. Kontor für Kirchen- und Schulangelegenheiten
3. Kontor für Wegeangelegenheiten
4. Kontor für Polizeiangelegenheiten.

Während der schleswig-holsteinischen Erhebung von 1848 bis 1851 setzte die Provinzialregierung ihre Tätigkeit unter den verschiedenen zentralen Erhebungsbehörden fort. Dabei erhielt die Regierung zu ihrem bisherigen Geschäftskreis zusätzlich noch die Aufgabenbereiche der aufgehobenen Statthalterschaft mit dem Gouvernement über beide Dithmarschen sowie einige bislang zum Ressort der Rentekammer gehörende Geschäfte, so u. a. Mühlenkonzessionen, Landwesen mit Gemeinheitsteilungen und Entwässerung, Konzessionen für ländliches Gewerbe und Strandfälle. Gleichzeitig gab die Regierung auf Gottorf einige ihrer Befugnisse an Lokalbehörden ab.

Bedingt durch die wechselhafte politische und militärische Entwicklung im Erhebungszeitraum beschränkte sich der Tätigkeitsbereich der Schleswig-Holsteinischen Regierung zunehmend auf das Herzogtum Holstein. Mehrmals musste sie ihren Sitz verlegen; zuletzt residierte sie in Kiel. Mit dem Ende der Erhebung wurde im Februar 1851 die Schleswig-Holsteinische Regierung aufgelöst. Ihre auf das Herzogtum Schleswig bezüglichen Angelegenheiten gingen auf das im März 1851 gegründete Ministerium für das Herzogtum Schleswig in Kopenhagen über. Die holsteinischen Geschäfte übernahm zuerst die Oberste Zivilbehörde in Kiel und schließlich im Februar 1852 das ebenfalls neu errichtete und in Kopenhagen ansässige Ministerium für die Herzogtümer Holstein und Lauenburg.

Bestandsgeschichte

Bei ihrer Errichtung im Jahr 1834 übernahm die Schleswig-Holsteinische Regierung sowohl Teile des Archivs der Statthalterschaft als auch das Gros der Verwaltungsakten des Gottorfer Obergerichts und der Glückstädter Regierungskanzlei. Den Großteil dieses Schriftguts ließ die Regierung unberührt, nur einen kleineren Teil führte sie fort. Für die nicht mehr im laufenden Geschäftsgang benötigten Akten zu allgemeinen Betreffen legten die Mitarbeiter des Archivkontors neue, nach Sachgebieten gegliederte Repertorien an („S-H Generalia" I-V); Gleiches geschah für die schleswigschen Lokalakten. Hingegen verzeichnete man die Akten zu den holsteinischen Propsteien, Ämtern, Landschaften, Städten, Gütern und Klöstern in den von der Glückstädter Regierungskanzlei übernommenen entsprechenden Kanzleirepertorien.

Nach Auflösung der Regierung schaffte man ihre Akten, die sich zum Teil auf Gottorf, zum kleineren Teil in der Universitätsaula in Kiel befanden, nach Kopenhagen. Dort gingen die sich speziell auf das Herzogtum Schleswig oder Holstein beziehenden Regierungsakten in die Registratur des nunmehr jeweilig zuständigen Ministeriums über. Die restliche Aktenmenge verwahrte das Archivbüro der Schleswig-Holstein-Lauenburgischen Kanzlei. Nach dem deutsch-dänischen Krieg von 1864 gehörte das Schriftgut der Provinzialregierung zu den Beständen, die Dänemark gemäß den Friedensbestimmungen auszuliefern hatte. Die bis 1873 erfolgten Abgaben aus Kopenhagen wurden im Archiv der Königlich Preußischen Regierung in Schleswig aufbewahrt. In Kopenhagen verblieben einige Akten mit allgemeinem Charakter, insbesondere aus dem Präsidialarchiv, sowie Akten mit lokalem Bezug zu den nicht an Preußen abgetretenen Gebieten.

Als das Archiv der preußischen Regierung 1922 aufgelöst wurde, gelangte die Hauptmasse der Akten der Provinzialregierung gemeinsam mit anderem Behördenschriftgut in das Staatsarchiv in Kiel. Dort überführte man das Gros der von der Provinzialregierung verwahrten, aber nicht weitergeführten Akten der Glückstädter Regierungskanzlei und des Gottorfer Obergerichts wieder in die jeweiligen Archivbestände dieser beiden Behörden (im Landesarchiv Abt. 11 und Abt. 13). Die restliche Registratur der Provinzialregierung wurde unter der Bezeichnung Abt. 49 archiviert. Zuwächse zum Bestand waren in der nachfolgenden Zeit nur noch in sehr geringem Umfang zu verzeichnen. Zu einer kleineren Bestandsveränderung kam es 1936, als das Staatsarchiv infolge des Archivalienabkommens mit Dänemark einige Lokalakten zu Nordschleswig an das dänische Reichsarchiv ablieferte.

Nach Übernahme der Akten in das Staatsarchiv verwahrte man sie dort in der vorgefundenen Systematik. Wesentliche Ordnungsarbeiten unterblieben in der Folgezeit mit Ausnahme der oben erwähnten Aussonderung von Kanzlei- und Obergerichtsakten. Als Findmittel dienten die von der Provinzialregierung angelegte mehrbändige Repertorienreihe und einige Spezialregister. Außerdem hatte man als Zugang zu den holsteinischen Lokalakten die entsprechenden Seiten der Glückstädter Kanzleirepertorien, die von der Regierung fortgeführt worden waren, herausgetrennt und zu neuen Findmitteln zusammengestellt.

Weitergehende Bestandserschließungen erfolgten schließlich im Laufe der 1960er- und 1970er-Jahre. Nach Abschluss der Arbeiten gliederte sich Abt. 49 in 119 Untergruppen, die weitgehend auf der Archivsystematik der Provinzialregierung beruhten. Für einige dieser Gruppen wurden neue Verzeichnisse, wie etwa zu den Protokollen, oder zumindest zusätzliche Hilfsmittel wie Namens- und Ortsregister angefertigt, welche die Recherche erleichterten. Eine letzte Bestandsrevision erfolgte 1994.

Trotz der Verbesserungen, die durch diese Maßnahmen erzielt worden waren, blieb die Qualität der archivischen Erschließung des Bestandes unbefriedigend. Insbesondere genügte die überwiegende Anzahl der über fünfzig Bände zählenden Repertorienreihe, die bislang als Zugang zum Bestand dienten, keinem modernen archivfachlichen Standard mehr.

Um die Benutzung der bedeutenden und thematisch reichhaltigen Abt. 49 zu erleichtern, wurde der Bestand im Zeitraum 2012/2013 komplett durchgesehen und in die archivische Datenbank AIDA aufgenommen. Hierbei wurden die Angaben der alten Findmittel zu Titeln und Laufzeiten sämtlicher Archivalien am Bestand überprüft. Gelegentlich erhielten umfangreiche oder schwer verständliche Aktentitel eine kürzere bzw. modernere Version. In anderen Fällen schien es sinnvoll, ältere, heute nicht mehr gebräuchliche Bezeichnungen beizubehalten, sofern sie gängige Suchbegriffe darstellen. Aus praktischen Gründen erfolgte bei einigen überaus umfangreichen Archivalienkonvoluten eine Aufteilung in mehrere kleinere Verzeichnungseinheiten.

Die bewährte Ordnung des Bestandes diente als Grundlage für die Neubearbeitung. Lediglich die beiden Untergruppen Abt. 49.26 (Wege) und Abt. 49.119 (Wegekontor) wurden in einer Klassifikation zusammengeführt. Sowohl in diesem Fall als auch bei einigen anderen Sachgruppen (z. B. Kirche, Kammer- und Finanzwesen, Propsteien) erschien es wegen ihres heterogenen Inhalts oder ihres Umfangs sinnvoll, Untergliederungen einzufügen, um den systematischen Zugriff zu erleichtern.

Der Bestand Abt. 49 erhielt durchgehend neue Signaturen. Konkordanzen am Ende des Findbuchs geben Aufschluss über die Umsignierungen.

Ein Orts-, Sach- und Personenregister bildet den Abschluss dieses Findbuchs. Klassifikationsbegriffe wurden in der Regel nicht aufgenommen. Für die Suche nach einem Thema oder einem Sachbegriff sollte zuerst die sachsystematische Gliederung benutzt werden und als Ergänzung das Register. Es ist dabei zu beachten, dass die Begriffe für die Register aus den Aktentiteln und den Enthält-Vermerken stammen, also nicht etwa alle Nennungen in den Akten selbst erfassen.

Hinsichtlich der Recherche in Abt. 49 sei noch auf einige Aspekte hingewiesen: Grundsätzlich ist zum einen zu beachten, dass sich nicht die gesamte schriftliche Überlieferung der Regierung auf Gottorf in Abt. 49 befindet. Eine große Anzahl von Archivalien der Provinzialregierung findet sich aufgrund der früheren Übernahme in den Beständen des Ministeriums für das Herzogtum Schleswig (Abt. 79) und des Ministeriums für die Herzogtümer Holstein und Lauenburg (Abt. 80), bei letzterem liegt vor allem der Großteil der Armenfälle und Wegeangelegenheiten. Zum anderen reicht die Laufzeit der Archivalien in Abt. 49 bis in das 18. Jahrhundert zurück, da in den Bestand, wie erwähnt, Vorakten der Statthalterschaft, der Regierungskanzlei in Glückstadt und des Gottorfer Obergerichts eingegangen sind, von denen etliche auch nach der archivischen Übernahme dort verblieben. Das Gros dieser Dokumente aus der Zeit vor 1834 befindet sich bei den Konzessionen und den schleswigschen Lokalakten.

Für die umfangreiche Sachgruppe „Krügerei und Hökerei“ (vorher Abt. 49.35) liegen unter Abt. 49 Nr. 6452 und Nr. 6453 sowohl ein zeitgenössisches chronologisches Verzeichnis als auch ein Personenregister vor. Dazu kann noch ein später verfasstes Ortsregister als Hilfsmittel (Abt. 49 Nr. 6454) herangezogen werden. Alle drei Register verweisen auf die Faszikelnummer. Die heute gültige Signatur erhält man mithilfe der Konkordanz. Gleiches gilt auch für das Orts- und Personenregister, das für die Klassifikation „Gewerbe, Handel und Landökonomie" (Abt. 49 Nr. 6448) existiert.

Weitere Archivalien und Informationen zu den Tätigkeiten der Regierung auf Gottorf finden sich in folgenden Beständen des Landesarchivs Schleswig-Holstein:

Abt. 10, Statthalterschaft.
Abt. 51, Regierungen der Herzogtümer während der Erhebung 1848-1851.
Abt. 65.2, Deutsche Kanzlei zu Kopenhagen nach 1730.
Abt. 79, Ministerium für das Herzogtum Schleswig.
Abt. 80, Ministerium für die Herzogtümer Holstein und Lauenburg.

Laufzeit: (1325-) 1615-1864

Der Bestand Abt. 49 umfasst 216 laufende Meter Archivalien.

Literaturhinweise

Wolfgang Steiniger: Schleswig-Holstein 1806-1892. In: Deutsche Verwaltungsgeschichte. Bd. 2: Vom Reichsdeputationshauptschluß bis zur Auflösung des Deutschen Bundes. Hrsg. von Kurt G. A. Jeserich u. a. Stuttgart 1983, 762-784.
Tyske Kancelli I og de dermed beslægtede Institutioner. Ved Johanne Skovgaard (Vejledende Arkivregistraturer VII). Kopenhagen 1946.
Kurt Hector: Regierung und Statthalterschaft im Jahre 1834. Aus der Vorgeschichte der Schleswig-Holsteinischen Regierung auf Gottorf. In: Schleswig-Holstein und der Norden. Festschrift für Olaf Klose zum 65. Geburtstag. Hrsg. von Alfred Kamphausen im Namen der Gesellschaft für Schleswig-Holsteinische Geschichte. Neumünster 1968, 239-249.
Paul Richter: Aus der schleswig-holsteinischen Verfassungs- und Verwaltungsgeschichte 1815-1835. In: Zeitschrift der Gesellschaft für Schleswig-Holsteinische Geschichte 58 (1929), 449-593.

Benutzungshinweise

Zitierweise der Akten: Sigle des Landesarchivs, Abteilungsbezeichnung und Nummer der Akte, also zum Beispiel LASH Abt. 49 Nr. 50.

Schleswig, im Oktober 2017 Jörg Rathjen

PRÄSIDIALARCHIV

Angelegenheiten aus der Zeit vor 1834

209 Einholung von Nachrichten über verabschiedete Unteroffiziere und Soldaten 1818

210 Bankinstitut in Altona 1821-1836
Enthält u. a.: Eintreiben der Zinsen; Bankpflicht der augustenburgischen Güter; Besetzung der Direktorenstelle; Jahresrechnungen

211 Deponierung des Testaments des Landgrafen Carl von Hessen 1822-1824

212 Korrespondenz des Kanzlers des Obergerichts auf Gottorf Joachim Owe Friedrich Spies mit Herzog Christian August von Schleswig-Holstein-Sonderburg-Augustenburg und dessen Mutter 1823
Enthält: Schuld- und Pfandprotokolle für die augustenburgischen Güter; Erbschaftsangelegenheit des Joachim Hermann Noodt

213 Entschädigung des Justizrats thor Straten auf der Kupfermühle bei Flensburg 1823-1827

214 Berichte über verdiente Männer 1824

215 Auswärtige Verhältnisse 1824, 1835
Enthält: Schuldangelegenheit der Herzogin von Schleswig-Holstein-Sonderburg-Beck geb. Gräfin von Schlieben; Heirat der Prinzessin Friederike von Schleswig-Holstein-Sonderburg-Glücksburg mit dem Herzog von Anhalt-Bernburg (mit eigenhändigem Schreiben König Friedrichs VI. von Dänemark)

216 Kirche 1825-1838
Enthält: Dienstjubiläum des Generalsuperintendenten Jacob Georg Christian Adler; Kirchenmittel in der Propstei Hadersleben; Kirchenlasten; Kirchenzehnt, Kirchengüter und Kirchenjuraten; theologisches Examen

217 Obligationen der Landschaft Norderdithmarschen und aus Nassau-Saarbrücken 1825-1827

218 Zoll 1828
Enthält u. a.: Unregelmäßigkeiten beim Zollamt in Eckernförde

219 Verein zur Aufmunterung und Beförderung der bürgerlichen Gewerbe und Industrie in der Stadt Schleswig 1828

220 Ernennung des Obergerichtskopisten C. J. Deckmann zum Dannebrogmann 1829

221 Zoll 1830-1834
Enthält u. a.: neue Zollverordnung; Aufhebung von Zollimmunitäten; Zollbefreiung des Gutes Wischhof; Übersicht über die Wareneinfuhr im Herzogtum Holstein; Beurteilung des Schleichhandels; ritterschaftliche Verhandlungen

222 Über das Verhalten Lornsens [vor 1834]
Enthält nur Umschlag

223 Reise König Friedrichs VI. von Dänemark 1831

224 Cholerakommission 1831-1836

225 Vorbereitung der Ständegesetze 1832

Vorbereitung der Behördengesetze von 1834 und allgemeine Regierungsangelegenheiten

226 Oberappellationsgericht und Obergerichte 1827-um 1834

227 Trennung von Verwaltung und Justiz sowie Bildung einer Provinzialregierung 1827-1834

228 Sitzungsprotokoll der zweiten Reformkommission vom 9. Juli bis 31. August (Abschrift) 1832

229 Instruktion der Provinzialregierung 1818-1834

230 Instruktion der Provinzialregierung 1834-1844

231 Inventar und Bibliothek der Provinzialregierung 1834-1835

232 Präsidialkorrespondenz („Direktorialkorrespondenz") 1834-1838

233 Präsidialkorrespondenz („Direktorialkorrespondenz") 1839-1847

234 Präsidialkorrespondenz („Direktorialkorrespondenz") 1848-1851

235 Verzeichnisse der von der Schleswig-Holstein-Lauenburgischen Kanzlei eingegangenen Angelegenheiten (1834-) 1846-1847

236 Plenarprotokoll 1839

237 Auszüge aus den Diarien 1844-1846

238 Abschriften, Auszüge und Verzeichnisse 1835-1846
Enthält: Schreiben der Immediatkollegien und Berichte der Unterbeamten; eingegangene Brandversicherungsangelegenheiten; eingegangene Hafenangelegenheiten; Journal des Wegekontors

239 Abschriften, Auszüge und Verzeichnisse 1835-1846
Enthält: unmittelbare Reskripte und Schreiben der Immediatkollegien

240 Kasse und Rechnungswesen bei der Regierung 1835-1844

241 Kasse und Rechnungswesen bei der Regierung 1844-1850

242 Vota der Regierung [1832-1842]

Verwaltungszweige und Verwaltungsangelegenheiten ab 1818

243 Strafanstalten in Glückstadt 1818-um 1840
Enthält auch: Nachrichten über auswärtige Strafanstalten; Gefängnisbau in Bützow; Petition der Landschaft Norderdithmarschen wegen einer Reform des Strafvollzuges
Darin: Druckschriften und Zeichnungen zum Gefängnis in Bützow

244 Wege und Chausseen 1823-um 1843
Enthält auch: Kanalprojekt des Etatsrats Jochim (Eider-Brunsbüttel)

245 Polizei 1824-1843
Enthält u. a.: Eid der Gerichtsdiener; Schneeschaufeln in Meldorf; Physikus in Plön; Schützengilde in Schleswig; Nachricht über den österreichischen Untertanen Philipp Ugoni; Kosten der Stadt Eckernförde wegen einer Kriminaluntersuchung

246 Gewerbe 1830-um1842
Enthält vor allem: Gewerbefreiheit; Gewerbeangelegenheit der Stadt Schleswig

247 Brandversicherung 1835-1841
Darin: Aufstellung der Brandschäden von 1833 bis 1834

248 Schule 1834-1844
Enthält u. a.: Gelehrtenschulen; Realschulen, insbesondere in Flensburg; Schullehrerseminar in Segeberg

249 Kommunales Rechnungswesen und dessen Revision 1834-1842
Enthält auch: Schullehrerseminar in Segeberg; Übersicht über Vermögensstand der Städte sowie Kirchen- und Schulkommunen

250 Geld- und Münzangelegenheiten, insbesondere Scheidemünzen 1834-1842

251 Ausschreibung des Forstexamens in Kopenhagen 1835

252 Zwangsarbeitsanstalt in der Stadt Schleswig 1835-1836
Enthält: neunter Jahresbericht; Übersicht über verarbeitetes Material

253 Universität 1835-1839
Enthält: Promemoria der Philosophischen Fakultät über Einführung einer Maturitätsprüfung; Gesuch des Dr. Delffs

254 Städteordnung [1836-1837]
Enthält u. a.: Entwurf zur Schuldenregelung der Stadt Kiel

255 Heimat- und Armenangelegenheiten 1836-1841
Enthält u. a.: Ausarbeitungen des Regierungspräsidenten Joachim Owe Friedrich Spies zur Armenordnung

256 Bericht der Regierung über den Entwurf einer Kommunalordnung für die Landdistrikte 1837

257 Kombinierung der Alt- und Neustadt in Plön um 1837
Enthält auch: Armenhaus in Plön; Unterbeamte der Ämter Plön und Ahrensbök

258 Tierärzte 1838

259 Urteil gegen den Justizrat Dr. Jasper in Schleswig als Stempelpapierverwalter 1838

260 Mühlen um 1838
Enthält: Mühlenzwang; Korndampfmühlen; Getreideausfuhr

261 Korrespondenz des Regierungspräsidenten Joachim Owe Friedrich Spies mit Beamten 1839

Enthält: Regierungsrat von Heintze (u. a. Gage- und Eisenbahnangelegenheiten); J. von Reventlow (Revolutionsfeier in Kiel); Obergerichtsrat Nickels, Glückstadt (Zuchthausbrand)

262 Verwechslung des Regierungsrats Joachim Christian Lüders mit dem Regierungsrat Peter Lüders bei der Ernennung zum Ritter vom Dannebrog 1839

263 Mitwirkung des Landschreibers auf Fehmarn in Kommunalangelegenheiten 1839

264 Petition des Börmerkoogs in Steuerangelegenheiten 1840

265 Auswirkungen der dänischen Kommunalordnung vom 13. August 1841 auf die gemischten Distrikte im nördlichen Herzogtum Schleswig 1842

266 Korrespondenz des Regierungspräsidenten Joachim Owe Friedrich Spies mit dem Statthalter Prinz Friedrich von Schleswig-Holstein-Sonderburg-Augustenburg in Regierungsangelegenheiten 1842-1844

267 Publikation und Verteilung der Verfügungen 1844-1847

268 Konzessionierung von Fabriken [1844]

269 Schülerverzeichnis der Landwirtschaftlichen Lehranstalt in Töstrup [1844]

270 Gesindeordnung [1840]

271 Stellung des Oberdeichinspektors zu den Marschkommunen [vor 1844]

272 Kriminalgesetzgebung [vor 1844]

Enthält u. a.: Ausarbeitungen des Regierungspräsidenten Joachim Owe Friedrich Spies zum österreichischen und französischen Gesetzbuch

273 Entwurf zum Normativ für die Fleckensoffizialen in Bredstedt [vor 1844]

274 Unmittelbare Ernennung eines Stadtsekretärs und dessen Wahl zum Ratsherrn in Rendsburg sowie Verbindung einer Ratsherrenstelle in Kiel mit dem Polizeimeisteramt [vor 1844]

Personal

275 Zeugnisse des Regierungspräsidenten Joachim Owe Friedrich Spies über Regierungsangehörige 1835-1846

276 Zeugnisse des Regierungspräsidenten Joachim Owe Friedrich Spies über dänische Sprachkenntnisse 1834-1843
Enthält auch: nicht zur Regierung gehörige Personen

277 Personalangelegenheiten 1829-1848
Enthält u. a.: Verzeichnis der Gesuche um Anstellung als Kopist

278 Personalpapiere des Regierungspräsidenten Joachim Owe Friedrich Spies 1822-1840
Enthält u. a.: Ehrenmitgliedsdiplom der Schleswig-Holstein-Lauenburgischen Gesellschaft für vaterländische Geschichte

279 Geschäftsordnungen, Geschäftsübersichten, Restelisten, Archivangelegenheiten, Sektionsbesetzungen und weitere Angelegenheiten der Regierung 1834-um 1844

SCHLESWIG-HOLSTEINISCHE REGIERUNG

280 Instruktionen 1834, 1846-1849

281 Regierungspräsident 1844, 1848

282 Räte und geistliche Mitglieder 1834-1848

283 Bestallung für Ludwig Gustav Heinzelmann und Baron Friedrich Nicolaus Adam Ludwig von Liliencron als Assessoren 1834-1835

284 Sekretäre 1834-1848

285 Auskultanten 1834-1847

286 Kanzlisten 1834-1848

287 Kopisten 1834-1848

288 Boten 1834-1839

289 Geschäftsgang bei Berichterstattung an die Regierung (1807-) 1834-1842

290 Oberpräsident 1836-1846

291 Anfrage zu Paragraf 42 der provisorischen Instruktion (Einsendung von Listen über Taufen, Heiraten und Todesfälle) 1834-1835

292 Paragraf 96 der provisorischen Instruktion wegen der Berichte an die Rentekammer über erteilte und kassierte Konzessionen 1834

293 Kenntnisnahme des Kurators der Universität in Kiel und des Oberpräsidenten in Altona von Anordnungen in Presseangelegenheiten 1834

294 Quartalsbericht an das Generalzollkammer- und Kommerzkollegium über Konzessionen für Fabriken und Industrieanlagen 1835

295 Kasse 1835-1851

296 Regierungsmitglied für die Gelehrtenschulen 1835, 1844, 1848

297 Unterordnung des Armen- und Waisenhauses in Altona 1835

298 Jahresberichte an die Immediatkollegien 1836-1837

299 Einsendung von Duplikaten der Berichte über Inspektionsreisen 1836, 1845

300 Regierungsarchiv 1835-1855

301 Atteste, Legitimierungen, Konsense 1836-1850

302 Quartalsberichte an die Immediatkollegien 1834-1836

303 Quartalsberichte an die Immediatkollegien 1836-1838

304 Quartalsberichte an die Immediatkollegien 1838-1839

305 Quartalsberichte an die Immediatkollegien 1839-1840

306 Quartalsberichte an die Immediatkollegien 1841-1842

307 Quartalsberichte an die Immediatkollegien 1842-1843

308 Quartalsberichte an die Immediatkollegien 1843-1844

309 Quartalsberichte an die Immediatkollegien 1845-1846

310 Quartalsberichte an die Immediatkollegien 1846

311 Autorisierung zur Genehmigung von Änderungen bei Vorschriften der allgemeinen Schulordnung 1836

312 Autorisierung zur Bestätigung der Regulative von Begräbnisplätzen 1836

313 Autorisierung zur Bestätigung der Regualtive im Armenwesen auf drei Jahre 1836

314 Bestätigung der Wahl der Beisitzer im Polizeigericht in Itzehoe und Wilster 1836

315 Beschwerde des Kirchenvisitatoriums in Flensburg über Eingriffe der Regierung 1837

316 Aktenprokuratur und Advokatur 1838-1850

317 Mitteilung amtlicher Berichte an die Beteiligten und Erteilung von Entscheidungsgründen 1839-1840, 1849

318 Kompetenz bei Bestrafung von Vergehen gegen die Gewerbegesetze 1843

319 Kompetenz zur Bewilligung von Urlaub sowie einzelne Urlaubserteilungen 1844-1850

320 Quittierung für eingehende Frachtpostangelegenheiten 1845

321 Depositenwesen 1848-1853

322 Formular zur Ausfertigung von Konzessionen und Dispensen 1848

323 Siegel 1848

324 Zugesandte Schriften 1837-1850

6370 Chronologisch-tabellarische Übersicht der seit dem 1. Oktober 1834 erlassenen Verordnungen 1834-1851

6404 Verzeichnis von 1848 erlassenen Verfügungen 1848

ANDERE KOLLEGIEN

325 Von der Regierung an das Holsteinische Obergericht abgegebene Angelegenheiten 1834-1839

326 Von der Regierung an das Schleswigsche Obergericht abgegebene Angelegenheiten 1834-1837

327 Holsteinisches Oberkonsistorium 1834-1835

328 Ständeversammlungen 1834-1836

329 Ständeversammlungen 1836-1846

330 Ständeversammlungen 1840-1842

331 Ständeversammlungen 1842-1844

332 Ständeversammlungen 1846-1848

333 Rentekammer 1834-1838

334 Von der Regierung an die Schleswig-Holstein-Lauenburgische Kanzlei abgegebene Angelegenheiten 1834-1837

335 Oberpräsidium in Altona 1836, 1845-1850

336 Holsteinisches Oberkriminalgericht 1835

Enthält: Mitteilung zur Untersuchungssache gegen den Gerichtsdiener Westphalen, Jersbek; Schreiben des Kriminalamts in Bleckede hinsichtlich des Arrestanten Hussfeldt

337 Verweisung des Carsten Vollrath Daniel Wulff durch das Polizeiamt in Kiel nach Eckernförde 1835

338 Generalzollkammer- und Kommerzkollegium 1835-1848

339 Von der Regierung an den Universitätskurator und außerordentlichen Regierungsbevollmächtigten Jensen in Kiel abgegebene Angelegenheiten 1835-1837

Enthält: unterlassene Eintragung der Polizeibehörde im Wanderbuch des Malergesellen Claus Hinrich Qualmann; Ausweisung des Hans Diedrich Christian Kahl, Rastorf, aus Kiel

340 Oberappellationsgericht in Kiel 1835, 1843-1849

341 Einlegen von Rechtsmitteln durch die Obersachwalter bei Verhandlungen der Oberdikasterien in fiskalischen Angelegenheiten mit Freisprüchen für königliche oder Kommunalbeamte 1835

342 Generalsuperintendenturen: Regelung der Kollektengelder 1835-1836

343 Generalsuperintendenturen 1834-1835

Enthält u. a.: Schuldpfandzinsen

344 Von der Regierung an das Schleswiger Oberkriminalgericht abgegebene Angelegenheiten 1835

Enthält: Anfrage des Amtshauses in Hadersleben über Kosten der gerichtsärztlichen Besichtigung bei gewaltsamen Todesfällen; Untersuchung gegen den Schieferdecker Ahrens, Gottorf, wegen Drohungen; Jagdbrüche des Jes Peter Jensen, Bollerslov

345 Schleswig-Holsteinische Hauptkasse in Rendsburg 1835, 1843, 1848

346 Von der Regierung an das Schleswiger Oberkonsistorium abgegebene Angelegenheiten 1835-1836

Enthält: Todeserklärung des Hans Hansen Petersen, Röm; Ehescheidung der Anna Rahn, Süderstapel

347 Obersachwalter im Herzogtum Holstein 1844
Enthält: Verlegung des Wohnsitzes des Obersachwalters Nicolai Raben von Kiel nach Altona

348 Lauenburgische Regierung 1836
Enthält: Handelsgeschäfte des Dragoners Johann Claus Bötger im Amt Schwarzenbek; Bescheid für den Tischlergesellen Grell, Groß Grönau

349 Obersachwalter im Herzogtum Schleswig 1839
Enthält: Bestallung des Ober- und Landgerichtsadvokaten Hancke, Schleswig, zum Obersachwalter

350 Errichtung eines Staatssekretariats für Gnadenangelegenheiten
Darin: gedruckte Patente; „Dannevirke“ vom 22. Januar 1840 1840-1841

351 Erlass umfassender Sporteltaxen für die Zivilbeamten 1839-1840

352 Departement der Statthalterschaft sowie das Gouvernement der Landschaften Norderdithmarschen und Süderdithmarschen 1846

353 Obersachwalter im Herzogtum Holstein 1848
Enthält: Ernennung des Ober- und Landgerichtsadvokaten Forchhammer, Kiel, zum Obersachwalter

AUSWÄRTIGE VERHÄLTNISSE

354 Aufhebung des Abzugsrechts 1834-1836

355 Verfügungen des Deutschen Bundes 1834-1848

356 Konsuln 1834-1850

357 Grenzverhältnisse der drei stormarnschen Ämtern zum Herzogtum Lauenburg 1740-1777

358 Kautionsstellung königlicher Untertanen bei Niederlassung im Fürstentum Lübeck 1833-1834

359 Eintreibung der Rückstände beim Schutzgeld der Juden in Altona und Wandsbek 1834-1837

360 Verwendung bei der Stadt Lübeck für die Witwe Maria Elisabeth Friederike Carstens in Schülp (Landschaft Norderdithmarschen) wegen Auszahlung eines Legats nach dem Testament des Bürgermeisters Müller 1834-1835

361 Heimatrechte bei Heiraten fremder Untertanen 1832-1836
Darin: Verordnung des Großherzogs Paul Friedrich August von Oldenburg über Aufgebot und Heirat im Fürstentum Lübeck, 1836

362 Feststellung von Heimatrechten mit der großherzoglich oldenburgischen Regierung in Eutin 1844-1847
Enthält: Caroline Wilhelmine Höpner; Anna Schönbaum; Hinrich Friedrich Lähndorf

363 Niederlassung des Tischlergesellen Johann Ludwig Christian Bein aus Ilsenburg in Elmshorn 1834-1836

364 Festhaltung des Johann Hinrich Mahnke in Klein Wesenberg wegen einer Kriminaluntersuchung in Lübeck 1835

365 Streitigkeiten mit der großherzoglich oldenburgischen Regierung in Eutin wegen einzelner Armenversorgungsfälle 1834-1837

366 Notizen über politische Umtriebe in der Schweiz 1835

367 Einreiseverbot für die Mitglieder eines deutschen politischen Vereins
Enthält u. a.: Namensliste 1835

368 Austausch der in den Herzogtümern erscheinenden Gesetze und Verordnungen mit denen anderer Bundesstaaten 1828-1847

369 Bescheinigungen der niederländischen Gesandtschaft über den Tod der Matrosen Niels Christian Hansen, Sören Hansen und Christian Rooth 1835

370 Mitteilung der Gesetzgebung der deutschen Bundesstaaten über Armenversorgung und Heimatrechte 1835-1836

371 Nachrichten über den Kaufmann J. P. Waller an den schwedisch-norwegischen Chargé d'affaires 1835

372 Verfahren bei der Landesverweisung verurteilter fremder Verbrecher und Vagabunden 1835-1838

373 Verwaltung administrativer Angelegenheiten in den Dörfern Röbel, Kesdorf, Gleschendorf und Scharbeutz 1835-1836, 1844

374 Unterstützung der Louise Christina Adolphine Lorenzen und der Maria Christine Pauline Benetter in Schleswig, Schwestern des bei einem Attentat in Paris getöteten Nationalgardisten Friedrich Christian Andreas Benetter 1835-1836

375 Armenverhältnisse mit Preußen 1835-1836, 1843

376 Verhältnisse des ehemaligen und angeblich aus Schleswig stammenden französischen Generals Jean Christophe Wisch 1835-1836

377 Streitigkeiten mit der Stadt Hamburg wegen Regulierung der Erbmasse des in Schiffbek verstorbenen Carl Simon Flickwier 1835-1836

378 Grenzveränderung des Amtes Plön durch die Begradigung des Laufs der Tensfelder Au und Jurisdiktionsverhältnise über die auszutauschenden Grundstücke 1835-1836

379 Deklaration der dänischen Regierung mit der Stadt Bremen über die Behandlung dänischer und bremischer Schiffe in den jeweiligen Häfen (1835) 1836
Darin: Deklaration, 1835

380 Zuschreibung der Grapengeterschen Hufe in Giddendorf an den Landsassen Schwerdtfeger in Seegalendorf 1831-1836

381 Anzeige über die Lieferung von Kriegsmunition und Lebensmitteln aus schleswig-holsteinischen Häfen auf dänischen Schiffen an die karlistische Armee in Spanien 1836

382 Landesverweis für den Gärtner Andreas Hoffmann aus Thurnau im Königreich Bayern nach seiner Zuchthausstrafe 1836

383 Antrag des hannoverschen Gouvernements auf Erlass eines gemeinsamen Regulativs wegen der Dampfschifffahrt auf der Elbe 1836-1837

384 Tod des Heinrich Johann Friedrich Wendt aus Glückstadt in Harderwijk in den Niederlanden 1836

385 Tod von Franzosen und anderen Ausländern in den Herzogtümern 1836-1850

386 Niederlassung des Goldarbeiters Carl Wilhelm Fielitz aus Hamburg in Pinneberg 1836

387 Auslieferung des Johann Heinrich Christoph Schulz aus Schwerin wegen angeblichen Raubmordes im Gut Drage 1836

388 Legalisierung des Taufscheins des Jes Lorenz Asmussen aus Husum 1836

389 Wiederaufnahmeschein für den Schuster Matthias Hinrich Andresen in Scharbeutz 1840

390 Trave (1787-) 1836-1844
Enthält u. a.: Zollkontrolle; Flusspolizei

391 Eintritt des Sohnes des Barons Christian Ludwig von Gersdorff in Fahrenstedt in russische Dienste 1836

392 Gegenseitiger Marktbesuch von Untertanen der Herzogtümer und des Fürstentums Lübeck 1827-1842, 1854

393 Anfrage des württembergischen Bundestagsgesandten über die Verhältnisse zweier Personen in den Herzogtümern 1836

394 Verbot von Arbeiten im hamburgischen Gebiet für Handwerker aus Altona, Wandsbek, der Herrschaft Pinneberg und der Grafschaft Rantzau 1836-1837

395 Bestimmung zur Auslieferung von im Ausland verhafteter kurhessischer Untertanen 1837

396 Landesverweis für Hans Christopher Klipp aus Gerdau im Königreich Hannover 1836-1837

397 Veränderung einer Bestimmung im norwegischen Maklergesetz 1837

398 Auslieferung auswärtiger und einheimischer Personen zur Haft und Untersuchung 1837-1850

399 Nachrichten an die Universität in Berlin über die Verhältnisse des Hinrich Kallsen und des Jacob Kröger aus dem Herzogtum Schleswig 1837

400 Anstellung von Nachtwächtern in den Stadtstiftsdörfern bei Oldenburg 1838

401 Antrag des Landgerichts in Lübeck um Erlaubnis für die Schlachter an der Grenze zum Fleischverkauf beiderseits der Grenze 1837

402 Schulden des Pastors Rönnau auf Nordstrand gegen die Universität in Berlin 1837

403 Übertragung der zwischen Altona und Hamburg bestehenden Verordnung zum Kaufverbot für Militäreffekte auf andere Distrikte des Herzogtums Holstein (1805-) 1837-1840

404 Forderung des Amtes Ahrensbök an das Amt Großvogtei nach Auslieferung des Landmilitärreserven Christian Friedrich Schwarten aus Süsel 1837

405 Vorbeugung gegen das Einschiffen preußischer Militärpflichtiger in holsteinischen Häfen nach Amerika 1837

406 Dezimationen 1838-1843

407 Gesuch von Schiffern in Uetersen wegen eines Gewerbescheins für ausländische Ewerführer im Kleinhandel 1837-1838

408 Konvention der Herzogtümer Holstein und Lauenburg mit dem Königreich Hannover wegen der Aufnahme ausgewiesener Personen 1845

409 Armenverhältnisse mit Norwegen 1838

410 Antrag der braunschweig-lüneburgischen Kreisdirektion auf Aufnahme des Schneidermeisters Christian Friedrich Bock in Apenrade 1838

411 Ermittlung der Erben des bei Bahia verstorbenen dänischen Steuermanns Charles Hewkins 1839

412 Festellung allgemeiner Normen in Deutschland zum Heimatwesen sowie zur Behandlung der Vaganten und unvermögender Kranker 1838-1846

413 Nachricht über Lucie Auguste Detlefsen aus Schleswig an das Polizeipräsidium in Berlin 1839

414 Anzeige der schwedisch-norwegischen Gesandtschaft über eine Kreuzfahrt der norwegischen Kriegsbrigg „Frederiksoern" in der Ostsee 1839, 1843

415 Freundschafts-, Handels- und Schifffahrtsvertrag mit Venezuela 1839

416 Verteilung der Kommunalabgaben in Bliesdorf 1841

417 Passpolizeibüro in Wittenberge an der Elbe 1840

418 Anfrage der Universität in Berlin zum Kandidaten der Theologie Hans Kallsen aus Unewatt 1840

419 Antrag des Kreises Friedberg im Großherzogtum Hessen auf Aufnahme der Doris Moses und ihrer Kinder in der Grafschaft Rantzau 1840-1841

420 Antrag des Magistrats in Hannover auf Überwachung der Maurergesellen Johann Bernhard Hegge aus Eckernförde und August Carstedt in Schleswig 1840-1841

421 Verhältnisse im Heimatwesen mit dem Königreich Sachsen 1841-1847

422 Verhältnisse im Armenwesen mit der Stadt Bremen 1841
Enthält: Weigerung des Empfangs des Zuchthäuslers Hinrich Wieting durch Bremen

423 Vorschlag der großherzoglich oldenburgischen Regierung in Eutin zur Aufhebung des Extrapostzwangs und zur freien Durchfahrt der Lohnfuhrleute gegen Zahlung eines Stationsgeldes 1841-1845

424 Beschwerden der Klosterobrigkeit in Preetz in Portoangelegenheiten 1841, 1847

425 Handels- und Schifffahrtsvertrag mit Belgien 1841

426 Zoll in Stade 1842-1843

427 Antrag des französischen Ministeriums nach Auskunft über einen gewissen Heinrich Otto aus „Lankes“ (wohl Panker) im Herzogtum Holstein 1842

428 Nachrichten über die Nachkommen des Siegfried Hans Christopher Wichmann in Bramstedt 1842

429 Benachrichtigung inländischer Schiffsreeder und Schiffsführer über Vorschriften zu Ladungsmanifesten in Frankreich 1842-1843

430 Verteilung der Kommunallasten in Schwochel und Böbs 1842-1843

431 Erbschaft für einen Pastor Jessen nach dem Tod seines Bruders in Norwegen 1843-1848

432 Ermittlung der Erben des in Westindien verstorbenen Peter Tete Peters 1843

433 Mitteilung des Totenscheins für die in Ostindien verstorbenen Matrosen Fritz Bondis und Henrich Hansen 1843-1844

434 Mitteilung des Totenscheins des im Hospital in Lemberg verstorbenen Maurergesellen Peter Stuhr aus Passade 1844

435 Antrag des Justitiariats der Fideikommissgüter um Verfügung an die Prediger in Eutin wegen der Sterbe- und Umzugsfälle in den dort eingepfarrten Distrikten des Gutes Stendorf 1843-1844

436 Tod königlicher Untertanen im Ausland 1844-1848
Darin: „Altonaer Mercur“ vom 21., 24. und 28. Dezember 1844

437 Erlass von Schiffahrts- und strompolizeilichen Vorschriften für die Unterelbe 1844-1847

438 Ermittlung von Nachrichten über Verwandte und den Nachlass des in Belgien verstorbenen Hans Christian Danielsen 1845-1846

439 Achten auf entwendete Gegenstände aus dem Museum in Madrid
Darin: Rundschreiben mit Auflistung der Gegenstände 1845

440 Rückkehr der Witwe Friederike Frothbeisen in Weiler bei Weißenburg (Elsass) in ihre holsteinische Heimat 1845

441 Antrag der Landdrostei in Pinneberg auf Beschränkung für Berger hinsichtlich des Anlaufens von Cuxhaven und das Verhalten des Vizekonsuls in Cuxhaven (1845) 1860
Enthält nur Zettel mit Aktentitel und Hinweisen zum Verbleib der Akte

442 Überführung des Schoners „Ajax“ durch das Dampfschiff „Le Cacique“ von Blankenese sowie Entschädigung der Reederei und Mannschaft 1847

443 Bekanntmachung über den Blockadezustand der albanischen Küste von Prevesa bis Durrës 1847

444 Verfügung der russischen Regierung zur Zulassung fremder Handwerksgesellen und anderer Personen 1848

445 Nachrichten an den früheren belgischen Finanzminister Graf Coghen über Herzog Johann Adolf von Schleswig-Holstein-Sonderburg-Plön und dessen Ehefrau 1847-1848

446 Jahrmarktsbesuch des Pantoffelfabrikanten Claussen aus Oldesloe in Lübeck 1848

447 Verteilung der Dorflasten in Barkhorst 1850

LANDESHOHEIT

448 Pensionen und Gratifikationen aus dem Fonds für Dannebrogmänner (1808) 1834-1847
Darin: königliche Urkunde über die Erweiterung des Dannebrogordens für die Herzogtümer, 1808

449 Todesfälle von Beamten sowie von pensionierten und mit Rang und Titel versehenen Personen 1834-1840, 1848
Enthält u. a.: Namensregister für Abt. 49 Nr. 449-450

450 Todesfälle von Beamten sowie von pensionierten und mit Rang und Titel versehenen Personen 1840-1851

451 Bestallung von Taxatoren 1834-1848, 1864

452 Indigenatsrecht 1834-1851

454 Publikation der Verordnungen 1834-1840

453 Publikation der Verordnungen 1842-1850

455 Auszeichnung von Personen 1809-1849

456 Einsendung von Erlassen für die Chronologische Sammlung sowie Mitteilung der Gesetz- und Amtsblätter 1834-1850

457 Anzeigen zur Besetzung von Ämtern 1835-1843

458 Anzeigen zur Besetzung von Ämtern 1843-1851

459 Reisen des Königs von Dänemark 1835, 1839

460 Überlassung von Grundstücken zur öffentlichen Nutzung 1835-1850

461 Erlass von Brüchen (1775) 1835-1837

462 Erlass von Brüchen 1836-1841

463 Erlass von Brüchen 1841-1848

464 Erlass von Brüchen 1839-1850

465 Richter- und Aktuariatseid aller richterlichen und protokollführenden Behörden 1836

466 Suspendierung des Stempelpapierverwalters und Obersachwalters Christian Friedrich Jasper in Schleswig 1835-1836

467 Einsendung der Gebühren für Ausfertigungen der Schleswig-Holstein-Lauenburgischen Kanzlei 1836
Enthält: Hospitalprediger Johann Friedrich Carstens, Elmshorn

468 Veräußerungen an die sogenannte Tote Hand 1836-1839

469 Veräußerungen an die sogenannte Tote Hand 1839-1843

470 Veräußerungen an die sogenannte Tote Hand 1843-1848

471 Chronologische und systematische Sammlung der Verordnungen 1836-1848

472 Grenzregulierung mit der Stadt Lübeck 1836-1841

473 Tod König Friedrichs VI. von Dänemark und Regierungsantritt König Christians VIII. von Dänemark 1839-1846

474 Austausch von Gebietsteilen sowie Grenzregulierung mit dem Fürstentum Lübeck und der Stadt Lübeck (1777-) 1832-1839
Enthält u. a.: Verzeichnis der Armenkommunen im Herzogtum Holstein mit Ausnahme der Stadt Altona

475 Austausch von Gebietsteilen sowie Grenzregulierung mit dem Fürstentum Lübeck und der Stadt Lübeck 1843-1846
Enthält u. a.: Protokoll zur Grenze zwischen dem Herzogtum Holstein und dem Fürstentum Lübeck

476 Austausch von Gebietsteilen sowie Grenzregulierung mit dem Fürstentum Lübeck und der Stadt Lübeck (1776) 1839-1843

477 Fischerei in den Watten der Landschaft Süderdithmarschen durch Fischer aus Finkenwerder 1840

478 Beachtung der Vorschrift über die Huldigung der Ausländer bei Niederlassung 1842

479 Tod der Herzogin Louise Augusta von Schleswig-Holstein-Sonderburg-Augustenburg und Anordnung der Landestrauer 1843

480 Namensgebungen für Besitzungen 1844-1850

481 Kokarde 1842-1845

482 Diäten der im königlichen Dienst außerhalb ihrer Wohnorte beauftragen Militär- und Zivilbeamten 1845-1846

484 „Offener Brief" vom 8. Juli 1846 1846
Enthält u. a.: Berichte über politische Versammlungen

483 „Offener Brief" vom 8. Juli 1846 1847-1848
Enthält u. a.: Berichte über politische Versammlungen und Exzesse

485 Königliches Haus und Nebenlinien 1846-1848
Enthält: Aufhebung der Ehe zwischen Kronprinz Friedrich Carl Christian von Dänemark und Caroline Charlotte Marianne von Mecklenburg-Strelitz; Ernennung des Prinzen Friedrich Ferdinand zum Erbprinzen

486 Tod König Christians VIII. und Regierungsantritt König Friedrichs VII. von Dänemark 1848

487 Erstellung einer Verfassung und Einführung allgemeiner Reichsstände 1848-1849
Darin: Staatsgrundgesetz der Herzogtümer vom 15. September 1848; Patente

KIRCHE

Allgemeines, Episkopalhoheit, Parochialverhältnisse, Generalsuperintendentur, Visitation

564 Teilnahme der Herzogtümer an der Säkularfeier zur Einführung der Reformation in Dänemark 1836

619 Reformationsfeier und Dankgebet für die Ernte 1840-1847

623 Reform der oberen Verwaltung im Kirchen- und Schulwesen 1842-1843

643 Neue Verfassung der lutherischen Kirche in den Herzogtümern 1848-1849

630 Protokolle bei den Kirchspielsversammlungen in der Propstei Tondern 1844

634 Predigerkonferenzen in der Propstei Süderdithmarschen 1844-1845

636 Kirchlich konfessionelle Bewegung in Deutschland 1845-1847

645 Berücksichtigung der Kirchen- und Schulbeamten beim Entwurf eines Gesetzes über Zivilbeamte 1850

646 Kirchenangelegenheiten der Propsteien Flensburg, Gottorf und Segeberg 1837-1845

Enthält: Predigerwitwenlegat in der Propstei Gottorf; Beteiligung der Parzellisten in Norgaard und Oestergaard am Zehnten für das Pastorat in Steinberg; Kirchenlasten der Parzellisten in Nübel; Vergütung für Lieferungen sowie Hand- und Spanndienste für den Bau des Organisten- und Schulhauses in Leezen; Bemerkungen über drei Arten von Eingepfarrten

608 Weigerung der großherzoglich oldenburgischen Behörden in Eutin zur Auschreibung von Kirchenbeiträgen ihrer bei holsteinischen Kirchen eingepfarrten Untergehörigen 1838

557 Parochialverhältnisse der Eingesessenen der Köge ohne eigene Kirche (1693-) 1835-1843

558 Parochialverhältnisse der Eingesessenen der Köge ohne eigene Kirche 1814-1847

Enthält u. a.: Regulierung der kirchlichen Verhältnisse des Kronprinzenkoogs (mit Rechnungsbuch über die Kirchenparzellen 1790-1846)

604 Verbesserung der kirchlichen Angelegenheiten der bei der Kirche in Rensefeld eingepfarrten lübschen Güter 1836-1838

531 Generalsuperintendentur 1835-1849

606 Kirchenvisitationen allgemein 1835-1848

589 Mahlzeiten bei den General- und Spezialkirchenvisitationen 1837-1848

609 Verfahren bei auf Veranlassung der Generalkirchenvisitationsberichte erlassenen Schreiben der Regierung 1839

655 Registrant mit Bemerkungen zu den Kirchenvisitationen in den Herzogtümern 1845-1848

Prediger, Kirchenbedienstete, Witwenversorgung

590 Angaben der Einkünfte bei den Predigerstellen in den Herzogtümern 1836-1838

505 Besetzung von Predigerstellen 1834-1837
Enthält u. a.: Aktenverzeichnis für Abt. 49 Nr. 505-510

506 Besetzung von Predigerstellen 1837-1843

507 Besetzung von Predigerstellen 1843-1849

508 Besetzung von Predigerstellen (1820) 1848-1851

509 Besetzung von Predigerstellen (1722-) 1848-1849
Enthält u. a.: Besetzung des Archidiakonats in Oldenburg, (1722-1744) 1848-1849

510 Besetzung von Predigerstellen 1849-1851

521 Vakanzen von Pastoraten 1834-1842

522 Vakanzen von Pastoraten 1842-1851

523 Quartalsberichte über Pastoratsvakanzen 1834-1839

524 Quartalsberichte über Pastoratsvakanzen 1839-1844

525 Quartalsberichte über Pastoratsvakanzen 1845-1851

614 Predigten und Fuhren bei Predigervakanzen 1839-1840

615 Predigten und Fuhren bei Predigervakanzen 1839-1840

616 Predigten und Fuhren bei Predigervakanzen (1839) 1840-1849

603 Predigerwahlen allgemein 1838-1847

649 Erlass einer Verfügung wegen Präsentation eines Stellvertreters für die Predigerwahlen 1840

635 Ordination 1845-1850

546 Annahme von Hilfspredigern, Verhalten der Geistlichen sowie Dienstentlassungen und Pensionierungen 1835-1837

547 Annahme von Hilfspredigern, Verhalten der Geistlichen sowie Dienstentlassungen und Pensionierungen 1837-1850

548 Annahme von Hilfspredigern, Verhalten der Geistlichen sowie Dienstentlassungen und Pensionierungen 1803-1810, 1841-1849
Enthält u. a.: Sankt Nikolai auf Föhr, 1803-1810

549 Annahme von Hilfspredigern, Verhalten der Geistlichen sowie Dienstentlassungen und Pensionierungen 1844-1849
Darin: „Altonaer Mercur“ vom 22. Juli 1848

550 Annahme von Hilfspredigern, Verhalten der Geistlichen sowie Dienstentlassungen und Pensionierungen (1845-) 1849-1850

542 Erlass der Brüche des Pastors Volkmar in Siek 1835

560 Auseinandersetzung der Prediger mit ihren Amtsvorgängern oder deren Erben 1836-1850

610 Zulassung des Theologiestudenten Waldemar Müller in Rendsburg zum Examen, zur Ordination und zum Predigeramt nach seiner Kriminalstrafe wegen Teilnahme an politischen Verbindungen 1839-1841

618 Zitationsrecht der Prediger in ihren Amtsgeschäften gegenüber ihren Gemeindemitgliedern 1839-1848

620 Ordination des Kandidaten der Theologie Gottfried Jensen in Töstrup zur Anstellung als Missionar und Prediger in Nordamerika 1840-1841

621 Aufhebung oder Beschränkung der kleinen Ausgaben aus königlicher Kasse an Prediger und Kirchenbedienstete 1841-1849

612 Opfer für die Kirchendiener an den hohen Festtagen, insbesondere in der Propstei Hadersleben 1839

622 Publikationsgebühren für Prediger bei Bekanntmachungen in Schulangelegenheiten 1841, 1846

631 Befreiung der Geistlichen von bürgerlichen Lasten 1844-1849
Enthält: Propstei Flensburg; Beiträge des Pastorats in Nortorf an Kriminalkosten des Klosterdistrikts Itzehoe und Kriegsleistungen

638 Bürgerliches Gewerbe der Prediger 1847

639 Anwendung der Befreiung der Prediger von Schul- und anderen Lasten auf emeritierte Prediger 1847-1848

641 Predigerbibliothek in der Propstei Oldenburg 1847

642 Feldprediger und Feldküster 1848-1850

573 Kirchenoffiziale (1770-) 1836-1840

574 Kirchenoffiziale 1839-1846
Enthält u. a.: Erlass eines Normativs zur Verwaltung des Kirchenwesens in der Propstei Norderdithmarschen

575 Kirchenoffiziale 1839-1848
Enthält u. a.: Vergütung der Kirchen- und Schuloffizialen in der Propstei Münsterdorf

576 Kirchenoffiziale 1845-1850

526 Gnadenjahr für Predigerwitwen und Predigerwaisen 1834-1851

527 Pensionskasse für Schullehrerwitwen 1834-1835

577 Entwurf des Diakons Brodersen in Preetz zur Besoldung der Predigerwitwen 1836

Kandidaten der Theologie

488 Erlaubnis zum Predigen 1834
Enthält: Predigt des Theologiestudenten F. G. Göttig in Adelby

489 Examen 1834-1848

490 Verzeichnisse über examinierte und unbeförderte Kandidaten 1835-1838

491 Verzeichnisse über examinierte und unbeförderte Kandidaten 1839-1844

492 Verzeichnisse über examinierte und unbeförderte Kandidaten 1845-1850

493 Berücksichtigung des Kandidaten der Theologie Jann Hinrichs in Eckernförde bei der Besetzung von Schullehrerstellen 1835-1837

494 Anrechnung der Zeit des Kandidaten der Theologie Emil Goeze in Glücksburg als Privatlehrer beim Prinzen von Schleswig-Holstein-Sonderburg-Glücksburg für spätere Stellenpräsentationen 1836-1837

495 Einsendung von Abhandlungen an die Kirchenvisitatoren 1837-1850

496 Bitte der Universität in Berlin um Nachricht über den Aufenthalt des Kandidaten der Theologie Friedrich Wilhelm Linde aus Schleswig 1837

497 Ordination des Kandidaten der Theologie J. Franz-Hahn auf Helgoland in den Herzogtümern 1837

498 Predigterlaubnis des Kandidaten der Theologie Johann Anton von Horn in Osterholz für die Herzogtümer 1838

499 Befreiung des Kandidaten der Theologie Joachim Heinrich Gerber in Marne vom Mindestalter zum Predigeramt 1839

500 Reservierung der Kandidatenrechte im Fall der Übernahme eines geistlichen Amtes in Nordamerika 1845

501 Kollegiengelder des Kandidaten der Theologie Hans Callsen auf Nordstrand 1845

502 Verleihung von Predigerstellen 1840-1850

503 Eid vor der Ordination 1848-1849

504 Untersuchung gegen den Kandidaten der Theologie Hans Callsen aus Unewatt wegen seines Verhaltens bei der theologischen Amtsprüfung und Tilgung seines Namens aus der Kandidatenliste (1832) 1848-1850

Darin: Jahresband der „Evangelischen Kirchen-Zeitung“ von 1832

617 Beschwerden von Kandidaten der Theologie wegen einer Anzeige des Hauptpastors Dr. Johannsen in Kopenhagen zur Besetzung der Katechetenstelle an der dortigen Sankt-Petri Kirche 1839

647 Verzeichnis der unbeförderten Kandidaten 1838

Examen

517 Theologisches Examen 1835-1837

518 Theologisches Examen 1838-1844

519 Theologisches Examen 1845-1850

520 Verfügungen und Beschlüsse zum theologischen Examen auf Gottorf, Ernennung der Mitglieder des Examinationskollegiums, Protokolle zum theologischen Examen für 1847 und 1848 1777-1848

648 Theologisches Examen auf Gottorf: Verzeichnis der Kandidaten 1838

Gottesdienst, Kirchenagende, Katechisation, Feiertage, geistliche Schriften

568 Beginn des Gottesdienstes auf dem Land 1836-1850

588 Kirchengebet 1837-1848

613 Eidespredigt 1839-1848

627 Wochenpredigt während der Fastenzeit 1840-1848

632 Außerkirchliche Andachtsübungen 1844-1845

633 Ausschließliche Kompetenz eines von mehreren an einer Kirche angestellten Geistlichen zur Vornahme von Ministerialhandlungen 1845-1847

640 Gastpredigten 1847-1848

611 Einführung einer neuen Kirchenagende, eines neuen Gesangbuches und eines neuen Katechismus 1838-1846

579 Katechisationen 1836-1837

580 Katechisationen (1789-) 1836-1845

581 Katechisationen (1819-) 1836, 1845-1850

582 Erlass einer neuen Feiertagsordnung 1836-1840

583 Erlass einer neuen Feiertagsordnung 1840-1850

584 Erlass einer neuen Feiertagsordnung 1841-1850

544 Apelsches Choralmelodienbuch 1835-1845

586 Pontoppidansches Gesangbuch sowie Mangel und Verschiedenartigkeit der Gesangbücher in den dänischsprachigen Gemeinden der Propsteien Apenrade, Hadersleben und Tondern 1836-1849

Taufe, Konfirmation, Abendmahl, Beichte, Beerdigung

533 Taufe eines angeblich in Ehebruch gezeugten Kindes der Ehefrau des Daniel Bernhard Christian Vogeller in Schleswig 1835

540 Tilgung eines Taufprotokolleintrags in Kappeln 1835

553 Taufe 1835-1846

554 Taufe (1831-) 1841-1850

563 Legalisierung einer 1810 ausgestellten Geburts- und Taufbescheinigung des Pastors Brodersen in Flensburg für Engeburg Lorenzen in Kollund 1836

559 Verbot für Prediger zum Abfassen von Dispensgesuchen hinsichtlich des gesetzmäßigen Konfirmationsalters 1835-1836

562 Konfirmation 1836-1848

551 Abschaffung des Beichtgeldes sowie Beichte und Abendmahl allgemein 1836-1847

552 Abschaffung des Beichtgeldes sowie Beichte und Abendmahl allgemein 1832-1850

555 Gebühren bei Bestattung der Armenleichen 1835, 1847-1848
Enthält: Tating; Hedwigenkoog und Wesselburen; Jacob Hinrich Dähn, Klein Wesenberg

567 Totenzoll 1836-1838

578 Beerdigungen allgemein 1834-1850

532 Begräbnisplatz für den Advokaten Schiff und seine Frau in Kiel auf einem Kirchhof in Uhlenhorst 1834-1835

541 Errichtung eines Familienbegräbnisses durch Major von Hedemann-Heespen auf Deutsch Nienhof 1835-1836

561 Einrichtung separater Begräbnisse 1835-1837, 1845-1848

Verlobungen, Hochzeit, Ehe

545 Verlobungen 1835-1836
Enthält: Dienstknecht Hinrich Rohde, Hemme, und Elsabe Catharina Sievers, Wellingsbüttel; Dienstmagd Margaretha Bojens, Sankt Peter

585 Zusammenleben von Verlobten 1836-1850

535 Proklamationen und Heiraten (1833-) 1835-1836

536 Proklamationen und Heiraten (1812-) 1836-1839, 1845-1846

537 Proklamationen und Heiraten (1829-) 1837-1844

538 Proklamationen und Heiraten (1818-) 1836-1849

539 Proklamationen und Heiraten 1818-1850
Enthält u. a.: Eingehen von Zivilehen, 1818-1825, 1849-1850

543 Verweigerung eines Heiratsscheins für den Maurergesellen Detlef Hinrich Kistenmacher aus dem Gut Rosenkranz 1835-1836

515 Ehe zwischen Ehebrechern 1834, 1841
Enthält: Lorenz Ludwig Lorenzen und Anna Jensen, Niebüll; Matz Christensen Schmidt, Ries, und Maria Strombeck; Amalie Charlotte Vollertsen und Johann Hinrich Christian Vollertsen, Kappeln

556 Gebühren für Haustrauungen in den ehemaligen großfürstlichen Distrikten im Herzogtum Holstein an die Witwen- und Waisenkasse in Kiel 1835-1848

566 Dauer der Haustrauungsfreiheit für Unteroffiziere und gemeine Soldaten 1836, 1848-1850

516 Ehescheidung 1834
Enthält: L. Christensen Muurmann, Styding (nur Aktenvorsatzblatt); Margaretha Jansen, Moldenit, und Otto Friedrich Jansen; Johann Nicolaus Sellhorn, Quickborn

Kirchengut, Kirchenvermögen, Kirchenregister, Kollekten, Abgaben

528 Einlösungsfonds für die Predigergebäude 1835-1836

529 Einlösungsfonds für die Predigergebäude 1836-1843

530 Einlösungsfonds für die Predigergebäude 1843-1848

534 Bestimmung zu Rissen und Kostenvoranschlägen für Kirchen-, Prediger- und Schulgebäude sowie zur Verhinderung des Holzschwammes bei Neubauten von Schulgebäuden 1835-1843

593 Anbringen von Sonnenuhren an Landkirchen 1837-1847

595 Anschaffung eigener Kirchenkapitalbücher bei den Kirchen 1837-1846

626 Nutzung der Kirchen für musikalische Veranstaltungen 1842-1849

653 Übersicht über die Einkünfte der Kirchen in den Herzogtümern [1834-1851]

654 Kirchenschuld und Regulativ zur Erhebung des Kirchenschosses in Sankt Margarethen (1828) [1834-1851]

656 Übersicht über die Vermögensverhältnisse der Kirchen im Herzogtum Holstein [1840-1850]

657 Übersicht über die Vermögensverhältnisse der Schulen im Herzogtum Holstein [1844-1850]

569 Kirchenzehnt 1836-1847
Enthält: Aufhebung des Kirchenzehnts; Kirchspiel Süderlügum; Kirchspiel Kekenis; Aufteilung der Kirchenmittel und Zehntregulierung in der Propstei Hadersleben

570 Kirchenzehnt (1779-) 1838-1848
Enthält: Zehntregulierung in den Ämtern Apenrade und Lügumkloster; Beteiligung der Parzellisten in Oestergaard und Westergaard an den Butter- und Viehzehnten in Steinberg; Kirchspiel Gramm und Fohl; Zehntregulierung in Törninglehn

571 Kirchenzehnt 1840-1849

572 Kirchenzehnt (1814-) 1846-1849

587 Klingelbeutel und Verwendung der Klingelbeutelgelder (1814-) 1837-1850

605 Beschaffung von Namen für Einträge in Tauf- und Totenregister durch die Schullehrer 1838-1839

628 Kirchen- und Pastoratsarchive 1844-1846

607 Kirchenbücher 1837-1847

629 Kircheninventare allgemein 1844
Enthält: Propstei Tondern

650 Übersicht der Kirchenrechnungen in der Stadt Kiel und der Propstei Kiel sowie der Klosterkirche in Preetz 1841

511 Kollekten 1834-1836
Enthält u. a.: Haus- und Kirchenkollekte zum Aufbau der abgebrannten Kirche in Lunden

512 Haussammlung und Kirchenkollekte für den Aufbau der abgebrannten Kirche in Wedel 1837-1839

513 Kirchenkollekte und Haussammlung für die Sturmflutgeschädigten von 1839 in den Herzogtümern und Jütland sowie Ermittlung der Schäden 1839-1841

Darin: Bekanntmachung über die Verteilung der eingekommenen Gelder, 1840

514 Kollekten 1837-1849

Enthält u. a.: Gustav-Adolph-Stiftung in Leipzig zur Unterstützung bedrängter protestantischer Gemeinden; Unterstützung der durch die Feuersbrunst Geschädigten in Hamburg; Beiträge für die lutherische Kirche in London; Kollekte in der Kirche in Ottensen zur Unterstützung der Soldatenkinder in Rendsburg und Glückstadt

637 Kirchenpfändung des Hufners Claus Henning Lassen in Sterupgaard wegen Zahlung an die Armenkasse in Sterup 1846

652 Auszüge aus den Kirchenbüchern in Gleschendorf über Kirchenanlagen (1779, 1834) 1842

Enthält u. a.: Übersicht über die Kirchenhufen von 1589 bis 1688 und von 1818 bis 1842

Fremde Religionsverwandte

565 Erklärung der Clara Reitzenstein in Gelting über ihre Zugehörigkeit zur lutherischen oder katholischen Kirche 1836-1838

591 Katholiken 1834-1849

592 Katholiken 1844-1851

651 Regulativ für die katholische Gemeinde in Kiel 1842-1845

594 Mennoniten (1625-) 1837-1845

625 Baptisten 1843-1851

Darin: „Ny Collegial Tidende“ vom 21. und 28. Januar 1843; sieben Druckschriften, u. a. gegen Alkoholgenuss

644 Antrag auf Bestätigung der Statuten der Freien christlichen Gemeinde in Wandsbek 1850

596 Juden 1838-1848
Enthält auch: Aktenverzeichnis für Abt. 49 Nr. 596-602 (mit Namensregister)

597 Juden 1838-1848
Enthält u. a.: Verzeichnis der Mitglieder der Krämerkompanie in Rendsburg; Schulwesen der jüdischen Gemeinde in Friedrichstadt

598 Juden 1838-1850

599 Juden 1840-1847

600 Juden 1840-1848
Darin: gedruckte Regulative für die jüdischen Schulen in Friedrichstadt und Elmshorn, 1843, 1848

601 Juden 1840-1854

602 Juden (1704-) 1844-1850

624 Islamismus 1842
Enthält: Übertritt des Christoph Friedrich Matthiessen, Apenrade, zum Islam

EHEDISPENSE

658 Ehedispense 1834-1848
Enthält u. a.: Verzeichnis erteilter Ehedispense mit Gebührenzahlung an die königliche Kasse, 1835-1848
Enthält auch: Aktenverzeichnis für Abt. 49 Nr. 658-667

659 Ehedispense 1835-1836

660 Ehedispense 1836-1837

661 Ehedispense (1830) 1837-1838

662 Ehedispense 1838-1839

663 Ehedispense (1823-) 1839-1841

664 Ehedispense 1841-1842

665 Ehedispense (1840-) 1842-1844

666 Ehedispense 1844-1845

667 Ehedispense 1845-1849

SCHULE

668 Berichte und Verzeichnisse zum wechselseitigen Schulunterricht 1842-1848

669 Berichte und Verzeichnisse zum wechselseitigen Schulunterricht 1841-1847

670 Sammlung von Abschriften von Regierungsverfügungen in Schulangelegenheiten 1834-1835

671 Aufnahme in das Schullehrerseminar in Skaarup 1832-1837

672 Plan des Kandidaten der Theologie J. J. Hansen zur Gründung einer Bildungsanstalt in Eckernförde 1833-1834

Darin: „Königlich priviligiertes Wochenblatt für Eckernförde und die Umgebung“ vom 18. September 1833

673 Gleichstellung von Schullehrern mit den Seminaristen 1834-1836

674 Gleichstellung von Schullehrern mit den Seminaristen 1836-1840

675 Gleichstellung von Schullehrern mit den Seminaristen 1839-1843

Enthält u. a.: Nachrichten über die sich als Privatlehrer in den Herzogtümern aufhaltenden Seminaristen

676 Gleichstellung von Schullehrern mit den Seminaristen 1843-1848

677 Gleichstellung von Schullehrern mit den Seminaristen 1846-1850

681 Verbreitung der Übersetzung der Dupinschen „Géométrie et méchanique expliquées aux artes“ des Kapitäns von Jensen in Kopenhagen in den Volks- und Gewerbeschulen der Herzogtümer 1835

688 Realbuch für Volksschulen von P. Gudenrath und J. C. Reimers (1834) 1835
Darin: Exemplar des Werkes mit handschriftlichen Notizen und Bemerkungen

689 Jahresberichte über die bei eutinischen Kirchen eingepfarrten holsteinischen Schulen und über die bei holsteinischen Kirchen eingepfarrten eutinischen Schulen 1834-1838

690 Jahresberichte über die bei eutinischen Kirchen eingepfarrten holsteinischen Schulen und über die bei holsteinischen Kirchen eingepfarrten eutinischen Schulen 1838-1846

691 Jahresberichte über die bei eutinischen Kirchen eingepfarrten holsteinischen Schulen und über die bei holsteinischen Kirchen eingepfarrten eutinischen Schulen (1845) 1846-1851

692 Bei eutinischen Kirchen eingepfarrte holsteinische Schulen und bei holsteinischen Kirchen eingepfarrte eutinische Schulen 1835-1848

693 Bei eutinischen Kirchen eingepfarrte holsteinische Schulen und bei holsteinischen Kirchen eingepfarrte eutinische Schulen 1835-1851

694 Bei eutinischen Kirchen eingepfarrte holsteinische Schulen und bei holsteinischen Kirchen eingepfarrte eutinische Schulen 1836-1850
Enthält: Reecke; Schürsdorf; Altgalendorf; Ratekau; Zusendung gedruckter großherzoglicher Reskripte

700 Allgemeiner Schulfonds 1835-1836

701 Allgemeiner Schulfonds 1836-1839

702 Allgemeiner Schulfonds (1786-) 1838-1845

703 Allgemeiner Schulfonds 1841-1843
Enthält u. a.: Nachrichten über Vermögensstand der Schullehrerseminare in Tondern und Segeberg, des Carstenschen Legats, des Schulfonds, der Gelehrtenschulen, des Taubstummeninstituts und der Irrenanstalt

704 Allgemeiner Schulfonds 1842-1850

705 Allgemeiner Schulfonds 1847-1851
Enthält: Verteilung der Schulfondszinsen; Gehaltszulage für den Schullehrer Nicolaus Christiansen, Hagen; Obligationen und Rechnungslegung

706 Leistungen von Hufnern in Lundsmark an die Küsterschule in Hvidding 1835

707 Zeugnis der Abiturienten zur Immatrikulation an der Universität über ihre wissenschaftliche Vorbereitung und ihr sittliches Verhalten 1835

709 Schullehrerseminar in Lyngby: Aufnahme des Mads Christophersen in Krogstrup 1835

710 Beihilfe aus königlicher Kasse für Schulbauten 1835, 1842

715 Hinzuziehung der Prediger-, Küster- und Schulländereien zu den Realschullasten der Schuldistrikte 1835-1836

716 Kommunalabgaben der Schullehrer 1835-1850

717 Errichtung eines Schullehrerseminars im Herzogtum Holstein
Enthält u. a.: Pädagogisches Journal, 1829 (1829) 1835-1839

718 Errichtung eines Schullehrerseminars im Herzogtum Holstein
Enthält u. a.: Aufnahmeprüfung und Unterricht 1839-1850

719 Errichtung eines Schullehrerseminars im Herzogtum Holstein 1839-1850
Enthält u. a.: Unterricht im Gartenbau; Beitrag zur Vergrößerung der Bibliothek und zur Unterstützung von Seminaristen

720 Errichtung eines Schullehrerseminars im Herzogtum Holstein 1840-1851
Enthält u. a.: Unterricht in dänischer Sprache; Musikunterricht; Zeichenunterricht; Lehrerstellen

723 Errichtung eines Schullehrerseminars im Herzogtum Holstein 1839-1853
Enthält u. a.: Entlassungsprüfungen; Anlage von Pflanzschulen zum Unterricht in der Obstbaumzucht

724 Errichtung eines Schullehrerseminars im Herzogtum Holstein
Enthält u. a.: Bauten; Regulativ 1840-1847

725 Errichtung eines Schullehrerseminars im Herzogtum Holstein
Enthält u. a.: Gymnastikunterricht; Disziplin 1842-1851

721 Schullehrerseminar in Segeberg: Jahresberichte und Visitation durch den Generalsuperintendenten 1841-1843

722 Schullehrerseminar in Segeberg: Jahresberichte und Visitation durch den Generalsuperintendenten 1843-1851

731 Schulen auf dem Norden und dem Herrendeich in der Landschaft Nordstrand 1835-1836

734 Befreiung vom Schulgeld und Ermäßigung des Beitrags zum Schulgeld 1835-1841

735 Befreiung vom Schulgeld und Ermäßigung des Beitrags zum Schulgeld 1840-1845

736 Befreiung vom Schulgeld und Ermäßigung des Beitrags zum Schulgeld (1815-) 1844-1849

737 Befreiung vom Schulgeld und Ermäßigung des Beitrags zum Schulgeld 1848-1851

738 Aufbringung der Kosten für die Anstellung von Hilfslehrern 1835

739 ABC-Buch des Küsters und Schullehrers Kloster in Sommerstedt 1835-1836

740 Regulierung der Kommunalabgaben an das Schulwesen in Svenstrup auf Alsen (1834) 1835-1836

741 Zusicherung einer freien Schullehrerstelle in Schleswig, Rendsburg oder Glückstadt an Rektor Dörfer in Heide 1836

742 Einführung der vom Organisten Selle in Heide herausgegebenen Vorschriften zum Schreibunterricht in den Hauptschulen der Herzogtümer 1836

744 Privatunterricht von Schullehrern in öffentlichen Klassenzimmern 1836-1842

745 Bestimmung zum Begriff „Heuerinste“ in Paragraf 59 der allgemeinen Schulordnung 1837-1849

746 Arbeitsanstalten in Verbindung mit Landschulen 1836-1850

748 Verfahren gegen Schullehrer bei Amtsvergehen 1838-1849

749 Verfahren gegen Schullehrer bei Amtsvergehen (1839-) 1845-1851

750 Verfahren gegen Schullehrer bei Amtsvergehen 1846-1850

751 Verfahren gegen Schullehrer bei Amtsvergehen 1849-1850

752 Einführung des Gymnastikunterrichts 1838-1850
Enthält u. a.: Domschule in der Stadt Schleswig

753 Höhere Bürgerschulen oder sogenannte Realschulen 1838-1849

754 Einführung der Karte über das Königreich Dänemark des Kantors, Organisten und Schullehrers Marcus Grimm in Sonderburg in die Schulen 1838

755 Private Lehrinstitute 1837-1849

756 Einrichtung einer Examinationsbehörde zur Prüfung von Schullehrern für kleine Schulstellen 1839-1843

757 Abstellung des jederzeitigen Eintritts der schulpflichtigen Kinder in die Landschulen 1837-1847

758 Nachrichten über die äußeren Verhältnisse der Schulkommunen in den Landdistrikten der Herzogtümer 1840

759 Nachrichten über die äußeren Verhältnisse der Schulkommunen in den Landdistrikten der Herzogtümer 1840

760 Nachrichten über die äußeren Verhältnisse der Schulkommunen in den Landdistrikten der Herzogtümer 1840-1841

761 Bemerkung des dänischen Königs über die Benutzung der Bibel und des Gesangbuchs als einzige Lehrbücher in mehreren städtischen Volksschulen 1840-1842

762 Jährliche Legung der Schulrechnungen und deren Einrichtung 1841-1845

763 Höhere Bauernschulen 1842-1847

764 Schulprotokolle 1837-1844

765 Schullehrerkonferenzen 1842-1847

766 Empfehlung des Buches „Die Zehn Gebote“ des Pastors Rönnenkamp in Kosel 1843

767 Unregelmäßige Gehaltszahlung an die Schullehrer in mehreren Landschuldistrikten 1843-1846

768 Abhilfe der Unzuträglichkeiten bei längerer Vakanz von Schulstellen 1841-1844

769 Veränderung der Schulgesetzgebung hinsichtlich der Prüfung der Bewerber um Schulämter 1839, 1847

770 Beitrag von den Dienstländereien der Beamten zu den Realschullasten 1843-1850

771 Lehrgegenstände in den verschiedenen Volksschulen 1844-1846

772 Privileg des Jann Hinrichs in Eckernförde zum Druck und Verlag seines Lehrbuchs für den Unterricht im Lesen, Schreiben und Rechnen 1844

773 Anwendung von Paragraf 57 der allgemeinen Schulordnung auf den Unterhalt der Pforten und Schlagbäume sowie der Einfahrtsstellen vor dem Dienstland der Schullehrer 1844-1847

774 Ernennung der Volksschullehrer zum ständigen Mitglied des Ortsschulvorstandes und vorrangige Befragung der Schullehrer bei Schulbauten 1843-1845

775 Schulvisitationen und Schulprüfungen 1840-1847

776 Ankauf einer Liedersammlung des Schullehrers Johannes Neubert in Mirow in Mecklenburg-Strelitz 1845

777 Bestimmung des Begriffs „Autodidakt“ 1846

778 Verteilung und Benutzung des Werkes „Flora danica“ 1841-1846

779 Antrag des sächsischen Bundestagsgesandten auf Förderung der Zeitschrift „Programm-Revue oder Schul-Archiv“ des Gymnasiallehrers Albani in Dresden 1846

780 Verfahren bei Anstellung und Entlassung von Unterlehrern 1846-1847

781 Torfdeputate für die Schullehrer 1843-1847

782 Schulgeld für arme Kinder aus einem fremden Schuldistrikt 1840-1851

783 Schullehrerseminar in Wonsbek 1846-1849

784 Diensteinkünfte und Bezüge der Volksschullehrer in den Landdistrikten 1847-1848

Enthält u. a.: Propstei Husum und Bredstedt; Propstei Apenrade; Ottensen; Landschaft Nordstrand; Propstei Stormarn; Propstei Münsterdorf; Törninglehn; Propstei Rendsburg

785 Diensteinkünfte und Bezüge der Volksschullehrer in den Landdistrikten 1847-1848

Enthält: Propstei Hütten; Propstei Fehmarn; Kirchspiel Glückstadt und adlige Distrikte der Propstei Münsterdorf; Kirchspiel Neumünster; Propstei Eiderstedt; Propstei Kiel; Propstei Hadersleben; Kirchspiele Reinfeld, Zarpen, Klein Wesenberg und Hamberge; Propstei Flensburg

786 Diensteinkünfte und Bezüge der Volksschullehrer in den Landdistrikten 1847-1848

Enthält: Propsteien Tondern, Oldenburg, Pinneberg, Plön, Rantzau, Süderdithmarschen, Schönwohld im Gut Marutendorf

787 Diensteinkünfte und Bezüge der Volksschullehrer in den Landdistrikten 1847-1848

Enthält: Kupfermühle; adlige Distrikte im Herzogtum Schleswig; Propstei Gottorf; Propstei Norderdithmarschen; Kloster Preetz; Propstei Segeberg

788 Reform des Unterrichtswesens 1848

789 Anstellung von Militärpflichtigen unter 25 Jahren als Schullehrer 1848-1850

790 Ansetzung der Kosten für die Anzeige von Schulvakanzen als Real- oder Personalschullast 1848-1849

791 Verwendung von Summen im Staatsbudget für Bedürfnisse der Schullehrerseminare und als Beihilfe für einzelne Schulstellen 1849-1850

792 Vereinbarkeit des Schullehreramtes mit der Befugnis zur Ausübung anderer Geschäfte 1849

793 Besetzung von Schulstellen im Allgemeinen 1850

794 Beantragte Einrichtung eines Progymnasiums in Segeberg 1850

795 Antrag der Seminarlehrer in Segeberg auf Verbesserung der Stellung und Besoldung der Volksschullehrer 1848

796 Mitteilung einer Anweisung an die Schulinspektoren in Eutin hinsichtlich der Befreiung von der Sommerschule 1848

797 Antrag der Generalsuperintendentur im Herzogtum Schleswig um eine Verfügung zum regelmäßigen Besuch der Sommerschule 1847

798 Schulangelegenheiten 1835-1844
Enthält: neun einzelne Aktenstücke

799 Bericht des Regierungsrats Engels über seine Beobachtungen zum Schulwesen auf einer Inspektionsreise 1835

800 Änderung der Lektionstabellen 1835

801 Vorschläge zur Einrichtung des Schullehrerseminars in Kiel 1837

802 Übersicht über die Volksschulen in der Propstei Altona 1839

803 Verminderung der Schulversäumnisse in den adligen Schulen im Herzogtum Holstein [1841]

805 Entlassung des Schullehrers Jensen in Schleswig 1844-1845

806 Verzeichnis der Kirchspiele, Schulen, Prediger und Schullehrer in den Propsteien Eiderstedt, Flensburg und Husum [1833]

6406 Übersicht über die Kirchspiele und Schulen in den Herzogtümern mit Rücksicht auf den Zustand der wechselseitigen Schuleinrichtung 1841

GELEHRTENSCHULEN

678 Gelehrtenschulen allgemein 1835-1851
Enthält u. a.: lateinischer Schulfonds; Schulbibliotheken

679 Gelehrtenschulen allgemein 1836-1848
Enthält u. a.: Gesangsunterricht; Verzeichnis der Anwartschaften für Ämter an Gelehrtenschulen; Vorschläge zur Verbesserung des Gelehrtenschulwesens

680 Gelehrtenschulen allgemein (1818-) 1840-1850 (-1863)
Enthält u. a.: Übersicht über Schülerzahl 1848/1849; Baulichkeiten; Anwendung des Schulverweises; ökonomischer Status; Mitteilung von Schulprogrammen zwischen Dänemark und Preußen
Darin: Einladung zur Klassenprüfung in Glückstadt, 1849; Instruktionen für Haupt- und Handelsschulen in Hannover, Bremen und Leipzig, 1818-1847; Bekanntmachungen und Gesetzesblätter, 1848-1857; Inventare und Reglements der Gelehrtenschulen in Rendsburg und Glückstadt, 1857-1863

685 Berichte über den Zustand der Gelehrtenschulen 1834-1837

686 Berichte über den Zustand der Gelehrtenschulen 1837-1845

687 Berichte über den Zustand der Gelehrtenschulen 1845-1848

726 Lektionstabellen 1835

727 Lektionstabellen 1835-1838

728 Lektionstabellen 1839-1842

729 Lektionstabellen 1842-1846

730 Lektionstabellen 1847-1850

747 Berichte des Professors Nitzsch über seine Visitationen der Gelehrtenschulen 1834-1850

807 Gelehrtenschulen: Reorganisation (1826-) 1843-1847
Darin: Einladung zu den öffentlichen Prüfungen im Gymnasium in Minden, 1845; Regulativ für die Domschule in Schleswig und Instruktion für die Schullehrer an der Domschule, 1826

808 Übersicht über die Schülerzahl in den Klassen 1835-1844

809 Regeln für die Behandlung der Prüfungen [1835-1849]

810 Allgemeine Stunden- und Lektionstabellen 1847-1848

811 Bewerbung um Schullehrerstellen 1848

812 Bewerbungen von Schullehrern um vakante Stellen 1848-1849

813 Ergänzung der Lehrkräfte 1848

814 Verteilung und Ausführung des Regulativs 1848

815 Inkrafttreten des Regulativs 1848

816 Anordnung des Unterrichts in deutscher und dänischer Sprache im Lehrplan für die nächste Zeit mit Bemerkungen zur Förderung einer nationalen Bildung 1848

817 Bürgerwehrpflicht der Lehrer 1849

818 Besetzung der Lehrerstellen (1847) 1848

819 Anstellung von Lehrern (1848) 1849

820 Angestellte Lehrer (1846) 1847-1848

821 Bewerbungen von Schulamtskandidaten (1829-) 1848
Darin: Promotionsurkunden des Dr. Erasmus Krüger, Bestoft, 1847, und des Dr. Georg Leonhard Emil Claussen, Südensee, 1847; „Das Inland. Eine Wochenschrift für Liv-, Esth- und Curlands Geschichte, Geographie, Statistik und Literatur" vom 10. Februar 1847

822 Bewerbungen von Seminaristen (1846-) 1848

823 Bewerbungen nicht seminaristisch ausgebildeter Schullehrer 1848

824 Bewerbungen von Kandidaten der Theologie (1829-) 1848

826 Privatlehrer, Literaten, Sprachlehrer und Zeichenlehrer (1833-) 1848

827 Besetzung von Lehrerstellen bei der Reform (1834-) 1848-1849

829 Normativ für die Maturitätsprüfung und Erlass einer Instruktion für die Lehrer (Fragment) 1848-1849

683 Gelehrtenschule in Flensburg 1835-1850
Enthält u. a.: Schulgesetze und Schulferien; Stellenbesetzungen; Schullokal; Disziplin
Darin: Schulgesetze für die Gelehrtenschule, 1843; Dissertation des Gregor Wilhelm Nitzsche, 1840

684 Gelehrtenschule in Flensburg (1775-) 1842-1850
Enthält u. a.: Personalangelegenheiten; Unterrichtsplan; Finanzangelegenheiten

708 Gelehrtenschule in Glückstadt 1835-1850
Enthält u. a.: Personal; Pedell; Rektorat; Disziplin

732 Gelehrtenschule in Hadersleben 1835-1849 (1855)
Enthält u. a.: Kollaborator; Konrektorat

733 Gelehrtenschule in Hadersleben 1842-1851
Enthält u. a.: Rechnungsführer; Gagen; Reorganisation; Personal

682 Gelehrtenschule in Husum 1835-1854
Enthält u. a.: Rechnungen, 1848-1852; Rektorat und Konrektorat

695 Gelehrtenschule in Kiel 1835-1848
Enthält u. a.: Einrichtung einer fünften Lehrerklasse; Disziplinargewalt der Schullehrer; Personal

696 Gelehrtenschule in Kiel 1845-1851
Enthält: Anstellung von Schullehrern; Rechnung über Einnahmen und Ausgaben der Gelehrtenschule

711 Gelehrtenschule in Meldorf 1835-1851
Enthält u. a.: Rektorat; Subrektorat; Feier des dreihundertjährigen Jubiläums; Schulexamen; Personal

712 Gelehrtenschule in Meldorf 1849-1851
Enthält: Stellenbesetzungen; Verwendung eines Kapitals zur Vergrößerung der Schulbibliothek

713 Gelehrtenschule in Plön 1835-1850
Enthält u. a.: Räumlichkeit; Rektorat; Kollaborator; Vermögen

714 Gelehrtenschule in Plön 1848-1851
Enthält u. a.: Regulierung der finanziellen Verhältnisse

743 Gelehrtenschule in Rendsburg 1837-1850
Enthält u. a.: Unordnung; Rückzahlung eines Kapitals; Stellenbesetzungen

804 Gelehrtenschule in Rendsburg: Aufhebung und Errichtung einer höheren Bürgerschule 1844

828 Gelehrtenschule in Rendsburg: Zunahme und verbesserte Einrichtung nach dem Regulativ 1848

825 Gelehrtenschule in Rendsburg: Rektorat oder Konrektorat für den Kompastor Emil August Niese in Burg auf Fehmarn (1840) 1848

697 Domschule in Schleswig 1835-1849
Enthält u. a.: Besetzung von Lehrerstellen; Pedell; Rektorat; Rechnung zum Bibliotheksfonds

698 Domschule in Schleswig 1836-1849
Enthält u. a.: Bibliothek; Räumlichkeiten; Stellenbesetzungen

699 Domschule in Schleswig 1844-1851
Enthält u. a.: Auszahlungen an die Schullehrer; Ankauf des Kantorats; Schulordnung

ARMENWESEN

830 Transport der verarmten Familie Ohlsen von Wesselburen nach Norwegen (1832) 1833-1839

831 Ankauf eines Hauses in der Stadt Schleswig für ein Armenkinderhaus sowie dessen Befreiung von Kommunallasten und städtischen Abgaben 1834-1840

832 Armenwesen: Welt (1833) 1834-1841

833 Armenwesen: Landschaft Pellworm 1826-1842
Enthält vor allem: Armensetzungsregister

834 Beschwerde des Johann Meinert über Unreinlichkeit im Landwerkhaus in Wilster 1834-1835

835 Kirchenanlagegelder des Hofes Garkau an die Kirche in Gleschendorf 1834

836 Mitteilung von Akten zum Armenwesen an Advokat Dr. Heiberg in Schleswig 1834

837 Beitrag auswärtiger Landbesitzer zu den Armenlasten im Kirchspiel Hoyer 1834

838 Unterstützung des Provinzialchirurgen Venndt und seiner Familie in Barmstedt während seiner Suspendierung von der ärztlichen Praxis 1834-1837

839 Konzession des Schiffers Peter Sörensen für eine Hauskollekte in den Seestädten der Herzogtümer 1835

840 Revision der Kirchenbau- und Armenrechnungen des Kirchspiels Ockholm 1792-1843

841 Beitrag des Landkriegskommissars Graf von Moltke auf Grünental zu den Armen- und Schullasten wegen seines Grundbesitzes 1835

842 Armenwesen und ärztliche Behandlung der Armenkranken in Wandsbek 1834-1845
Darin: Nachrichten über die Armenversorgung, 1844-1845

843 Ansetzung der Einwohner der Stadt Tondern zum Armengeld (1834) 1835

844 Bau eines Armenhauses in Ohe 1835

845 Gesetzwidriger Aufenthalt des Levin Moses mit Familie in Leck (1830-) 1832-1838

846 Anlage eines Armenhauses in Eidelstedt 1834-1835

847 Bestimmung einiger Paragrafen des Patents vom 23. Dezember 1808 zum Armenunterhalt 1835, 1839

848 Armenbeitrag des Kapitäns des Oldenburgischen Infanterieregiments von Jess in Rendsburg 1835

849 Armenwesen: Kirchspiel Schenefeld 1835-1846

850 Bau eines Armenhauses in Rausdorf 1835-1836

851 Armenwesen: Uelvesbüll 1835-1841

852 Ankauf des Hauses des J. Hansen in Koldenbüttel für das dortige Armenwesen 1835-1837

853 Unterstützung des Hans Detlef Friedrichsen und Johann Christian Haack in Luschendorf 1835

854 Haussammlung des Schiffers Peter Sörensen junior in Maasbüll 1835

855 Ansetzung der Komtessen Elisabeth und Georgine von Brockdorff in Itzehoe zum Armengeld 1835

856 Armengeld des Majors von Ewald in Itzehoe 1835

857 Regulativ für das Armenwesen im Gut Kronsburg 1835-1836

858 Anlage einer Nebenleitung von einer Wasserleitung (Schreventeich-Schlosshof) in Kiel für das Armenhaus in Brunswik 1835-1836

859 Bau eines zweiten Armenhauses in Lügumkloster (1701-) 1830-1841

860 Armenwesen: Fahretoft 1835-1848

861 Armenkommission in Glückstadt 1835-1846

862 Almosensammlung in der Propstei Pinneberg für den ehemaligen Pastor Amthor in Rellingen 1835

863 Beitrag des Besitzers des Conradschen Hauses auf dem Deich in Bottschlott zu den Armenlasten des Kirchspiels Risum 1844-1847

864 Bestimmung zu unklaren Verhältnissen des Armenwesens und Vagabundentransports 1835-1839

865 Regulierung des Armenwesens im Gut Schrevenborn 1835-1844

866 Zuständigkeit für während der Zuchthausstrafe erkrankte Zuchthäusler nach ihrer Entlassung 1836

867 Haussammlung des Steuermanns Friedrich von der Heide in Neustadt 1836

868 Transport der aus dänischen Strafanstalten in ihre Heimat zurückkehrenden Bewohner der Herzogtümer 1835-1836

869 Beitrag von Eingesessenen in Rümpel mit Erbpachtslandbesitz in Rohlfshagen zu den Armenlasten in Rohlfshagen 1836

870 Bau eines Armenhauses in Bönningstedt 1836

871 Regulierung des Armenwesens im Kirchspiel Klipleff (1811-) 1835-1837

872 Zwangs- und Armenarbeitsanstalten 1835-1839
Enthält: Neumünster; Glückstadt; Boren; Albersdorf

873 Zwangs- und Armenarbeitsanstalten (1839) 1840-1848
Enthält: Kirchspiel Risum; Kirchspiel Sieverstedt; Schwabstedt; Unterstützung von Armenkommunen in Nordschleswig bei Brand eines Armenarbeitshauses; Vorschlag des Pastors With, Hohenaspe, zur Anlage eines Armenarbeithauses für mehrer Kirchspiele; Segeberg; Haddeby
Darin: Regulativ für die Verwaltung des Armenwesens im Kirchspiel Haddeby, 1843

874 Streitigkeiten zwischen Aerösköping und Flensburg wegen Kostenübernahme für den erkrankten Lehrjungen Peter Rasmussen sowie Zugehörigkeit der Lehrlinge zum Gesinde 1836-1837

875 Wohnung für die Witwe des Tagelöhners Steen in Luschendorf 1836

876 Vergütungsverhältnis zwischen dänischen und schleswig-holsteinischen Armenkommunen für angeschaffte Kleidung 1836

877 Armenwesen: Moorsee 1836

878 Armenhäuser 1836-1847

879 Armenwesen: Kirchspiel Garding 1836-1841

880 Befreiung des Joachim Rohwedder in Heinkenborstel vom Amt des Armenvorstehers 1836

881 Befreiung des Hufners Jaspar Glindemann in Tappendorf vom Amt des Armenvorstehers 1836

882 Erstattung von Kur- und Unterhaltskosten der Stadt Flensburg für den ehemaligen Oberförster Graf Knuth 1836

883 Beiträge zum Armengeld im Börmerkoog (1835) 1836-1837

884 Einführung einer Abgabe im Kirchspiel Bau für an Fremde vermietete Wohnungen 1836

885 Armenwesen: Kirchspiel Kaltenkirchen 1836-1845

886 Unterhalt verarmter Geisteskranker 1836-1841

887 Unterhalt verarmter Geisteskranker 1842-1849

888 Unterstützung für den Advokaten Petersen in Schleswig 1836-1837

889 Versorgung des Johann Hinrich Muhs in Luschendorf 1836-1837

890 Kostenerstattung für die Schlachterzunft in Eckernförde wegen Unterstützung des Schlachtergesellen Johann Peter Plunder aus Altona 1836-1838

891 Heimatrechte des in Hamburg verhafteten Vagabunden Carl Theodor Marschall 1837

892 Versorgung des armen Gemütskranken Hans Beeck im Kirchspiel Jörl (1836) 1837

893 Übergang des Hofes Flarup an die Armenkommune in Norderbrarup 1836-1837

894 Verhältnis der Kupfermühle zum Armenwesen im Kirchspiel Bau 1837-1844

895 Obliegenheiten des Tischlermeisters Christian Schreiner in Heide als Armenpfleger 1837

896 Kostenerstattung für angehaltene Bettler 1837, 1848

897 Verpflegungskosten für den auf einer Treibjagd bei Halloh verwundeten Johann Jochim Gadow 1837-1840

898 Wohnungen des Arbeitsmanns Hans Detlef Friedrichsen und des Einliegers Fr. Mäding in Luschendorf sowie des Arbeitsmannes Johann Hinrich Miersen in Scharbeutz 1838-1839, 1848
Enthält auch: Unterstützung der Familien von dienenden Landsoldaten

899 Beschwerde des Lizentiaten Huwaldt in Lunden wegen verweigerter Anweisung von Rechnungen auf die Landeskasse für ärztliche Behandlung und Untersuchung des Barthold Raap und Wilhelm Schmidt in Hemmerwurth 1837-1838

900 Mitteilung von Schriften und Anordnungen zum Armenwesen an die französische Regierung 1837-1838

901 Revision der Armengesetze und Erlass einer neuen Armenordnung 1838

902 Bestallung eines Armenvogts in Elskop 1838

903 Heimatbescheinigungen 1838-1840

904 Heimatbescheinigungen 1839-1849

905 Kostenerstattung für die Stadt Marne wegen Unterhalts des Johann Matthias Böhe aus dem Gut Knoop 1837-1838

906 Unterhalt des Hans Jacobsen oder Jensen in den Armenkommunen des Kirchspiels Emmerleff (1837) 1838-1840

907 Armenwesen: Esgrus 1838-1843

908 Armenwesen: Gut Emkendorf 1838-1842

909 Armengeldsetzung von in Kiel zur Miete wohnenden Grundeigentümern in Brunswik 1837-1838

910 Armensteuer im Kirchspiel Ulderup 1838-1839

911 Abschiebung der schwangeren Catharina Hedwig Iwers von Eckernförde nach Altenhof 1838

912 Rechnungsrabatt der Apotheker für Arme 1839

913 Regulierung der gegenseitigen Forderungen der Armenkommunen in Kopenhagen und Neumünster wegen der Kur- und Unterhaltskosten für den Tabaksspinnergesellen Johann Ansitschuk 1839

914 Antrag des Armenkollegiums in Wewelsfleth auf Änderung einer Bestimmung zur Versorgung erkrankten Gesindes 1838-1839

915 Bau eines Armenhauses in Jörl 1839

916 Bau eines Armenhauses in Remmels 1839

917 Verbindlichkeit zur Alimentierung naher Angehöriger 1839-1848

918 Bauplatz für ein Armenhaus in der Kolonie Friedrichsholm 1839

919 Abgabe an die Armenkasse im Kirchspiel Großenwiehe 1839

920 Armensetzung und Verteilung des Lohns des Armenvogts im Kirchspiel Satrup 1838-1844

921 Armenwesen: Gut Ohrfeld 1839-1841

922 Armenwesen: Kirchspiel Brokdorf 1839-1843

923 Kompetenzanspruch des holsteinischen Obergerichts zur Entscheidung von Streitigkeiten in Armenverpflegungsangelegenheiten bei Beteiligung der Armenkommune in Altona 1839-1840

924 Heimaterwerb ausländischer Militärpersonen 1838-1839

925 Anleihe zum Ankauf von Roggen zur Verteilung unter die Armen im Kirchspiel Drelsdorf 1839-1842

926 Aufhebung eines Vertrages zwischen dem Armenkollegium in Kating und Dr. Clasen in Tönning über die Behandlung der Armenkranken 1838

927 Armenkommune des Kirchspiels Sterup und des Gutes Grünholz 1839-1843

928 Heimatrecht in Rickling des Insten Hans Greve aus Willingrade 1839-1840

929 Weigerung der Stadt Altona zur Erstattung von Beerdigungkosten für Selbstmörder 1839-1840

930 Armenwesen: Kirchspiel Schwabstedt 1839-1844

931 Armenwesen: Kirchspiel Buhrkall 1839-1843

932 Gebühren für Befragungen in Armenangelegenheiten 1846-1849

933 Armenvorsteheramt des Schiffbaumeisters Johann Peter Nicolaus Dircks in Oevelgönne 1840

934 Aufnahme des Christian Friedrich Kallström im Amt Ahrensbök 1840

935 Roggenlieferungen der Hufner im Kirchspiel Ladelund für die Armenkasse (1839) 1840

936 Anfrage des Pastors Meyn in Wesselburen zum Einbehalt von Dienstbotenlohn für die Armenkasse 1840

937 Zahlung von Beerdigungskosten für Verunglückte in Groß Kollmar 1840

938 Armenwesen: Kirchspiel Eddelak 1841-1846

939 Armenkassenabgaben der fremden Heuerlinge in den Kirchspielen Munkbrarup und Glücksburg 1841-1848

940 Heimatrecht einer gerichtlich geschiedenen Ehefrau 1841

941 Armenwesen: Ottendorf 1841

942 Wahl des Armenvorstehers in Bargteheide 1841
Enthält nur Aktendeckblatt

943 Erstattung von Kosten für die Erziehung der Waise Caroline Johannsen in Atzbüll 1841

944 Beschwerde des verarmten Johann Christian Zimmermann in Gothendorf wegen verlangter Arbeit 1842

945 Gewaltsame Vertreibung von in den neueren Fideikommissgütern beheimateten Familien aus der Stadt Oldenburg 1842

946 Armenwesen: Hoyer 1842-1845

947 Armenwesen: Poppenbüttel 1841-1843

948 Beiträge von Zollbeamten in Harksheide an die Armenkasse in Tangstedt 1842-1843

949 Beförderung des Armenarztes im Westerkirchspiel der Landschaft Fehmarn 1842

950 Hinzuziehung der Ländereien der Dorfschaft Schobüll in der Hattstedtermarsch zu den Armenlasten des Kirchspiels Hattstedt (1827-) 1842

951 Beitrag des Hufners Jacob Lund in Gintoft für die Armenkasse in Quern 1842-1843

952 Armenwesen: Kirchspiel Feldstedt 1842-1844

953 Eintreibung von Armenbeiträgen und Dienstlohn in Dunkelsdorf 1843

954 Beitrag des Langenhorner Alten Koogs zu den Armenlasten 1843-1846

955 Erstattung von Kosten für Anhaltung auswärtiger Vagabunden aus königlicher Kasse (1842) 1843-1846

956 Armenwesen: Neumünster 1843-1845

957 Aufrechterhaltung der vier Armenkommunen des Kirchspiels Süderstapel 1842-1843

958 Ausstellung von Schulddokumenten für die Armenkommune in Tondern 1843

959 Beitrag der Eingesessenen in Groß und Klein Ellerbüll an die Armenkasse des Kirchspiels Breklum (1842) 1843-1844

960 Armensetzung in Deezbüll 1844

961 Rüge im „Itzehoer Wochenblatt" für das Armenkollegium in Schlichting 1844

962 Weigerung des Müllers Jacobsen in Hellewatt zur Übernahme des Armenvorsteheramts (1739-) 1844-1845

963 Armensetzung im Kirchspiel Schobüll 1844

964 Armenwesen: Schönkirchen 1844

965 Hebung der Bauerschuld für das Armenwesen in Lunden 1844

966 Repräsentation der Armenkommune im Flecken Uetersen 1844

967 Armenwesen: Kirchspiel Horst 1844-1845

968 Verhältnis des Königsmoors zur Armenkommune in Krummendiek 1844-1845

969 Versorgung des unehelichen Kindes der Fanny Meyer durch die jüdische Armenkommune in Rendsburg 1844-1845

970 Unterstützung des Hans Nielsen in Eggebek 1843-1845

971 Teilnahme der Prediger der betreffenden Kirchspiele an der Armenverwaltung in den vom Fürstentum Lübeck abgetretenen Distrikten 1844

972 Bestimmung des Armendistrikts für das Aderslebener Ediglag im Bargumer Koog 1844-1846

973 Ablieferung freiwilliger Armenbeiträge im Kirchspiel Nienstedten an die allgemeine Kirchenkasse 1845-1846

974 Schenkung der Eheleute Naeve in Kirchhorst an die Armenkommune in Groß Wittensee 1845

975 Beihilfe zum Armenwesen in Kleinhansdorf 1845-1846

976 Wechsel des Hofbesitzers Henningsen in Gjelstoft von der Armenkommune des Kirchspiels Gramm zu der des Kirchspiels Hoyrup
Enthält nur Aktendeckblatt 1847

977 Vergütung für den Kirchspielvogt Nissen in Lunden für die Teilnahme an Sitzungen des Armenkollegiums in Sankt Annen 1847
Enthält nur Aktendeckblatt

978 Ernennung eines Polizei- und Armenvogts in Neuendorf und Kostenerstattung für Inger Kirstine Mikkelsdatter (Friedrichstadt-Hirschholm)
Enthält nur Aktendeckblatt 1847-1848

979 Armenstiftung in Brodersby (Gut Olpenitz) (1683-1698) 1849

980 Praktische Erörterung der in den Herzogtümern Schleswig und Holstein geltenden Normen über das Heimatwesen, herausgegeben aus dem Nachlass des vormaligen Regierungsrates Johann J. C. Lüders, 1847 1847-1866
Enthält auch: zahlreiche Hinweise auf Akten für den Zeitraum von 1836 bis 1866

981 Verteilung der Armenlasten in den Marschdistrikten 1837-1838

6365 Heimatrechte des Schauspielers Christian Wilhelm Hansen aus Holtenau und Regulierung des Armenwesens in den Distrikten des Schleswig-Holsteinischen Kanals 1842-1847

982 Armenwesen: Stadt Burg auf Fehmarn 1835-1848

983 Armenwesen: Stadt Eckernförde 1835-1850

984 Armenwesen: Stadt Flensburg (1822-) 1835-1848
Darin: Artikel der allgemeinen Totengilde, 1830; revidierte Anordnung zur Witwenversorgungsanstalt, 1830; tabellarische Verzeichnisse der Unterstützungsempfänger, 1822-1832

985 Armenwesen: Stadt Friedrichstadt (1828-) 1835-1848
Darin: Regulativ für die Verwaltung der Kirchen-, Diakonie- und Waisenkasse der remonstrantischen Gemeinde, 1828; „Ditmarser und Eiderstedter te“ vom 23. August 1848 und 11. Juli 1849

986 Armenwesen: Stadt Garding 1835-1849

987 Armenwesen: Stadt Husum (1806-) 1835-1847
Darin: Plan zur verbesserten Einrichtung des Armenwesens in Husum, 1806; Bestimmungen der Spar- und Leihkasse in Husum, 1831; Anhang zum Armenplan von 1806, 1815

988 Armenwesen: Stadt Schleswig (1830-) 1835-1846
Darin: Jahresübersichten der Armenkasse im Lollfuß, 1835-1846, und des Verwaltungsausschusses der Zwangsarbeitsanstalt, 1829-1833

989 Armenwesen: Stadt Schleswig 1842-1849
Darin: Jahresübersicht der Armenkasse im Lollfuß, 1843

990 Armenwesen: Stadt Tönning 1835-1849

991 Armenwesen: Landdistrikte der Propstei Eiderstedt (1762-) 1834-1835

992 Armenwesen: Landdistrikte der Propstei Eiderstedt 1836-1848

993 Armenwesen: Propstei Fehmarn 1834-1848

994 Armenwesen: Propstei Flensburg (1832-) 1835-1847
Darin: Regulativ für das Armenarbeitshaus im Kirchspiel Grundhof, 1847

995 Armenwesen: Propstei Flensburg 1840-1848

996 Armenwesen: Propstei Gottorf (1797-) 1835-1844
Darin: Instruktion für die Kirchenoffizialen als Juraten und Kirchspiels- oder Achtmänner in der Propstei Gottorf, 1797; Regulativ für das Armen- und Arbeitshaus im Kirchspiel Havetoft, 1841; Regulativ zur Armenverwaltung im Kirchspiel Hollingstedt, 1844

997 Armenwesen: Propstei Gottorf 1840-1850
Darin: Regulativ für die Armen- und Arbeitsanstalt im Kirchspiel Hollingstedt, 1848; Regulativ für die Armen- und Arbeitsanstalt im Kirchspiel Norderbrarup, 1845

998 Armenwesen: Propstei Hütten mit Landschaft Stapelholm (1805) 1835-1849
Darin: Regulativ für das Armenwesen im Kirchspiel Haddeby, 1843; Regulativ für das Armenwesen im Kirchspiel Kropp, 1843; Regulativ für das Armenwesen in Schenefeld, 1849; Instruktion für die Kirchen- und Schuloffizialen in der Propstei Hütten, 1805

999 Armenwesen: Propsteien Husum und Bredstedt (1820-) 1835-1845
Darin: Regulativ für das Armenwesen im Flecken Bredstedt, 1837

1000 Armenwesen: Propsteien Husum und Bredstedt 1844-1850

1001 Armenwesen: Propstei Tondern (1831-) 1835-1837

1002 Armenwesen: Propstei Tondern 1836-1842

1003 Armenwesen: Propstei Tondern 1841-1848
Darin: Regulativ für die Armen- und Arbeitsanstalt in Emmelsbüll, 1847

1004 Armenwesen: Propstei Tondern (1811-) 1846-1848

1005 Armenwesen: unmittelbar unter der Generalsuperintendentur stehende Distrikte im Herzogtum Schleswig 1835-1850

1006 Armenwesen: Erster Angler Güterdistrikt 1835-1846

1007 Armenwesen: Erster Angler Güterdistrikt (1822-) 1835-1847
Darin: Regulativ für das Armenwesen in Gelting, 1839; Beschreibung des Stammgutes Düttebüll und Verkaufsbedingungen, 1822

1008 Armenwesen: Zweiter Angler Güterdistrikt (1787) 1835-1844
Darin: Verkaufsbedingungen für das Gut Fresenhagen, 1787

1009 Armenwesen: Schwansener Güterdistrikt (Güter B-D) (1761-) 1835
Darin: Regulativ für das Armenwesen des Gutes Gereby, 1825

1010 Armenwesen: Schwansener Güterdistrikt (Güter E-S) 1835-1848
Darin: Regulativ für das Armenwesen im Fideikommissgut Louisenlund, 1845

1011 Armenwesen: Dänischwohlder Güterdistrikt (Altenhof-Kaltenhof) (1795-) 1835-1847

1012 Armenwesen: Dänischwohlder Güterdistrikt (Knoop-Wulfshagen) (1790-) 1835-1847
Darin: Beschreibung des Gutes Seekamp mit Verkaufsbedingungen, 1790

1013 Armenwesen: oktroyierte Köge im Herzogtum Schleswig (1589-) 1837-1848

1014 Armenwesen: Stadt Apenrade 1835-1846

1015 Armenwesen: Stadt Hadersleben (1834-) 1835-1847
Darin: Druckschrift des Predigers Lautrup über die Wohltätigkeitsanstalten in Hadersleben, 1831; „Lyna. Eine Wochenschrift" vom 15. Februar 1835; Auszug aus der Stadtarmenrechnung für 1833

1016 Armenwesen: Stadt Sonderburg (1801-) 1835-1847
Darin: Regulativ für das Armenwesen in Sonderburg, 1842

1017 Armwenwesen: Stadt Tondern 1835-1848
Darin: Regulativ für das Armenwesen in Tondern, 1842

1018 Armenwesen: Propstei Apenrade mit Lügumkloster 1835-1848

1019 Armenwesen: Propstei Hadersleben (1785-) 1835-1837
Darin: Instruktion für Kirchenoffiziale im Amt Hadersleben, 1785; Regulativ der Christina-Friderica-Stiftung in Tyrstrup, 1830; Bekanntmachung von Vorschriften zur Aufrechterhaltung der öffentlichen Sicherheit, 1825

1020 Armenwesen: Propstei Hadersleben 1840-1847

1021 Armenwesen: Propstei Sonderburg 1835-1848

1022 Armenwesen: Distrikte des Törninglehn 1835-1847
Darin: Regulativ für die Armen- und Arbeitsanstalt im Kirchspiel Beftoft, 1847

1023 Armenwesen: Kirchspiel Emmerleff 1839-1843

1024 Armenwesen: Norder- und Süderharde, Propstei auf Alsen sowie Insel Aerö 1835-1847

1025 Namensregister zu den Armenangelegenheiten [1834-1850]

1027 Namensregister zu den Armenangelegenheiten [1834-1850]

1026 Ortsregister zu den Armenangelegenheiten [1834-1850]

BRANDWESEN

6352 Konzession des Schornsteinfegers Gottfried Werner in Heide für die Landschaft Norderdithmarschen 1828-1830

6347 Benachrichtigung des Schornsteinfegermeisters Johann Friedrich Wilhelm Walsberg über die Besetzung der Schornsteinfegerstelle in Segeberg 1835

1029 Schornsteinfeger: Stadt Schleswig (1812-) 1834-1843

1030 Schornsteinfeger: Stadt Rendsburg 1744-1834, 1860

1031 Schornsteinfeger: Stadt Rendsburg 1805-1854

1032 Schornsteinfeger: Stadt Rendsburg 1789-1835

1041 Schornsteinfeger: Amt Steinburg, Städte Glückstadt und Krempe 1743-1847

1042 Schornsteinfeger: Stadt Itzehoe 1764-1842

1043 Schornsteinfeger: Stadt Wilster 1814-1843

6351 Schornsteinfeger: Flecken Uetersen 1837-1841

1037 Schornsteinfeger für die Herrschaft Pinneberg 1838

1034 Schornsteinfegergeld des Agenten Olde und der Agentenwitwe Vahlert in Neuenbrook 1837

1035 Reinigung der Schornsteine in den Einnehmer- und Wärterhäuser an der Chaussee im Amt Reinbek 1838

1036 Schornsteinfegerdienste des Schornsteinfegergesellen Friedrich Carl Joachim Winter in Schleswig für die Landschaften Eiderstedt, Nordstand und Pellworm, das Amt Husum und die Halligen 1838

1038 Feuergeld von den Hauseigentümern für den Schornsteinfeger Diekmann in Glückstadt 1839

1039 Beteiligung der Herzogtümer an der Gewinnhälfte der Aachener-Münchener-Feuerversicherungs-Gesellschaft 1837-1842

6433 Verwendung des Gewinnanteils der Herzogtümer aus der Aachener und Münchener Feuerversicherungsgesellschaft (1834, 1837) 1847
Darin: Statuten der Aachener Feuer-Versicherungs-Gesellschaft und des Aachener Vereins zur Beförderung der Arbeitsamkeit, 1834

6407 Strohbedachungen in Lunden (1770, 1834) 1836-1841

1033 Strohbedachung der Dorfschulen 1835

1044 Strohdächer und Strohwiepen (1764-) 1779-1845

1045 Strohdächer und Strohwiepen (1825-) 1827-1846

6353 Branddirektorat: Amt Lügumkloster 1806-1847

6354 Branddirektorat: Amt Tondern 1800-1834

6355 Branddirektorat: Amt Hadersleben 1821-1848

6356 Branddirektorat: Amt Flensburg 1816-1850

6359 Branddirektorat: Landschaft Pellworm 1799-1848

6432 Branddirektorat: Ämter Kiel, Bordesholm und Kronshagen 1823-1846

6360 Brandwesen: Ämter Gottorf und Hütten 1796-1845

Enthält: Ausweisung von Vergütungsgeldern für Branddirektoratsfuhren; Gebühren des Branddirektors bei der Generaltaxation

6364 Brandwesen: Städte und Flecken 1827-1847

6357 Brandgilden im Herzogtum Holstein (1823-) 1831-1848

6431 Forderungen des Branddirektorats der Ämter Reinbek, Trittau und Tremsbüttel 1833-1837

6358 Brandgilden im Herzogtum Schleswig 1834-1844

6348 Brandkassenrechnungen des Amtes Cismar 1843-1844

6349 Brandkassenrechnungen der Landschaft Norderdithmarschen 1833-1842

6350 Auszahlung von Entschädigungsgeldern bei Brandschäden in Glückstadt 1840-1844

Enthält: Kaufmann Johann Hermann Christian Höger; Tischlermeister Christoph Röhrs; Kaufmann J. W. C. Schneider; Kahnführer Johann Schütt; Maria Magdalena Wahlers

6430 Zahlung von Ausgleichsgeldern an die Brandkasse der Wilstermarsch durch die Brandkasse des Amtes Hadersleben 1839-1841

1040 Verzeichnisse von Immobiliarbrandschäden 1842-1844

1028 Aufbau der abgebrannten Gebäude des Achtelhufners Hans Rehse in Techelsdorf 1834

ANSTECKENDE KRANKHEITEN

1046 Ansteckende Krankheiten 1833-1848
Enthält u. a.: Cholerafonds in Arnis; Unterstützungsverein im Gut Mori; Bekanntmachungen über von Seuchen betroffene oder verdächtige Länder und Orte; Erstattung von Kosten

1047 Ansteckende Krankheiten (1833-) 1835-1844
Enthält u. a.: Kosten für Behandlung von Choleraerkrankter im Gut Mori; Cholerakommission in Tönning; Erstattung von Kosten

1048 Ansteckende Krankheiten 1805-1850
Enthält u. a.: Krankheit in Meggerdorf, sogenannte Dithmarsische Krankheit; Quarantänekommissionen; Maßnahmen gegen die Krätze und Syphilis; Erstattung von Kosten

DEICHE UND WASSERLÖSUNG

1049 Erhöhung und Verstärkung des Deichs auf Westerlandföhr 1834

1050 Abwässerung der Marschen im Amt Tondern (1709-) 1808-1843

1051 Überschreitung des Deichrezesses durch den Deichinspektor Salchow bei Instandsetzung der Lahnung in Dagebüll (1832-) 1834

1052 Uferbauten bei Vollerwiek, Rotenspieker und Reimersbude 1834-1835

1053 Berichte über Deichschäden 1834-1845

1054 Wahl von vier neuen Deichbandskommittierten 1834

1055 Gebühren bei Deichschauungen (1830-) 1834-1835

1056 Aufhebung der Verbindung Westerlandföhrs mit Osterlandföhr in Wasserlösungsangelegenheiten (1804-) 1834-1840
Darin: Karte der Marschländereien auf Föhr, 1809

1057 Deichlasten und Deicharbeiten auf Pellworm (1830-) 1834-1850
Darin: Umriss eines Teils der Insel Pellworm, 1832

1058 Zustand der Deiche auf Föhr und Nordstrand 1834-1835, 1845-1849

1059 Gelder des Peter Vagt in Norderstapel für Arbeiten am Osterkoogdeich (1834) 1835

1060 Bau einer zweiten Arleschleuse im Amt Husum 1834-1835

1061 Bezahlung der Verdingskosten für eine Deichstrecke in Scheppern an Henning Bielfeldt in Bargen 1834-1835

1062 Berechnung der Deichbeitragsgelder für Ländereien der Hattstedtermarsch 1835-1836

1063 Nördlicher (zweiter) Deichdistrikt 1835

1064 Deichinspektion des Deichinspektors Salchow über den Porrenkoog 1835-1839

1065 Denkschrift des Oberdeichinspektorats über Deich- und Entwässerungsarbeiten im Herzogtum Schleswig sowie Anträge von Kommunen und Interessenten (1809) 1834-1839

1066 Schuldige Deichvorschussgelder der Kommunen im ersten Deichband im Herzogtum Schleswig 1835

1067 Anstellung der Söhne des Deichinspektors Salchow in Husum als Deichkondukteur im Herzogtum Holstein und als Deichassistent im Herzogtum Schleswig 1835

1068 Verstärkung einer Deichstrecke in der Hattstedtermarsch 1835

1069 Beschwerdeschrift von Interessenten des Wiedingharder Gotteskoogs wegen des Taglohns der Deichoffizialen 1835-1836

1070 Wiederherstellung des Deichs zwischen der Eider und der Südermarsch sowie Erweiterung einer Wegstrecke am Deich 1835-1836

1071 Rüge im „Husumer Wochenblatt“ über angebliche Unzuträglichkeiten einer Deicharbeit im Ockholmerkoog 1836

1072 Umlegung und Erweiterung der Schiefen Brücke im Kirchspiel Kotzenbüll 1835-1836

1073 Genehmigung für Kommunen des Amtes Tondern im ersten Deichband zur Abhandlung der Deichvorschussgelder und Aufbringung der Aversionalsummen 1835-1836

1074 Erweiterung der Brücke in Süderwaygaard 1836-1837

1075 Deiche und Wasserlösung im Herzogtum Schleswig 1835-1850
Enthält u. a.: Zustand der Deiche auf Föhr und Nordstrand; Wasserstand der Sorge; Postbeförderungen auf dem Vorufer von Friedrichstadt nach Reimersbude; Deichinstandsetzung im Hafen von Tönning; Instandsetzung der Deiche und Siele im Bassenbrokerkoog; Wahl der Deichbandkommissionen im Herzogtum Schleswig
Darin: Karten zu Lahnungsarbeiten in Osterlandföhr

1076 Staureglement für die Wiesen in Kastrup und Thiset 1829-1838

1077 Schleuse in Friedrichstadt 1837-1843

1078 Verteilung der Kosten für Uferabschrägung und Uferbestickung an einem Deich in der Landschaft Eiderstedt 1839

1079 Instandhaltung einer Wasserdammstrecke in Uelvesbüll durch den Lehnsmann Hans Hinrichs in Osterhever 1839

1080 Reinigung der Schloote und Ströme der Wasserlösung in Dörpstedt 1839-1840

1081 Belegung des Hoyer Deichs mit Gruus (1777-) 1839-1842

1082 Deichinspektorat im Herzogtum Schleswig und Untersuchung gegen den Deichinspektor Salchow (1811-) 1835-1843
Darin: „Kieler Correspondenzblatt“ vom 29. Juli 1835

1083 Deichinspektorat im Herzogtum Schleswig und Untersuchung gegen den Deichinspektor Salchow (1821-) 1828-1850

1084 Zustand des Eiderdeichs bei der Steinschleuse und Berichtigung einer Rechnung des Deichinspektors Salchow wegen Besichtigung dieser Deichstrecke 1840-1841

1085 Durchdeichung der Eider zwischen Katingsiel und Vollerwiek bis zum Außendeich in Norddeich im Kirchspiel Wesselburen 1841

1086 Deiche und Wasserlösung im Herzogtum Schleswig (1776-) 1840-1846
Enthält u. a.: Hüttener Au; Seedeich im Reußenkoog; Entwässerung im Gut Maasleben; Deichverstärkung im Louise-Reußenkoog; Reinigung der Treene; Benutzung des Vorufers des Norderfriedrichskoogs; Wasserlösung in Reimersbude

1087 Deiche und Wasserlösung im Herzogtum Schleswig 1844-1850
Enthält u. a.: Auskleiung eines Grabens in Uelvesbüll; dritter Deichband; Kostenerstattung für Instandsetzung eines Siels im Iversbüllerkoog; Damm zur Verbindung von Langeneß und Nordmarsch; Bruch des Eiderdeichs bei der Schleuse in Erfde; Deichschuld des Osterkoogs in Süderstapel; Bedeichung des Hoyerkoogs und Friedrichskoogs; Wasserverhältnisse der Arlau

1088 Gutachten des Ober- und Landgerichtsadvokaten Forchhammer über die Zuständigkeit des Eigentums der Außendeiche und zur Zuständigkeit der Gerichte 1841-1842

1089 Ernennung des Johann Harlop Pohns in Rantrum zum Deichgrafen der Südermarsch 1838

1090 Deiche und Wasserlösung im Herzogtum Holstein 1834-1846
Enthält u. a.: Deichgrafenamt in der Krempermarsch; Vergütung für den Deichgrafen in Bielenberg; Deichgraf am Westerdeich; Deichgrafenamt für Sommerland und Grönland; Vereinigung der beiden Schleusenkommunen in Neuendorf; Stickdeich in Haseldorf und Haselau; Deichgrafenamt im Kirchspiel Wewelsfleth; Beschwerde über die Amtsführung des Deichgrafen Baumgarten, Haseldorf
Darin: Karte der großen und kleinen Schleuse in Neuendorf; Karte des Deichs in Haseldorf und Haselau

1091 Deiche und Wasserlösung im Herzogtum Holstein (1764-) 1839-1846
Enthält u. a.: Althafener Kanal in Sankt Margarethen; Deichstrecke in Beidenfleth; Rechnungen des Deichbandes Wilstermarsch; Beschwerden der Dorfschaften Stellau, Heidrehm und Hingstheide wegen eines Wasserlaufs
Darin: Handzeichnung des Föhrdener Feldes mit Wasserleitungen, 1845

1092 Deiche und Wasserlösung im Herzogtum Holstein 1845-1850
Enthält u. a.: Entwässerung des Schleusenverbandes Wisch; Aufsicht über die Rhinschleuse bei Glückstadt; Beitrag von Heringsand zu Wasserleitungskosten im Hedwigenkoog; Streitigkeiten zwischen Eingesessenen in Bargenstedt wegen Reinigung eines Teils der Süderau

1093 Ernennung des Stadtbaumeisters Carl Adolph Heinrich Christensen in Altona zum Wasserbaudirektor und dessen Teilnahme an den Bauangelegenheiten des Kommunalhafens 1846-1848

GEFÄNGNISSE UND ZUCHTHÄUSER

1095 Stadtgefängnis in Eckernförde 1834-1836

1096 Herabsetzung der Speisekosten für die Gefangenen im Gefängnis in Pinneberg 1834-1836, 1847

1097 Amtsgefängnis in Segeberg 1835-1845

1098 Kostenrechnung für den Schneider Peter Henning Jürgensen in Thumby wegen seiner Gefängnisstrafe 1835

1099 Haft- und Verpflegungskosten sowie sonstige Gebühren für Verhaftete 1818-1829

1100 Haft- und Verpflegungskosten sowie sonstige Gebühren für Verhaftete 1829-1849

1101 Haft- und Verpflegungskosten sowie sonstige Gebühren für Verhaftete (1832-) 1842-1849

1102 Beköstigungsgelder des Gefangenenwärters in Pinneberg 1805, 1820-1822

1103 Gefängnis für das Gut Laygaard 1835-1836

1104 Besichtigung der Gefängnisse in Itzehoe, Steinburg, Glückstadt, Rendsburg und Kiel 1836

1129 Landnutzung des Gefangenenwärters Schling in Reinbek auf dem Richtplatz 1836

1130 Gefängisse im Flecken Preetz 1836-1838

1131 Verbesserung der Arreststube des Lauenburgischen Jägerkorps in der Hauptwache in Kiel 1836-1837

1132 Einrichtung eines sogenannten Bürgergehorsams im Gefangenenhaus in Wandsbek 1836-1838

1133 Bau eines Gefängnisses mit Gerichtsdienerwohnung auf Sylt 1836-1838

1134 Amtsgefängnis in Plön 1836-1850

1135 Sporteltaxe für die Gerichtsdiener und Gefangenenwärter der Grafschaft Rantzau 1836-1837

1136 Gefängnisse auf den Gütern des Herzogtum Holsteins (1821-) 1830
Darin: zahlreiche Grundrisse

1137 Gefängnisse auf den Gütern des Herzogtum Holsteins (1806-) 1830
Darin: Grundrisse für Bockhorn, Westensee, Oppendorf, Hanerau, Blomesche Wildnis, Heiligenhafen, Wittenberg, Schönweide und Neuhaus

1138 Gefängnisse in Glücksburg 1837-1840

1139 Gefängnis auf dem Gut Knoop 1838

1140 Gefängnisse der Stadt Sonderburg 1838

1141 Gefangenenhaus in der Herrschaft Pinneberg 1837-1840

1142 Fehlen eines Gefängnisses für das Gut Klein Nordsee 1837-1838

1143 Gefängnis und Gefangenenwärter im Amt Trittau 1838-1844

1144 Gefängnisse in der Stadt Heiligenhafen 1838-1839

1145 Gefängnis für das Gut Borstel 1838-1839

1146 Gefängnis des Gutes Gelting 1839

1166 Gefängnis für das Gut Schönhorst 1839

1167 Zugang der Geistlichen zu den Gefangenen 1839

1168 Gefängnis für das Gut Muggesfelde 1839-1840

1175 Gefängnis auf Gut Rantzau 1840

1176 Gefängnis auf Pellworm (1823-) 1839-1840

1177 Stadtgefängnis in Segeberg 1840

1178 Gefängniswesen in der Landschaft Norderdithmarschen 1840-1848

1179 Amtsgefängnis in Kronshagen 1841

1180 Gefängnis auf Gut Emkendorf 1842

1181 Amtsgefängnis in Hadersleben 1841-1845

1182 Amtsgefängnis in Cismar 1842

1197 Bau eines Gefängnisses für mehrere Güter im Dorf Leck 1844-1845
Darin: Grundriss

1198 Gefangenenhaus in Bredstedt 1845

1199 Bau eines Gerichts- und Gefangenenhauses in Kappeln 1846

1200 Vermehrung der Anzahl und bessere Einrichtung der Arrestlokale für das Militär 1846-1848

1201 Zustand der Gefängnisse: Angler Güterdistrikte und Augustenburger Güterdistrikt 1841-1843
Darin: Grund- und Profilrisse

1202 Zustand der Gefängnisse: Köge im Herzogtum Schleswig, Kieler Güterdistrikt, Preetzer Güterdistrikt 1841-1846
Darin: Grundrisse

1203 Zustand der Gefängnisse: Itzehoer Güterdistrikt, Oldenburger Güterdistrikt, Kanzleigüter, Klöster und Köge im Herzogtum Holstein sowie Wildnisse und Stadtstiftsdörfer 1841-1846
Darin: Grundriss des Gefängnisses in Ahrensburg

1204 Zustand der Gefängnisse: Ämter, Landschaften und Städte im Herzogtum Schleswig 1841-1846
Darin: Grund- und Profilrisse

1205 Zustand der Gefängnisse: Ämter, Landschaften und Städte im Herzogtum Holstein 1841-1847
Darin: Grund- und Profilrisse

1206 Zustand der Gefängnisse: Allgemeines 1841-1846

1207 Erstattung von Haftkosten für politische Gefangene 1848-1849

1216 Gefängnisse des Klosters Itzehoe 1850
Enthält u. a.: Verzeichnis der Häftlinge

1217 Gefängnis auf Gut Farve 1841-1850

1105 Strafanstalten in Glückstadt: Vorschüsse aus königlicher Kasse 1835-1838

1106 Strafanstalten in Glückstadt: Genehmigung eines Anbaus und Einstellung von Vögten (1824-) 1834-1836

1107 Strafanstalten in Glückstadt: Pastorat und Organisation des Unterrichts 1835-1850

1108 Strafanstalten in Glückstadt: Erstellung von Verzeichnissen der Insassen 1835-1849

1109 Strafanstalten in Glückstadt: Oberinspektion 1835-1850

1110 Strafanstalten in Glückstadt: Küster, Kantor und Lehrer 1834-1836

1111 Strafanstalten in Glückstadt: Instruktion für Offiziale sowie Untersuchungen gegen die Zuchthausvögte Unger und Floyl 1835-1838

1112 Strafanstalten in Glückstadt: Rücklieferung oder Vergütung von Kleidungsstücken des Hinrich Steffensen in Rabenkirchen und Johann Peter Jensen in Aastrup 1835, 1847

1113 Strafanstalten in Glückstadt: Revision der Rechnungen (1826-) 1835-1850 (1866)
Darin: Bekanntmachungen über die Resultate der Rechnungen

1114 Strafanstalten in Glückstadt: Pförtnerdienst bei der zweiten Abteilung 1836

1115 Strafanstalten in Glückstadt: Änderung des Einstellungsverfahrens bei Zuchthausvögten sowie Zuchthausvögte allgemein (1828-) 1836-1848

1116 Strafanstalten in Glückstadt: Inspektion 1836, 1845-1848

1117 Strafanstalten in Glückstadt: Zuchthausschreiber 1836

1118 Strafanstalten in Glückstadt: Medizinalwesen 1836-1847

1119 Strafanstalten in Glückstadt: Haussteuer von den Wohnungen der Zuchthausvögte 1836-1839

1120 Strafanstalten in Glückstadt: Rundschreiben zur Ablieferung der Züchtlinge 1836, 1847

1121 Strafanstalten in Glückstadt: Verpflegungsgelder für den gemütskranken Peter Matthias Müntmeyer aus Sonderburg 1836-1840

1122 Strafanstalten in Glückstadt: Herabsetzung der Schuldzinsen 1836-1838

1123 Strafanstalten in Glückstadt: Vergütung des Vizeinspektors Hartz zur Beschäftigung eines Lombardschreibers 1836-1845

1124 Strafanstalten in Glückstadt: Mehrverdienst der Züchtlinge bei Entlassung 1836-1842

1125 Strafanstalten in Glückstadt: Korrespondenz mit den großherzoglichen Behörden in Eutin 1837-1843

1126 Strafanstalten in Glückstadt: Aufhebung der durch die großfürstliche Verordnung von 1730 angeordneten Leistungen und Abgaben 1837-1838

1127 Strafanstalten in Glückstadt: Weigerung der Auskunft an die Zoll- und Akzisedepuation in Hamburg über eine Leinwandlieferung an die Brüder Jaffe in Hamburg 1837

1128 Strafanstalten in Glückstadt: Schulden und Regulierung der ökonomischen Verhältnisse 1837-1850

1147 Strafanstalten in Glückstadt: Regulierung der Beiträge der Kommunen (1837) 1838-1840

1148 Strafanstalten in Glückstadt: Regulierung der Beiträge der Kommunen 1839-1846

1149 Strafanstalten in Glückstadt: Verfahren wegen der zur Landesräumung verurteilten Zuchthäusler Wilhelm August Stein und Hinrich Wilhelm Müller 1838

1150 Strafanstalten in Glückstadt: Erhebung der Insten- und Brüchegelder in den ehemaligen großfürstlichen Distrikten für die königliche Kasse 1838-1842

1151 Strafanstalten in Glückstadt: Prämie für die Nachweisung des Täters eines Diebstahls auf der Zuchthausbleiche 1838

1152 Strafanstalten in Glückstadt: Begleitung der Zuchthäusler von Rendsburg nach Glückstadt 1838

1153 Strafanstalten in Glückstadt: Rückstände bei den Kostenbeiträgen 1838-1844

1154 Strafanstalten in Glückstadt: Rückstände bei den Kostenbeiträgen 1844-1850

1155 Strafanstalten in Glückstadt: Zuchthausrezeptionsaufträge im Herzogtum Holstein, Verhältnis des holsteinischen Oberinspektorats zum Oberkriminalgericht und Verfahren wegen verurteilter Landmilitärreserven 1838-1840

1156 Strafanstalten in Glückstadt: Beitrag zu den Ständekosten 1838-1839

1157 Zuchthauskommission im Herzogtum Schleswig 1838-1840

1158 Strafanstalten in Glückstadt: Einäscherung der zweiten Abteilung 1839

1159 Strafanstalten in Glückstadt: Einäscherung der zweiten Abteilung 1840

1160 Strafanstalten in Glückstadt: Beitrag der Zuchthausvögte zum Armengeld 1839

1161 Strafanstalten in Glückstadt: Ablieferung des an Krätze erkrankten Carl Adolph Sievers durch das Gottorfer Amtshaus 1839

1162 Strafanstalten in Glückstadt: Rückzahlung von Unterhaltskosten durch den ehemaligen Zuchthäusler Marx Klüver in Uetersen (1836) 1839-1840

1163 Strafanstalten in Glückstadt: Archivverluste beim Brand 1839-1840

1164 Strafanstalten in Glückstadt: Reallasten von dem als Schlafunterkunft der Zuchthäusler dienenden Schauspielhaus 1840

1165 Strafanstalten in Glückstadt: Kosten wegen brandbedingter verlängerter Haft der Zuchthäusler in den Ortsgefängnissen 1839-1841

1169 Strafanstalten in Glückstadt: Brandversicherung 1840

1170 Strafanstalten in Glückstadt: Gebäude für die erste Abteilung 1840, 1847

1171 Strafanstalten in Glückstadt: Kirche in der zweiten Abteilung 1840

1172 Strafanstalten in Glückstadt: Flucht von Zuchthäuslern, schärfere Bewachung und Einstellung von Zuchthausvögten 1840-1845

1173 Mitteilung statistischer Nachrichten über die Strafanstalten in Glückstadt und das Zuchthaus in Flensburg an die Kommission zur verbesserten Einrichtung der Strafanstalten 1840

1174 Strafanstalten in Glückstadt: Aufenthalt entlassener Zuchthäusler in der Stadt Glückstadt 1840-1844

1183 Strafanstalten in Glückstadt: Inhaftierung des Herz Michel 1841

1184 Aufhebung des Zuchthauses in Altona und Verlegung der Zuchthäusler nach Glückstadt 1841

1185 Strafanstalten in Glückstadt: Kurkosten für die krank abgelieferte Meta Catharina Schmidt aus dem Gut Lammershagen 1842-1843

1186 Strafanstalten in Glückstadt: Inhaftierung der Magdalena Christina Selck wegen Kindsmord und Fehlen einer Zuchthauseinrichtung für besonders zu behandelnde Zuchthäusler 1842

1187 Strafanstalten in Glückstadt: Kostenerstattung für die Verpflegung der Zuchthäuslerin Johanna Maria Henriette Leisering aus dem Gut Jersbek außerhalb des Zuchthauses 1843-1844

1188 Strafanstalten in Glückstadt: Kostenerstattung des Amtes Neumünster für die Verpflegung der Zuchthäuslerin Maria Catharina Burmeister 1844

1189 Strafanstalten in Glückstadt: Errichtung eines Asyls für entlassene Frauen 1844-1848

1190 Strafanstalten in Glückstadt: Ländereien 1845-1846

1191 Strafanstalten in Glückstadt: Dienste der Zuchthäusler beim Lombard 1846

1192 Strafanstalten in Glückstadt: Speisemeister 1846-1849

1193 Strafanstalten in Glückstadt: Zulässigkeit des Aufenthalts schwangerer Sträflinge 1847-1849

1194 Strafanstalten in Glückstadt: Zulässigkeit des Aufenthaltes geistesschwacher Sträflinge 1847-1848

Enthält: Peter Gebert Steen Jürgensen, Apenrade; Margaretha Magdalena Wegener, Amt Reinfeld

1195 Strafanstalten in Glückstadt: Gratifikation für den Lombardverwalter von Hartz 1847

1196 Strafanstalten in Glückstadt: Unterstützung für Zuchthausoffiziale 1847

1208 Strafanstalten in Glückstadt: Maßnahmen zur öffentlichen Sicherheit und Schließung der Werkstätten 1848

1209 Strafanstalten in Glückstadt: Verteilung der Gebäudearbeiten an die Handwerker in Glückstadt 1848

1210 Strafanstalten in Glückstadt: Auszahlung der Verpflegungsgelder für Johann Bernhard Kuhlmann aus der Staatskasse 1848-1849

1211 Strafanstalten in Glückstadt: Erstattung von Kurkosten für den Sträfling Johann Friedrich Christian Cobabus aus Saxtorf 1848-1849

1212 Strafanstalten in Glückstadt: militärische Bewachung 1849

1213 Strafanstalten in Glückstadt: Werkmeister 1849

1214 Aufhebung der Sklaverei in Rendsburg und Unterbringung der Karrengefangenen in den Strafanstalten in Glückstadt 1849-1850

1215 Strafanstalten in Glückstadt: Entlassung von Sträflingen aus dem Herzogtum Schleswig während dessen Besetzung durch dänische Truppen 1850-1851

GEWERBEPOLIZEI

1218 Gewerbepolizei: spezielle Angelegenheiten in Schleswig, Sonderburg, Flensburg und Pellworm 1833-1847

1219 Zimmer- und Maurerzunft in Neustadt 1834, 1839-1847

1220 Verbundnahme [Annahme unzünftiger Lehrlinge durch Zunftmeister]: Aktenverzeichnis zu Abt. 49 Nr. 1221-1230 1834-1849

1221 Verbundnahme 1834-1835

1222 Verbundnahme 1835-1836

1223 Verbundnahme 1836-1838

1224 Verbundnahme 1838-1839

1225 Verbundnahme 1839-1840

1226 Verbundnahme 1840-1842

1227 Verbundnahme 1842-1843

1228 Verbundnahme 1843-1846

1229 Verbundnahme 1845-1846

1230 Verbundnahme 1846-1849

1231 Schmiedezunft in Uetersen (1831-) 1834

1232 Verlegung der Schmiede des Timm von Thun in Borsfleth 1834

1233 Bäckerzunft in Tondern 1834-1843

1234 Zimmerzunft in Kiel 1793-1838
Darin: zwei Grundrisse für Meisterstücke

1235 Entlassung des Seefahrenden Conrad Petersen aus der Arbeit beim Böttcher Schreck in Flensburg 1834

1236 Zünftigkeit des Sattler- und Riemeramtes in Hadersleben 1834-1845

1237 Aufhebung eines Brücheurteils des Amtes Ahrensbök gegen den Schuster Wulf zur Walkmühle 1834

1238 Zunftangelegenheiten 1827-1850
Enthält u. a.: Artikel für die Krüger- und Fassbinderzunft in Friedrichstadt, 1827-1845; Zünfte in Segeberg; Regulativ und Artikel für die Tischlerzunft und Weißbäckerzunft in Wilster; Artikel für mehrere Zünfte in Heiligenhafen; Zimmerzunft in Schleswig, 1833-1850

1239 Tischlerzunft in Glückstadt 1827-1849

1240 Rundschreiben wegen der Berichte zu Konzessionsgesuchen für bürgerliches Gewerbe auf dem Land 1834

1241 Schusterzunft in Lügumkloster 1834-1841

1242 Reifschläger in Segeberg und Erlass einer Norm über die Befugnis von Meisterwitwen zur Fortsetzung des Gewerbes (1670-) 1829-1841

1243 Zünfte: spezielle Angelegenheiten 1834-1846
Enthält u. a.: Errichtung einer Schlachterzunft in Bramstedt; Tischlerzunft in Uetersen; Sattlerzunft in Neustadt; Tuchmacherzunft in Neumünster; Verstöße gegen Zunftordnungen; Aufnahmen in Zünfte

1244 Zünfte in der Stadt Plön 1825-1847

1245 Gewerbepolizei: spezielle Angelegenheiten (1828-) 1834-1845
Enthält u. a.: Tischlerzunft in Friedrichstadt; Maurerzunft und Zimmerarbeiten in Wilster; Wochenmarktordnung für Rendsburg

1246 Zehrpfenning für die wandernden Handwerksgesellen 1830-1850

1247 Zulassung fremder Maurer, Zimmerleute und Tischler zu Bauarbeiten in den Städten (1818) 1819-1820

1248 Gewerbepolizei: spezielle Angelegenheiten (1804) 1828-1848
Enthält u. a.: Färberzunft in Rendsburg; Schmiedezunft in Wilster; Zunftangelegenheiten in Itzehoe; Schuhmacherzunft in Schleswig; Änderung von Zunftartikeln in Heiligenhafen; Überhandnehmen des bürgerlichen Gewerbes in den gemischten Distrikten zwischen Ripen und Lügumkloster

1249 Regulierung des Gewerbes und Entwurf einer Gewerbeordnung 1835-1844
Darin: Druckschriften zur Einführung einer Gewerbeordnung, 1840

1250 Gewerbepolizei: spezielle Angelegenheiten (1767-) 1830-1848
Enthält u. a.: Weberzunft in Heiligenhafen; Weberzunft in Hadersleben; Schusterzunft in Elmshorn; Barbierzunft in Kiel

1251 Maurerzunft in Flensburg (1829) 1835-1848

1252 Gewerbepolizei: spezielle Angelegenheiten (1723-) 1818-1846
Enthält u. a.: Buchbinder in Schleswig; Tischlerzunft in Segeberg; Glaserzunft in Husum; Verstöße gegen die Artikel der Maurerzunft in Schleswig; Handschuhmacher in Sonderburg; Meisterstück des Drechslergesellen Hans Friedrich Nettgens, Schleswig; Zunftrollen in Lütjenburg; Konzessionsgesuche

1253 Maurer- und Schneiderzunft in Tondern, Schmiedezunft in Wilster, Landhandwerker in den Zünften in Plön, Zimmerzunft in Lütjenburg, Schusterzunft in Bredstedt (1802-) 1835-1842

1254 Schusterzunft, Tischlerzunft und Glaserzunft in Norburg 1835-1843

1256 Bäckerzunft in Uetersen, Bäcker Warneke in Broacker, Schmiede- und Schlosserzunft in Rendsburg, Schlachterzunft in Krempe, Tischlerzünfte in Oldenburg, Burg auf Fehmarn und Sonderburg, Klempnerzunft in Glückstadt 1835-1849

1255 Schneiderzunft in Friedrichstadt, Schusterzunft in Apenrade, Tischlerzunft in Schleswig und Kiel (1740-) 1835-1850
Enthält u. a.: Abschrift der Artikel der Tischlerzunft in Kiel

1257 Krämerkompanie in Schleswig (1734-) 1836-1850

1258 Schlachterzunft in Flensburg 1835-1846

1259 Vierteljährliche Ausfertigung der Krügerei-, Hökerei- und Handwerkskonzessionen sowie Berechnung der Konzessionsgebühren 1835-1841

1260 Vierteljährliche Verzeichnisse an die Rentekammer über erteilte und kassierte Konzessionen 1836-1848

1261 Fleischverkauf des Schlachters Langemann in Lügumkloster in den zum Amt Tondern gehörigen Kirchspielen (1835) 1836

1262 Schmiedezunft in Rendsburg 1835-1849

1263 Gastwirtschaft des verabschiedeten Korporals Johann Friedrich Hawersaat in Schleswig 1835-1836

1264 Schankwirtschaft des Johann Tietjens in Burg und Anlage von Gastwirtschaften in der Landschaft Süderdithmarschen 1835-1841

Enthält u. a.: Verzeichnis der Wirtshäuser in der Landschaft Süderdithmarschen, 1841

1265 Niederlassung als Gold- und Silberarbeiter in Flensburg 1835-1836

1266 Errichtung einer Fleischerzunft im Flecken Preetz 1835-1836

1267 Beschwerde von Krämern in Norburg gegen den Handel des Christian Lesemann in Ravensdamm mit Manufaktur- und Kolonialwaren 1835-1836

1268 Beschwerde der Schmiede und Drechsler in Neumünster gegen die Zulassung der Landhandwerker zu den Jahrmärkten in Kiel 1836-1837

1269 Bäckerzunft in Kiel 1835-1843

1270 Schusterzunft in Meldorf 1835-1846

1271 Schuster-, Schlachter- und Schmiedezunft in Itzehoe, Schuhmacherzunft in Eckernförde, Zimmerzunft in Rendsburg, Schlachterzunft in Glückstadt (1667-) 1808-1848

1272 Barbierzunft in Oldesloe, Zimmerzunft in Barmstedt, Maurerzunft in Itzehoe, Schusterzunft in Sonderburg, Böttcherzunft in Rendsburg (1746-) 1836-1846
Enthält auch: Verbindung der Bäckergesellen in Flensburg

1273 Krämerkompanie in Sonderburg (1779-) 1836-1848

1274 Tischler- und Zimmerzunft in Kellinghusen, Zimmerzunft in Flensburg, Schlachterzunft in Uetersen 1834-1843
Enthält auch: Anfrage des Tischlers Friedrich Friedrichsen, Broacker, wegen Handwerksarbeiten an den von den Kirchspielen zu unterhaltenden Gebäuden
Darin: Artikel der Zimmerzunft in Flensburg, 1837

1275 Aufnahme von Landhandwerkern in mehreren Weberzünften 1836

1276 Tischlerzunft in Flensburg 1820-1848
Darin: Zeichnung eines Meisterstücks (Sekretär)

1277 Bäckerzunft in Glückstadt 1836-1843

1278 Zimmerzunft in Oldesloe 1836-1847

1279 Berechnung von Gebühren für Untersuchungen wegen unerlaubten Hausierens 1835-1836

1280 Schusterzunft in Bredstedt 1836-1849

1281 Verfahren gegen Anna Catharina Grönne verehelichte Due in Sonderburg und Peter Jürgensen Finnemann in Dynnevith wegen Verstoßes gegen das Hökereireglement 1835-1836

1282 Schneiderzunft in Itzehoe, Bäckerzunft in Krempe und Friedrichstadt (1719-) 1835-1849
Enthält auch: Ausschreibung von Lehrlingen für den Drechslermeister Fischer, Neumünster; Pfändung des Senators Haack, Kiel, gegen den Maurergesellen Lütjohann

1283 Schmiedezunft in Burg auf Fehmarn, Schmiede- und Schlosserzunft in Eckernförde, Zimmerzunft in Wilster, Schlachterzunft in Hadersleben (1722-) 1836-1847

1284 Klempnerzunft in Schleswig, Bäckerzunft in Barmstedt, Reepschlägerzunft in Tondern, Schlachterzunft in Lügumkloster
Enthält auch: Verkauf von Töpferwaren in Husum (1705-) 1824-1843

1285 Berechtigung des Topfhändlers Heinrich Büthe aus Dingen zum Topfhandel in Garding 1836

1286 Berechtigung des Töpfers C. W. Müller in Flensburg zum Handel mit Töpferwaren im Herzogtum Schleswig (1822-) 1836

1287 Beschwerde des Pächters der Kornwassermühle in Oldesloe N. Hinselmann wegen des bürgerlichen Gewerbes der in der Nähe von Oldesloe wohnenden Müller (1835) 1836

1288 Maurerzunft in Segeberg 1836-1842

1289 Schusterzunft in Heide 1836-1844

1290 Besuch der Jahrmärkte in Heiligenhafen durch Landböttcher 1836

1291 Arbeit der Landsoldaten und Zimmergesellen Carl Heinrich Schnack in Lebrade, Johann Heinrich Jaeger in Rathjensdorf und Johann Joachim Christian Garwer in Bösdorf bei Zunftmeistern in den Städten, besonders in Plön 1836

1292 Schmiede- und Schlosserzunft in Flensburg (1835) 1836-1847

1293 Schusterzunft in Uetersen 1836-1844

1294 Böttcherzunft in Heiligenhafen 1836-1843

1295 Gesuch des Schmieds Peter Lempfert in Ellerhoop um ein Verbot für den Schmied Hinrich Starkjohann in Oha (Herrschaft Pinneberg) von Arbeiten in der Grafschaft Rantzau (1833) 1836

1296 Verfahren mit Landhandwerkern in den Distrikten von Neuendorf, Groß und Klein Kollmar, Herzhorn, Sommerland und Grönland, der Bülowschen Wildnis und der Krempermarsch 1836

1297 Sattlerzunft in Schleswig (1653-) 1836-1844

1298 Anlage einer Schmiede beim Gut Grüngrift 1836

1299 Aufnahme des Goldschmiedes Nicolaus Köster in die Goldschmiedezunft in Wilster 1836

1300 Schusterzunft in Barmstedt 1836-1843

1301 Schusterzunft in Segeberg 1836-1843

1302 Gesuch des Stroh- und Spanhutmachers Stolp in Plön um ein Verbot des Handels der Landleute mit Stroh und Spanhüten auf den Jahrmärkten 1836

1303 Proberiss und Modellierung zur Erlangung des Meisterrechts in Zimmerzünften 1836-1838

1304 Weigerung des Justitiariats in Gravenstein zur Mitteilung der Handelskonzession des Otto Friedrich Ahlmann an den Magistrat in Sonderburg (1835) 1836

1305 Böttcherzunft in Uetersen 1836-1843

1306 Schutz des Gewerbes des Malers und Glasers Stapel in Wandsbek sowie Strafurteil gegen Georg Solkofsky in Wandsbek (1833-) 1836

1307 Aufnahme des Schmieds Hardefeldt aus Westerhorn in die Schmiedezunft in Bramstedt 1836-1837

1308 Aufnahme des Färbers Peter Christian Hardege in Itzehoe in die Färberzunft 1836

1309 Detailhandel des Nagelschmieds Niels Peter Christian Andersen in Schleswig in den Herzogtümern mit Nägeln 1836

1310 Maurerzunft in Hadersleben 1836-1844

1311 Krämerkompanie in Kiel (1826-) 1835-1848
Darin: „Wochenblatt zum Besten der Armen in Kiel" vom 13. Dezember 1837

1312 Mehlhandel der Grützmacher Christian Dose und Heinrich Mordhorst in Eckernförde 1827-1838

1313 Fischerinnung in Schleswig 1827, 1837

1314 Anfertigung von Schmiedearbeiten zum Eigenbedarf durch den Knecht des Erbpachtsmüllers Töge Lorenzen in Havetoft 1836-1837

1315 Beschwerde der Schmiedezunft in Sonderburg wegen des Wagens des Apothekers Schmidt (1661, 1817) 1836

1316 Böttcherzunft in Preetz 1836-1846

1317 Maurerzunft in Schleswig 1836-1848

1318 Wechselseitige Gewerbeausübung der sich in den Städten und zunftberechtigten Flecken der Herzogtümer Holstein und Lauenburg aufhaltenden Maurer und Zimmerleute (1776, 1778) 1836

1319 Abdeckerei (1824-) 1836-1848

1320 Krämerkompanie in Rendsburg (1701-) 1836-1850
Darin: „Beilage zum Wochenblatt für Rendsburg und Umgebung" vom 14. November 1835

1321 Tischlerzunft in Bredstedt, Bäckerzunft in Oldenburg, Bäckerzunft in Apenrade (1831-) 1836-1845

1322 Backgerechtigkeit des Gastwirts Weinold in Neumühlen (Amt Kiel) (1706-) 1836

1323 Verweigerte Aufnahme des Reifergesellen Ludwig Riedel in Hadersleben in die Reiferzunft 1836-1837

1324 Bestimmung des Konzessionsdistrikts der Schlachter Johann Wichmann, Johann Peter und Jacob Krause in Wewelsfleth sowie Claus Voss in Beidenfleth 1836

1325 Verbot für die Maurergesellen Hinrich Christian Kock und Hartwig Christian Schulz von Arbeiten am Schulhaus in Högersdorf 1836

1326 Böttcherzunft in Elmshorn, Schmiedezunft in Bredstedt, Schneiderzunft in Kiel 1836-1845

1327 Malerzünfte in Kiel, Rendsburg und Tondern 1822-1847

1328 Tischlerzunft in Plön 1836-1847

1329 Viehschneiden 1801-1850

1330 Bäckerzunft in Flensburg, Schusterzunft in Schleswig, Maurerzunft in Preetz 1836-1847
Enthält u. a.: Statuten der Totenbeliebungskasse der Schuhmacher in Schleswig, 1837

1331 Tischlerzunft in Rendsburg (1746-) 1836-1850

1332 Rademacherzunft und Tischlerzunft in Oldesloe, Maler in Schleswig, Schmiedezunft in Glückstadt (1817-) 1836-1848

1333 Töpferzunft in Uetersen 1836-1843

1334 Eingriffe des Zimmermanns Broder Brodersen in Meldorf in die Gerechtsame der Tischlerzunft 1836-1837

1335 Kammerjäger 1837-1847
Darin: Druckschrift des A. Böck, Rosenbach, über Mittel zur Vernichtung und Vertreibung von Mäusen und Ratten, 1841

1336 Zünftigkeit des Töpfers Johann Diedrich Eggers in Hohenwestedt 1837

1337 Barbierzunft in Sonderburg, Schneiderzunft im Kirchspiel Wesselburen, Malerzunft in Altona, Schmiedezunft in Heiligenhafen 1836-1845

1338 Schutz der Gewerbeausübung für die Schmiedezunft in Sonderburg sowie für den dortigen Rademacher Nicolai Jürgensen und Sattler Friedrich Jensen 1837

1339 Schusterzunft in Glückstadt, Schlachterzunft in Segeberg, Maurer- und Zimmerzunft in Oldenburg 1836-1850

1340 Beschwerde des Hutmachergesellen Wölfel gegen den Mützenmacher Meyer in Plön wegen eines Hutmachergeschäfts (1836) 1837

1341 Sattlerzunft in Rendsburg, Klempnerzunft in Flensburg, Bäckerzunft in Segeberg, Korbmacherzunft in Altona, Tischlerzunft in Wilster (1834-) 1836-1848

1342 Färber in Schleswig, Stell- und Rademacherzunft in Flensburg, Zünfte in Heiligenhafen, Maler in Neustadt (1830-) 1836-1846
Enthält u. a.: Statuten der Stell- und Rademacherzunft in Schleswig, 1830

1343 Färber in Lügumkloster, Schmiedezunft in Schleswig, Sattlerzunft in Tondern, Sattler in Norburg, Färberzunft in Neumünster 1837-1844

1344 Konzessionsgesuche zum Orgelbau (1826) 1836-1847

1345 Rundschreiben zur Übertragung der Privilegienerteilung für die Anlage von Lederfabriken in den Landdistrikten an die Regierung 1837

1346 Zimmerzunft in Elmshorn 1836-1846

1347 Beschäftigung unzünftiger Arbeitsgehilfen bei Brückenreparaturen in Lügumkloster 1837

1348 Aufnahme des Rademachergesellen David Ludwig Schmidt aus Parchim in die Rademacherzunft in Tönning 1837

1349 Konzessionserteilung an Landmilitärreserven mit Freilosung von den Linientruppen 1837, 1842

1350 Bäckerzunft in Schleswig 1837-1848

1351 Böttcherzunft in Flensburg, Schneiderzunft in Bredstedt, Tischlerzunft und Zimmerleute in Eckernförde 1837-1849

1352 Schmiede- und Schlosserzunft in Neumünster, Tischlerzunft in Apenrade, Zimmerzunft in Itzehoe, Töpfer in Sonderburg (1720-) 1822-1848

1353 Hökereireglement 1829-1844

1354 Hökereireglement 1839-1848

1355 Reifschläger in Segeberg, Maurerzunft in Rendsburg, Glaser in Friedrichstadt und Uetersen, Klempner- und Kupferschmiedezunft in Kiel 1829-1850

1356 Tischlerzunft in Preetz, Schlachterzunft in Rendsburg, Tischlerzunft in Hadersleben (1830-) 1837-1846
Enthält auch: Verbot für den Drechsler Georg Matthiessen, Kiel, des Ausstellens einer Ware in einer Bude

1357 Bäckerzunft in Rendsburg und Schlachterzunft in Schleswig 1837-1850

1358 Barbiergewerbe auf dem Land (1724-) 1837-1848

1359 Drechslerzunft in Flensburg 1837-1847

1360 Zunftwesen allgemein 1837-1851
Enthält u. a.: Bestimmungen zu Meisterstücken; Aufnahme von Landhandwerkern; Berichte zum Vermögensstand der Zünfte

1361 Meisterstück des Schneidergesellen Jacob Rieck in Uetersen 1837

1362 Erteilung von Unterricht im Maßnehmen und Zuschneiden von Kleidungstücken 1837-1842

1363 Schlosser- und Schmiedezunft in Kiel 1837-1850

1364 Glaserzunft in Flensburg, Tischler- und Zimmerzunft in Bramstedt, Zimmerzunft in Segeberg (1594) 1837-1847
Enthält u. a.: Abschrift der Artikel der Glaserzunft in Flensburg, 1594
Darin: Artikel der Zimmerzunft in Segeberg, 1838; Grundrissskizze zu einem Meisterstück der Zimmerzunft in Segeberg

1365 Sattlerzunft in Eckernförde, Schusterzunft in Krempe, Schmiedezunft in Sonderburg, Maurerzunft in Altona 1837-1848

1366 Gesuch von Eingesessenen in Sonderburg um Einschränkung der Konzessionierung von Landhandwerkern und Hökern, Verbot des Auf- und Verkaufs auf dem Land und Verbot des vormittäglichen Aufkaufens der städtischen Höker von den Landleuten 1837-1838

1367 Zuständigkeit der Töpfer in Oldesloe für Reparaturarbeiten an Töpferöfen 1837

1368 Aufnahme des Schönfärbers Johann Hinrich Tappenbeck in Hohenwestedt in die Färberzunft in Kiel 1837-1845

1369 Schlachterzunft in Plön, Maurerzünfte in Heiligenhafen und Kiel, Glaser in Hadersleben und Reinfeld, Tischlerzunft in Heide (1818-) 1822-1850

1370 Zimmerzunft in Hadersleben, Schusterzünfte in Kiel und Heiligenhafen, Schmiedezunft in Tondern, Tischlerzunft in Krempe (1739-) 1837-1844

1371 Brennereien, Brauereien und Malzereien in den Guts- und Klosterdistrikten sowie in den lübschen Stadtstiftsdörfern 1838

1372 Zimmerzunft in Burg auf Fehmarn, Tischlerzunft in Elmshorn, Drechslerzunft in Altona 1838-1849

1373 Scherenschleifer 1838-1850

1374 Scherenschleifer 1843-1848

1375 Färberzunft in Kiel 1838-1843

1376 Schlachtergeselle für die Gebrüder Lorenzen in Rendsburg 1838

1377 Bäckerzunft in Eckernförde, Schmiede- und Schlosserzunft in Glückstadt, Maurerzunft in Oldesloe, Schmiedezunft in Altona 1838-1847

1378 Rademacherzunft in Rendsburg, Schlachterzunft in Neustadt, Barbierzunft in Heide 1838-1845

1379 Bestimmung zum Malzen, Bierbrauen und Branntweinbrennen in den adligen und klösterlichen Distrikten 1835-1837

1380 Tischlerzunft in Burg auf Fehmarn, Schneiderzunft und Schmiedezunft in Segeberg 1838-1850

1381 Sattlerzunft in Preetz, Schmiede- und Schlosserzunft in Uetersen, Buchbinderzunft in Flensburg, Glaserzunft in Schleswig, Schlachterzunft in Sonderburg, Böttcherzunft in Kiel (1727-) 1818,1837-1846

Enthält u. a.: gebundenes Exemplar der Artikel der Buchbinderzunft in Flensburg von 1727

1382 Anträge des Konditors Theodor Schultze in Neustadt auf Beschränkung der Anfertigung und des Verkaufs von Konditoreiwaren 1837-1845

1383 Schmiedezunft in Oldesloe, Kupferschmiedezunft in Flensburg, Zimmer- und Maurerzunft in Wandsbek, Schusterzunft in Kellinghusen, Maurerzunft in Glückstadt 1838-1849

1384 Grob- und Kleinschmiedezunft in Barmstedt, Tischler- und Glaserzunft in Sonderburg, Krämerkompanie in Itzehoe, Tischlerzunft in Neumünster, Malerzunft in Flensburg (1769-) 1821-1849

1385 Tischlerzunft in Garding, Schneiderzunft in Elmshorn, Zimmerzunft in Preetz, Tischlerzunft in Itzehoe (1745-) 1836-1850

1386 Mitteilung von Konzessionsgesuchen und Handwerkerlisten an die Tischler-, Zimmer-, Schmiede- und Schusterzunft in Burg auf Fehmarn sowie Konzessionsbeschränkungen für Landhandwerker auf Fehmarn 1839-1846

1387 Bau eines Haubargs für Johann Hamkens in Kotzenbüll durch konzessionierte Handwerker 1839

1388 Bäckerzünfte in Sonderburg und Husum, Maurerzunft in Eckernförde, Rademacherzunft in Kiel, Tischlerzunft in Neustadt, Müllerzunft in Segeberg (1752-) 1839-1845

1389 Böttcherzunft und Rademacherzunft in Burg auf Fehmarn, Tischlerzunft in Husum, Drechslerzunft in Uetersen, Rademacherzunft in Hadersleben 1839-1846

1390 Bäckerzunft und Schlachterzunft in Hoyer, Tischlerzunft in Barmstedt, Gold- und Silberarbeiter sowie Zimmerleute in Apenrade, Töpferzunft in Kiel 1838-1846

1391 Weberzunft in Schleswig, Schlachterzunft in Apenrade, Schneiderzunft in Oldesloe, Sattlerzunft in Husum 1839-1848

1392 Schusterzunft in Garding, Maurerzunft in Elmshorn und Barmstedt, Schneiderzünfte in Heide und Oldenburg (1663-) 1838-1849

1393 Branntweinbrennerzunft in Glückstadt und Sattlerzunft in Itzehoe (1719-) 1822-1847

1394 Verkauf von Töpferwaren in Garding durch Fremde (1775-1776) 1839

1395 Errichtung einer Malerzunft in Hadersleben 1839

1396 Gesuche um Nichterteilung von Handwerkskonzessionen im Allgemeinen sowie Gewerbekonzessionswesen auf dem Land (1761-) 1839-1846

Enthält u. a.: ältere Verträge und Konzessionen aus Hamberge und Hansfelde, 1761-1821

1397 Gesuche um Nichterteilung von Handwerkskonzessionen im Allgemeinen sowie Gewerbekonzessionswesen auf dem Land (1840) 1845-1850

Enthält u. a.: Verzeichnisse über erteilte Konzessionen für das erste und zweite Quartal 1848

1398 Gesuche um Nichterteilung von Handwerkskonzessionen im Allgemeinen sowie Gewerbekonzessionswesen auf dem Land 1848-1850

Enthält u. a.: Verzeichnisse über erteilte Konzessionen für das dritte Quartal 1848

1399 Schlachterzunft in Lütjenburg, Leinenweberzunft in Preetz, Maurerzunft in Tönning, Schmiedezunft in Neustadt, Uhrmacherzunft in Itzehoe (1774-) 1839-1848

1400 Schusterzunft in Tondern, Schneiderzunft in Apenrade, Drechslerzunft in Garding 1839-1849

1401 Schusterzunft in Flensburg, Handschuhmacherzunft und Weißgerber in Hadersleben, Maurerzunft in Krempe 1840-1848

1402 Zünfte in Preetz: Rademacher und Stellmacher, Bäcker, Schmiede, Schneider (1825-) 1840-1850

1403 Krämerkompanie in Krempe, Maurerzunft in Kellinghusen, Buchbinderzunft in Rendsburg, Barbierzunft in Glückstadt, Weberzunft in Neumünster 1840-1843

1404 Zünfte in Husum: Schneider, Schuster, Schlosser und Schmiede 1840-1846

1405 Bäckerzunft in Neumünster, Maurerzunft in Tondern, Schlachterzunft in Kiel, Schusterzunft und Schneiderzunft in Wandsbek 1839-1847

1406 Schlachterzunft und Schmiedezunft in Tönning (1701-) 1840-1847

1407 Schusterzunft in Burg auf Fehmarn, Schlachterzunft in Husum, Bäckerzunft in Neustadt 1840-1849

1408 Gold- und Silberarbeiter sowie Schlachterzunft in Oldenburg 1840-1845

1409 Einführung von Verzeichnissen mit Lebensattesten zum Beleg der Gewerberekognitionseinnahmen 1840-1843

1410 Schusterzunft in Rendsburg, Bäckerzunft in Bramstedt, Weberzunft in Tönning, Maurer in Apenrade 1840-1844

1411 Tischlerzunft in Tondern, Töpferzunft in Preetz, Sattler- und Riemerzunft in Segeberg, Schusterzunft in Reinfeld 1840-1850

1412 Errichtung einer vereinigten Maurerzunft für die Flecken Pinneberg, Uetersen und Wedel 1840-1842

1413 Barbierzunft in Rendsburg (1839) 1840-1846

1414 Bestimmung des Baumwollwebens auf dem Land als freies Gewerbe 1841

1415 Bäckerzunft in Heiligenhafen, Schusterzunft in Neustadt, Weberzunft in Oldenburg, Malerzunft in Apenrade, Sattlerzunft in Lütjenburg 1841-1847

1416 Bäckerzünfte in Heide und Tönning, Glaserzunft in Rendsburg, Schmiedezunft in Lütjenburg, Drechslerzunft in Heiligenhafen 1836-1846

1417 Wiederherstellung der Gewerbefreiheit in der Landschaft Eiderstedt 1840-1843

1418 Schlachterzunft in Heiligenhafen, Riemer- und Sattlerzunft in Flensburg, Bäckerzunft in Itzehoe, Schusterzunft in Oldenburg (1840) 1841-1842

1419 Lohgerberzunft in Kiel, Schneiderzunft in Hadersleben, Malerzunft in Lütjenburg 1841-1846

1420 Beschwerde des Zimmermanns Brüggmann in Großkönigsförde über den Tischler Christian Hinrich Kühl in Bovenau wegen dessen Gewerbebetriebes und eines Lehrvertrages 1841-1842

1421 Weberzunft in Eckernförde und Zimmerzunft in Heiligenhafen 1841-1846

1422 Aufhebung der Beschränkung des Schmiedehandwerks auf dem Land 1840-1841

1423 Riemer- und Sattlerzunft in Oldesloe, Maurerzunft und Schusterzunft in Friedrichstadt, Zimmerzunft in Tönning 1842-1850

1424 Schmiedezunft in Hadersleben, Schneiderzunft in Neumünster, Schlachterzunft in Tondern, Bäckerzunft und Schusterzunft in Meldorf, Bäckerzunft in Burg auf Fehmarn 1841-1847

1425 Glaserzunft in Itzehoe, Bäckerzunft in Plön, Böttcherzunft in Oldesloe, Schlosser-, Huf- und Nagelschmiedzunft in Friedrichstadt 1842-1848

1426 Schmiede- und Schlosserzunft in Lunden, Schmiedezunft in Reinfeld, Bäckerzunft in Oldesloe, Schlachterzunft in Elmshorn 1842-1847

1427 Rademacherzunft in Neumünster 1843

1428 Konzessionspflicht für die Anfertigung weiblicher Kleidungsstücke in Reinfeld 1842-1843

1429 Müllerzunft in Oldesloe sowie Sattler- und Riemerzunft in Glückstadt 1826, 1842-1844

1430 Tischlerzunft in Meldorf 1842-1844

1431 Zimmerzunft in Plön 1843-1850

1432 Zünfte in Oldesloe: Schuster, Schneider, Tischler, Bäcker, Schmiede, Barbiere, Zimmerer 1843-1844

1433 Zunftangelegenheiten: Meldorf, Wilster, Segeberg, Neustadt, Sonderburg, Apenrade, Tondern, Elmshorn, Plön (1752-) 1843-1849

Enthält u. a.: Zunftartikel der Klein- und Grobschmiede in Apenrade, 1752; Artikel der Weberzunft in Neustadt, 1767

1434 Barbierzunft in Segeberg, Böttcherzunft in Wilster, Maurerzunft sowie Schlosser- und Schmiedezunft in Meldorf, Tischlerzunft in Wesselburen 1843-1846

1435 Tischlerzunft in Altona, Böttcherzunft in Apenrade, Barbierzunft in Flensburg, Glaserzunft in Glückstadt 1843-1846

1436 Schmiedezunft in Oldenburg, Barbierzunft in Husum, Zünfte in Flensburg, Zimmerzunft in Glückstadt (1741-) 1843-1848
Enthält u. a.: Abschrift der Artikel der Schmiedezunft in Oldenburg von 1741

1437 Bestätigung von Zunftartikeln in Glückstadt 1843-1846

1438 Bestätigung von Zunftartikeln in Bramstedt 1843-1845

1439 Zunftangelegenheiten: Heiligenhafen, Oldesloe, Tondern, Eckernförde, Wilster, Heide 1843-1850

1440 Buchbinderzunft, Sattlerzunft und Kürschnerzunft in Kiel, Schusterzunft in Neumünster, Drechslerzunft in Oldesloe 1843-1850

1441 Schneiderzunft in Rensburg und Maurerzunft in Sonderburg 1843-1846

1442 Konzessionierung des Kupfer-, Blei- und Schieferdeckers Johann Gottfried Boldt in Stockelsdorf für das Herzogtum Holstein 1844

1443 Zunftangelegenheiten: Schleswig, Krempe, Burg auf Fehmarn, Tönning, Wilster, Segeberg, Elmshorn, Meldorf und Marne, Bredstedt, Kiel 1843-1845

1444 Einführung einer Branntweinsteuer 1845

1445 Töpferzunft sowie Klempner- und Glaserzunft in Heiligenhafen, Tischlerzunft in Lügumkloster 1845-1848

1446 Glaserzunft in Tönning, Böttcherzunft in Hadersleben, Reifer in Glücksburg (1719-) 1846
Enthält u. a.: Abschrift der Artikel der Böttcherzunft in Hadersleben von 1719

1447 Arbeitslos umherstreifende Handwerksgesellen 1847
Enthält u. a.: nach Berufsgruppen aufgeschlüsselte Verzeichnisse aus einzelnen Orten

1448 Konzessionierung des Johann Friedrich Adolph Rehse in Altona als Unterhändler zwischen den Ziegeleibesitzern in den Herzogtümern und den anzunehmenden Werkmeistern und Arbeitern 1847

1449 Zimmerzunft in Friedrichstadt, Maurerzunft in Neumünster, Maurerzunft und Zimmerzunft in Husum, Sattlerzunft in Heide, Töpfer in Neustadt 1846-1848

1450 Ziegeleikonzessionen 1849-1853
Enthält: Gutsbesitzer von Dunkelsdorf für eine Ziegelei auf dem Vorwerk Ahrensbök; Hufner Marcus Hinrich Schacht, Tankenrade

1451 Töpferzunft in Hadersleben, Schmiedezunft in Lügumkloster, Schusterzunft in Preetz, Schneiderzunft in Eckernförde, Schlachterzunft in Meldorf 1846-1849

1452 Barbierzunft in Wilster, Maurerzunft in Lütjenburg, Klempnerzunft in Segeberg, Schlachterzunft in Oldesloe, Zimmerzunft und Tischlerzunft in Burg auf Fehmarn 1848-1850

LOTSEN UND TONNEN

1453 Lotsen und Tonnen 1834-1850
Enthält u. a.: Lampenbeleuchtung an der Bösch zur Sicherung der Elbschifffahrt; Tarif zur Vergütung der Bergung von Eider- und Seetonnen; Schwierigkeit der Rückkehr von Schiffen abgesetzter Lotsen, Eingriffe der Stadt Hamburg in die Rechte dänischer Lotsen und Erlass einer Taxe für die Elblotsen; Aufsicht über das Lotsenwesen durch das Obergericht und durch die Regierung
Darin: „Altonaer Mercur“ vom 2. Dezember 1846

1454 Lotsen und Tonnen 1841-1850
Enthält u. a.: Verzeichnisse der Leuchtfeuer an der dänischen Küste; Regulierung des Verhältnisses der Lotsen in Glückstadt zu den übrigen Elblotsen; Interimsreglement und Taxe für die Lotsen in Ørbyhage

MAßE UND GEWICHTE

1455 Maße und Gewichte 1825-1838
Enthält u. a.: Justierung der Mattgefäße auf der Erbpachtsmühle in Schnaap und der Bockmühle in Eckernförde

1456 Maße und Gewichte 1837-1847

Enthält u. a.: Bestimmung des Taragewichts der Buttertonne; Stempelung von Milchgefäßen; Tonnenmaße für Steinkohle; Revision von Messgefäßen in der Gegend von Brunsbüttel bis Uetersen und Reform des Gewichtswesens in den Herzogtümern; Einrichtung von Justierkammern in verschiedenen Orten

MEDIZINALWESEN

1457 Verpflichtung der Apotheker zur Herausgabe von Medikamenten auf Kredit 1831-1834, 1843

1458 Verbot von gegenseitigen Vereinbarungen zwischen Ärzten und Apothekern 1834-1836, 1846-1849

1459 Vakzinationen 1834-1850

1460 Mitteilung neuer Abdrucke der Verordnung von 1772 zur Rettung Scheintoter an den Landvogt auf Sylt (1772) 1834

1461 Leichenablieferungen an die Anatomie 1777-1845

1462 Hebammen 1834-1848

1463 Hebammen 1837-1841

1464 Hebammen 1835-1847

Enthält u. a.: Erlass einer neuen Hebammenordnung

1465 Hebammen 1841-1849

Darin: „Königlich privilegiertes Wochenblatt" in Kappeln vom 27. April und 4. Mai 1844

1466 Hebammen (1763) 1846-1852

1467 Ausübung der chirurgischen Praxis durch Dr. Grave in Segeberg 1834

1468 Apotheke in Augustenburg 1796-1799, 1834-1837

1469 Verzeichnisse der in den Herzogtümern autorisierten Ärzte und Wundärzte 1838-1847

1470 Erlasse des Schleswig-Holsteinischen Sanitätskollegiums und Apothekertaxe 1835-1849

Darin: Rundschreiben; Verzeichnisse über in Apotheken zusätzlich vorrätig zu haltende Medikamente, 1836-1849

1471 Privileg des Kandidaten der Pharmazie Nicolai Edinger Balle zur Einrichtung einer Apotheke in Norburg 1834-1835

1472 Beeidigung der angehenden Ärzte 1835-1836

1473 Vergütung eines Chirurgen für die Besichtigung der Leiche eines Ertrunkenen in Glückstadt 1835

1474 Anweisung von Arzt- und Apothekerrechnungen 1835-1844

1475 Ausstellung von Erlaubnisscheinen zum Gebrauch von Gift (1834) 1835

1476 Beschwerde des Physikus Dr. Schorer in Trittau wegen verweigerter Fuhren für seine Amtsreisen 1835-1836

1477 Anlage einer Apotheke in Blankenese 1835-1836

1478 Entfernung des Dr. Grave in Segeberg von der dortigen Armenpraxis (1821-) 1835-1836

1479 Arsenikkauf des Timm Ellerbrock in Siethwende (1835) 1836

1480 Anlage einer Apotheke in Lunden 1836-1844

1481 Beschwerden des Sanitätskollegiums gegen das Polizeiamt in Hadersleben wegen der Kuren des homöopathischen Arztes Dr. Fangel aus Fridericia 1836

1482 Physikat in Glückstadt (1786, 1797) 1836, 1844-1850

1483 Verpflichtung des Distriktschirurgen Gadolin in Lügumkloster zur Übernahme öffentlicher ärztlicher Geschäfte im Amt Apenrade 1836

1484 Physikat für die Stadt Kiel sowie für die Ämter Kiel, Bordesholm und Kronshagen 1836-1841

1485 Kosten für die Behandlung des in Segeberg erkrankten Kürschnergesellen David Meyer aus Oldesloe und Verhältnis der Ärzte zum Physikus im Allgemeinen 1836

1486 Weigerung des Dr. Clausen und des Apothekers Henningsen in Gravenstein zur Behandlung des Heuerinsten Erich Spieler 1836

1487 Eigenmächtige Öffnung der Leiche der Sophie Gehrtsen durch Dr. Vietheer in Itzehoe 1836

1488 Untersuchung gegen die Interimsphysiki Dr. Chemnitz in Flensburg, Dr. Neuber in Apenrade und Dr. Dircks in Tondern wegen pflichtwidrigen Verhaltens in Landmilitärangelegenheiten 1836-1837

1489 Physikat in der Stadt Schleswig 1836-1839

1490 Einteilung der Physikatsdistrikte in den Herzogtümern [1836-1840]

1491 Apotheken 1836-1850

1492 Apotheken (1825) 1835-1850 (1859)

1493 Anfrage der Landvogtei auf Föhr hinsichtlich der Brüche für den verbotenen Handel mit Medizinalwaren 1836-1837

1494 Untersuchung gegen den Provinzialchirurgen Venndt und die Hebamme Anna Biel in Barmstedt 1834-1837

1495 Physikat in der Landschaft Norderdithmarschen (1827-) 1837-1839

1496 Nahrungssteuer des Apothekers Heinrich Ferdinand Werlin in Meldorf 1836-1837

1497 Vorübergehende Verwaltung der Physikatsgeschäfte bei Vakanz 1836-1843

1498 Armenpraxis des Physikus Dr. Esmarch in Flensburg 1837

1499 Physikate (1804-) 1836-1849

1500 Physikate 1842-1850

1501 Pflichtverletzung des Landschaftsarztes Dr. Patzer in Süderstapel bei Entbindung der Ehefau Karstens in Erfde 1837-1838

1502 Vergütung des Physikus Dr. Klink in Schleswig für die Untersuchung und Heilung der vom Polizeiamt überwiesenen Kranken 1837-1844

1503 Taxe für Ärzte und Chirurgen 1837-1838

1504 Pflicht der Ärzte zur Befolgung obrigkeitlicher Anforderungen für gerichtsärztliche Geschäfte 1838

1505 Bestimmung für die Zulassung von Ausländern zur medizinischen Praxis in den Herzogtümern 1839, 1849

1506 Distriktschirurg auf Röm 1840-1846

1507 Beitragsleistung zum Gehalt des Amtschirurgen in Tondern 1840-1841

1508 Aufhebung des Rechts der Ärzte zur Beschäftigung nicht examinierter Gehilfen 1841

1509 Armenpraxis des Physikus Dr. Risler in Plön 1842

1510 Verkauf und Verbrauch von Gift 1842-1849

1511 Konzessionen für die Hühneraupenoperateure J. Polack aus Kopenhagen und Johann Christian Bartels aus Hildesheim 1842-1844

1512 Mitteilung von Anordnungen zum Hospitalswesen, zur Gesundheitspolizei und zu den Anstalten für Geistesschwache an die preußische Regierung 1842

1513 Verbotener Handel mit Apothekerwaren 1843-1849

1514 Chirurgische Arbeiten des Kompaniechirurgen Friedrich Carl Lüders in Rendsburg 1842-1843

1515 Ärztliche Praxis des Gisbert Nootbar genannt Peters in Reinfeld 1843

1516 Gefälschte Weinlieferungen aus Altona für den Weinhändler Friedrich Maak in Flensburg 1844-1845

1517 Kommission für den Entwurf gesetzlicher Vorschriften zur Reform einiger Bereiche des Medizinalwesens 1844-1848

1518 Quacksalberei 1844-1848

1519 Errichtung einer Wasserheilanstalt in Blankenese durch Dr. Bermann Peine und Dr. Ferdinand Stein in Altona 1845-1847

1520 Beschwerde des Schlachtermeisters Peter Meyer in Glückstadt wegen Beschlagnahmung des Fleisches einer kranken Kuh 1846

1521 Verabreichung von Arzneien durch den Arzt Dr. Iwersen in Tingleff 1846

1522 Anstellung eines Chirurgen für das Amt Hadersleben 1847

1523 Gerichtsarzt in Kappeln 1847

1524 Ernennung des Dr. Cornelius Carl Emil Roll zum Distriktschirurgen im Amt Lügumkloster 1848

1525 Angebliche Unfähigkeit des Lizentiaten Rickertsen in Bredstedt zur medizinischen Praxis (1834-) 1849-1850
Enthält auch: Abschrift des Registranten „Medicinalia“, 1834-1849

STIFTUNGEN

1526 Unterstützungen aus dem Reservefonds für die sturmflutgeschädigten Halligbewohner 1825-1846

1527 Unterstützungen aus dem Reservefonds für die sturmflutgeschädigten Halligbewohner 1846-1858

1528 Pensionen, Gratifikationen, Unterstützungen 1814-1849
Enthält auch: Aktenverzeichnis für Abt. 49 Nr. 1528-1534 mit Namensregister

1529 Pensionen, Gratifikationen, Unterstützungen 1821-1849

1530 Pensionen, Gratifikationen, Unterstützungen 1819, 1836-1849

1531 Pensionen, Gratifikationen, Unterstützungen 1839-1849

1532 Pensionen, Gratifikationen, Unterstützungen 1842-1849

1533 Pensionen, Gratifikationen, Unterstützungen 1845-1849
Enthält u. a.: Gehaltszulagen wegen der Teuerung

1534 Pensionen, Gratifikationen, Unterstützungen 1847-1851

1535 Schachtsches Legat 1690-1728 (-1863)
Enthält u. a.: Rechnungen, 1690-1706, mit Beilagen; Verzeichnisse der Hausarmen in Schleswig, 1706-1716

1536 Schachtsches Legat 1724-1755
Enthält u. a.: Administrationsrechnungen, 1724-1729; Verzeichnisse der Hausarmen in Schleswig

1537 Schachtsches Legat (1739-) 1756-1814
Enthält u. a.: Verzeichnis der Hausarmen in Schleswig, 1741

1538 Schachtsches Legat 1814-1850

1539 Pensionsanstalt für die Witwen der Organisten, Küster, Kantoren und Distriktsschullehrer in den Propsteien Hütten und Fehmarn sowie in den adligen Distrikten Schwansen, Gelting und im Dänischen Wohld 1834

1540 Stiftungen: Propstei Rendsburg (1709-) 1822-1826

1541 Stipendien für Studierende sowie allgemeine Bestimmungen für die lateinischen Schulen im Herzogtum Schleswig 1777-1811, 1833
Enthält u. a.: Auszug aus den Berichten über die Verwendung der Stipendien, 1833

1542 Stipendien für Studierende sowie allgemeine Bestimmungen für die lateinischen Schulen im Herzogtum Schleswig 1797-1817

1543 Stipendien für Studierende sowie allgemeine Bestimmungen für die lateinischen Schulen im Herzogtum Schleswig 1812-1828

1544 Stipendien für Studierende sowie allgemeine Bestimmungen für die lateinischen Schulen im Herzogtum Schleswig 1828-1834

1545 Stiftungen: Landschaft Süderdithmarschen (1683-) 1822-1823

1546 Stiftungen: Landschaft Süderdithmarschen (1718-) 1822-1826, 1845
Enthält vor allem: Stiftungen in den Kirchspielen Meldorfs (mit Abschriften von Testamenten)

1547 Stiftungen: Landschaft Norderdithmarschen, Hedwigenkoog und Karolinenkoog (1614-) 1822-1826

1548 Stiftungen: Propstei Oldenburg (1626-) 1822-1823

1549 Stiftungen: Propstei Oldenburg (1686-) 1823-1827

1550 Stiftungen: Propstei Kiel (1560-) 1822-1826

1551 Stiftungen: Propstei Münsterdorf (1430-) 1822-1824

1552 Stiftungen: Propstei Segeberg (1550-) 1822-1823

1553 Testament des Geheimrats Friedrich Gabriel Muhlius und Gründung des Muhliusschen Waisenhauses in Kiel 1764-1777

1554 Testament des Geheimrats Friedrich Gabriel Muhlius und Gründung des Muhliusschen Waisenhauses in Kiel 1776-1779, 1825-1832

1555 Verwaltung und Rechnungen des Muhliusschen Waisenhauses in Kiel 1780-1783 , 1809-1823

1556 Verwaltung und Rechnungen des Muhliusschen Waisenhauses in Kiel 1784-1797

1557 Verwaltung und Rechnungen des Muhliusschen Waisenhauses in Kiel 1798-1809

1558 Verwaltung und Rechnungen des Muhliusschen Waisenhauses in Kiel 1809-1821

1559 Verwaltung und Rechnungen des Muhliusschen Waisenhauses in Kiel 1821-1832

1560 Verwaltung und Rechnungen des Muhliusschen Waisenhauses in Kiel 1832-1841

1561 Verwaltung und Rechnungen des Muhliusschen Waisenhauses in Kiel 1841-1849
Darin: Karten zum Grundstück des Waisenhauses, 1841

1562 Stiftungen: Neustadt (1344-) 1822-1826

1563 Stiftung des Propstes Petersen in Tondern zur Unterweisung von Schulhaltern 1786-1849
Darin: Kartenskizze zu den vier Schuldistrikten in Husum, 1808

1564 Nachlass des Ratsverwandten Popsen in Tondern [1834]
Enthält nur Umschlag mit Hinweisen zum Verbleib der Akte

1565 Tondernscher Schulfonds 1803-1804, 1834

1566 Rhedersches Armenhaus in Wilster 1749-1847

1567 Blome-Oertzensches Legat [1834]
Enthält nur Aktenumschlag

1568 Grundtsche Stiftung (Fragmente) 1743-1854
Enthält u. a.: Aktenverzeichnis, 1743-1854; Abschrift des Testaments der Abel Catharina von Grundt, 1743

1569 Legat in den herzoglichen älteren Fideikommissgütern zum Vorteil der Waisen 1790-1811

1570 Legat in den herzoglichen älteren Fideikommissgütern zum Vorteil der Waisen 1812-1850

1571 Verwendung der dem Armenhaus in Apenrade vermachten Günderothschen Gelder (1746-) 1750-1829

1572 Verwendung der dem Armenhaus in Apenrade vermachten Günderothschen Gelder (1741-) 1811, 1839-1847
Enthält u. a.: Verzeichnis der Eltern der Schüler der Günderothschen Schule, 1842

1573 Genehmigung der Statuten des Gerhard-Slewartschen-Legats in Flensburg 1831

1574 Legat des Ehepaares Fabricius für die Organistenwitwen in Waabs 1801-1803, 1812-1818

1576 Heiliggeistkloster in Flensburg 1761-1801, 1825-1848
Enthält u. a.: Schriftstücke aus dem Departement der Statthalterschaft zur Wahl der Hospitalsvorsteher, 1761-1828

1575 Stiftung des Ehepaars Tychsen in Schleswig (1823-) 1830-1834

1577 Allgemeine Witwenkasse 1835-1850

1578 Wowersches Legat 1840-1841, 1850

1579 Appenfeldersche Stiftung für Waisenkinder in Kiel 1826-1850
Enthält u. a.: Administrationsrechnungen

1580 Stipendien in den Herzogtümern im Allgemeinen 1835-1848
Enthält u. a.: Auszüge aus den Berichten über die Verwendung der Stipendien

1581 Reinbothsches Stipendium [1835] (1867)
Enthält nur Umschlag mit Verweis auf den Verbleib der Akte

1582 Legat des Christian Thaysen zur Anschaffung von Schulbüchern für arme Kinder in Rinkenis 1827-1828

1583 Belegung des Stöbenschen Legats bei der Stadt Schleswig 1807

1584 Verzeichnis der Empfänger von Pensionen und Pensionszulagen 1835-1848

1585 Armenlegat des Ehepaars Jensen in Keitum 1835

1586 Armenstiftung der Catharina Ehlers in Burg auf Fehmarn 1835-1837

1587 Stipendium für den Sohn des Schiffers Johann Schirmhoff in Flensburg (1835) 1836

1588 Spar- und Leihkassen 1796-1849
Enthält: Verhältnis der Staatsbehörden zu den Spar- und Leihkassen; Heide; Krempe; Elmshorn; Itzehoe; Glückstadt; Landschaft Fehmarn; Lütjenburg; Kiel; Amt Trittau

1589 Spar- und Leihkassen 1823-1839
Enthält: Oldenburg; Wilster; Rendsburg; Sonderburg; Friedrichstadt; Lügumkloster; Ahrensbök; Schleswig; Landschaft Nordstrand; Eckernförde
Darin: Pläne der Spar- und Leihkasse in Rendsburg, 1823, 1828, und in Friedrichstadt, 1826

1590 Spar- und Leihkassen 1840-1850

Enthält: Kellinghusen; Hohenwestedt; Apenrade; Wöhrden; Reinfeld; Heiligenhafen; Kirchspiel Satrup; Amt Cismar; Barmstedt; Emkendorf; Meldorf; Gravenstein; Amt Traventhal; Schleswig; Ämter Kiel, Bordesholm und Kronshagen

1591 Spar- und Leihkassen: Berichte und Statuten (1818-) 1848

Darin: Statuten und Bilanzen

1592 Schenkung des Diakons Reinholdt Petersen in Broacker 1836

1593 Genehmigung der Statuten des Versorgungs- und Leibrenten-Vereins in Rendsburg 1836

1594 Genehmigung der Statuten des Vereins zur Unterstützung der Witwen von Einwohnern in Tondern und des Schloss- und Freigrundes (1833) 1835-1836

1595 Schullehrerwitwenkassen: Propsteien Apenrade, Altona, Eiderstedt, Flensburg, Fehmarn, Gottorf, Husum, Hütten und Hadersleben 1838-1845

1596 Schullehrerwitwenkassen: Propsteien Kiel, Münsterdorf und Norderdithmarschen (1816-) 1835-1846

Enthält auch: Errichtung einer allgemeinen Schullehrerwitwenkasse für die Herzogtümer

1597 Schullehrerwitwenkassen: Propsteien Neumünster, Oldenburg und Pinneberg sowie Kloster Preetz (1818-) 1838-1845

Darin: Plan zu einer Pensionsanstalt für die Witwen der Organisten, Küster und Distriktschullehrer der Propstei Oldenburg, 1818

1598 Schullehrerwitwenkassen: Propsteien Plön, Rendsburg, Rantzau und Segeberg (1817-) 1838-1845

Darin: Plan einer Pensionsanstalt für die Witwen der Organisten, Küster und Distriktschullehrer in der Propstei Plön, 1824

1599 Schullehrerwitwenkassen: Propsteien Sonderburg, Stormarn, Süderdithmarschen und Tondern (1822-) 1838-1845

Darin: Plan zu einer Pensionsanstalt für Witwen der Organisten, Küster und Distriktschullehrer in der Propstei Stormarn, 1822

1600 Schullehrerwitwenkassen: adlige Distrikte, Ergänzung von Nachrichten sowie Berichte über das Alter der Schullehrer in den Städten der Herzogtümer 1838-1845

1601 Zinsen aus dem Legat des Pastors Rhode in Sankt Annen für den Schullehrer Möller in Österfeld 1835-1836

1602 Pensionszulagenkasse für Predigerwitwen 1836-1837

1603 Pensionszulagenkasse für Predigerwitwen 1837-1843

1604 Pensionszulagenkasse für Predigerwitwen 1843-1850

1605 Hospitäler in der Stadt Oldenburg 1827-1839

1606 Genehmigung einer testamentarischen Bestimmung der Geschwister Thomsen in Meldorf über ein Kapital zugunsten des dortigen Kirchen- und Armenwesens 1836-1837

1607 Meyersches Legat in Wilster 1836-1837

1608 Legat für die Prediger in Warder und Gnissau 1837

1609 Stiftung des Geheimrats von Ahlefeldt zum Besten der Armen und Schulen im Gut Klein Nordsee und im Gut Hohenschulen (1800, 1807) 1837

1610 Stiftung des Oberst Erich Löwenhiel Leth in Hadersleben (1813-) 1817-1819, 1837-1841

1611 Dührkopsches Legat für arme Schulkinder in Groß Barnitz 1837-1842

1612 Statuten der Seemannskasse im Kirchspiel Apenrade 1838

1613 Vermachung des Wohnhauses des Eggert und Peter Kühl in Wilster zur Errichtung einer Stiftung 1838

1614 Bürgerwitwenkasse in Apenrade 1838-1840

1615 Witwenlegat in Heiligenhafen 1838-1839

1616 Marienhospital in der Stadt Schleswig 1838-1840

1617 Fideikommissarische Bestimmungen des Geheimkonferenzrats Cay Wilhelm von Ahlefeldt in Preetz 1839-1850

1618 Graukloster in der Stadt Schleswig 1839-1845
Enthält: Aufnahmen der Witwen Auguste Christine Hamann, Gut Wensin, und Catharina Magdalena Rüe, Schleswig

1619 Schimmelmannsche Stiftung in Wandsbek 1839-1846

1620 Oberaufsicht über die Stiftung der Herzogin von Braunschweig-Lüneburg-Bevern 1835-1839

1621 Schenkung des Propstes Aagaard an das Armenwesen des Kirchspiels Aggerschau 1839

1622 Legat der Predigerwitwe Krahn in Thyrstrup 1839-1840

1623 Stiftung der Frau des Etatsrats Doos in Wilster für die Prediger 1840

1624 Verwaltung des Schamvogelschen Legats in Pinneberg 1840

1625 Errichtung eines Krankenhauses für das Amt und die Stadt Segeberg 1840-1841

1626 Obligation auf das Callisensche Stipendium 1841-1844

1627 Grundstücksüberlassung an das Julienstift in Itzehoe 1841

1628 Gleichstellung der Rechnungsführer der Stiftungen mit den königlichen Hebungsbeamten 1839-1841

1629 Genehmigung der Statuten des Stipendiums Harmsianum 1842-1843

1630 Von Qualen-Windebyer Stipendium für Studierende 1843-1847

1631 Martenssches Legat für die Schule in Wapelfeld 1843, 1851

1632 Stiftung des Grafen Cay Lorenz von Brockdorff für die Schullehrerwitwen im Gut Borstel 1841-1843

1633 Legat des Küsters Johnsen in Kirkeby für die Küster- und Schullehrerwitwen in der Propstei Hadersleben 1840-1843

1634 Hospitalstiftung des Justizrats Hallensen und des Majors von der Pfordten in Rendsburg 1842-1843

1635 Richtsensches Legat in der Stadt Tondern (1842) 1843-1844

1636 Stiftung für den blinden Kandidaten der Theologie Kahl aus Oldenburg 1843

1637 Legat des Geheimkonferenzrats Christian von Schimmelmann in Wandsbek zur Übernahme von Medizin und Arztkosten für Arme im Flecken und Gut Wandsbek 1843-1844

1638 Legate des Pastors Petersen in Oxbüll 1844

1639 Legat des Hans Jürgen Appel in Heiligenhafen für das dortige Armenwesen (1837-) 1843-1850

1640 Leibrenten-Versorgungs- und Lebensversicherungsanstalt in Kopenhagen 1842-1844
Darin: Druckschriften mit Tabellen und Statuten der Leibrenten-Versorgungs- und Lebensversicherungsanstalt, 1842

1641 Sicherheit des Privat-Witwenpension-Vereins in Kiel 1844

1642 Stiftung des Ehepaares Herbst in Flensburg für arme Bürger und Bürgerwitwen 1844-1845

1643 Verkauf eines dem Holleschen Legat für die Schule in Schiffbek gehörenden Grundstücks mit Gebäuden 1845-1846

1644 Einsendung der Beiträge für die Witwen- und Waisenkasse in Kiel für die ehemaligen großfürstlichen Distrikte 1845

1645 Legat des Balthasar Asmussen in Flensburg für arme Witwen und Waisen 1845-1846

1646 Beteiligung der Witwen der Stadtschullehrer am Burchardischen Legat für Witwen der Schullehrer an der lateinischen Schule in Husum 1845

1647 Eidora-Legat in Husum (1831-) 1845

1648 Legate des Thomas Destaillats genannt Liustant in Wandsbek für die dortige Kiche und arme Konfirmanden 1845

1649 Stiftung des Konsistorialrats Schrödter in Oldenburg zur Anschaffung von Bibeln, Gesangbüchern und Landeskatechismen für arme Kinder 1846

1650 Neubau des Präbendenhauses des Sankt-Jürgen-Hospitals in Oldesloe 1846

1651 Ankauf eines Hauses für das Caroline-Amalien-Asyl (Warteschule) in Flensburg 1846

1652 Zinsgenuss des Claus Dau in Lägerdorf aus dem Görriesschen Legats (1743, 1756) 1846-1847

1653 Fonds für Witwen am Kompastorat und der Domschule in Schleswig aus dem Erlös der ehemaligen Eichenrodschen Kantorwohnung
Enthält nur Aktendeckblatt mit Hinweisen zum Verbleib der Akte [1846]

1654 Bestätigung der Statuten des Friedrichsberger Frauenvereins in Schleswig 1847-1850

1655 Gründung eines Pensionsvereins für schleswig-holsteinische Volksschullehrer 1847

1656 Anleihe für die Anstalt zur Aufnahme und Erziehung verwahrloster Knaben im Friedrichsberg in Schleswig 1847

1657 Verwaltung des Abel-Grundtschen Legats 1848-1851

1658 Vermachung von Wohnhaus und Bibliothek des Justizrats Hoë an die Stadt Schleswig 1846-1847

1659 Übersendung des ersten Jahresberichts des Vereins zur Beförderung der Wohlfahrt der ärmeren Klassen in der Stadt Schleswig an die Regierung 1849

1660 Anweisung von Zinsen aus der Schenkung des Herzogs Johann Adolf von Schleswig-Holstein-Sonderburg-Plön zugunsten der Prediger an der Altstädter Kirche in Plön 1849

1661 Nachrichten über Stiftungen in den Kirchspielen Reinfeld, Zarpen, Hamberge und Klein Wesenberg (1786-1787) 1845

1662 Nachrichten über Stiftungen im Amt Rethwisch 1846

1663 Legat des Peter Hjorth aus Groß Quern (1822-) 1849

Enthält u. a.: Verzeichnis der Stiftungen in der Propstei Flensburg; Verwandtschaftstafeln zu den Nachfahren des Henning Hjorth und des Thomas Marquardsen, Munkbrarup

1664 Berichte über Stiftungen im Herzogtum Holstein (1638-) 1845-1846

1665 Berichte über Stiftungen im Herzogtum Schleswig (1706-) 1845-1846

Darin: gedrucktes Testament des Bürgermeisters Georg Friedrich Horup, Tondern, 1842

6380 Verzeichnis der Stipendien, ihrer Empfänger und der Summen (mit Register) 1845-1854

PASSWESEN

1666 Aufgreifung der Vagabunden Wilhelm Hermstedt, Familie Wappler, Ferdinand Rosenberg, Wilhelm Rasmussen, Ludwig Rosenthal, Maria Möller und Johann Westrand in Segeberg sowie deren Unterhalt und Transport 1833-1840

1667 Pässe und Wanderbücher 1834-1849

Enthält u. a.: Pässe für die stempelpapierfreien Distrikte, 1835-1849; Anordnung zur strengeren Untersuchung der Pässe und Papiere

1668 Pässe und Wanderbücher 1835-1838

Enthält u. a.: Anwendung eines Paragrafen der Verordnung über Wanderbücher vom 16. Februar 1830 auf ins Ausland reisende Handwerksgesellen; Verfahren bei inländischen Orgelspielern und deren Begleitern; Maßregeln zur schärferen polizeilichen Beobachtung der mit der Personenpost auf der Hauptroute von Altona nach Kopenhagen fahrenden Reisenden

1669 Visitierung der Pässe und Wanderbücher durch Kontorbedienstete 1835-1841

1670 Visitierung der Pässe und Wanderbücher durch Kontorbedienstete 1841-1850

1671 Pässe und Wanderbücher 1836-1837

Enthält u. a.: Rundschreiben der preußischen Gesandtschaft wegen der Ausstellung von Pässen für preußische Untertanen; Behandlung aus Russland kommender Nachfahren dänischer Untertanen hinsichtlich der Pässe

1672 Pässe und Wanderbücher 1836-1850

Enthält u. a.: Beschwerde von den Markt in Schleswig besuchenden Händlern wegen Vorzeigens der Pässe; Unregelmäßigkeiten bei den Pässen der Eheleute Rosenhagen, dem Siebbinder Clasen, der Johanna Gesche Wraage und dem Cornelius Jansen, 1836-1850; Regelung mit dem Königreich Bayern
Darin: Wanderbuch des Riemergesellen Johann Joachim Carl Davids, Wandsbek, und Pass der Betty Simon

1673 Pässe und Wanderbücher 1837-1841

Enthält u. a.: Pass für Reisende aus den dänischen Provinzen nach Hadersleben; Brüche für Handelsreisende in Lütjenburg wegen Abweichung von der Passroute; Bemerkung von Passbehörden in den Wanderbüchern über abgeleistete Strafen wegen Entwendung
Darin: Wanderbuch des Bäckergesellen Friedrich Christian Sophus Levemann, Plön; Pass des Händlers Joachim Christopher Otto Dahmer

1674 Änderung von Bestimmungen der Passverordnung vom 17. April 1811 1839-1844

1675 Pässe und Wanderbücher (1837-) 1839-1845

Enthält u. a.: Pass für Mitglieder der Zigeunerfamilie Trollmann (mit Pass des Königreiches Hannover für Johann Heinrich Gottlieb Trollmann); Pass der Amtsstube in Ahrensbök für den Musiker Johann Heinrich Wappler, Kiel, und dessen Landesräumung, 1839-1845; Umlauf falscher hannoverscher Reisedokumente, besonders Wanderbücher

1676 Pässe und Wanderbücher 1840-1848

Enthält u. a.: Pass des Musikers Friedrich Trollmann und der Christine Tewitz, 1840-1848; Befreiung der mit Extra-, Personen- und Frachtfuhrpost fahrenden Reisenden von der Passvisitierung
Darin: Wanderbuch des Tabaksspinnergesellen Johann Peter Börm, Itzehoe

1677 Pässe und Wanderbücher 1842-1847

Enthält u. a.: Passerteilung an drei französische Kaufleute; Visitierung des Passes des Musikers Friedrich Trollmann; Ausstellung von Visa in den Pässen durch die Polizeibehörden (mit verschiedenen Pässen); Passausstellung für Reisende von den Herzogtümern nach Dänemark sowie Legitimation der von den Herzogtümern nach Dänemark wandernden Handwerksgesellen
Darin: Wanderbuch des Bäckergesellen Heinrich Hennings, Heisede (Königreich Hannover)

1678 Pässe und Wanderbücher 1843-1850

Enthält u. a.: Konzessionierung reisender Musikanten und Passerteilung an einheimische Orgeldreher; Erteilung von Wanderbüchern an unzünftige Handwerksgesellen; Passwesen beim Eisenbahnverkehr; Begleitung der Hausierer durch ihre Angehörigen
Darin: „Börsen-Halle. Hamburgische Abend-Zeitung für Handel, Schiffahrt und Politik“ vom 12. Dezember 1850

1679 Pässe und Wanderbücher 1845-1854

Enthält u. a.: Anhaltung des mosaischen Glaubensgenossen Alexander Elias aus Preußen in Marne und dessen Niederlassung in Altona, 1846-1854; Visitierung der Pässe für Reisende nach beider Sizilien; Verbot der Passerteilung an vom Ausland nach Dänemark wandernde Musikanten, Sänger und andere Landstreicher; Beachtung der Verordnung vom 16. Februar 1830 über die Wanderbücher

Darin: Wanderbuch des Bäckergesellen Ernst Carl Ludwig Hirschfeld, Stolberg; Wanderbuch des Tischlergesellen Johann Christian Jensen, Flensburg

1680 Pässe und Wanderbücher 1848-1851

Enthält u. a.: Achtung auf ein zur Verfälschung von Wanderbüchern und Pässen benutztes falsches großherzoglich-badisches Amtsiegel; neue Form für Reisepässe

Darin: Wanderbücher des Schlachtergesellen Carl Friedrich August Zschätsch, Laubegast; Musterexemplar eines Reisepasses

POST

1681 Post 1834-1848

Enthält u. a.: Errichtung von Poststationen und Briefkontoren in Wilster, Brunsbüttel, Nyköbing, Boberg, Schwarzenbek, Wentorf (Herzogtum Lauenburg), Remmels; Beförderung von Reisenden durch Mietfuhrwerke, 1836-1848; Briefposttaxe für Kappeln, Personenbeförderung durch Dampfwagen auf der Chaussee Altona-Kiel und zwischen Hamburg und Blankenese; Frachtpostentaxe; Briefposttaxe; Extraposttaxe

1682 Versendung der Zeitungen und Zeitschriften durch die Post 1840-1849

1683 Post 1838-1850

Enthält u. a.: Porto in Armenangelegenheiten; Errichtung von Poststationen in Mölln, Lügumkloster, Garding, Barmstedt; Portofreiheit für Magistrate, Polizeimeister, Gerichtshalter und Landvögte für amtliche Korrespondenzen; Portofreiheit der Behörden und Beamten

PRESSE

1684 Nachdruck 1835-1847

Darin: „Dr. Martin Luthers kleiner Katechsimus mit einem Anhang. Für die Kleinen“. Schleswig 1843

1685 Presse 1834-1847

Enthält u. a.: „Plöner Wochenblatt“
Darin: „Plöner Donnerstags-Blatt“ vom 24. Dezember 1835, 1. März 1838 und 17. November 1842

1686 „Kieler Correspondenzblatt“ 1835-1847

Darin: Zeitungsexemplare

1687 „Apenrader Wochenblatt“ 1835-1846

Darin: Zeitungsexemplare

1688 Presse und Druckwesen 1835-1844

Enthält u. a.: Anlage einer Druckerei in Flensburg, 1835-1839; Herausgabe von Werken deutscher Schriftsteller durch eine Gesellschaft in Paris und Maßregeln zum Schutz der Privilegien der Erben Goethes; Anlage einer Buchdruckerei in Eckernförde; Verzeichnis der von fremden Regierungen verbotenen Druckschriften, 1835-1840; Privilegien der periodischen Blätter in den Herzogtümern

1689 „Eckernförder Wochenblatt“ und Verfahren bei der Beschlagnahmung von Schriften allgemein 1835-1847

Darin: Zeitungsexemplare

1690 Instruktion für die Zensoren in den Herzogtümern Holstein und Lauenburg sowie Druck der Verhandlungen der Ständeversammlungen 1835-1848

1691 Presse und Druckwesen 1835-1850

Enthält u. a.: Mitteilung kameralistischer und statistischer Nachrichten an den Amtmann von Rosen, Segeberg; „Dithmarser und Eiderstedter Bote“, 1835-1846; Maßnahmen der Bundesstaaten wegen der sogenannten jungen Literatur; „Husumer Wochenblatt“; Beschlagnahmung des Buches „Das Manifest der Vernunft“ des Friedrich Clemens; Anlage von Buchdruckereien in Kiel; „Wagrisch-Fehmarnsche Blätter“; Anlage einer Buchhandlung in Schleswig
Darin: „Dithmarser und Eiderstedter Bote“ vom 30. Dezember 1841; „Wagrisch-Fehmarnsche Blätter“ vom 16. Juli 1836

1692 Verbot der Verbreitung von Aufforderungen zu öffentlichen Versammlungen der Wähler und Abgeordneten der Provinzialstände durch den Druck, Verbot der Duldung von Versammlungen sowie von bestimmten Petitionen (1811) 1835-1843

Darin: „Eckernförder Wochenblatt“ vom 19. März 1836; „Flensburgsches Wochenblatt für Jedermann“ vom 2. April 1836; „Hamburger Neue Zeitung“ vom 1. Mai 1838; „Dannevirke“ vom 18. August 1841; Rechtsgutachten des J. Bremer, Flensburg, über eine Eröffnung des Inspektorats des augustenburgischen Güterdistrikts an die Synsleute und Dorfvorsteher, 1840

1693 „Sonderburger Wochenblatt“ und Buchdruckerei in Sonderburg 1837-1847

Darin: „Husumer Wochenblatt“, vom 23. April 1837; „Sonderburger Wochenblatt“ vom 29. April 1837

1694 Beschlagnahmung der Schrift „Natürliche Erklärung der biblischen Geschichte vom Tode Jesu bis zur Ausgießung des Heiligen Geistes“ des Kandidaten der Theologie Horn aus Stade 1837

Enthält u. a.: Abschrift der Abhandlung

1695 „Itzehoer Wochenblatt“ 1837-1847

Darin: Zeitungsexemplare

1696 „Altonaer Mercur“ (1828-1829) 1837-1846

Darin: „Altonaer Mecur“ vom 18. September 1846

1697 Presse und Druckschriften 1837-1849

Enthält u. a.: „Glückstädtsche Fortuna“; Zensurlücken; Herausgabe eines Kirchen- und Schulblattes, 1837-1843; Grundsätze zur Regulierung des Buchhandels, besonders im Herzogtum Schleswig, sowie Gesuche und Konzessionen für Buchhandlungen, 1837-1849; Wachsamkeit der Zensoren hinsichtlich der Erörterung der hannoverschen Verfassungsangelegenheiten

Darin: „Glückstädtsche Fortuna“ vom 2. August 1837

1698 Herausgabe des Blattes „Dannevirke“ durch den Kaufmann Peter Christian Koch in Hadersleben 1837-1848

Darin: Zeitungsexemplare

1699 Wochenblatt „Lyna“ in Hadersleben 1838-1848

1700 Herausgabe einer Wochenschrift durch die Buchdrucker Hansen und Asmus Siegfried Kastrup in Flensburg sowie Herausgabe eines Blattes für Handel und Gewerbe durch den Buchbinder Johann Diedrich Jaeger in Flensburg 1838-1848

Darin: Exemplare der „Flensburger Zeitung für Handel und Gewerbe“

1701 Presse und Druckwesen (1831) 1838-1849

Enthält u. a.: Anlage von Buchdruckereien in Heide und Meldorf; Inserierung öffentlicher Bekanntmachungen in auswärtigen Zeitungen; Buchdruckerei und Wochenblatt in Oldesloe, 1838-1849; „Schleswig-Holsteinische Blätter“; „Dithmarsische Zeitung“; „Preetzer Wochenblatt“

Darin: „Oldesloer Wochenblatt“ vom 10. Juli 1847; Druckschrift „Ankündigung einer Dithmarsischen Zeitung“, 1831; „Itzehoer Wochenblatt“ vom 26. Juli 1839

1702 **Presse und Druckwesen** 1839-1849

Enthält u. a.: Buchdruckerei in Eckernförde, 1839-1849; Jahreskalender; Buchdruckerei und Wochenblatt in Wandsbek, 1839-1848; „Schleswiger Intelligenz- und Adreß-Blatt“

Darin: Exemplare der Zeitschrift „Der Wächter. Zeitschrift für Polizeiwissenschaft und Polizeipraxis“, 1838-1839; „Wandsbeker Intelligenz-Blatt“ vom 16. Dezember 1842 und 3. Februar 1843

1703 **„Rendsburger Wochenblatt“** 1840-1848

Darin: Exemplare der Zeitung

1704 **Presse und Druckwesen** 1840-1848

Enthält u. a.: Buchdruckerei und Wochenblatt in Tönning, 1840-1848; „Volksbote“; Buchdruckerei und Wochenblatt in Kappeln, 1841-1846; Buchdruckerei in Apenrade

Darin: „Eiderstedter Wochenblatt“ vom 6. Juli und 31. August 1845; „Cappeler Wochenblatt“ vom 25. Juli 1846

1705 **Presse und Druckwesen** 1842-1848

Enthält u. a.: Wegnahme eines Manuskripts in Tönning durch Polizeioffiziale aus Hamburg; Verhinderung des Vertriebs der „Lieder eines Hausvaters“ und Verhalten des Buchdruckers Voigt, Wandsbek; Buchdruckerei und Wochenblatt in Elmshorn und Neumünster, 1843-1848; Militärkalender; Buchdruckerei in Neustadt

1706 **Presse und Druckwesen** 1845-1847

Enthält u. a.: Einsendung von Pflichtexemplaren an die Königliche Bibliothek in Kopenhagen; Buchdruckereien in Schleswig; Beschlagnahme der Adresse der Universität in Heidelberg „An die Schleswig-Holsteiner“

Darin: Exemplare des „Polizeiblatts für die Herzogthümer Schleswig, Holstein und Lauenburg“, Januar-Februar 1846

1707 **Presse und Druckwesen** 1846-1851

Enthält u. a.: Anlage von Buchdruckereien; Fragen der Bundesversammlung über die Regulierung des Pressewesens; Vorsicht bei der Aufnahme von Nachrichten vom Kriegsschauplatz in den Wochenblättern; Buchdruckereigeschäft im Allgemeinen

Darin: Druckschrift „Politischer Katechismus für das Schleswig-Holsteinische Volk“ von Theodor Bracklow, 1846

STRANDFÄLLE

1708 Strandfälle 1834-1846

Enthält u. a.: Geschäfte der Zollbeamten hinsichtlich der Strandfälle, 1834-1846; Bergelohn für die vor Amrum gestrandete Fregatte „Opreisningen“, 1834-1838

1709 Strandfälle (1812-) 1835-1850

Enthält u. a.: Bergung von Seetonnen aus Husum bei Büsum; Kosten für die Beerdigung angetriebener Leichen, 1836-1850; Anfrage der Quarantänekommission zur Behandlung angetriebener Baumwolle

1710 Strandfälle 1835-1839

Enthält u. a.: Bergung von Strandgütern durch Fischer aus Blankenese und Kompetenz der Schleswig-Holsteinischen Regierung zur Bestimmung des Bergelohns

1711 Strandfälle (1795-1796) 1828-1829, 1836-1838

Enthält u. a.: Beschwerde der Gesandtschaft Großbritanniens über die Zurückhaltung eines Bootes des Kapitäns Atkins, 1828-1838; Regulierung der Strandgrenze zwischen der Südermarsch und dem Kirchspiel Simonsberg

1712 Bergung der Ladung des englischen Schiffs „The Riby Grove“ durch die Mannschaft des Grönlandfahrers „Stadt Altona“ aus Elmshorn 1838-1840

1713 Bergung der Ladung des englischen Schiffs „The Riby Grove“ durch die Mannschaft des Grönlandfahrers „Stadt Altona“ aus Elmshorn 1840-1841

1714 Strandfälle 1838-1846

Enthält u. a.: Bergung von Wein am Strand von Büsum und vom Hedwigenkoog (mit Verkaufsliste); Hilfeleistung des Strandvogts in der Landschaft Süderdithmarschen beim Bergefall, 1839-1846

1715 Strandfälle 1839-1842

Enthält u. a.: Strandung des Schiffes „Johannes“ bei Sütel und Teilnahme der Gutsbehörden an den obrigkeitlichen Geschäften bei Strandfällen

1716 Strandfälle 1842-1845

Enthält u. a.: Kompetenz des Amtes Steinburg hinsichtlich der Strandfälle bei den zur Stadtkirche in Glückstadt gehörenden Außendeichen

1717 Strandfälle 1844-1846

Enthält u. a.: Strandung des Dampfschiffes „Manchester“ aus Hamburg; Regulierung des Strandwesens im Amt Flensburg; Verfahren der Birkvogtei in Westerlandföhr und auf Amrum bei Strandfällen

1718 Strandfälle (1788, 1822) 1845-1848

Enthält u. a.: Strandgerechtsame der Grafschaft Schackenburg, (1788, 1822) 1848

Darin: „Tillæg til Riber Stifts Adresse-Avis No. 11“, 1822

1719 Strandfälle 1847-1850

Enthält u. a.: Strandung des englischen Schoners „L'Union“ bei Büsum, 1848-1850

1720 Strandfälle 1848-1852

VIEHSEUCHEN

1721 Konzession des Johann Friedrich Braasch in Rixdorf für die Tierarzneikunst 1835

1722 Brüche des Tietje Steenbock in Bornhöved wegen Viehkuren 1835

1723 Schadensersatz für vorschriftsmäßig getötete Pferde 1835-1848

1724 Veterinärschule in Kopenhagen: Allgemeines 1835-1846

Enthält u. a.: Übersicht über die Tierärzte in den Distrikten der Herzogtümer, 1845

Darin: zwei Exemplare der Druckschrift „Zur Nachricht und Anleitung für die Veterinäreleven bei der königlich dänischen Veterinärschule“, 1845

1725 Veterinärschule in Kopenhagen: Aufnahmen aus dem Herzogtum Holstein 1833-1837

Enthält u. a.: Namensverzeichnis für Abt. 49 Nr. 1725 und 1726

1726 Veterinärschule in Kopenhagen: Aufnahmen aus dem Herzogtum Holstein (1833) 1834-1847

1728 Veterinärschule in Kopenhagen: Aufnahmen aus dem Herzogtum Schleswig 1830-1842

Enthält u. a.: Namensverzeichnis für Abt. 49 Nr. 1728 und 1729

1729 Veterinärschule in Kopenhagen: Aufnahmen aus dem Herzogtum Schleswig 1842-1846

1727 Tötung eines Pferdes in Terkelsbüll wegen der Rotzkrankheit und Vergütung für Johann Peter Paulsen in Tondern wegen eines an der Lungenseuche gestorbenen Pferdes 1848-1849

1730 Verhalten des Tierarztes Schwarz in Halendorf bei der Behandlung von Pferden des Hufners Guttau im Amt Cismar 1836

1731 Geschenk für den Tierarzt Hüttmann in Brodersby (Gut Olpenitz) zur Abtragung seiner auf der Veterinärschule gemachten Schulden 1836

1732 Beschwerde des Gutsinspektorats in Jersbek wegen der Weigerung des Gutes Wulksfelde zur Annahme der Rotzkrankheit verdächtiger Pferde 1836

1733 Verhalten des Tierarztes Jensen in Flensburg hinsichtlich der erkrankten Pferde des Fuhrmanns Kahl aus Friedrichstadt 1837-1838

1734 Vergütung des Tierarztes Niehuus in Schenefeld (Amt Rendsburg) für die Untersuchung eines Pferdes mit Rotzkrankheit 1838

1735 Nachrichten über die Tierärzte mit fester Anstellung und mit Schmiedewerkstatt 1838

1736 Bestätigung der Statuten einer Gilde für Viehverluste für die Bewohner der Umgebung der Bille 1837-1838

1737 Verbreitung einer Schrift des Vorstehers der Veterinärschule über Erkennung und Behandlung von Viehkrankheiten 1842

1738 Zulassung des Tierarztes Wilhelm Wincker aus Göttingen zur Behandlung von Viehkrankheiten 1842-1846

1739 Anstellung eines besoldeten Tierarztes im Amt und Flecken Neumünster 1842, 1847-1848

1740 Anstellung besoldeter examinierter Tierärzte (1838) 1843
Darin: Bekanntmachungen, 1838; „Grundtræk af Fordringerne til Veterinair-Examen“, 1838

1741 Konzession des Tierarztes Christian Ernst Friedrich Wissel aus Celle für die Tierarzneikunde 1843-1844

1742 Entwurf einer Ordnung des Veterinärmedizinwesens in Dänemark und den Herzogtümern 1844-1846

1743 Verzeichnis der Verfügungen der ehemaligen Obergerichte und der Regierung zum Veterinärmedizinwesen 1844-1845

1744 Tierärzte 1847-1850

1745 Benachrichtigung der Zollbeamten bei Absperrungen wegen der Viehseuche 1847

WEGE UND EISENBAHN

Allgemeines

6175 Sammeln der Steine am Strand im Herzogtum Schleswig 1830-1848

6168 Beteiligung der königlichen Kasse an der Wegeinstandsetzung im Herzogtum Holstein 1834-1835

6169 Wegweiser in den Herzogtümern 1834-1835

1753 Wegweiser in den Herzogtümern 1834-1835

1779 Verfahren bei der Abtretung von Grundstücken für Straßenbauten 1835

1783 Verfahren bei Wegearbeiten auf herrschaftliche Kosten 1835-1839

6176 Reinigung der Wege im Herzogtum Schleswig von Schnee 1835-1845

1799 Einführung weiter Wagenspuren im Herzogtum Schleswig 1836

1807 Anfrage des Oberlandwegeinspektorats im Herzogtum Holstein zur Unterscheidung von öffentlichen und privaten Wegen, insbesondere die Wege des Gutes Wittmoldt 1837

1825 Schrift des Franz Heinrich Noodt in Bredstedt über seine Erfindung einer Erdpressmaschine 1840-1841

1826 Kompetenz der Regierung zur Entscheidung von Streitigkeiten über die Verpflichtung zur Instandsetzung öffentlicher Wege 1840-1841

1827 Befreiung der Prediger von den Wegelasten 1841

6132 Ladungsgewicht der Frachtfuhrwerke auf den nicht chaussierten Hauptlandstraßen 1842-1845

6134 Verpflichtung zum Überlassen von Wegebaumaterialien für die Nebenlandstraßen und Nebenwege 1842-1848

6179 Materialentnahme aus den königlichen Forsten und Gehegen für Landwegebauten 1843-1864

6178 Benachrichtigung des Generalstabs über gesperrte oder neue Wegestrecken bei Chausseen oder über Eisenbahnprojekte 1844

6136 Einrechnung der Dorfstraßen bei der Verteilung der Wegestrecken auf Nebenlandstraßen und Nebenwegen 1844

6177 Anschläge von Wegebaukosten auf die königliche Kasse 1844-1848

6135 Verteilung der Wegelasten nach Landbesitz 1845-1847

6145 Verständnis von Paragraf 97 Nr. 2 der Wegeordnung hinsichtlich der Wirtschafts- und Baufuhren 1845-1849

6133 Untersuchung der als Befriedung dienenden Seitengräben 1846

6139 Bestimmung des Begriffs Frachtfuhrwerk und Landfuhrwerk sowie der sonstigen Klassifikation der Fuhrwerke 1846-1848

6147 Befreite Fuhren nach Paragraf 97 Nr. 14 der Wegeordnung 1847
Enthält: Steinhauer Klewing, Flensburg

6137 Erkennung von Brüchen nach Maßgabe von Paragraf 52 der Wegeordnung 1847-1848
Enthält: Johann Johannsen und Laust Thaysen, Feldstedt

6180 Herausgabe einer Wege- und Postkarte 1847-1848

6146 Anwendung von Paragraf 97 Nr. 13 der Wegeordnung hinsichtlich der Magazinkornlieferung nach Rendsburg 1848-1849

6346 Herrschaftliche Wegebaustücke im Herzogtum Schleswig 1849 und 1850 1848-1851

Personal

6148 Anzeigen des Oberlandwegeinspektors des Herzogtums Schleswig über Urlaub und Reisen 1835-1837

6149 Abgang des Oberlandwegeinspektors des Herzogtum Schleswig Oberstleutnant de la Sonné (1835-) 1841-1843

6150 Instruktion für den Wegeschauer im Schwansener Güterdistrikt 1836

6151 Verpflichtung des Gutes Louisenlund bei Bestellung der Wegeschauer 1836

6152 Abgabe von Ladungen durch die Lundtofthardesvogtei an Eingesessene namens des Amtshauses in Tondern hinsichtlich einer Untersuchung in Wegeangelegenheiten 1837

6153 Wegeschauer in den adligen Güterdistrikten des Herzogtums Schleswig 1828-1847

6154 Kompetenz des Amtshauses in Apenrade über nicht seiner Jurisdiktion unterworfene Wegepflichtige 1839-1842

6155 Aufsicht über das Straßenpflaster im Flecken Norburg 1842

6156 Instruktion für die Wegeschauer im Ersten Angler Güterdistrikt 1844-1847

6157 Verwaltung des Wegewesens im Amt Bredstedt durch den Landvogt Carstens 1847

6158 Kompetenz der Gutsobrigkeit bei Auseinandersetzungen mit Untergehörigen in Wegeangelegenheiten und Überweisung an die Distriktsdeputation 1848
Enthält: Verteilung der Wegelasten im Gut Laygaard

6159 Befreiung des Stallers Jonhann Gottlieb Ingwersen in Garding von der Wegeaufsicht in der Landschaft Eiderstedt (1828-) 1847-1849

6160 Weigerung des Hausvogts Kirchner in Schleswig zur Anfertigung einer Abschrift des Frühlingswegeschauprotokolls für das Amt Gottorf 1850

6161 Chaussee-Einnehmer auf der Chaussee Flensburg–Husum 1840-1849

6162 Entlassung des Chaussee-Einnehmers Fries an der Chaussee Flensburg–Husum und Besetzung dieser Stelle 1845

6163 Ernennung des Johann Ross in Husum zum Chaussee-Einnehmer an der Chaussee Flensburg–Husum 1843

6164 Bestellung von Einnehmern und Wärtern an der Chaussee Husum–Friedrichstadt–Tönning 1843-1847

6165 Chaussee-Einnehmer an der Hebestelle Nr. 1 der Chaussee Flensburg–Husum 1845-1846

6166 Entlassung des Chausseeaufsehers Bruhn an der Chaussee Husum–Friedrichstadt–Tönning und Besetzung der Stelle 1846-1847

6167 Besetzung der Chaussee-Einnehmerstellen in Aschau und Büttel (1812-) 1849

Wegedistrikte und Wegewesen

6181 Wegedistriktregulierung und Einleitung der Wegeverteilung allgemein 1842-1843

6194 Hinzuziehung von Eingesessenen unter der Jurisdiktion der Ämter Tondern und Lügumkloster im Kirchspiel Bredstedt zu den Wegelasten des Amtes Apenrade (1788-) 1836

6204 Wegeverteilung im Amt Apenrade 1837-1849

6207 Regulierung des Wegewesens: Amt Lügumkloster und Bildung von Wegekommunalverbänden im Birk Lügumkloster 1841-1848

6184 Wegedistriktregulierung: Vogteien Gjenner, Bollersleben und Strandeljörn 1842

6200 Regulierung der Verhältnisse der Ämter Hadersleben, Lügumkloster und Tondern zum Amt Ripen hinsichtlich des Wegewesens 1846-1847

6205 Wegeverteilung in der Lundtoftharde, besonders Unterhaltung des Wormshöfter Steindamms und der Paulskruger Brücke (1742-) 1837-1845

6201 Verbindung der Lundtoftharde mit dem Amt Apenrade sowie Regulierung der Verhältnisse anderer Distrikte der Ämter Apenrade, Tondern und Hadersleben hinsichtlich des Wegewesens 1846-1848

6211 Regulierung des Wegewesens: Amt Flensburg 1841-1849

6212 Regulierung des Wegewesens: Amt Flensburg 1844-1849
Darin: Regulativ zur Verwaltung des Wegewesens in den vier alten Harden des Amtes Flensburg, 1845

6195 Verbindung einer Hufe der Nieharde im Gut Ohrfeld mit der Wegekommune Ohrfeld 1843

6198 Einverleibung der Hufenstelle Sollbroe und des Dorfes Sollerup in den Wegedistrikt des Amtes Flensburg (1816-) 1843-1847

6199 Wegescheide zwischen den Gütern Seegaard und Ahretoft mit dem Amt Flensburg an der Gellauer Brücke auf der Hauptlandstraße Flensburg–Apenrade 1845

6208 Regulierung des Wegewesens: Amt Gottorf 1837-1848

6197 Wegedistriktregulierung: Amt Gottorf 1843-1847

6215 Regulierung des Wegewesens: Amt Hütten 1843-1849

6216 Regulierung des Wegewesens: Landschaft Stapelholm (1624, 1647) 1843-1849

6209 Regulierung des Wegewesens: Ämter Husum und Bredstedt 1842-1846

6210 Regulierung des Wegewesens: Ämter Husum und Bredstedt 1846-1849

6183 Wegedistriktregulierung: Verbindung des Gutes Hoyerswort mit der Landschaft Eiderstedt 1842

6202 Wegeschau in der Landschaft Eiderstedt und Aufsicht über das Wegewesen der Stadt Tönning durch die Deichgrafschaft 1849

6221 Einziehung von Wegen im Kirchspiel Oldenswort 1849

6277 Regulierung des Wegewesens: Stadt Apenrade mit dem Amt Apenrade 1843-1844

6276 Regulierung des Wegewesens: Stadt Flensburg 1843-1846

6190 Wegedistriktregulierung: Stadt Garding 1842-1843

6275 Regulierung des Wegewesens: Stadt Tondern 1843-1844

6214 Regulierung des Wegewesens: Stadt Tönning 1843

6187 Wegedistriktregulierung: Marschdistrikte im Herzogtum Schleswig 1842

6188 Wegedistriktregulierung: Schwabstedter Hemme 1843-1848

6185 Wegedistriktregulierung: Meggerkoog 1842-1843

6186 Wegedistriktregulierung: Kleinenseerkoog 1842-1843

6192 Wegedistriktregulierung: Grothusenkoog und Augustenköge 1842-1843

6193 Wegedistriktregulierung: Reußenköge und Sterdebüllerkoog 1842-1843

6191 Wegedistriktregulierung: Wilhelminenkoog 1843

6220 Wegewesen in den Kögen des Amtes Tondern 1847

6213 Regulierung des Wegewesens: augustenburgische Güter auf Alsen 1836-1848

6206 Regulierung des Wegewesens: Angler Güterdistrikte 1840-1849

6189 Wegedistriktregulierung: Gut Wischhof 1842-1843

6196 Wegedistriktregulierung: Zweiter Angler Güterdistrikt (1739-) 1843-1848

6182 Wegedistriktreguklierung: Kanzleigut Höckeberg 1843-1854
Darin: Zeichnung des Wegeverlaufs, 1845

6219 Regulierung des Wegewesens: Gut Nübel 1845-1846

1781 Reorganisation des Wegewesens im Herzogtum Holstein 1835

6203 Verteilung der Wege und Wegelasten in den Ämtern Traventhal, Reinfeld und Rethwisch 1827-1848

Wegeverzeichnisse

1750 Anlage von Wegeverzeichnissen sowie Sammlungen von Nachrichten und Angaben über sämtliche Wege im Herzogtum Schleswig 1834-1835

6222 Wegeverzeichnisse: Städte im Herzogtum Schleswig 1835

6223 Wegeverzeichnisse: adlige Güterdistrikte im Herzogtum Schleswig 1835

6224 Wegeverzeichnisse und Wegeberichte aus den Ämtern, Landschaften und Städten des Herzogtums Schleswig 1835

6225 Wegeverzeichnisse und Wegeberichte aus den Ämtern und Landschaften des Herzogtums Schleswig 1835-1843
Enthält: Amt Gottorf; Amt Hadersleben; Landschaft Nordstrand; Ämter Sonderburg und Norburg mit der Insel Aerö; Amt Tondern

6226 Wegeverzeichnis: Schwansener Güterdistrikt 1835

6228 Wegeverzeichnis: Erster Angler Güterdistrikt 1835

6227 Wegeverzeichnis: Reußenköge 1835

Wegeschau

1769 Inspektionsreisen des Oberlandwegeinspektors des Herzogtums Schleswig 1835-1842

6230 Schauung der Nebenwege erster Klasse in den Herzogtümern 1845

6231 Einsendung der Protokolle der Frühlingswegeschau im Herzogtum Schleswig an das Oberlandwegeinspektorat 1845-1849

6232 Wegeschauungen im Herzogtum Schleswig 1842-1846

Haupt- und Nebenlandstraßen

1771 Instandsetzung der Landstraße von Slukefter nach Bau sowie Anlage einer Kiesstraße 1830-1836

1767 Verlegung einer Strecke der Landstraße von Ripen nach Apenrade 1835

1785 Streitigkeiten zwischen den Bohlbesitzern im Kirchspiel Nordhackstedt und den Bohlseingesessenen in Riesbriek wegen der Kosten des Sielbaus auf der Landstraße nach Bredstedt 1835-1836

1764 Zustand des Weges zwischen Schleswig und Flensburg 1835-1838

1782 Zustand der Poststraße zwischen Schleswig und Rendsburg (1833-) 1835-1842

1797 Beteiligung an der Instandsetzung einer Wegestrecke auf der Landstraße von Flensburg nach Hadersleben zwischen der Brücke bei Paulskrug und dem Grenzpfahl des Amtes Tondern (1787) 1836-1837

Enthält u. a.: Verzeichnis der über die Güter Seegaard und Ahretoft führenden Hauptpostnebenstraßen, 1785

1747 Landstraße von Eckernförde nach Schleswig 1834-1849

6249 Nebenlandstraßen im Herzogtum Schleswig 1835-1850

6250 Nebenlandstraßen im Herzogtum Schleswig 1843-1849

6236 Beibehaltung der Aufteilung der Wegearbeiten an der Landstraße Flensburg-Sonderburg 1845

6251 Nebenlandstraße Apenrade–Tondern 1844-1847

6252 Nebenlandstraße Lügumkloster–Apenrade 1844-1846
Enthält: Instandsetzung; Abtragung des Schedeberges und Soltberges

6253 Nebenlandstraße Lügumkloster–Tondern: Instandsetzung im Amt Lügumkloster 1844-1848

6254 Nebenlandstraße Hadersleben–Ripen: Instandsetzungen 1838-1848

6255 Nebenlandstraße Apenrade–Sonderburg 1842-1848
Enthält: Siel im Gut Kieding; Instandsetzungen

6256 Nebenlandstraße über Feldstedt und Gravenstein 1846-1848

6257 Nebenlandstraße Sonderburg–Mommark: Instandsetzung 1842-1843

6258 Nebenlandstraße Burg auf Fehmarn–Fehmarnsund: Verlegung einer Wegestrecke 1844-1848

6259 Chaussierung der Nebenlandstraße Friedrichstadt–Seeth 1846-1850

1748 Entschädigung von Hufnern in Gaarden für die Abtretung von Ländereien zur Erweiterung der Landstraße von Preetz nach Kiel (1831-) 1834

1790 Hauptlandstraße Plön–Eutin und Neustadt–Lübeck (1830-) 1834-1838
Darin: Karten des Straßenstücks bei Fegetasche anlässlich des Abtrags eines Sandberges bei Ruhleben (Amt Plön)

1746 Instandsetzung der Land- und Poststraße Itzehoe–Elmshorn 1834-1839

1772 Einsendung des Schauungsprotokolls über die Landstraße Segeberg–Eutin 1835-1836

1766 Verteilung der Wegestrecke von Hasloh bis zur Grenze des Gutes Kaden sowie der Landstraße Hamburg–Elmshorn–Itzehoe 1835-1842

1778 Nebenlandstraße Plön–Lübeck: Unterhalt einer Strecke durch die Dorfschaft Barkau und Chausseestrecke bei Stockelsdorf 1835-1857

1801 Landstraße Plön–Lütjenburg 1836-1838, 1850

6260 Nebenlandstraße Hellbrook–Bergstedt–Bargteheide 1845-1846
Enthält: Instandsetzungen im Amt Trittau; Befreiung der Eingesessenen in Fischbek und Hammoor von der Unterhaltung

6235 Zustand des Weges von Krempe nach Glückstadt 1850

Distriktwege

1794 Damm in Haddeby 1802-1820

1795 Damm in Haddeby (1814-) 1822-1828

1796 Damm in Haddeby (1787-) 1826-1850
Enthält auch: Kostenvoranschlag zum Bau einer Chaussee zwischen dem Schnellmarker Holz und dem Grenzpfahl der Wegestrecke von Eckernförde und Windeby, 1833
Darin: Karte zum Damm in Haddeby, 1833; Zeichnung zum Wegeverlauf zwischen Eckernförde und dem Schnellmarker Holz, 1832; Profil und Grundriss eines Hauses (wohl Chausseewärter); Zeichnung einer Brücke über den Goosseebach, 1833

6292 Damm in Arnis 1829-1837

6300 Gottorfer Damm und Ziegelhofdamm sowie Hesterberg in der Stadt Schleswig (1777-) 1834-1850

1805 Wegeverteilung in den Geestharden des Amtes Tondern ohne die Lundtoftharde 1826-1840

1806 Wegeverteilung in den Geestharden des Amtes Tondern ohne die Lundtoftharde 1824-1825, 1840-1847

6262 Wege: Amt Tondern 1840-1846
Enthält: Anlage eines Wegs bei der Uberger Mühle nach Legan; Instandsetzung einer Wegestrecke zwischen Rapstedt und Bredewatt; Kirchen- und Schulfußsteig in Deezbüll
Darin: Situationriss einer Strecke zwischen Uberg und Tondern

1823 Wege: Amt Tondern 1840-1842
Enthält: Instandsetzung eines Mühlenweges in Rinkenis; Instandsetzung eines Weges in Achtrup zwischen den Gütern Boverstedt und Lütjenhorn; Weg in Keitum

6218 Wegeverteilung in den Marschharden des Amtes Tondern 1845-1848

1819 Wege: Amt Hadersleben 1837-1846

6265 Wege: Amt Hadersleben 1842-1845

6267 Wege: Amt Flensburg 1844-1847

6264 Wege: Landschaft Pellworm 1835-1842

6269 Wege: Amt Bredstedt 1844-1845

1824 Wege: Landschaft Eiderstedt 1839-1847

1812 Wege: Amt Gottorf (1836) 1837-1843

1817 Wege und Brücken: Amt Hütten und Landschaft Stapelholm 1839-1844

6261 Wege: Landschaft Fehmarn 1840-1849

1816 Wege: Landschaft Fehmarn 1840-1842
Enthält: Instandsetzung einer Wegestrecke bei Vitzdorf; Wegeverteilung in Meeschendorf

6273 Wege: Stadt Schleswig 1837-1848

6274 Wegeverhältnisse der Stadt Eckernförde 1843

6280 Wegezustände in Kappeln 1847-1848

6266 Wege: Reußenköge 1843-1844

6286 Wege: Zweiter Angler Güterdistrikt 1845-1849

1818 Wege: Dänischwohlder Güterdistrikt 1835-1847

1814 Wege: Schwansener Güterdistrikt 1837-1848

6282 Wege: Gut Saxtorf 1837-1838

6284 Wege: Güter Gelting und Südensee 1845-1849

6288 Wege: Gut Laygaard (1764-) 1846-1848

6290 Wegeinstandsetzung im ersten lübschen Wegedistrikt 1843-1851, 1864

Spezielle Wegeangelegenheiten im Herzogtum Schleswig

1760 Instandsetzung von Wegestrecken in Kappeln und Umgebung 1822-1830

1761 Instandsetzung von Wegestrecken in Kappeln und Umgebung 1827-1832

1762 Instandsetzung von Wegestrecken in Kappeln und Umgebung (1810-) 1831-1849

Enthält u. a.: Materialanschaffung für die Instandsetzungen, 1835-1848; Verpachtung des Schlagbaums bei Mehlby, 1843-1849

6345 Befreiung des Hofes Großtondern (Mögeltondern) von den Wegelasten (1757-) 1829-1848

1752 Beschwerde des Baumpächters Jürgen Tams in Haddeby gegen ein Brücheurteil wegen eigenmächtiger Erhebung von Baumgeld 1834

6291 Unterhalt einer Wegestrecke in Bünge 1834, 1846-1847

1763 Instandsetzung der Wegestrecke von der Fähre in Sonderburg bis zur Mühle in Düppel (1787-) 1835

1754 Anteil der Dorfschaft Tielen an den Verdingskosten der Wege im Kirchspiel Erfde (1832-) 1835

6428 Vergütung von Eingesessenen in Stutebüll, Grimsnis und Grummark für Wegearbeiten 1835-1836

1770 Erweiterung der Einfahrt in das Dorf Bröns auf der westlichen Landstraße von Ripen nach Tondern 1835-1837

1784 Teilnahme von Landbesitzern in Apenrade am Unterhalt des Weges von der Neuen Mühle bis zum Landweg nach Tondern 1835-1837

1792 Beteiligung der Parzellisten Thomas Callsen, Friedrich Jensen und Christian Müller des Gutes Priesholz an Wegekosten 1835-1838

1786 Erlaubnis zur Umlegung des Kommunikationsweges zwischen Weseby und Hürup 1836

1788 Befreiung der Dorfschaft Loit von der Verteilung der Instandsetzung der Wege im Amt Apenrade (1820-) 1836

1789 Tausch einer zu unterhaltenden Wegestrecke zwischen Lüngerau und dem Hof Lindewitt 1836

6281 Zustand einer Wegstrecke des Gutes Schwensby von der Hollehittkoppel bis zur Kappelner Landstraße 1836

1793 Instandsetzung einer Wegestrecke zwischen Möllmark und Gammelgab 1836-1837

1800 Beschwerde des Amtsverwalters Struve in Burg auf Fehmarn gegen Jacob Witte in Klausdorf wegen Auslegung eines Weges 1836-1837

1802 Wegeverteilung in Roost 1836-1837

1798 Wegelasten der Interessenten des Süderfeldes in Hadersleben (1786) 1836-1838

1809 Beschwerde der Bohlsleute in Hellewatt wegen der Instandsetzung des Weges zwischen dem Haus des Holzvogts Bruhn und Nalmose 1837

1810 Wegelasten von Untergehörigen des Amtes Lügumkloster in Gaarsagger 1837

1811 Instandsetzung des Weges zu den Pachtgrundstücken des Zieglers Claussen in Schleswig in der Kammerdienerkoppel am Karpfenteich 1837-1838

6283 Wegeinstandsetzung im Gut Louisenlund 1837-1838

1815 Entschädigung des Parzellisten Hans Peter Nielsen in Süderkoppel auf Kekenis für Sturmflutschäden, insbesondere für Instandsetzung einer Wegestrecke 1837-1839

1820 Wegestreitigkeiten des Iver Jens Krog in Kokjär mit Hans Adolf Bryde in Steenskrug 1838

6263 Pastoratsweg in Borby (1816-) 1840-1841

6268 Instandsetzung des Stubbeker Berges im Amt Apenrade 1844

6285 Unterhalt eines Nebenweges im Gut Nübel 1844-1845

6270 Verlegung eines Fußsteiges über die Koppel der Anna Maria Hansen in Norburg (1844) 1845

6217 Aufteilung der Nebenwege in Süderholm 1845

6271 Einziehung eines Weges von Satrup nach Schnabek im Amt Sonderburg 1846

6272 Anlage eines Weges bei Sollbrück 1846

6287 Wegearbeiten in den Gütern Roest, Buckhagen, Sandbek, Rundhof, Düttebüll, Gelting, Brunsholm, Toestorf und Oehe 1846

6278 Instandsetzung einer Wegestrecke der Stadt Hadersleben auf der Straße nach Apenrade 1846-1847

6279 Unterhalt einer Wegestrecke von der Stadt Tönning bis zum Fähretablissement 1846-1847

6289 Wegestrecke in den augustenburgischen Gütern zwischen Alsen und Kekenis 1847

6293 Spezielle Wegeangelegenheiten im Herzogtum Schleswig (1785-) 1834-1845

Darin: Lageskizzen zur Landstraße Kappeln–Schleswig bei der Koppel des Hans Lassen, Brebel

6294 Spezielle Wegeangelegenheiten im Herzogtum Schleswig 1839-1844

6295 Spezielle Wegeangelegenheiten im Herzogtum Schleswig 1842-1845

6296 Spezielle Wegeangelegenheiten im Herzogtum Schleswig (1787-) 1843-1849

Darin: Karte zum Kirchenfußsteig in Holm (Amt Norburg)

6298 Spezielle Wegeangelegenheiten im Herzogtum Schleswig 1845-1849

6299 Spezielle Wegeangelegenheiten im Herzogtum Schleswig 1847-1850

Spezielle Wegeangelegenheiten im Herzogtum Holstein

1777 Abflachung des Sandberges in Ruhleben (Amt Plön) (1783-) 1830-1836

1813 Weg von Schmiedendorf nach Hohwacht sowie Baumgeld und Strandgeld des Gutes Neudorf (1775) 1833-1837

1749 Beschwerden des holsteinischen Oberlandwegeinspektorats gegen das Kloster Preetz in Wegeangelegenheiten 1834-1835

1751 Abtretung von Pastoratsland in Bordesholm zur Erweiterung eines Ableitungskanals an der Landstraße nach Nortorf 1834-1835

1755 Beschwerde des Hans Friedrich Gaeth in Westerau gegen den dortigen Bauervogt Köster in Wegeangelegenheiten 1835

1775 Instandsetzung eines öffentlichen Fußsteiges von Marne nach Sankt Michaelisdonn 1835

1776 Instandsetzungslast der Dorfschaft Westerrönfeld für die Landstraße Rendsburg-Hamburg 1835

1773 Wegweiser im Amt Cismar 1835

1768 Unterhaltung des Fußsteiges auf dem Kirchenweg in Gothendorf 1835

1765 Zustand des zum Gut Jersbek gehörigen Weges zwischen Elmenhorst und Neritz 1835

1757 Beschwerde des Postamtes in Schleswig über den Wegezustand zwischen Rendsburg und Ahrenstedt 1835

1780 Unterhalt der Amtsanteile der Straße von Kiel nach den äußeren Kanalschleusen sowie Instandsetzung von Wegeanteilen der Güter Rastorf und Bredeneek 1835
Enthält auch: Tränkestelle zwischen dem Hof Osterlieth und Güby

1787 Instandsetzung eines öffentlichen Fußsteiges zwischen Marne und Sankt Michaelisdonn (1833-) 1835-1836

1756 Verlegung der Transitstraße in Bargfeld (Amt Rendsburg) durch den Bauervogt Hingst 1835-1837

1774 Wegepflasterung in Nahe (1770) 1839-1843
Darin: gedrucktes Verzeichnis der Dienste der Dorfschaft Neritz, 1770

1791 Verlegung eines über die Ländereien des Johann Wilhelm Vest in Lebatz führenden Kirchen- und Schulfußsteiges 1841-1842

6297 Spezielle Wegeangelegenheiten im Herzogtum Holstein 1845-1850
Darin: Karte zum Weg Pinneberg–Seestermühe

Chausseen

6229 Entwurf eines Reglements zur Benutzung der Chausseen 1838

6237 Chausseen und Chausseebauten im Herzogtum Schleswig 1842-1848
Darin: Karten zu den Chausseelinien zwischen Husum, Friedrichstadt, Rendsburg und Schleswig; Karte zum Straßennetz zwischen Tönning, Husum, Schleswig, Eckernförde und Rendsburg

6140 Verpflegung erkrankter fremder Chausseearbeiter 1843-1847

6142 Diäten und Vergütungen für die Mitwirkung bei Enteignungen und Auszahlung von Entschädigungsgeldern beim Chausseebau 1844-1847

6143 Befreiung der Forst- und Jagdbeamten vom Chausseegeld 1844-1848

6144 Legitimationskarten für Beamte und Bedienstete für die Reise auf Chausseen 1846-1848

6141 Verfahren bei Chausseeverstößen 1846-1850
Enthält: Chaussee Husum–Flensburg; Grasholz

6239 Chaussee Flensburg–Apenrade 1843-1849
Darin: Skizze zum Chausseeverlauf zwischen Kluesries und dem Gehege Riesholz

6240 Chaussee Flensburg–Apenrade 1846-1849
Darin: „Apenrader Ugeblad" vom 18. November 1846

1828 Chausse Flensburg–Husum–Tönning 1842-1844
Darin: Karte über das Einnehmerhaus und den Dorfweg in Janneby

1829 Chaussee Flensburg–Husum–Tönning 1844-1849
Darin: „Altonaer Mercur" vom 25. Oktober 1845

6302 Chaussee Flensburg–Husum: revidierte Einnahmerechnungen für 1845 und Chausseegefälle für Januar-Juni 1845 1845-1846

6303 Chaussee Flensburg–Husum: Chausseegefälle für Juli-Dezember 1845 1845-1846

6238 Chaussee Flensburg–Husum: Klassifikation der Ausgaben 1845-1846

6305 Chaussee Flensburg–Husum: revidierte Einnahmerechnungen für 1846 und Chausseegefälle für Januar 1846 1846

6306 Chaussee Flensburg–Husum: Chausseegefälle für Februar-Dezember 1846 1846-1847

6304 Chaussee Flensburg–Husum: Klassifikationen und Übersichten der Rechnungen 1846

6307 Chaussee Flensburg–Husum: Einnahmeatteste und Chausseegefälle für Januar-Juli 1847 1847-1848

6308 Chaussee Flensburg–Husum: Chausseegefälle für August-Dezember 1847 und für 1848 1847-1848

6309 Chaussee Flensburg–Husum: revidierte Einnahmerechnungen für 1847 1847-1848

6311 Chaussee Flensburg–Husum: Einnahmeatteste 1848

6310 Chaussee Flensburg–Husum: Ausgaben 1848-1849

6301 Chausseebau Flensburg–Helligbek: Klassifikationen und Übersichten der Rechnungen für 1844 und 1845 1843-1846

6241 Chaussee Flensburg–Helligbek 1843-1849

6242 Chaussee Husum–Friedrichstadt–Tönning 1842-1846

6313 Chaussee Husum–Friedrichstadt–Tönning: Ausgaben für Januar-Oktober 1844 1844-1845

6314 Chaussee Husum–Friedrichstadt–Tönning: Klassifikationen und Übersichten der Rechnungen für Oktober-Dezember 1844 1844-1845

6243 Chaussee Husum–Friedrichstadt–Tönning 1844-1849

6316 Chaussee Husum–Friedrichstadt–Tönning: Ausgaben 1845

6315 Chaussee Husum–Friedrichstadt–Tönning: Klassifikationen und Übersichten der Rechnungen für 1845 1845-1846

6244 Chaussee Husum–Friedrichstadt–Tönning 1845-1849
Enthält u. a.: Verzeichnisse der Ausgaben und des Chausseegeldes

6319 Chaussee Husum–Friedrichstadt–Tönning: Einnahmerechnungen für 1846 1846-1847

6317 Chaussee Husum–Friedrichstadt–Tönning: Ausgaben für Januar-Juni 1846 1845-1846

6320 Chaussee Husum–Friedrichstadt–Tönning: Ausgaben 1846

6318 Chaussee Husum–Friedrichstadt–Tönning: Klassifikationen und Übersichten der Rechnungen für 1846 1846

6321 Chaussee Husum–Friedrichstadt–Tönning: Klassifikationen und Übersichten der Rechnungen, Entschädigungen und Chausseegefälle für 1846 und 1847 1846-1848

6322 Chaussee Husum–Friedrichstadt–Tönning: Einahmeatteste 1847

6248 Chaussee Garding–Tönning 1846-1850
Enthält u. a.: Entschädigungen

1830 Chaussee Schleswig–Rendsburg 1842-1846
Darin: Skizze zum Chausseeverlauf zwischen Sorgbrück und Kropperbusch; Bekanntmachung über die Vorarbeiten für die Chaussierung

1831 Chaussee Schleswig–Rendsburg 1845-1851

6245 Chaussee Schleswig–Helligbek 1843-1850

6246 Chaussee Schleswig–Helligbek 1846-1850
Enthält u. a.: Entschädigungen

6247 Chaussee Schleswig–Helligbek: Entschädigungen 1848-1850

6323 Chaussee Schleswig–Eckernförde 1844-1849

6330 Chaussee Schleswig–Eckernförde: Klassifikationen und Übersichten der Rechnungen 1846-1847

6329 Chaussee Schleswig–Eckernförde: Einnahme- und Ausgaberechnungen für 1847 und 1848 1847-1849

6312 Chaussee Schleswig–Eckernförde–Levensau: Ausgaben für 1848 1848-1849

6324 Chaussee Schleswig–Eckernförde 1848-1850

6325 Chaussee Schleswig–Eckernförde und Strandchaussee bei Eckernförde 1831-1838, 1846-1848

6326 Strandchaussee bei Eckernförde 1838-1848

6328 Strandchaussee bei Eckernförde: Rechnungen 1839

6327 Strandchaussee bei Eckernförde: Rechnungen 1840-1850
Enthält auch: Einnahmen an Barrieren der Chausseen Levensau–Eckernförde, Schleswig–Stenderup, Flensburg–Husum, Husum–Friedrichstadt–Tönning, 1849-1850

6138 Strandchaussee in Eckernförde: Aufstellen einer Tariftafel 1842

6332 Chausseen Flensburg–Husum, Husum–Friedrichstadt–Tönning und Flensburg–Helligbek: Rechnungsangelegenheiten 1842-1849

6331 Chausseen Schleswig–Stenderup, Schleswig–Eckernförde–Levensau und Flensburg–Apenrade: Rechnungsangelegenheiten 1846-1850

6333 Chaussee Kiel–Levensau: Ausgabenrechnungen 1846-1847

Wege- und Chausseebudget

6334 Wege- und Chausseebudget für 1841/42 1841-1844

6335 Wege- und Chausseebudget für 1843 1842-1844

6336 Wege- und Chausseebudget für 1844 1843-1845

6337 Wege- und Chausseebudget für 1845 1844-1846

6338 Wege- und Chausseebudget für 1846 1845-1847

6339 Wege- und Chausseebudget für 1847 1847-1849

6340 Wege- und Chausseebudget für 1848 1847-1850

6341 Wege- und Chausseebudget für 1849 1848-1850

6342 Wege- und Chausseebudget für 1849 1848-1850

6343 Wege- und Chausseebudget für 1850 1849-1851

6344 Wege- und Chausseebudget für 1850 1849-1851

Fähren, Brücken, Schlagbäume

6171 Fähren im Herzogtum Schleswig 1800-1834

6172 Fähren im Herzogtum Schleswig (1756-) 1847-1850
Enthält u. a.: Rechnungen; Konzessionen

6173 Fähren im Herzogtum Schleswig 1835-1848

6174 Brücken im Herzogtum Schleswig 1835-1845

6170 Schlagbäume und Brückengeld im Herzogtum Schleswig 1835-1849
Enthält auch: Hohwacht

1803 Bau einer Brücke über die Au in Tüdal bei Eggebek 1837

1804 Beitrag des Gutes Fahrenstedt zu den Brückenbauten in Uelsby, Berend und Böklund 1837

1758 Erhebung von Brückengeld durch Peter Petersen in Brebelholz 1834-1840

1759 Befreiung der Dorfschaft Hollingstedt vom Baumgeld 1835

1821 Verbot für den Postillion in Bredstedt zur Passage einer Brücke über die Arle zwischem dem Breklumerkoog und der Hattstedtermarsch (1827) 1838-1839

1822 Bau einer Brücke über die Tensfelder Au an der Grenze zwischen dem Amt Plön und dem Gut Nehmten bei Bredenbek 1839-1842

Eisenbahn

6233 Eisenbahn: Verordnungen, Bekanntmachungen, Statuten, Polizeireglements 1811-1846

1808 Bau einer Eisenbahn Flensburg–Husum–Tönning 1837-1844
Darin: Druckschrift „Einige Worte über die Flensburger Eisenbahn-Sache"; Prospekt zur Eisenbahn Flensburg–Husum (mit Karten), 1841

6234 Anlage einer Eisenbahn von Rendsburg bis zum Limfjord 1846-1847

SONSTIGE POLIZEIANGELEGENHEITEN

Polizeiverwaltung

1832 Polizeiverfügung der Gutsobrigkeit in Hanerau (1826) 1834

1855 Polizeiverfügungen der Unterbehörden 1834-1849

1869 Polizeiverfügung zur Bestellung der Aufsichtsmänner in Horstedt (1834) 1835

1877 Verwaltung der Polizei in Baurup 1835-1842

1882 Uniformen der Polizeibeamten 1835-1849
Enthält u. a.: Zeichnungen von Kragen und Aufschlag

1887 Verbindung der Kanzleigüter und anderer den höheren Gerichten unmittelbar unterworfenen Grundstücken mit den Polizeidistrikten 1822-1846

1888 Verwaltung der Polizei und obrigkeitlichen Geschäfte: Güter und Köge im Herzogtum Schleswig, Schwansener Güterdistrikt 1837-1849

1889 Verwaltung der Polizei und obrigkeitlichen Geschäfte: Angler Güterdistrikte sowie Dänischwohlder Güterdistrikt 1837-1850

1897 Anfrage des Magistrats in Oldenburg zum Konkubinat 1836

1898 Verwaltung der Polizei auf Schloss Gottorf und dem Schlossgrund 1836-1843

1906 Beitragspflicht der Militärpersonen zu den Polizeikosten 1837-1839

1907 Allgemeine Gesindeordnung (1810-) 1837-1849
Darin: Probeexemplare von Gesindebüchern; Gesindeordnung für die Provinzen des Königreichs Preußen, 1810; Auszug aus der Verordnung zur Erteilung von Wanderbüchern für Handwerksgesellen in den Herzogtümern, 1830; Probeexemplar eines Wanderbuchs; Gesindeverordnung aus Hamburg, 1833; Druckschrift des Dr. Asher: „Versuch eines Entwurfs zu einer städtischen Gesinde-Ordnung". Hamburg 1826

1909 Scharfrichter (1802) 1838-1848

1910 Beschwerde des Dienstknechts Ludwig Friedrich Knust im Gut Nehmten gegen den Gutsbesitzer wegen Missbrauchs der Polizeigewalt (1837) 1838

1913 Anfrage der Landvogtei Süderdithmarschen zum Gerichtsstand der Zollbeamten bei Polizeiverstößen 1839

1914 Verfahren bei Polizeiverstößen durch unmittelbar den höheren Gerichten unterworfene Personen und Befugnis der Polizeibehörden zum Erlass von Polizeiverfügungen 1838-1839

1917 Anfrage des Magistrats in Hadersleben zum Verfahren bei Fundsachen 1839

1928 Beschwerden über die Öffnungszeiten der Polizeikontore 1841

1933 Errichtung eines Gendarmeriekorps 1842-1843

1934 Errichtung eines Gendarmeriekorps 1842-1850

1938 Polizeiaufsicht beim Eisenbahnverkehr 1844, 1849

1946 Bestreitung der Kosten für Verpflegung und ärztliche Behandlung von im Gefängnis erkrankten Arrestanten 1848

Öffentliche Sicherheit und Ordnung

1833 Polizeistunde 1834, 1845-1849

1856 Prämien für Lebensrettungen 1834-1841

1857 Prämien für Lebensrettungen 1841-1850

1861 Sicherung der Landstraßen während des Umschlags in Kiel 1834-1840
Enthält u. a.: Überfall auf die Frachtpost von Eckernförde nach Kiel und Ermordung des Postillions

1865 Erlass von Steckbriefen 1835-1850
Darin: „Altonaer Mercur" vom 1. und 7. Dezember 1835; „Schleswig-Holsteinische Anzeigen" vom 30. November und 7. Dezember 1835; „Staats- und Gelehrte Zeitung des Hamburgischen unpartheiischen Correspondenten" vom 13. Mai 1837

1867 Polizeimandat zur Abstellung von Exzessen der Dienstboten in Großenaspe 1835

1868 Sicherheit der öffentlichen Landstraßen 1834-1835
Enthält: Raubmord auf der Poststraße zwischen Bramstedt und Quickborn; Vorbeugung irriger Nachrichten über den Diebstahl auf dem Weg zwischen Apenrade und Hadersleben

1870 Vorsichtsmaßnahmen bei Gewehren und Schießpulver 1835-1838
Enthält: Transport von Schießpulver durch den Fuhrmann Dabelstein, Neumünster; Aufbewahrung von Schießpulver in Tondern sowie Vorsichtsmaßnahmen der Kaufleute in den Städten und Flecken bei Lagerung des Schießpulvers

1890 Schärfere Kontrolle der Reisenden bei der Überfahrt von Heiligenhafen nach Nysted 1835-1836

1892 Sicherung von Mergelgruben 1836

1894 Bordelle 1836-1846
Enthält: Heide; Schleswig; Tönning
Darin: „Itzehoer Wochenblatt" vom 20. Mai 1836

1895 Tumult, Aufruhr, Ruhestörung 1836-1850
Darin: „Ditmarser und Eiderstedter Bote" vom 7. Juli 1836

1904 Verfahren mit aufgegriffenen Vagabunden mit schwer zu ermittelnden Heimatrechten 1832-1846
Enthält u. a.: Verzeichnis der Scherenschleifer und Siebmacher mit ihren Familien im Kirchspiel Bramstedt, 1839-1842

1912 Beherbergung von Reisenden auf dem Land 1838-1849

1920 Nachtzettel 1839-1844
Enthält: Glückstadt; Segeberg; Schleswig; Eckernförde

1921 Raubmord im Gut Hasselburg an den Schlachterburschen Heuer und Lange 1840-1841
Darin: kleine Druckschrift über den Raubmord

1922 Leichenschau 1839-1850

1924 Rückgabe der an einen Boldt in Hamburg abgegebenen „zwergartigen" Kinder des Peter Friedrich Brockstedt in Schlamersdorf 1840-1843

1929 Beschwerden des Stadtmusikers Erdmann in Plön gegen den Ratsverwandten Klüver wegen verübten Straßenunfugs 1841

1931 Maßnahmen zur Abwehr des durch den Brand in Hamburg obdachlos gewordenen fremden Gesindels 1842-1850

1936 Gefährdung der persönlichen Sicherheit auf öffentlichen Straßen in Flensburg 1843

1937 Verfahren gegen polizeigefährliche Personen 1844-1850
Enthält: Tobias Lysholm, Apenrade; Nicolaus Martens, Wöhrden; Gewalttätigkeiten und Misshandlungen in Hohenfelde (Amt Steinburg); Gefährdung der öffentlichen Sicherheit beim Viehburger Gehölz bei Kiel

1941 Bericht der Landvogtei Bredstedt zur Notwendigkeit einer Bettlerstreife in den Herzogtümern 1846

1944 Organisation der Bürgerbewaffnung 1848-1851
Darin: Statuten der Bürgergarde in Plön

1945 Verfahren gegen die ohne Legitimation als sogenannte Freiwillige umherziehenden Personen 1848

Enthält: Übersendung von Exemplaren eines Rundschreibens der Provisorischen Regierung; Beschwerde des Töpfergesellen Hans Christian Truelsen, Tellingstedt, wegen Abnahme einer Pistole in Eckernförde

Politische Polizei

1935 Assoziationen sowie politische Gesellschaften und Verbindungen 1842-1850

1940 Verbot des Gebrauchs bestimmter Fahnen sowie Fahnen und Flaggen allgemein 1845-1846

1947 Umtriebe dänischer Behörden auf Alsen und Beteiligung diesseitiger Landeseinwohner 1849-1850

Darin: „Schleswig-Holsteinische Anzeigen“ vom 18. März 1850

1948 Volksversammlungen 1848-1850

Enthält: Petitionen aus Kiel; Verfügung zum Recht auf öffentliche Versammlungen; Bürger- und Arbeitervereine in Neuwerk in Rendsburg; Glückstadt; Bovenau

Altertümer, Presse, Druckwesen

1872 Sammlung und Erhaltung vaterländischer Altertümer 1835-1847

1901 Herausgabe eines Werks über den „jüdischen Gaunerverkehr“ durch den Kriminalaktuar Thiele in Berlin und Mitteilungen von Steckbriefen an das Blatt „Mitteilungen zur Beförderung der Sicherheitspflege“ 1837-1848

1919 Erwähnung von Einbrüchen in der Gegend von Itzehoe in öffentlichen Blättern 1840-1841

1930 Verbot des Verkaufs und des Absingens von Liedern mit unsittlichem Inhalt 1842

Volksfeste, Gilden, Beliebung, Versicherungen

1852 Privatassekuranzen 1831-1848
Enthält: Schiffergilden in Rendsburg und Glückstadt; Brand- und Totengilde in Ostrohe; Hagelgilde im Amt Trittau; Seeassekuranz-Kompanie in Altona; Pferdegilde in Schuby (Amt Gottorf)

1873 Volksfeste, Gilden, Beliebungen (1703-) 1835-1847

1874 Volksfeste, Gilden, Beliebungen (1763-) 1843-1848
Enthält u. a.: Gilden und Lustbarkeiten der Schuljugend
Darin: „Eckernförder Wochenblatt“ vom 11. Mai 1842

1880 Errichtung einer Lebensversicherungsanstalt durch Etatsrat Stoppel, Etatsrat Koch, Bürgermeister Viebroock und Senator Gähler in Altona 1835

1916 Polizeilicher Unfug bei einer Gilde in Scheggerott sowie Matrosengilde im Amt Gottorf 1839

Tanzmusik und Veranstaltungen

1834 Tanzmusik: Konzessionen 1819-1835
Enthält auch: chronologisches Register und Namensregister für Abt. 49 Nr. 1834-1851

1835 Tanzmusik: Konzessionen (1743-) 1816-1842

1836 Tanzmusik: Konzessionen (1757-) 1827-1849

1837 Tanzmusik: Konzessionen (1710-) 1818-1846

1838 Tanzmusik: Konzessionen (1688-) 1830-1848

1839 Tanzmusik: Konzessionen (1809-) 1814-1843

1840 Tanzmusik: Konzessionen (1782-) 1829-1846

1841 Tanzmusik: Konzessionen (1815-) 1818-1846
Darin: „Wochenblatt zum Besten der Armen in Kiel“ vom 26. Februar, 1. und 5. März 1834

1842 Tanzmusik: Konzessionen (1750) 1818-1849
Enthält u. a.: Kappeln; Amt Gottorf

1843 Tanzmusik: Konzessionen (1801-) 1819-1844

1844 Tanzmusik: Konzessionen (1812-) 1833-1847

1845 Tanzmusik: Konzessionen (1811-) 1840-1848

1846 Tanzmusik: Konzessionen (1748) 1817-1845

1847 Tanzmusik: Konzessionen 1809, 1824-1849
Enthält u. a.: Bredstedt, 1844-1849

1848 Tanzmusik: Konzessionen im Amt Rendsburg 1843-1848

1849 Tanzmusik: Konzessionen (1826-) 1844-1849
Enthält u. a.: Amt Hadersleben

1850 Tanzmusik: Konzessionen (1807-) 1845-1848

1851 Tanzmusik: Konzessionen 1845-1850
Enthält u. a.: Amt Reinfeld

1853 Maskeraden (1816-) 1834-1847
Enthält: Wandsbek; Preetz; Kiel

1854 Maskeraden 1833-1849

1862 Tanzböden und Tanzbelustigungen (1822-) 1834-1847
Enthält u. a.: Tanzlokale in Rendsburg, 1841-1847
Enthält auch: Namensverzeichnis für Abt. 49 Nr. 1862 und 1863

1863 Tanzböden und Tanzbelustigungen 1842-1850

1876 Brüche für den Schuster Jochim Hinrich Piper in Heiligenhafen wegen einer Tanzveranstaltung am Quartalstag der Maurergesellen 1835

1886 Brautschatzsammeln 1835-1837

1902 Hochzeitsfeiern und Erntebier 1837-1849

1908 Teilnahme der Kinder an Lustbarkeiten der heranwachsenden Jugend im Amt Gottorf 1837-1838

1911 Zügellosigkeiten bei Hochzeiten in Erfde und Nachtschwärmereien der jungen Leute in Hohn 1837-1838

Glücksspiel

1858 Hazardspiele (Glücksspiele), Lotterien und unerlaubte Sammlungen 1834-1840
Darin: gedruckter Plan zur Ausspielung eines Wohnhauses mit Inventar auf dem Domhof in Ratzeburg

1859 Hazardspiele (Glücksspiele), Lotterien und unerlaubte Sammlungen
Darin: „Kieler Wochenblatt" vom 18. November 1847 1841-1851

1881 Spielkarten 1835-1850

1905 Öffentlicher Verkauf von Bildern mit „schmutzigen und gotteslästerlichen" Bildern sowie Hazardspiele (Glücksspiele) während des Krammarkts in Itzehoe 1837-1838
Darin: „Kieler Correspondenzblatt" vom 20. September 1837; Blätter „Die sieben Bitten der Ehemänner an ihre Frauen"; Blätter „Die sieben Bitten der Frauen an ihre Männer"

Niederlassung, Aufenthalt, Auswanderung

1866 Aufenthalt und Niederlassung von Juden 1834-1836, 1843
Enthält: Aufenthalt von Juden in Broacker; Levi und Rosine Michelsen, Treppe; Fleckensabgabe des Michael Marcus Cohen, Meldorf

1871 Untersagter Aufenthalt des Maurergesellen Marcus Runge beim lübschen Einwohner Jens Asmus in Itzehoe 1835

1891 Entfernung der schwangeren Christina Doose vom Gut Roest 1835-1836

1925 Auswanderung 1840-1841, 1847-1848
Darin: „Itzehoer Wochenblatt" vom 10. Februar 1848

1926 Nichtsesshafte die Jahrmärkte in den Herzogtümern regelmäßig besuchende Personen 1841

1949 Übersicht über die 1835 in den Herzogtümern lebenden Juden [1840]

Bauten

1860 Verlegung eines Rinnsteins beim Haus des Weinhändlers Georg Herrman Carstens in Meldorf 1834-1835

1875 Katenbau des Halbhufners Jacobsen in Röbel und Anlage einer zweiten Kate durch den Bödner Frahm in Damlos 1835-1840

1893 Verbot der Benutzung eines Sandstreifens in Sandacker 1836
Darin: Situationsplan

1899 Instandsetzung eines Grabens beim Haus des Obergerichtsadvokaten Schultz im Friedrichsberg in Schleswig 1836

1900 Reinigung eines Grabens am kleinen Ziegelhof in Schleswig 1836-1839

1903 Verkauf des Hauses der Geschwister Catharine und Margaretha Christina Hey (Heide) in Großenbrode 1836-1841

1915 Absicht des Schiffers Hinrich Kruse in Hohenhorst im Gut Haselau zum Wohnen in seiner auf Land gesetzten Jolle 1839

1923 Beschwerden des Hofbesitzers Ehrnpfordt in Kohlenbek wegen verweigerter Abgabe eines Befehls zu einer Wohnungsräumung (1839) 1840

1927 Abbruch des Abtritts im Garten des Schiffers Jensen vor dem Haus des Ober- und Landgerichtsadvokaten Johannsen in Sonderburg 1840-1841

1943 Baufälliger Zustand des Hauses des Einwohners Jägermann in Itzehoe 1847

Gewerbe

1878 Anlage einer Kegelbahn durch den Einwohner Truelsen in Bramstedt 1835

1879 Brüche des Kaufmanns Hillegaard in Flensburg wegen ungestempelten und unrichtigen Gewichts 1835

1883 Erlaubnis für das Lohgerber- und Schusteramt in Wilster zur Einweichung der Viehhäute in der Wilsterau (1833) 1835-1836
Darin: Karte von den unmittelbaren Angrenzungen der Stadt Wilster, 1833

1884 Lombard 1814-1815, 1834-1850
Enthält: Hadersleben; Schleswig; Glückstadt; Oldenburg; Tondern; Flensburg
Darin: Konzession zur Anlage eines Leihauses in Flensburg, 1815

1885 Beschlagnahmung von Waren des Isaac Jakob aus Bergedorf in Sande 1835

1896 Badeanstalten des Zimmermeisters Gerbitz in Rendsburg 1836

1918 Beschwerde des Kalkbrenners Matthias Wollesen in Ekensund wegen des Singens von Liedern beim Laden und Löschen 1839

1932 Befugnis der Polizeibehörden zur Gebührenerhebung bei konzessionierten Musikern für deren Zulassung zu Jahrmärkten 1842

1942 Winkelschreiberei 1846-1847

Tierhaltung

1864 Haltung von Hunden 1835-1849

1939 Haltung von Bienen 1844-1845

KAMMER- UND FINANZWESEN

Beamte

1976 Unterhalt des ehemaligen Kirchspielvogts Lichtappel aus Elmshorn während seines Festungsarrests 1834-1836

1986 Gagen der Beamten der Schleswig-Holsteinischen Regierung 1835

1997 Anzeige der Suspendierung des Amtsverwalters Gülich in Reinfeld 1835

2003 Suspendierung des Amtschreibers Reimers in Cismar 1835

2009 Bestallungsgebühr des Oberdeichinspektoratsassistenten Kapitän von Christensen in der allgemeinen Deichkassenrechnung von 1832 1835

2030 Verfügung zur Auseinandersetzung über Feuerungsdeputate der Beamten 1836

2058 Kameralistisches Examen 1841-1847

2063 Verhalten des Landinspektors Tiedemann 1843-1845

Volkszählung und Statistik

1987 Volkszählung 1835 1834-1835

1988 Volkszählung 1835 1835-1837

1989 Volkszählung 1840 1839-1842

1990 Volkszählung 1845 1844-1846

1991 Volkszählung: Bestimmung zur Zuständigkeit städtischer Beamter 1845-1846

2051 Kommission für das Statistische Tabellenwerk 1839-1848

Finanzen und Vermögen

2041 Veröffentlichung der Lage der Landesfinanzen 1837-1838

2070 Staatsbudget 1848-1850

2073 Einrichtung von Inventaren über das Staatsvermögen 1850
Enthält u. a.: Vermögen und Inventar des Taubstummeninstituts in Schleswig; Inventar des Schullehrerseminars in Tondern

Banken

1950 Bankinstitut in Altona: Jahresrechnungen 1834-1842

1951 Bankinstitut in Altona: Jahresrechnungen 1842-1847

1952 Bankinstitut in Altona: Jahresrechnungen 1847-1848

1953 Bankinstitut in Altona: Allgemeines 1837-1849

1954 Bankinstitut in Altona: Quartalskurs 1834-1841

1955 Bankinstitut in Altona: Rundschreiben zu den abzuliefernden Bankzinsen 1834

1956 Bankinstitut in Altona: Bankrechnungen 1833 bis 1835 1835

1957 Bankinstitut in Altona: Bankzinsenrückstände 1826-1845

1958 Bankinstitut in Altona: Übersicht über die Bankzinsenrückstände aus den Hebungsdistrikten und Maßnahmen zur Verminderung der Rückstände 1836-1846

1959 Bankinstitut in Altona: Rechnungsrevision 1835-1850
Enthält u. a.: tabellarische Übersicht über Zahlungen aus den Hebungsdistrikten der Herzogtümer an Bankhaftabträgen und Bankhaftzinsen, 1848; Generalübersicht über Einnahmen und Ausgaben des Bankinstituts von 1819 bis 1847
Darin: Rechenschaften der Nationalbank, 1846-1847

1960 Bankinstitut in Altona: Ablieferung der Bankzinsen und Besetzung der Assistentenstelle (1834) 1835-1836

1961 Bankinstitut in Altona: Bezahlung erhobener Bankzinsen durch Anweisungen auf den Kassierer 1835-1836

1962 Bankinstitut in Altona: Beamte 1836-1847

1963 Bankinstitut in Altona: Ab- und Zugänge in der Bankhaft sowie Nach- und Rückzahlung von Bankzinsen 1837-1845

1964 Bankinstitut in Altona: Abschreibung der Bankhaft wegen der Abtretung von Grundstücken zu Wegebauten 1836

1965 Bankinstitut in Altona: Verhältnisse und Gerechtsame der Nutznießer von Fideikommissgüter mit Verbindung zur Nationalbank 1838

1966 Bankinstitut in Altona: Abbruch der Mühle des Landschreibers Eckermann aus Garding in Heide 1838

1967 Bankinstitut in Altona: Bankpflicht der augustenburgischen Güter (1836) 1837-1845

Darin: „Zeitung für die Verhandlungen der Provinzialstände des Herzogthums Schleswig" vom 8. August 1836

1968 Bankinstitut in Altona: Bankzinsenfehlbeträge von Hebungsbeamten 1834-1846

1969 Bankinstitut in Altona: spezielle Angelegenheiten 1837-1850

1970 Bankinstitut in Altona: Beendigung der Verwaltung und Anmietung eines Raumes 1845-1847

2012 Abtretung von Bankaktien der Nationalbank durch den Statthalter Carl von Hessen 1835

2059 Landesbank für die Herzogtümer 1843-1846

2060 Errichtung einer Filialbank in Flensburg 1844-1848

Münzen

2016 Maßnahmen gegen das Überhandnehmen kleinerer, besonders fremder Münzsorten 1835

2031 Münzen 1836-1848

Hebungs- und Rechnungsangelegenheiten

1972 Trennung der Aktuariate von den Hebungsstellen 1834

1981 Erhebung der Einkünfte für den Fonds ad usus publicos in den adligen Distrikten 1834

1982 Kassendefizit des Kriegsassessors, Haus- und Kirchspielvogts Lange in Segeberg 1834

1992 Bestimmungen zur Untersuchung der Restanten in den Herzogtümern 1835

2021 Bestimmung zum Aktionärsrecht der Lehnsbesitzer, Fideikommissarien und Benefiziarien (1825) 1835-1837

2034 Anlage neuer Kassenbücher bei der Staatsschuldenhauptkasse in Rendsburg 1836-1849

2039 Kassenfehlbetrag und Absetzung des Amtsverwalters Bahnsen im Amt Gottorf 1837

2057 Zahlung von Kriminalkosten aus königlicher Kasse 1842

2062 Ablieferung erbenloser Gelder aus Flensburg 1843

2064 Anzeige der Schleswig-Holsteinischen Kasse über ausstehende Zahlungen 1846-1847

2071 Umlage der Kriegsschäden und Verluste 1848-1850

2072 Unterbliebene Zinszahlung für dänische Staatspapiere 1849

Steuern und Abgaben

1971 Befreiung von der Nahrungssteuer 1834

Enthält: Schustermeister Bachmann, Schleswig; Niels Jensen, Hans Storm, Bertel Hansen und Detlef Petersen, Hadersleben

1974 Kopfsteuer 1834-1848

1978 Vergütung in Schleswig und Flensburg für die Erhebung der Kopfsteuer und entsprechende Rechnungsführung 1834

1993 Zuständigkeit für die Attestierung der Berechnungen zur Kopf- und Rangsteuer der Landschaft Süderdithmarschen und des Kronprinzenkoogs 1832-1835

1996 Berichtigung der Steuern in Schillingen durch die Kämmerei in Itzehoe 1835

2004 Ermäßigung der Grund- und Benutzungssteuer 1835-1848

Darin: gedruckte Patente

2007 Gagen- und Akzidentiensteuer 1835-1847

2013 Haussteuer des Reimer Schacht in Klein Kollmar 1835

2014 Rangsteuer 1835-1849

2028 Stempelpapier 1836-1850

2029 Haussteuer 1836-1848

2038 Aussetzung von Abträgen auf Steuerrückstände des Gutes Gelting 1837

2047 Tilgung von Steuertonnen des Gutes Oehe wegen Überschwemmung 1839

2053 Zwangsanleihe von 1813 und 1850 1841, 1850

2068 Außerordentliche Grund- und Hypothekensteuer, Einkommensteuer und Ausgabe von Kassenscheinen (1798-) 1848-1851

2069 Ernennung von Mitgliedern der Einspruchsinstanzen bezüglich der Einkommensteuerschätzung sowie Bildung von Steuerdistrikten 1848

Brüche

1994 Brüche des Kätners Jacob Jürgensen in Großsoltholz 1834-1835

2023 Brücheurteile der Schleswig-Holsteinischen Regierung 1836-1851

Landwesen und Pachtungen

1975 Mitteilung von Verzeichnissen über Änderungen im Immobilienbesitz und von Nachrichten über Erwerbungen von den unmittelbar den oberen Gerichten unterworfenen Grundstücken durch die Hardesvogteien an die Amtsstube 1833-1834

1983 Vertragsform bei von geschlossenen Hufenstellen veräußerten Landstücken 1834, 1845

1984 Bestätigung eines Parzellenhandels zwischen dem Schustermeister Wulff und dem Zimmergesellen Georg Wichmann in Oldesloe 1834-1835

2010 Verkauf von Dienstländereien der Landvogtei in Stapelholm 1835

2018 Erlass der Grundheuer (Landgilde) für Eingesessene in Hadersleben 1835

2019 Verkauf des auf Amtsbondenland stehenden Abnahmehauses als Katenstelle durch den Kätner Hans Petersen in Sörupholz 1835

2024 Verfahren bei Landtrennungen in der Klostervogtei Uetersen 1834-1837

2040 Verfahren bei Parzellierungen privilegierter Grundstücke in den Landdistrikten 1835-1837

2042 Festeangelegenheiten (1758, 1779) 1832-1848
Enthält u. a.: Abfassung der Festebriefe

2044 Maßnehmen hinsichtlich des Marschvorlandes im Amt Tondern
Enthält nur Verweiszettel 1837 (1861)

2045 Abgang der Abgaben von abgegrabenem Land in Sankt Peter und Westerhever 1837 (1860)
Enthält nur Verweiszettel

2046 Verfahren bei sich auf herrschaftliche Pachtkontrakte beziehende Klagen wegen Zuwiderhandlungen 1839

2048 Ermäßigung der Pachtsumme des Fährpächters Peter Mohrmann in Blankenese 1839

2050 Landanwachs an der Insel Sylt 1838-1839

2061 Beschränkung von Pachtzeiten 1843-1847

2065 Landesherrliche Pachtungen 1848

2067 Landveräußerungen 1848-1849

Kommunallasten, Lieferungen, Fuhren

1973 Berichte über die Befreiung von sämtlichen Kommunallasten 1839-1841

1979 Löschung von städtischen Abgaben der Witwe des Ratsverwandten Woldsen in Husum (1833) 1834

1985 Beförderung von Reisenden mit Fuhrpässen auf dem Weg nach Itzehoe durch die Stadt Glückstadt 1834-1835

1995 Befreiung der Schiffer in Aeröskøping von der Schätzung ihrer Schiffe 1835
Enthält nur Aktendeckblatt mit Bemerkung zum Verbleib der Akte

1998 Kornmagazin für Pellworm: Rechnungen (1831) 1832-1839

1999 Kornmagazin für Pellworm: Rechnungen 1840-1844

2001 Fuhren des Amtes Rendsburg 1835

2002 Fuhrvergütungsgelder der Jahre 1808 bis 1815 für die Eingesessenen der Hohnerharde 1835

2005 Zahlung von Wagenfuhr- und Dienstgeldern einer halben Hufe des Gutes Sarlhusen in Wiedenborstel an die Amtskasse in Rendsburg (1760) 1835

2006 Kostenerstattung für die Erben des Amtsverwalters Storjohann in Traventhal wegen einer Steinpflasterung vor der Beamtenwohnung 1835

2017 Dokumentation der Zahlung von Fuhrvergütungsgeldern an die Dorfschaft Ottensen 1835-1836

2027 Regulativ zur Fuhrpflicht sowie zu den Hand- und Spanndiensten der Kirchspiele Barmstedt und Hörnerkirchen 1835-1837

2035 Dienstreglement der Dorfschaften Hamfelde und Hohenfelde im Amt Trittau 1837

2036 Verteilung der Fuhrlasten der Stadt Schleswig (1803) 1832-1836

2037 Beförderung der Mitglieder des theologischen Examinationskollegiums Generalsuperintendent Carl Julius Herzbruch und Konsistorialrat Quenzel durch die Stadt Itzehoe 1837-1839

2052 Erhebung der Landsteuer und Bankzinsen im Alt-Augustenkoog 1840

2055 Privilegienbestätigung für Freiländereien in Hohn sowie Untersuchung zur Beteiligung privilegierter Grundstücke an den neuen Kommunalleistungen und Abgaben (1780-) 1841-1842

2056 Untersuchung zur Beteiligung privilegierter Grundstücke an den neuen Kommunalleistungen und Abgaben (1705-) 1841-1843
Darin: Bedingungen für das öffentliche Aufgebot der Parzellenländereien des Schäferhofs in der Herrschaft Pinneberg, 1791

2066 Landesherrliche Gefälle und Abgaben 1848-1850

Bauten

2008 Bauinspektorate für die Herzogtümer 1835-1851

2011 Bauten und Holzlieferungen in der Herrschaft Pinneberg 1835

2015 Hand- und Spanndienste der Kirchspiele Barmstedt und Hörnerkirchen bei Bauten neuer königlicher Gebäude außerhalb des Hofes Rantzau 1835

2026 Wiederaufbau der Dükermühle in Sommerland 1836-1839

2043 Beschwerde des Krügers Johann Frahm in Elsdorf wegen eines Befehls zum Abbruch eines Hauses 1838-1839

2049 Bau von Katenwohnungen in den Landdistrikten 1838-1851 (1862)

2054 Bauten auf Kosten der königlichen Kasse 1841-1842

Jagd- und Forstwesen, Austern- und Muschelfang

2032 Forst und Jagd 1836-1846

2033 Forst und Jagd 1837-1850
Enthält u. a.: Abhandlung der Holzdeputate aus Staatsforsten für die Kirchen- und Schulbeamten

2022 Befugnis der Rentekammer zur Erledigung von Straferlassgesuchen bei Jagd- und Forstverstößen 1835

1980 Mangjagd im Kirchspiel Norderbrarup 1834

2000 Regulierung des Postens eines Distriktsjägermeisters und Ernennung eines Oberforstmeisters 1835

2020 Bekanntmachung zu den Prüfungen für die Anstellung im königlichen Forstdienst 1835

1977 Aufhauen und Anfahren des sogenannten Kieler Herrenholzes (1823, 1825) 1834
Enthält u. a.: Verzeichnisse zur Holzausweisung im Amt Bordesholm, 1823, 1825

2025 Austernfang und Muschelfang (1694) 1714-1730, 1799, 1836-1848
Darin: Plakate und Mandate, 1720, 1730

ZOLL

2074 Zoll 1825-1842
Enthält u. a.: Zollfreiheit der Tuchmacherzunft in Neumünster; Zollverordnung in Hamburg; Einfuhr von Ölkuchen zur Viehmästung auf den adligen Gütern und Meierhöfen; direkter Warenbezug des Hökers Detlef Detlefsen, Mühlenholz, des Christian Friedrich Aagesen, Gelting, und des Gabriel Schmidt, Lindaunis; Anstellung eines Zollbediensteten in Oevelgönne; Grenzkontrolleur in Fackenburg; Tabellen der Zollkammer über die Ausfuhr von Korn, Fettwaren und anderen Waren; Anstellung eines Zollbediensteten im Gut Helmstorf

2075 Neue Zollverordnung für die Herzogtümer 1838-1841
Darin: Firmenstempel; Zollverordnungen, Rundschreiben, Patente und Bekanntmachungen

2076 Neue Zollverordnung für die Herzogtümer 1841-1848
Darin: Verordnungssammlungen, Rundschreiben, Patente und Bekanntmachungen

2077 Ausfuhrzollfreiheit für Produkte der Halbinsel Beveroe 1838

2078 Importzollfreiheit des Meierhofs Altenmühlen des Klosters Preetz 1838

2079 Protest des Magistrats in Krempe gegen die Errichtung einer Zollwaage 1838

2080 Zollwägerhaus in Schleswig 1838

2081 Importzollfreiheit für den Besitzer von Nübel 1838

2082 Schiffsmessung 1838, 1845-1848

2083 Einfuhr fremden Getreides zur Verarbeitung oder Wiederausfuhr als Mehl oder Brot gegen Erlegung des Transitzolls und eidesstattlicher Bescheingung 1838-1842

2084 Gendarmerie 1838-1846
Enthält u. a.: Organisationsplan in dänischer Sprache

2085 Zoll 1838-1848
Enthält u. a.: Lokal für die Zollwaage im Kompaniehaus in Flensburg; Wegfall von Einfuhrzoll auf Eichenholz und Bork; Entschädigungsansprüche von Zollwägern und Kommunen anlässlich der Einrichtung königlicher Zollwaagen (mit Verzeichnis der Einnahmen der Ratswaage und Schiffbrücke in Schleswig 1835-1839); Privileg des Kupfer- und Messingwerks in Krusau zum Vertrieb von Fabrikaten holsteinischer Kupferwerke im Herzogtum Schleswig

2086 Zoll (1328-) 1839-1849
Enthält u. a.: Privilegien zum Einfuhr- und Ausfuhrzoll der Stadt Altona; Entschädigungen der adligen Kirchen und Schulen, Geistlichen, lübschen Güter sowie anderer Einrichtungen für den Verlust der Zollfreiheit; Uniform der Zollbeamten; Zollentschädigung der Kätner in der Krempermarsch; Zollentschädigung der Katenbesitzer in der Blomeschen Wildnis; Gesuche um zollfreie Einfuhr verschiedener Maschinen
Darin: Bekanntmachung zu Zollvergünstigungen der Stadt Altona und des Fleckens Wandsbek, 1838

2087 Zoll 1842-1846
Enthält u. a.: Zollentschädigung der Kätner und Insten der Herrschaft Herzhorn sowie Zollentschädigungsgelder für Herzhorn; Verteilung der Entschädigungsgelder der Landschaft Norderdithmarschen für den Verlust der Zollfreiheit; Entschädigungsgelder der Stadt Glückstadt; Entschädigungsgelder der Wilstermarsch; Vergütung des Einfuhrzolls heimischer Fabriken für Rohmaterialien (mit Verzeichnis); Aufhebung des Einfuhrverbots von Kaffeesurrogaten; Gesuche wegen des Einfuhrzolls

2088 Verteilung und Verwendung der Zollentschädigungsgelder der Landschaft Süderdithmarschen 1844-1846

2089 Zoll 1845-1849
Enthält u. a.: Einfuhr von Fabrikaten des Kaufmanns Ludwig Cramer, Besitzer einer Maschinenweberei in Wohldorf, aus seinem Lager in Hamburg (mit Verzeichnis der Pro- und Kontra-Gründe verschiedener Berichterstatter); Aufhebung der Zollgrenze zwischen dem Herzogtum Schleswig und Jütland sowie Einführung einer Branntweinsteuer; Anordnung eines holsteinischen Grenzzolldistrikts; provisorische Aufhebung des Einfuhr- und Transitzolls für Grütze und Mehl; Verzollung sogenannter orthografischer Maschinen; Ermäßigung des Einfuhrzolls auf Lumpen; Gesuche wegen des Einfuhrzolls

GEWERBE, HANDEL UND LANDÖKONOMIE

Allgemeines

2128 Gesetzentwurf zum Schutz der Künstler in ihrem Eigentumsrecht an ihren Werken 1835, 1842-1845
Darin: gedruckte Bekanntmachung eines Privilegs an die Kunstbuchhandlung „Artaria & Fontaine" in Mannheim wegen eines Nachstichs

2364 Verfahren in Wechselangelegenheiten 1849

Gewerbe

2109 Konzessionszwang für das Lohgerben und die Lederbereitung in den Landdistrikten 1834-1836

2114 Regulierung der Krugwirtschaft in den gemischten Distrikten (1782-) 1833-1835

2115 Weinschenken sowie Handel mit Wein, fremdem Branntwein und Bier in Apenrade (1732) 1782-1805, 1828-1843

2118 Bleicherei des Halbmondbläsers Cornils Peter Koch in Schleswig 1831-1834

2123 Mahlung der Lohborke durch den Schustermeister und Lohgerber Philipp Heinrich Vollbehr in Kiel 1834-1835

2126 Omnibusfahrten in Schleswig 1834, 1845-1846

2129 Privileg des Professors Hegewisch in Kiel zur Anlage eines öffentlichen Billards 1835-1836

2130 Errichtung von Telegrafen bei Uetersen, Blankenese und Altona durch Kaufleute aus Altona und Hamburg 1834-1847

2136 Privileg des Kaufmanns Claus Panje in Elmshorn zur Herstellung chemischer Farben mit Zollvergünstigungen 1835

2143 Privileg des Kaufmanns Peter de Voss in Altona für ein Dampfboot zum Transport von Schlachtvieh 1835-1836

2148 Branntweinbrennerei und Branntweinverkauf im Haus des Malzmüllers Hinrich Eckmann in Itzehoe 1835-1836

2154 Verbot des Branntweinverkaufs in der Stadt Flensburg durch Branntweinbrenner in den Landdistrikten (1754-) 1835-1844

2178 Privileg des Felix Dieder und des Felix Droinet aus Reims zur Anlage von Gasbeleuchtungen in den Herzogtümern 1836

2213 Privileg des Glockengießers Beseler in Rendsburg zum Glockengießen für die Herzogtümer 1838, 1850

2220 Privileg des Kaufmanns F. F. Neidhardt in Flensburg zur Herstellung und zum Verkauf präparierter und zusammengesetzter Färbstoffe 1839

2228 Privileg des Otto Bornholdt in Seestermühe zur Flößung des Flottholzes 1839

2235 Menge des zur Einmaischung von Kartoffeln mit Zusatz von Malz oder Korn benutzten Branntweins 1840

2260 Verlängerung des Privilegs des Maurermeisters Johann Friedrich Kreuzfeldt in Flensburg zur Herstellung von Zement 1841

2262 Anfertigung von Schmiede-, Schlosser- und Büchsenmacherarbeiten durch den Mechaniker Georg Hannibal Ulrich Saxesen in Oldenburg 1841

2263 Freie Branntweineinfuhr des Erbpachtsmüllers Tietje in Behrendorf (1764-) 1841

2269 Privileg des Bäckermeisters Christian Emil Bugge in Kopenhagen zur Einrichtung einer Dampfbäckerei 1841

2275 Privileg des Neusilberfabrikanten Weiss in Kopenhagen zur Anfertigung und zum Verkauf von Sicherheitssteigbügeln 1842

2284 Privileg des Kunstdrechslers Johann Georg Schwarz in Kopenhagen zur Herstellung metallener Gabeln für Schirme und von Spinnrädern 1842

2292 Befugnis der Branntweinbrenner, Bier- und Essigbrauer auf dem Land zur Lieferung ihrer Produkte nach Wilster 1842-1843

2296 Privileg des Prokurators Rasmussen in Rudköbing zur Herstellung von Schießwaffen 1843

2307 Konzession des Johann Hinrich Lüdert in Hanerau zur Herstellung von Dextrinbackwerk 1844

2308 Privileg des Schlossermeisters O. Schröder in Kopenhagen zur Herstellung einer Maschine zum Kaffeebrennen 1844

2309 Privileg des Zwirnhändlers Mencke in Kopenhagen zur Herstellung von Schnürbändern mit geschlossenem Endbeschlag auf einer neuen Maschine 1844

2312 Privileg des Martin Sörensen in Kopenhagen zur Ausfuhr und Nutzung einer Rutschkarussellbahn 1844

2323 Privileg des Mechanikers J. F. Hansen in Kopenhagen zur Nutzung einer Nägelmaschine 1845

2326 Privileg des Tuchhändlers Nathan Levi in Kopenhagen zur Herstellung überzogener Knöpfe 1845

2330 Privileg des Christian Hansen in Kopenhagen zur Herstellung ostindischer Besen 1845

2331 Privileg des Christian Hansen in Kopenhagen zur Anfertigung amerikanischer Uhren 1845

2334 Privileg der Kunst- und Antiquitätenhändler Henriques und Petersen in Kopenhagen zur Herstellung einer neuen Art von Halsbinde 1845

2338 Privileg des Fabrikanten Peter Clausen in Brüssel zur Herstellung von Tricot 1845

2342 Privileg des Hofinstrumentenmachers C. C. Hornung in Kopenhagen zur Herstellung eines Kabinettspianoforte 1846

2353 Erlaubnis für den Bierbrauer Christian Peter Muurmann in Norburg zur Einfuhr seines Bieres nach Apenrade und anderen Städten 1846

Handel

2091 Hausierhandel (1635-) 1825-1841

2092 Hausierhandel 1834-1849
Enthält u. a.: Kontrolle über die Einlieferung von Hausierkonzessionen zur Kassation (mit Verzeichnis der ab 1837 erteilten Konzessionen), 1846-1849; Erlass einer Verordnung gegen das Hausieren außerhalb der Jahrmärkte, 1837-1846

2093 Hausierhandel (1706-) 1837-1850
Enthält: Anträge zu Hausierkonzessionen beim Oberpräsidenten in Altona, insbesondere von Juden in der Grafschaft Rantzau, 1837-1850; Untersuchung gegen Samuel Mahler, Friedrichstadt, wegen Übertretung der Hausiergesetze; Untersuchung gegen J. J. Padberg, Westfalen, wegen unerlaubten Hausierens; Hausieren mit Losen der Klassenlotterie in Kopenhagen, 1837-1848; Konzession des Bäckers Melf Carsten Sönnichsen, Klanxbüll, zum Herumtragen des Brotes und diesbezügliche allgemeine Verfügungen

2094 Hausierhandel 1837-1847
Enthält u. a.: Konzessionsgesuche aus Friedrichstadt

2095 Hausierhandel 1837-1843
Enthält u. a.: Hausierkonzessionen in der Landschaft Eiderstedt und in Garding; Konzessionen für Kleinhändler in der Herrschaft Pinneberg; Anträge zum Hausierhandel in Tönning

2096 Hausierhandel: Konzessionen in der Landschaft Norderdithmarschen 1837-1839

2097 Hausierhandel: Konzessionen in der Landschaft Norderdithmarschen 1837-1839

2098 Hausierhandel: Konzessionen in der Landschaft Norderdithmarschen (1838) 1839-1850

2099 Hausierhandel: Konzessionen in der Landschaft Süderdithmarschen (1818) 1837-1839

2100 Hausierhandel: Konzessionen in der Landschaft Süderdithmarschen (1837-) 1839-1850

2101 Hausierhandel 1838-1839
Enthält: Verbot des Hausierens mit inländischen Töpferwaren in Kiel; Ernst Ludwig Schulz und Asmus Jacob Selck, Preetz; Beschlagnahmung von Eisenwaren zum Besten der Armenkasse in Hademarschen; Hausierhandel mit Fournierarbeiten; Papierverkauf des D. H. J. Rheindorff, Rendsburg; Instrumenten- und Saitenhändler Schuster, Glückstadt; Hausierer Claus Hargens, Meldorf; Rudolph Carsten Stegemann, Schleswig

2102 Hausierhandel 1838-1847
Enthält u. a.: Hausierhandel mit Spitzen, 1840-1847

2103 Hausierhandel 1840-1846
Enthält u. a.: Hausierhandel von Gehilfen konzessionierter Händler in den Ämtern Reinbek und Trittau; Beschwerde der Krämerkompanie in Itzehoe wegen hoher Besteuerung sowie Überhandnehmen des Hausierhandels

2104 Hausierhandel (1815) 1842-1847
Darin: Buch mit Hausierschein des Philipp Owesen, Kiel

2105 Hausierhandel 1846-1851

2107 Verkauf alter auf Aktionen erworbener Sachen durch Christian Jacobs in Landrecht 1834

2110 Konzession des Maurergesellen Johann Hinrich Vogeler in Sande zum Handel mit Ellenwaren 1834-1835

2111 Besuch der Jahrmärkte in Sonderburg durch den Buchbinder Timmermann, die Witwe des Händlers Wulf, den Klempner Franck und den Drechsler Bruhn sowie Einzug des Warenlagers des Klempners Franck in Sonderburg (1818-) 1832-1836
Darin: „Sonderburger Wochenblatt" vom 13. Juni 1832

2112 Herabsetzung der zum Ankauf inländischer Fabrikate bestimmten Summe für den Krämer Baehr in Neustadt 1828-1834

2116 Verbot der Auktionen an der Westküste des Amtes Tondern über ganze Schiffsladungen fremden Holzes 1833-1834

2119 Übertragung des Privilegs des Kaufmanns Johann Friedrich Momsen in Sonderburg zum Wein-, Branntwein- und Bierhandel auf den dortigen Ratsverwandten Heide (1797) 1834-1836

2120 Lumpenhandel 1834, 1839-1846
Enthält: Johann Letje, Glückstadt; Christian Jürgensen, Arnitlund; Johann Joachim Hümöller, Börnsdorf; Christoph Robert, Dobersdorf

2124 Budenverkauf des Konfektbäckers Marx Krüger vor Weihnachten auf dem Marktplatz in Glückstadt 1834

2125 Packträger für den Hausiergesellen des Tuchfabrikanten Kämmerer in Aumühle 1832-1834

2132 Aufhebung der die Handelsfreiheit beschränkenden Bestimmungen in den Amtsrollen, Privilegien und Statuten der Zünfte (1826-) 1835
Enthält u. a.: Verzeichnis der geschlossenen Zünfte in den Herzogtümern, 1826

2134 Warenhandel und Krügerei in Glücksburg (1702-) 1835-1846
Enthält u. a.: Bestätigung der Privilegien des Bürgervereins

2138 Befreiung von Kaufleuten in Neumünster vom vorschriftsmäßigen Ankauf inländischer Fabrikate 1835

2141 Befugnis der zum Gewürzhandel Konzessionierten zum Handel mit fremden Spirituosen 1835

2142 Bestimmungen zur Unterdrückung des Sklavenhandels für die Herzogtümer 1835-1848

2147 Streitigkeiten des Kaufmanns Peter Jürgen Hinrich Schmidt in Schleswig mit der Krämerkompanie wegen seines Handels in einem gemieteten Lokal (1833-) 1835-1837

2149 Detailverkauf von Manufakturenwaren in einem öffentlichen Laden durch den Kaufmann Jacob Klotz in Kiel 1835

2150 Konzession der Catharina Bahnsen in Schleswig für ein Lager zum Verkauf von Waren für Damenarbeiten 1835

2152 Verbot für den Gastwirt Weinold in Neumühlen (Amt Kiel) zum Brotbacken und Brotverkauf (1706-) 1835

2153 Verkauf von Stühlen auf den Märkten durch die Witwe Ingeburg Kiestine Jensen in Osterhoist 1835-1836

2156 Handel des Philipp Nathan in Rendsburg mit Kleidungsstücken auf den Märkten der Städte im Herzogtum Holstein 1836

2171 Niederlassung des Handlungsdieners Jacob Philipp Dessauer aus Dessau, jetzt Augustenburg, mit seinem Manufakturwarenhandel in Kopenhagen 1836

2192 Probenhandel in den Herzogtümern 1837-1839
Darin: Verzeichnisse der Handelsreisenden

2193 Probenhandel in den Herzogtümern 1838-1849
Darin: „Staats und Gelehrte Zeitung des Hamburgischen unpartheiischen Correspondenten" vom 9., 13. und 16. Juli 1840; „Altonaer Mercur" vom 8., 11. und 18. Juli 1840

2198 Nachteile für den inländischen Viehhandel aus der begünstigten Einfuhr und Wiederausfuhr fremden Viehs 1838

2204 Jahr- und Wochenmärkte allgemein sowie Anbieten von Waren außerhalb der Jahrmärkte 1838-1845
Enthält u. a.: Aufhebung von Beschränkungen in den Zunftrollen zur Jahrmarktsfreiheit

2205 Jahr- und Wochenmärkte allgemein sowie Anbieten von Waren außerhalb der Jahrmärkte 1837-1848
Enthält u. a.: Nachrichten über die Märkte in den Herzogtümern

2231 Holzhandel auf dem Land 1839-1843

2234 Bestätigung der Statuten des Handelsvereins in Flensburg 1839-1842

2256 Aufhebung des Kanzleipatents vom 3. April 1824 über den jährlichen Ankauf inländischer Fabrikate durch die Krämer 1840-1843

2280 Erteilung von Ursprungszertifikaten für das zum Verkauf angebotene Hornvieh 1842

2287 Auktionen für den Warenumsatz 1842-1848

2289 Bitte des Handelsvereins in Flensburg um Verfügungen gegen den Aufkauf von Produkten auf dem Land 1843

2310 Kaufmännischer Verein in Hadersleben 1844

2360 Bestätigung des Statuts des Handels- und Industrievereins in Kiel 1847

6425 Verzeichnisse der Krämer in den Städten des Herzogtums Holstein sowie in Apenrade und Hadersleben für 1846 und 1847 1847-1848

2357 Handel mit Island 1847

2361 Handel mit Jütland 1848-1849

2362 Handel mit Dänemark 1848-1849

Fabriken

2169 Runkelrübenfabriken zur Zuckergewinnung (1826-) 1836-1845

2106 Anlage einer Essigbrauerei in Ruhleben bei Plön durch den Kammerjunker von Rösing 1834-1836

2108 Konzession des Marx Hell in Seester zur Branntweinbrennerei 1834

2113 Anlage einer Wagenfabrik durch den Sattler Carl Fedinand Ihle in Broacker 1834

2127 Baumwollwattenfabrik des G. H. Möller in Norder-Sankt Jürgen bei Flensburg 1845

2131 Anlage einer Tabakfabrik in Krempe durch den Kaufmann Bane Gerdsen (1817) 1835

2133 Haartuchfabriken 1835-1845
Enthält: Johann Michael Neuffert, Flensburg; Eingesessene Blanck und Meyer, Ottensen

2135 Erweiterung der Befugnisse von Dienstherren zur Anfertigung von Handwerksarbeiten zugunsten der Fabrikanten 1832-1835

2139 Privileg für die Tuch- und Wollzeugfabrik des Tuchfabrikanten Lorenz Heinrich Köster in Flensburg und des Eingesessenen Johann Heinrich Heeschen im Kirchspiel Raumort 1835

2151 Anlage einer Wollfabrik in Schulau durch den Kaufmann Harry Ree in Hamburg 1835

2155 Privileg der Zuckerraffinadeure Fabricius und Ramsing in Kopenhagen für Dänemark und die Herzogtümer (1835) 1836
Darin: Zeichnung technischer Apparaturen für Zuckerraffinerien

2163 Privileg des Tischlermeisters Bladt und den Schlossermeister Clausen in Flensburg zur Anlage einer Fabrik für Holzschrauben 1836-1839

2166 Konzession des Branntweinbrenners und Amidamsfabrikanten Jens Buntzen in Flensburg zur Anlage einer Keks- oder Schiffshartbrotfabrik mit Zollbegünstigungen (1819-) 1835-1838

2167 Überlassung einer Maschine zur Damastweberei an Hinrich Christian Horn in Sankt Jürgen und dessen Privileg für eine Teppichweberei mit Zollbegünsigung 1836-1837

2168 Dispens des Tabakspinners Hans Hansen in Garding vom Privileg zur Tabakfabrikation 1836-1837

2172 Privileg des Kaufmanns G. F. C. Petersen in Oldenburg für seine Schnell-Essigfabrik 1836

2173 Anlage von Tabakfabriken (1823-) 1836-1849
Enthält u. a.: Aktenverzeichnis für Abt. 49 Nr. 2173-2175

2174 Anlage von Tabakfabriken (1812-) 1841-1845

2175 Anlage von Tabakfabriken (1823-) 1844-1851

2177 Salzraffinerien 1836-1840
Enthält: Peter Friedrich Wilckens, Friedrichstadt; P. P. Voss, Flensburg; Berend W. Feldberg, Husum; Gottlieb Clausen, Husum (Salzraffinerie in Wyk)

2179 Essigfabriken 1836-1850

2180 Ölschlägereien (1813-) 1837-1850

2182 Befugnis der königlichen Porzellanfabrik zum Verkauf ihrer Fabrikate auf öffentlichen Auktionen in den Städten der Herzogtümer durch Angestellte oder Beauftragte 1836-1837

2186 Seifensiedereien 1837-1849

2188 Zollbegünstigung für die Bleiweißfabrik des Kaufmanns Peter Nielsen in Flensburg 1837

2189 Anleihe für Anton Hinrich Ostwaldt in Glückstadt für eine Fabrik für Baumwoll-Dochtgarn 1837

2190 Konzession des Mechanikers August Ferdinand Howaldt in Kiel zur Beschäftigung von Gesellen für eine Maschinenbauanstalt 1837-1840

2196 Leinen- und Kattun-Druckereien 1837-1844

2199 Wagenfabriken 1837-1845

2203 Lederfabriken (1829-) 1838-1849

2206 Zichorien- und Wurzelkaffeefabriken 1838-1848

2207 Tapetenfabriken 1838-1843
Enthält: Claus Bracker und Johann Fenner, Neuenbrook; Tapetenhändler Heinrich August Stade, Altona; Tapetenfabrikant Burmeister, Itzehoe

2208 Mühlen- und Maschinenbau (1819-) 1837-1850

2209 Konzession des Matthias David Levi für eine Wollwarenfabrik in Segeberg 1838

2211 Zollvergünstigung der Siegellackfabrik des Jürgen Lohse und des Gerhard Capito in Kellinghusen 1838

2216 Lichtgießereien (1821) 1838-1848

2221 Spiegelfabriken 1839-1843
Enthält: Glasermeister Momme Haas, Preetz; Kaufmann Hermann Dütsch, Glückstadt

2222 Privileg des Schlossermeisters Hans Clausen in Flensburg für eine Fabrik zur Herstellung von Eisenkram 1838-1839

2223 Einziehung der Abdrücke von Fabrikstempeln der Zichorien- und Wurzelkaffeefabriken, Tabakfabriken, Wollwarenfabriken und der Zuckerraffinerien sowie Fabrikstempel allgemein (1809-) 1839-1840

2224 Fabriken für wollene und halbwollene Waren sowie für Baumwolle (1835) 1839-1849

2230 Schirmfabriken in Ottensen 1839

2236 Privileg des Maurermeisters Carl Herold in Flensburg zur Anlage einer Ölzementfabrik 1840

2238 Anlage einer Kleiderfabrik durch den Kaufmann Salomon in Schleswig 1840

2240 Privileg des Heinrich Bolt in Rendsburg für seine Fabrik für geschmiedete Eisenwaren 1840-1844

2242 Eisengießerei und Maschinanbauanstalt unter der Firma Schweffel und Howaldt in Kiel 1840

2243 Privileg des Konditors Theodor Schultze in Neustadt zur Anlage einer Dampfschokoladenfabrik 1840

2244 Privileg des Gold- und Silberarbeiters C. F. Wohlberg in Flensburg zur Anlage einer Silberpressung 1840

2254 Glasfabriken 1841-1850

2258 Anlegung von Eisengießereien 1840-1848

2261 Ausführung von Böttcherarbeiten für die Zementfabrik und Kalkbrennerei des Maurermeister Johannes Baptista Barca in Rendsburg durch seine eigenen Leute 1841

2268 Anlegung einer Bijouteriefabrik [Schmuckwaren] durch den Gold- und Silberschmiedmeister Carl Eduard Hahn in Oldesloe 1841

2273 Anlegung einer Garnfärbereifabrik in Kollau durch den Kaufmann Andreas Thomsen in Hamburg 1840-1843

2276 Formulare zur Ausstellung von Konzessionen für Fabrikanlagen 1842-1844

2279 Privileg des Kaufmanns Hans Peter Glückstadt in Hamburg zur Anlage einer Fabrik für geschmiedete Eisenwaren 1842

2283 Konzession des Porzellanmalers H. Francke in Hamburg für eine Fabrik in Ottensen zum Bemalen und Vergolden von Porzellan 1842

2286 Zementfabriken und Tarrasfabriken 1842-1847

2290 Asphaltfabriken 1839-1844
Enthält: Konzession des G. F. Busch, Hamburg, für eine Asphaltfabrik in Bahrenfeld; Hutmacher Joseph Hirsch

2293 Erweiterung der Konzession des Möbelfabrikanten Johann Heinrich Georg Wilhelm Keck in Schleswig (1825) 1843

2298 Schießpulverfabrik auf dem Grundbesitz des Drahtmühlenbesitzers Eduard Voss bei Trittau 1849

2299 Vorschuss für den Kaufmann J. F. Kruse in Eckernförde zur Erweiterung seiner Tuchfabrik 1843

2302 Konzession des Kaufmanns Peter Glückstadt in Hamburg zur Anlage einer Eisen- und Stahlwarenfabrik im Amt Reinbek oder im Amt Trittau und für eine Porzellanmalereifabrik in Steinbek 1843-1845

2303 Erlaubnis des Christian Nielsen Brodersen in Hamburg zur Anlage einer Porzellanmalereifabrik bei Langenfelde oder Ottensen 1843-1844

2304 Konzession des Kaufmanns Johann Gottlieb Dibbern in Altona zur Anlegung einer Fabrik für Posamentwaren in Ottensen 1843-1844

2305 Anlegung von Fabriken für chemische Zündhölzer in Ottensen 1844, 1848

2306 Wegfall der Konzessionen für Ziegeleien und Kalkbrennereien 1843

2311 Konzession des Johann Piening in Klevendeich für eine Knochenbrennerei 1844

2314 Herstellung von Lampen 1844-1845
Enthält: Sigward August Blom; J. Hirsch, Kopenhagen; Rundin und Bock, Kopenhagen

2315 Einsendung von Nachrichten über Fabriken und Industrieanlagen 1844-1851

2317 Amidamfabriken (1834) 1844-1850

2321 Genehmigung des Fabrikstempels des Besitzers des Kupferhammers in Sühlen O. R. Böttger 1848

2322 Leimfabriken 1845, 1849
Enthält: Fabrikant L. P. Holmblad, Kopenhagen; Eingesessener Schulz, Ellerau

2327 Konzession des Kaufmanns Friedrich August Schierholz in Altona für eine Spielwarenfabrik und Essigfabrik in der Armenkolonie Friedrichsgabe 1844-1845

2336 Privileg des Fabrikanten Peter Clausen in Brüssel zur Anlage einer Weberei mit Maschinen 1845-1846

2337 Privileg des J. Chr. Hendr. C. Jagd in Svendborg zur Herstellung einer rotatorischen Dampfmaschine 1845-1846

2344 Privileg des Grossiers E. Z. Loitzer in Kopenhagen zur Fabrikation eines Kaffeesurrogats 1846

2354 Konzession des Joachim Heinrich Kröger und des Gottfried Möller, Inhaber der Papierfärberei des vaterländischen Industrievereins in Rendsburg, zur Nutzung einer Buchdruckerpresse zur Prägung von Titeln für ihre Fabrikate 1846

2367 Uhrenfabrikation des Uhrmachers Georg Fidel Hirt in Neuenbrook 1850

2377 Listen über Gerbereien 1846-1848

6470 Listen über Fabriken und Industrieanlagen in den Herzogtümern für 1838 1839

2368 Listen über Fabriken und Industrieanlagen im Herzogtum Schleswig für 1846: Ämter und Landschaften 1847

2369 Listen über Fabriken und Industrieanlagen im Herzogtum Schleswig für 1846: Städte 1847

2370 Listen über Fabriken und Industrieanlagen im Herzogtum Schleswig für 1846: adlige Güter und sonstige privilegierte Distrikte 1847-1848

2371 Listen über Fabriken und Industrieanlagen im Herzogtum Holstein für 1846: Ämter und Landschaften 1846-1847

2372 Listen über Fabriken und Industrieanlagen im Herzogtum Holstein für 1846: Städte 1846-1847

2373 Listen über Fabriken und Industrieanlagen im Herzogtum Holstein für 1846: adlige Güter und sonstige privilegierte Distrikte 1846-1847

2374 Listen über Fabriken und Industrieanlagen in den Herzogtümern: Generalextrakt 1847

2375 Listen über Fabriken und Industrieanlagen im Herzogtum Schleswig für 1849 1850

2376 Listen über Fabriken und Industrieanlagen im Herzogtum Holstein für 1849 1850

Mühlen

2121 Konzession des Peter Wulff in Grönland zur Nutzung einer Rossmühle 1819-1834
Enthält u. a.: ältere Krügerei-und Brennereikonzessionen

2122 Anlage einer Öl- und Grützmühle auf dem Hof Strohgaard durch Jürgen Bruhn in Apenrade 1834-1835

2157 Mühlen (1780-) 1835-1837, 1847
Enthält auch: Aktenverzeichnis für Abt. 49 Nr. 2157-2162

2158 Mühlen (1754-) 1836-1850
Enthält u. a.: Erlaubnis zur Benutzung von Handgrützqueren, 1836-1850

2159 Mühlen (1778-) 1839-1850
Enthält u. a.: Lohmühlen; Aufhebung des Mühlenzwangs

2160 Mühlen (1633-) 1845-1850

2161 Mühlen (1707-) 1848-1850

2162 Mühlen (1799-) 1848-1851

2197 Papiermühlen (1832-) 1837-1845 (um 1936)
Enthält u. a.: handschriftliche Notizen mit historischen Nachrichten zur Papiermühle in Flensburg, um 1936

Erfindungen und Patente

2164 Patent des Mechanikers C. J. Nordberg in Kopenhagen auf eine Einrichtung zum Mahlen der Perl- und Gerstengraupen 1836

2183 Patent für den Schiffbaumeister Palme Halgrimsen in Sonderburg zum Anfertigen und Verkauf einer von ihm erfundenen Maschine 1837

2184 Patent des Juweliers Friedrich Neupert in Schleswig zur Anfertigung eines von ihm erfundenen Lichtdämpfers 1836

2185 Privileg für den Kammerrat Nordberg und den Sekretär Hoppe in Kopenhagen für die Herzogtümer auf das Verfahren zum Entschälen von Erbsen 1836-1837

2191 Privileg des Schneidergesellen Martin Sörensen in Kopenhagen zur Anfertigung von ihm konstruierter Feuerspritzen 1845

2194 Patent des Kammerrats Nordberg in Kopenhagen für eine Methode zum Flachsbleichen 1837

2200 Patent des John Sargeant in Kopenhagen zur Destilierung von Naphta und Gummi 1837

2202 Anleitung des G. Krauss in Flensburg zu einem besseren Verfahren bei der Herstellung von Bier, Branntwein, Likör und Essig sowie Verkauf diesbezüglicher Schriften 1838

2214 Patent des Kammerrats Charles John Nordberg und des Mechanikers Joseph Walder zur Anfertigung von Hefen und von Apparaten zur Wärmeverbreitung 1838

2215 Patent des Büchsenmachers Nicolaus Johann Löbnitz in Kopenhagen auf die Anfertigung eines Gewehrschlosses 1838

2217 Patent des Bankierhauses Gebrüder Homberg in Frankfurt am Main auf ein Verfahren zur Legierung von Metallen durch Zementation 1839

2218 Patent des E. W. Röbling aus Mühlhausen auf einen tragbaren Sparkochapparat (1838) 1839
Darin: Druckschrift mit Beschreibung und Zeichnung des Apparats, 1838

2219 Patent des Felix Fossard in Philadelphia auf das Blaufärben mit Berlinerblau 1839

2225 Privileg der Tabakfabrikanten Renck Söhne und Kompagnons in Neumünster zum Bau und Verkauf einer Längenscheermaschine 1839

2226 Patent des Büchsenmachers Johann Peter Flamand zur Herstellung eines von ihm erfundenen Jagdgewehrs 1839

2227 Überlassung einer Erfindung gegen Vergütung an die Staatsregierung durch den Ziegeleibesitzer Hans Jord in Flensburg und den Agenten H. H. Holler in Carlshütte 1839-1840

2229 Privileg des Mechanikers Boeg in Kopenhagen sowie des Tischlermeisters Otto und des Schlossermeisters Ullerich in Kopenhagen zur Herstellung einer Häckselmaschine 1839-1842

2232 Privileg des Handlungsagenten Carl Wandel in Kopenhagen für ein Verfahren zur Holzkonservierung 1839-1841

2233 Privileg des Matthias Joseph Mathiasen in Rendsburg für ein Verfahren zur Herstellung von koscherem Käse 1840

2237 Patent des Landwesenskommissars G. Michelsen in Kopenhagen auf ein Verfahren zur Herstellung erhabener Stempel 1840

2239 Patent des C. Gers in Stockholm zur Herstellung eines von ihm erfundenen Brennmaterials 1840

2241 Privileg zur Herstellung von Tuch ohne Spinnen und Weben 1840
Enthält: Joseph Owen, Kopenhagen; Thomas Busse, Hamburg; Gebrüder Mühlens, Frankfurt am Main

2245 Patent des J. R. Rush in London zur Herstellung aquatischer Rettungshüte 1840

2246 Patent des C. F. Saphir in Kopenhagen zur Herstellung der von ihm erfundenen elastischen Zügel 1840

2247 Konzession des Kaufmanns Peter de Voss in Altona zur Herstellung von Nägeln und Stiften aus kaltem Eisen und Kupfer 1839-1840

2248 Privileg des J. G. Seeburg in Hamburg zur Anwendung einer von ihm erfundenen Art der Gasbeleuchtung 1840

2249 Privileg des Kaufmanns William Bennett in London zur Herstellung verbesserter Wasserräder 1840

2250 Patent des Agenten Hans H. Dithmer, Besitzer der Ziegelfabrik Rennberg bei Flensburg, für eine neue Ziegelpressmaschine 1840-1841

2251 Patent des Fr. Benckler und des J. Ruhl in Wiesbaden zur Herstellung eines neu erfundenen Apparats zur Lampenbeleuchtung 1840-1841

2252 Privileg des Kandidaten der Pharmazie Staal in Kopenhagen zur Herstellung eines von ihm erfundenen Rektifikators und Kondensators zum Gebrauch in Brennereien und bei der Destillation 1841

2253 Privileg des Prof. Eduard Buschmann in München für eine von ihm erfundene Methode zur Anfertigung von Holzmosaiken 1841

2257 Patent des William Campbell in Hamburg zur Herstellung von Stabholz, Spindeln und Latten nach einer neuen Methode 1841

2259 Patent des Alex Dixon in Brüssel auf eine neue Methode zum Einsalzen und Aufbewahren tierischer Nahrungsmittel 1841

2264 Patent des Carl Andreas Rames in Kopenhagen zur Herstellung von Fabriknägeln 1839

2265 Bewilligung für Joseph Hirsch zur Herstellung künstlichen Asphalts nach dem von ihm angegebenen Verfahren 1839
Enthält nur Aktendeckblatt

2266 Privileg des Ingenieurs Alois Milch in Brüssel zur Herstellung einer von ihm erfundenen Pumpe 1841

2267 Privileg des Ingenieurs Alois Milch in Brüssel und des Agenten Hans H. Dithmer in Rennberg sowie des James Hunt in London zur Herstellung einer Steinpressmaschine 1841-1842

2270 Patent des Leon Ardiet in Paris zur Einführung des Mausseauschen Korntrocknungsapparats 1841

2271 Patent des Arthur Wall in London zum alleinigen Verkauf einer Methode zum Schutz von Metallen vor Oxidation 1841

2272 Patent des Zivilingenieurs W. D. Holmes in London zur Ausführung und Anwendung von Verbesserungen an eisernen und anderen Schiffen 1841

2274 Privileg des Eisengießers Lunde in Kopenhagen zur Herstellung von Eisenwaren nach einer neuen Methode 1841-1842

2277 Entwurf eines Gesetzes zur Erteilung von Patenten 1842

2285 Privileg des Uhrmachers Christian Friedrich Jensen Schmidt in Nieby zur Herstellung der von ihm erfundenen Uhren 1842-1843

2294 Privileg des Uhrmachers H. Kyhl in Kopenhagen zur Herstellung einer Uhr zur Messung der Wasserhöhe 1843-1844

2295 Privileg des Eisengießers Löwenes in Kopenhagen zur Herstellung einer transportablen Kocheinrichtung 1843

2297 Privileg des Johann Jürgen Rundin in Helsinge zur Herstellung eines Pfluges ohne Räder 1843

2300 Patent des Noblée zur Herstellung einer tragbaren Gasart 1843

2301 Privileg des Mechanikers Repsold in Hamburg zur Herstellung einer von ihm erfundenen Maschine 1843

2313 Privileg der Eisenhändler M. A. Heegaard und Söhne in Kopenhagen zur Herstellung einer terassenförmigen Kocheinrichtung 1844

2324 Privileg des Harry Ree in Hamburg für zwei Maschinen zum Brennholzzerkleinern 1845

2325 Privileg des Tabakfabrikanten H. C. Rasmussen in Svendborg zur Herstellung einer Maschine zur Ausbreitung und Behandlung von Tabakblättern 1845

2328 Patent des Baruch Jacob Burgheim in Hamburg zur Herstellung und zum Verkauf einer Düngerkomposition 1845-1847

2332 Privileg des Fabrikanten Léon Duvoir Leblanc in Paris für einen Apparat zum Heizen und Trocknen 1845

2335 Privileg des französischen Architekten Figet zur Anwendung einer mechanischen Einrichtung zum Öffnen von Jalousienfensterläden 1845-1846

2340 Privileg des Eisengießers P. F. Lundt in Kopenhagen zur Herstellung eines Apparats zur Versorgung der Dampfmaschine mit Wasser und des Typografs W. Sörensen in Kopenhagen zur Herstellung einer Setz- und Sortiermaschine 1846

2343 Privileg der Mechaniker C. und P. W. Möller zur Herstellung eines neuen Plätteisens 1846

2346 Privileg des Christian Wolff in Deezbüll zur Anfertigung eines Apparats am Wagen zur Ermittlung der Weglänge 1846

2347 Privileg des Tabakfabrikanten H. C. Rasmussen in Svendborg zur Herstellung und zum Verkauf einer Einrichtung zum Dampftrocknen 1846

2345 Privileg des Bäckermeisters Nielsen in Kopenhagen für eine Methode zur Absonderung und Nutzung der im Weizenmehl vorhandenen Stoffe 1846

2348 Privilegien für Kunstwerke, Erfindungen und andere Verbesserungen 1846-1849

Schifffahrt, Häfen, Fischerei

2176 Änderung einer Bestimmung in der Verfügung vom 9. Dezember 1803 zur Schifferrekognition 1836-1838

6426 Nachrichten über den Schiffbau für 1846 (1846) 1847

6427 Schiffslisten der Städte für 1846 (1846) 1847

2201 Vorschlag des Etatsrats Jochims zur Verbindung der Eider mit der Elbe von der Schleuse in Hanerau bis Brunsbüttel sowie Anlage eines deutschen Marine- und Handelskanals 1833-1838, 1848
Darin: „Altonaer Mercur" vom 5., 8. und 10. August 1848

2090 Schleswig-Holsteinischer Kanal 1834-1846
Enthält u. a.: Vorstellung des Gutes Seekamp zur Sperrung eines öffentlichen Weges an der Kanalmündung; Zolltarif; Handhabung der Polizei im Kanaldistrikt Holtenau
Darin: gedruckte Verordnungen und Patente

2117 Navigationskunde 1834-1839, 1848

2140 Verlustentschädigung und Handelskonzession für den Schiffer Jürgen Schmidt in Steinberghof im Gut Oestergaard (1834) 1835

2137 Wasserstandsbeobachungen an der Nordseeküste und Aufnahme der Fluthöfe an den Seeschleusen im Amt Tondern 1835

2144 Fahrt des Musketiers Peter Hildebrandt aus Egensund auf seinem Segelboot außerhalb der Flensburger Förde 1835-1836

2145 Einführung autorisierter Observationsprotokolle auf Kauffahrteischiffen 1835-1836

2165 Verfahren bei Erteilung und Zurücksendung isländischer Seepässe 1836-1837

2187 Gesuch von Schiffern in Nübbel und Tielenhemme um ein Verbot für fremde Schiffer zum inländischen Frachttransport auf der Eider und dem Schleswig-Holsteinischen-Kanal 1837

2212 Schiffbau 1837-1850

2210 Erklärung der französischen Regierung über die Blockade der mexikanischen Häfen 1838

2278 Erwerbung des Bürgerrechts in einem Flecken als Bedingung zur Erteilung von Schiffszertifikaten 1842-1844

2281 Erlass von Vorschriften zur Richtschnur für die Führer dänischer Segelschiffe 1842-1844

2282 Entwurf eines Reglements über das Verhalten der Dampfschiffe bei Begegnung mit anderen Dampf- oder Segelschiffen sowie Dampfschifffahrt allgemein 1842-1848
Darin: „Handels- og Skibsfarts-Tidende" vom 3. März 1846

2288 Erlass einer Verfügung wegen der Verzimmerung inländischer Schiffe auf hamburgischen und hannoverschen Werften 1843

2318 Exklusivrecht des Schiffbauers Weilbach in Stockholm zur Herstellung schwimmender Schiffsdocks 1844

2319 Schiffsabgaben von dänischen Schiffen in französischen Häfen 1844
Darin: Sammlung von Verfügungen des Generalzollkammer- und Kommerzkollegiums für die Herzogtümer; Rundschreiben zu den Schiffsabgaben

2316 Änderungen des Patents vom 9. September 1823 über die Prüfung der Elbschiffer und Untersuchung der Elbschiffe 1844-1845

2333 Privileg des englischen Seekapitäns Samuel Price für eine Methode zur Hebung gesunkener Schiffe 1845

2320 Antrag zur Beförderung von Passagieren und Waren zwischen inländischen Häfen durch inländische Schiffer 1845

2350 Erlass zeitgemäßer Seegesetze, insbesondere über die Manneszucht auf den Kauffahrteischiffen 1845-1846

2339 Verhaltensmaßregeln für Schiffer in den Häfen von Riga und Kronstadt (1841-) 1845-1846
Darin: Reglements

2351 Kriegszustand zwischen den Vereinigten Staaten von Nordamerika und Mexiko 1846

2349 Nachricht über die Schiffsreeder 1846
Enthält u. a.: Verzeichnis der Schiffe im Zolldistrikt Blankenese

2356 Dampfschifffahrt zwischen Glückstadt und einem englischen Hafen 1846-1847

2363 Vertretung der schleswig-holsteinischen Schiffer im Ausland 1848

1094 Hafen: Allgemeines 1834-1840
Enthält: Mitteilung von Hafenakten aus dem Archiv der ehemaligen Generalzollkammer; Erhöhung der Hafenabgaben für nicht privilegierte Schiffe

6366 Hafen in Flensburg (1812-) 1834-1849
Enthält u. a.: Auszüge aus den Protokollen der Kanal-, Hafen- und Leuchtfeuerdirektion sowie des Generalzollkammer- und Kommerzkollegiums, 1812-1834; Baurechnungen, 1844-1845; Jahresberichte

6435 Hafen in Garding 1836-1849
Enthält: Auszüge aus den Protokollen der Kanal-, Hafen- und Leuchtfeuerdirektion sowie des Generalzolkammer- und Kommerzkollegiums, 1812-1834; Jahresberichte; Übersichten zum Zustand des Hafenwesens

6436 Hafen in Husum 1832-1849
Enthält u. a.: Einnahmen und Ausgaben; Ziegelei in Immenstedt

6438 Hafen in Schleswig, Schlei und Schleimünde (1796) 1835-1848
Enthält u. a.: Auszüge aus den Protokollen der Kanal-, Hafen- und Leuchtfeuerdirektion sowie des Generalzollkammer- und Kommerzkollegiums, 1812-1834; Bauten; Übersichten über Einnahmen und Ausgaben

6437 Hafen in Schleswig: Jahresberichte zur Schiffbrücke 1835-1850

6367 Hafen in Wyk (1812-) 1834-1849
Enthält u. a.: Auszüge aus den Protokollen der Kanal-, Hafen- und Leuchtfeuerdirektion sowie des Generalzollkammer- und Kommerzkollegiums, 1812-1835; Übersichten zum Zustand des Hafenwesens; Jahresberichte

6368 Hafen in Wyk: Hafenrechnungen 1841, 1844-1845

2170 Bekanntmachung des preußischen Ministeriums hinsichtlich der Richtungsbaken des Hafens in Swinemünde (1835) 1836

Darin: gedruckte Bekanntmachung (mit Karte und Zeichnung der Baken)

2146 Fischeramt in Neustadt 1835-1848

2181 Prämien für die Fischerei bei Island von 1837 bis 1839 1836

2195 Walfang und Robbenfang 1837, 1840-1841

Enthält: Prämie für Schiffsausrüstungen; Befreiung von Grönlandfahrern von der Aushebung zur königlichen Flotte

Landökonomie

2255 Pferdeausfuhr und Pferdezucht 1840-1844

2291 Antrag des Roeloff Roeloffs in Hamburg zur Niederlassung von Kolonisten im Herzogtum Holstein 1843

2329 Kartoffelkrankheit 1845-1847

2341 Befreiung von neun Instensöhnen vom Militärdienst zur Unterweisung im Baumpflanzen und in der Gartenkultur 1846

2352 Hopfenanbau 1846

2355 Antrag des Vorstandes der elften Versammlung deutscher Land- und Forstwirte in Kiel zum Einziehen von Nachrichten über Bodenkultur und Produktionsverhältnisse in den Herzogtümern 1846-1847

2358 Schrift des Lehrers an der Veterinärschule in Kopenhagen Dr. With über die Benutzung des Pferdefleisches als Nahrungsmittel für Menschen 1847-1848

Darin: Exemplar der Schrift

2359 Nachrichten über Vorräte an Korn, Kartoffeln und anderen Agrarprodukten, über zu erwartende Kornzufuhren sowie über die bevorstehende Ernte 1847

2365 Entlassung des Landkommissars Prehn in Plön 1849

2366 Ernteübersicht 1849-1850

KOMMUNEWESEN

2378 Interpretation des Apothekerprivilegs des Apothekers Thun in Trittau hinsichtlich der Befreiung von Kommunallasten 1831-1834

2379 Anweisung von Rechnungen aus der Stadtkasse in Sonderburg 1834

2380 Entlassung des Siem Evers in Wilster aus seiner Funktion als Deputierter Bürger 1834-1835

2381 Sammlung der Nachtwächter- und Laternengelder in Friedrichstadt sowie Notate zur Stadtrechnung 1833-1834

2382 Beitrag der Stadt Hadersleben zu den Kosten für die Erweiterung der Hauptschule in Althadersleben 1834

2383 Beitrag zu den Baukosten für das Schulgebäude in Althadersleben 1834-1838

2384 Fuhrleistungen in den Ämtern (1760) 1834-1842
Enthält u. a.: Amt Hütten

2385 Fuhrleistungen in den Ämtern 1842-1849
Enthält u. a.: Anführung der Landes- und Kommunalfuhren im Entwurf der Verordnung zur Regulierung der Freifuhren, 1842-1849; Pflicht der Gemeinden zur Abholung ihrer Prediger beim Dienstantritt

2386 Fuhrleistungen in den Ämtern: Kriegsfuhrwesen und Kriegslasten 1848-1851

2387 Fuhrleistungen in den Ämtern 1845-1850
Enthält: Verteilung der Leistungen im Gut Schönweide; Beförderung des Pastors Nyegaard, Süderstapel, zu Konsistorialsitzungen; Verteilungsmodus im Fuhrdistrikt Moorrege; Fuhren des Claus Sieh, Rade bei Rendsburg; Schutz von Untergehörigen von Lindewitt und Mohrkirchen vor Fuhrforderungen in einigen Kirchspielen des Amtes Tondern

2388 Verzeichnisse der Kommunalfuhren im Herzogtum Schleswig
Enthält: Amt Hadersleben; Amt Gottorf; Amt Flensburg (1845-) 1847-1848

2389 Verzeichnisse der Kommunalfuhren im Herzogtum Schleswig 1847-1850
Enthält: Ämter Sonderburg und Norburg; Ämter Husum und Bredstedt; Hausvogtei Glücksburg; Wegeinspektorat

2390 Verzeichnisse der Kommunalfuhren im Herzogtum Schleswig 1847-1849
Enthält: Köge sowie adlige und klösterliche Distrikte; Landschaft Stapelholm und Amt Hütten; Amt Tondern; Landschaft Fehmarn; Ämter Apenrade und Lügumkloster

2391 Verzeichnisse der Kommunalfuhren im Herzogtum Holstein
Enthält: Amt Rendsburg 1846-1849

2392 Verzeichnisse der Kommunalfuhren im Herzogtum Holstein
Enthält: Amt Rendsburg 1848-1850

2393 Verzeichnisse der Kommunalfuhren im Herzogtum Holstein (1846) 1847-1850
Enthält: Ämter Kiel, Kronshagen und Bordesholm; Amt Segeberg; Herrschaft Pinneberg; Ämter Reinbek und Trittau

2394 Verzeichnisse der Kommunalfuhren im Herzogtum Holstein (1781) 1846-1848
Enthält: Amt Cismar; Amt Traventhal; Ämter Plön und Ahrensbök; Landschaft Norderdithmarschen und Heide; Landschaft Süderdithmarschen und Meldorf; Köge sowie adlige und klösterliche Distrikte

2395 Bemerkung in der Anlagenrechnung des Amtes Apenrade zur Kostenerstattung für die Anschaffung von Gestellen und Tischen für die Amtsstube 1834

2396 Wardierung des Seedienstpflichtigen Laust Terp Olsen in Tondern wegen rückständiger Stadtschatzungen 1834

2397 Befreiung des Tagelöhners P. Fr. Wöhlke in Flensburg von persönlichen Abgaben 1834

2398 Kontribution des Totengräberhauses auf dem Domkirchhof in Schleswig 1834-1836

2399 Notat zur Landrechnung des Osterteils auf Eiderstedt hinsichtlich der Konzession des Schneiders Marx Meggers in Oldenswort und der Näherin Anna Catharina Ingwersen in Tönning (1831) 1834, 1841

2400 Verwaltung der Landvogtei auf Sylt 1830-1834

2401 Befreiung des Maurermeisters Johann Barca in Rendsburg von der Einquartierung für ein Haus im Kronwerk 1833-1834

2402 Amtsanlage des Amtes Cismar 1834, 1849-1850

2403 Regulierung der bauerschaftlichen Verhältnisse in Rickelshof 1834-1845

2404 Notaten zur Rechnung des Amtes Hadersleben für 1833 1834-1835

2405 Notaten zur Rechnung des Amtes Gottorf für 1831 bei dem Zivilbrüche- und Dezimationsregister der Stadt Schleswig 1833-1834

2406 Verpachtung des sogenannten Bullenlandes am Noor bei Eckernförde 1834

2407 Schulden der Landschaft Norderdithmarschen 1834-1838

2408 Anlagenrechnung des Amtes Tondern für 1829 bis 1832 (1829-) 1834

2409 Notat zur Marschhardenlandrechnung des Amtes Tondern für 1832 hinsichtlich der Verhältnisse von Konzessionierten in der Bökingharde 1834

2410 Erhebung von Dorf- und Kirchenanlagegeldern durch den Bauervogt Harders in Grande (1833) 1834-1835

2411 Zustand der Geldangelegenheiten: Ämter Apenrade und Lügumkloster 1835-1849

2412 Zustand der Geldangelegenheiten: Landschaft Fehmarn 1835-1849

2413 Zustand der Geldangelegenheiten: Amt Flensburg 1835-1849

2414 Zustand der Geldangelegenheiten: Amt Gottorf 1835-1847

2415 Zustand der Geldangelegenheiten: Amt Hadersleben 1835-1847

2416 Zustand der Geldangelegenheiten: Amt Hütten und Landschaft Stapelholm 1835-1849

2417 Zustand der Geldangelegenheiten: Ämter Husum und Bredstedt sowie Landschaft Eiderstedt 1835-1839

2418 Zustand der Geldangelegenheiten: Ämter Husum und Bredstedt sowie Landschaft Eiderstedt 1839-1848

2419 Zustand der Geldangelegenheiten: Landschaft Nordstrand 1835-1848

2420 Zustand der Geldangelegenheiten: Ämter Sonderburg und Norburg 1835-1847

2421 Zustand der Geldangelegenheiten: Amt Tondern 1835-1840

2422 Zustand der Geldangelegenheiten: Amt Tondern 1838-1849

2423 Zustand der Geldangelegenheiten: Ämter Bordesholm, Kiel und Kronshagen 1835-1848

2424 Zustand der Geldangelegenheiten: Amt Cismar 1835-1848

2425 Zustand der Geldangelegenheiten: Amt Neumünster 1835-1848

2426 Zustand der Geldangelegenheiten: Landschaft Norderdithmarschen (1774-) 1826-1827, 1835-1839

2427 Zustand der Geldangelegenheiten: Landschaft Norderdithmarschen 1839-1843

2428 Zustand der Geldangelegenheiten: Landschaft Norderdithmarschen 1843-1850

2429 Zustand der Geldangelegenheiten: Herrschaft Pinneberg 1835-1850

2430 Zustand der Geldangelegenheiten: Ämter Plön und Ahrensbök 1835-1849

2431 Zustand der Geldangelegenheiten: Grafschaft Rantzau, Herzhorn, Sommerland und Grönland 1835-1850

2432 Zustand der Geldangelegenheiten: Ämter Reinbek, Trittau und Tremsbüttel 1835-1848

2433 Zustand der Geldangelegenheiten: Amt Rendsburg 1835-1850

2434 Zustand der Geldangelegenheiten: Amt Segeberg 1835-1850

2435 Zustand der Geldangelegenheiten: Amt Steinburg 1835-1850

2436 Zustand der Geldangelegenheiten: Landschaft Süderdithmarschen 1826-1828, 1835-1837

2437 Zustand der Geldangelegenheiten: Landschaft Süderdithmarschen 1837-1843

2438 Zustand der Geldangelegenheiten: Landschaft Süderdithmarschen 1842-1850

2439 Zustand der Geldangelegenheiten: Ämter Reinfeld, Rethwisch und Traventhal 1835-1850

2440 Zustand der Geldangelegenheiten der Ämter und Landschaften: Extrakte 1838-1849

2441 Zustand der Geldangelegenheiten: Kloster Preetz 1848-1849

2442 Berichte über die Kommunallasten: Rundschreiben an die Oberbeamten 1834

2443 Berichte über die Kommunallasten: Allgemeines 1839-1841

2444 Berichte über die Kommunallasten: Allgemeines 1841-1849

2445 Berichte über die Kommunallasten: Ämter Sonderburg und Norburg, Ämter Apenrade und Lügumkloster, Ämter Husum und Bredstedt sowie Landschaften Eiderstedt und Pellworm mit den Halligen 1839-1841

2446 Berichte über die Kommunallasten: Landschaft Fehmarn, Amt Flensburg, Amt Gottorf, Amt Hütten, Landschaft Stapelholm, Landschaft Nordstrand, Amt Tondern, Köge 1839-1841

2447 Berichte über die Kommunallasten: Städte im Herzogtum Schleswig 1839-1840

2448 Berichte über die Kommunallasten: Sankt Johanniskloster und adlige Güter im Herzogtum Schleswig 1839-1840

2449 Berichte über die Kommunallasten: lübsche Güter und Stadtstiftsdörfer, Amt Bordesholm, Ämter Plön und Ahrensbök 1835-1848

2450 Berichte über die Kommunallasten: sonstige Ämter und Landschaften sowie Köge im Herzogtum Holstein 1839-1841

2451 Berichte über die Kommunallasten: Städte im Herzogtum Holstein 1839-1841

2452 Berichte über die Kommunallasten: Preetzer, Kieler und Oldenburger Güterdistrikte 1839-1840

2453 Berichte über die Kommunallasten: Itzehoer Güterdistrikt, Kanzleigüter, Blomesche Wildnis, Gut Trenthorst, lübsche Stadtstiftsdörfer, Klöster 1839-1840

2454 Kostensparung hinsichtlich der Anfertigung von Kopfsteuerlisten und der Steuererhebung für die Stadtkasse in Flensburg 1834

2455 Amtsrechnung und Amtsanlage des Amtes Segeberg 1834-1849

2456 Amtsrechnung und Amtsanlage des Amtes Steinburg (1823) 1834-1837

Enthält: konzessionslose Fortetzung des Geschäfts durch die Witwe des Schusters Hinrich Wulff, Borsfleth; Aufnahme der Physikats- und Zuchthausgelder

2457 Dienstpferd des Polizeireiters Hagelstein im Amt Cismar 1834

2458 Revision der Lehnsrechnung Glücksburg 1834-1835

2459 Befreiung des Schneidergesellen Johann Friedrich August Schuster aus Kaaso (Neumark) von der Präsentation eines Militärfreischeins für die Erlangung des Bürgerrechts in Eckernförde 1834

2460 Auszahlung des Gehalts des Gerichtsboten und Stadtdieners Claus Horstmann in Wilster 1834

2461 Berichte über Kommunalverfassung und Verwaltung der Landdistrikte: Rundschreiben, Ämter im Herzogtum Holstein sowie Herrschaft Pinneberg und Grafschaft Rantzau (1814-) 1834-1837

2462 Berichte über Kommunalverfassung und Verwaltung der Landdistrikte: Herzogtum Schleswig (1750-) 1834-1844

Darin: Instruktion für den Neffningsmann; Instruktion für den Brandaufseher, 1834; Instruktion für die Kirchenoffizialen als Juraten und Zwölf-Kirchspielsmänner im Distrikt der Propstei des Amtes Hadersleben, 1785

2463 Ausgabe der Stadt Eckernförde für die Besatzung des königlichen Dampfschiffes anlässlich der Reise des Prinzen Ferdinand von Dänemark 1834

2464 Anweisung der Bestallungsgebühren der Unteroffizialen im Amt Gottorf auf die Hardes- oder Amtsanlagenkasse 1834-1835

2465 Hinzuziehung von Freiländereien und von Ländereien im alten und neuen Koog zu den Kommunalabgaben des Gutes Haseldorf sowie ihre Aufnahme in die Morgenzahl 1834-1839

2466 Wahl der Tuchfabrikanten Johann Otto Mestorff und Renck in Neumünster zu Fleckensvorstehern 1834-1846

2467 Notat zur Landrechnung des Westerteils der Landschaft Eiderstedt (1830) 1834

2468 Rückständige Landes- und Kirchspielsanlagen von Eingesessenen im Kirchspiel Lunden 1834-1838

2469 Bewirtung der Landschreiber in den Landschaften Norderdithmarschen und Süderdithmarschen auf ihren Hebungsreisen 1834-1840

2470 Regulierung der Gemeindeverhältnisse des Fleckens Pinneberg 1827-1842

2471 Untersuchung gegen die Eidgeschworenen Johann Friedrich Buhrmann und Johann Detlef Bohn in Heide wegen Bestechung 1835

2472 Öffentliche Auslegung der Kirchenrechnungen in Kiel 1834-1835

2473 Amtsanlagen im Amt Ahrensbök (1799-1800) 1834-1842
Enthält u. a.: Verzeichnis der Immobilien im Amt, 1799

2474 Bestellung von Taxatoren 1835
Enthält: Carsten Rohwer, Brammer; Jürgen Weilandt, Vitzdorf

2475 Amtsanlagen der Amtsdeputierten des Amtes Plön und Vergütung für die Amtsdeputierten des Amtes Ahrensbök 1834-1836

2476 Kosten eines Militärkommandos zur Sicherstellung der Hebung der herrschaftlichen Landgilde im Westerteil des Amtes Hadersleben 1835

2477 Aufschub für die Dorfschaft Ellerbek zum Abtrag einer Kommunalschuld 1835

2478 Erstattung eines Vorschusses des Rechnungsführers der Kopfsteuer für Arme aus der Armenkasse in Segeberg 1835

2479 Anleihe für die Kirchspielskollegien der Norder- und Südervogtei in Meldorf zur Deckung rückständiger Landesanlagen 1835-1839

2480 Gehalt des Fußknechts des Amtes Hütten 1835

2481 Bau einer Brücke über das sogenannte Fleth in Glückstadt 1835-1837

2482 Haltung der sogenannten Stadtbullen für die Stadt Burg auf Fehmarn 1835

2483 Entlassung des Bauervogts Köster in Westerau 1834-1835

2484 Gehaltszulage des Polizeiinspektors Ohrt in Glückstadt 1830-1843

2485 Vorschüsse des Kirchspielskollegiums in Süderwöhrden auf privilegierte Landes- und Kirchspielsanlagen 1835-1839

2486 Kirchen- und Bürgerschoss des Jacob Engelbrecht in Landrecht für sein Haus in Krempe 1834-1836

2487 Beschwerde des Deputierten Bürger Günrath in Friedrichstadt gegen den Höftmann und Deichgrafen Rasmus in Wisch wegen Kommunalabgaben 1835

2488 Ansetzung von in den Städten wohnenden und zur Herstellung weiblicher Kleidungsstücke konzessionierten Personen zu bürgerlichen Abgaben 1826, 1835

2489 Kommunalabgaben der Hebamme Marina Jensen in Tondern 1835

2490 Bezahlung der Kosten für die Anlegung von Sielen vor den Dienstländereien des Amtsverwalters, des Propstes und des Hausvogts in Apenrade 1835

2491 Rückzahlung von Bürgergeld an den Schustermeister Johann Carl Ernst Klevesahl in Krempe durch die Stadt Heide 1835

2492 Kreditwesen und Kommunalangelegenheiten der Landschaft Pellworm 1732-1734

2493 Kreditwesen und Kommunalangelegenheiten der Landschaft Pellworm 1734-1745

2494 Kreditwesen und Kommunalangelegenheiten der Landschaft Pellworm 1745-1760

2495 Kreditwesen und Kommunalangelegenheiten der Landschaft Pellworm 1760-1789

2496 Kreditwesen und Kommunalangelegenheiten der Landschaft Pellworm (1726-) 1793-1799

Darin: „Schleswig-Holsteinische Anzeigen" vom 5., 12. und 19. Oktober 1795; „Altonaischer Mercurius" vom 8., 15. und 29. Oktober 1795

2497 Kreditwesen und Kommunalangelegenheiten der Landschaft Pellworm (1726-) 1799-1818

2498 Kreditwesen und Kommunalangelegenheiten der Landschaft Pellworm: Beilagen und Landschaftsrechnungen 1699-1772

2499 Aufschub für die Landschaft Norderdithmarschen zur Zahlung rückständiger Pfluggelder 1835

2500 Zwangsanleihe in Wilster 1813-1816, 1834-1835

2501 Überlassung eines Platzes von der Koppel des Tuchfabrikanten Mestorff in Neumünster an die Fleckenskommune zum Bau einer Hirtenkate 1835

2502 Kündigung der bei der Stadtkasse belegten Kapitalien der Armenkasse und Stiftungen in Schleswig 1835

2503 Vergütung für die Ratsdienerwitwe Pannyson und den Ratsdiener Schmidt in Sonderburg für geliefertes Licht bei der Stadtkassenkommission 1835

2504 Amt der Deichvögte und Sandmänner im Birk Lügumkloster 1835-1843

2505 Schuldentilgungsplan der Stadt Oldenburg 1833-1837

2506 Kosten der Instandsetzung des Teichs in der Rönnhofer Straße in Sonderburg 1833-1835

2507 Kompetenz zur Bestimmung der von Amts- oder Landschaftskommunen zu vergütenden Kriminalkostenrechnungen 1835-1844

2508 Bauanschläge der Arbeiten auf Rechnung des Amtes Rendsburg 1835-1839

2509 Inspektor und Gerichtshalter im Marienkoog 1801-1805

2510 Ernennung von zwei Lehnsmännern in Oldenswort ohne Präsentation (1781-) 1801-1803

2511 Ernennung von zwei Lehnsmännern in Oldenswort ohne Präsentation 1803-1811

2512 Verlegung der zum Amt Hadersleben gehörenden Eingesessenen in Bönderby zum Amt Tondern 1835-1836

2513 Mitteilung des Protokolls über die Revision der Rechnung der Landschaft Nordstrand von 1828 an den Staller Christiansen
Enthält u. a.: Landschaftsrechnungen 1826 und 1828 (1826-) 1830-1831

2514 Anerkennung eines Kirchspielswechsels von Interessenten in Uelvesbüll 1835-1836

2515 Beschwerde der Achtmänner in Bargen und Scheppern gegen den Bauervogt Bielfeldt in Bargen wegen der Bauerlagsrechnung 1835

2516 Beschwerde des Bauervogt Hans Bruhn in Tielen gegen die Staven Jürgen Claus Bruhn und Hans Jürgen Sievers wegen der Bauerlagsrechnung für 1832 (1832) 1833

2517 Einrichtung der Kriminalrechnungen in der Grafschaft Rantzau (1757-) 1835-1843

2518 Auszahlung von Alimentationsgeldern an die Witwe Hansen in Neuengörs (1820-) 1835

2519 Auslegung der Bauerlagsrechnung für 1834 in Norderstapel 1835

2520 Befreiung des Kandidaten der Theologie Callsen in Kappeln von den Kommunalabgaben 1835

2521 Wahl der sogenannten Kapitalisten oder Ältesten in Wesselburen (1727-) 1835
Enthält u. a.: Abschrift der Beliebung des Fleckens Wesselburen von 1727

2522 Vorschuss aus königlicher Kasse für die Kriminalkosten der Untersuchung gegen die Brüder Peter und Johann Wollesen in Flensburg 1835-1836

2523 Belehrung der Kirchspielgevollmächtigten in Bramstedt wegen auferlegten Bauten 1835-1836

2524 Polizei- und Kriminalkostenrechnung des Gefangenenwärters Vossgraf in Süderstapel 1835-1836

2525 Pension des Unterpolizeidieners und Nachtwächters Carl Gottfried Schultz in Eckernförde 1835-1836

2526 Untersuchung zur Beteiligung des Mühlenbesitzers J. C. Danckert in Schleems an den Kommunallasten (1626-) 1835-1837

2527 Streitigkeiten der Bauerschaftsgevollmächtigten des Kirchspiels der Südervogtei Meldorf mit der Bauerschaft Bargenstedt wegen der Umlage zu einem Bettelvogt 1835-1836

2528 Aufnahme des Schäferhofs des Adolph Lübbe bei Appen in die Pflugzahl und Beitritt zur Landes- und Delinquentenkasse (1834) 1835-1836

2529 Bestätigung der Beliebung der Bauerschaftsgevollmächtigten und Wegegeschworenen in Burg 1833

2530 Anleihe der Interessenten des Emmelsbüller Kleinen Koogs zur Schuldentilgung an die königliche Staatsschuldendirektion 1836

2531 Beiträge des Erbpächters Joachim Diedrich Reimers zur hintersten Wache im Amt Plön und der Erbpächterin Catharina Elisabeth Berg geb. Ohlandt in Niederkleveez zu den Amtsanlagen 1835-1837

2532 Teilnahme der Eingesessenen in Landkirchen an der allgemeinen Herbstweide sowie Weide- und Einkoppelungsordnung der Landschaft Fehmarn 1835-1843

2533 Festsetzung von Zahlungsterminen für eine Schuld der Bauerschaft Fedderingen (1742-) 1835-1837

2534 Beteiligung des Bauervogts Christiansen in Borby an den Amts- und Hardesanlagen (1835) 1836

2535 Befugnis des Kirchspiels Katharinenheerd zur Präsention eines Deicheidigers und Wardiermanns (1835) 1836

2536 Tausch von Kirchenländereien in Hemme mit Elsabe Thormählen in Hemme 1836-1837

2537 Beteiligung der Parzellisten in Hütten an Kur- und Verpflegungskosten (1823-) 1835-1836

2538 Beschwerde gegen die Ostereggensvorsteher und Zehnmänner in Heide wegen der Ostereggensrechnung von 1835 bis 1836 (1774-) 1836-1837

2539 Aufnahme von Kommuneschulden in Winzeldorf und Wedel 1836, 1843

2540 Anschaffung eines Tisches und von Stühlen für die Dingstube in Lügumkloster 1836

2541 Ankauf eines Landstücks für den Schullehrerdienst durch die Schulkommune Wallsbüll, Struckum und Fesholm 1836

2542 Moderation einer Rechnung an die Justiz- und Polizeianlagenkasse der Landschaft Pellworm durch die Vorsteher (1835) 1836

2543 Amts- und Kommunalanlagen im Amt Rendsburg 1836-1850

2544 Herabsetzung der Pflugzahl der Kätner in Silberstedt für den Beitrag zu den Hardesanlagen 1836

2545 Kriminalrechnungen der Landschaft Eiderstedt von 1825 bis 1834 1836-1838

2546 Beitrag der Erbpächter Güntzel in Katharinental, Schütt in Rolübbe und Klüver in Testorferfelde zu den Dienstfuhren und Kosten der öffentlichen Vakzinationen (1784-) 1836

2547 Verpflichtung des vereinigten Oster- und Westerkirchspiels auf Fehmarn zur Vergütung einer Gläubigerin wegen verschriebener Kronen 1836

2548 Genehmigung eines 1814 verabredeten Landtauschs zwischen der Witwe des Abraham Meyer Levy Friedchen und dem Bäckermeister Johann Friedrich Bülau in Segeberg 1836

2549 Kriminal- und Polizeikosten der Vogtei Bollingstedt in der Amtsanlagenrechnung von 1834 1836-1838

2550 Beteiligung der Besitzer des Gutes Rieshof an den Anlagekosten des Amtes Apenrade 1836-1837

2551 Befreiung der Witwe des Kirchspielvogts Laudan in Kaltenkirchen von der Rückzahlung von Geldern aus der Anlagenkasse des Amtes Segeberg 1836

2552 Vorstellung des Landschreibers Tetens in Wilster zur Bestimmung der Gebühren für Aufnahmen der Marsch-Deichgrafenrechnung 1836

2553 Vorstellung des Landschreibers Tetens in Wilster zur Auszahlung der Gebühren für die Ausfertigung der General-Marschrechnung 1836-1837

2554 Bauervögte und deren Instruktionen (1826-) 1836-1844
Enthält: Willinghusen; Ämter Reinbek, Trittau und Tremsbüttel; Haale; Horstedt

2555 Bauervögte und deren Instruktionen (1767-) 1840-1850
Darin: Instruktion für die Bauervögte in den Ämtern Husum und Bredstedt, 1845

2556 Regulierung der Abgabenverhältnisse der Kätner in Kreuz und Kleintarup (1770-) 1836

2557 Änderung der Verteilungsnorm für die Amtsanlagegelder im Amt Reinbek 1836-1839, 1849

2558 Erlass einer Verfügung zur Abarbeitung von Steuerrückständen 1836

2559 Herabsetzung der Kommunalabgaben des Halbhufners Jacob Johannsen in Westerholm 1836-1837

2560 Revision der Dorfrechnung der Erben des Dorfvogts Jan Willms in Nieblum (1782-) 1836-1837

2561 Revisionsbeschluss zur Kirchspielsrechnung 1831 in Uelvesbüll (1832-) 1836-1837

2562 Hinzuziehung der nichtpflugzähligen Eingesessenen und der Kätner im Amt Rendsburg zur Zahlung der Amtsanlage (1795-) 1836-1837

2563 Beschwerden von Hufnern in Ellerbek (Herrschaft Pinneberg) gegen den Vogt Carsten Ramcke wegen Fuhrleistungen und anderen Angelegenheiten 1836-1837

2564 Verteilung der Kommuneabgaben in Elstrup 1836-1837

2565 Verwaltung der Kirchspielsangelegenheiten in der Landschaft Eiderstedt 1836, 1847

2566 Bau eines Dinghauses für die Haderslebener Harde sowie Ankauf eines Nebengebäudes zum Dinghaus zur Unterbringung syphilitischer Patienten und deren ärztliche Behandlung 1836-1843
Darin: Grundriss- und Aufrisszeichung

2567 Kommunerechnung für das Gut Ahrensburg 1837

2568 Verteilungsnorm für die Kommunalabgaben im Trint Handewitt 1837

2569 Beschwerden wegen Eingriffen in die Kommunalverfassung und der Bestätigung einer Beliebung des Fleckens Meldorf (1686-) 1837-1839

2570 Beschwerden gegen den Vogt Martin Sellhorn in Quickborn wegen einbehaltener Überschüsse bei der Kontributionserhebung 1836-1837

2571 Erstattung von Prozesskosten des Kirchspiels Barlt 1837

2572 Flecken Wyk: ökonomische Verfassung, Bau des Gerichtshauses und Wahlmodus der Fleckenrepräsentanten (1818-) 1837-1843

2573 Antrag der Gevollmächtigten der Nieharde des Amtes Flensburg auf eine neue Landesmatrikel 1836

2574 Bestellung der Landes- und Kirchspielgevollmächtigten in den Landschaften Norderdithmarschen und Süderdithmarschen 1835-1849

2575 Beitritt des Hofbesitzers Heeren in Datum zur Anlagenkasse der Herrschaft Pinneberg 1837-1841

2576 Heranziehung der Eheleute Schult im Vorwerk Neuhof und des Claus Friedrich Scheel in Süsel zu den Amtsanlagen im Amt Ahrensbök 1837

2577 Ausschreibung von Geldern in Gammendorf durch Kirchen- und Schulpatronate des mittleren Kirchspiels der Landschaft Fehmarn 1837-1838

2578 Beitrag des Halbhufners Kock in Trittau zu den Kommunallasten (1833-) 1837-1838

2579 Heranziehung eines Advokaten durch die Amtsgevollmächtigten in Neumünster bei schwierigen Kommunalangelegenheiten 1838

2580 Anleihe des Kirchspiels Eddelak zur Deckung der Restanten in den Landes- und Kirchspielsanlagen 1838

2581 Regulierung des Verteilungsmodus für die Kommunalabgaben zwischen den Kommunen der Grafschaft Rantzau 1768-1812, 1838

2582 Beitrag zum Nachtwächtergeld in Borsfleth 1837-1838

2583 Beitrag von Ländereien der Bauervogtstelle in Großensee zu den Dorflasten 1838-1844

2584 Änderung des Verteilungsfußes für die Kommmunalabgaben auf Sylt 1837-1838

2585 Tilgungsfonds für die Schulden der Stadt Rendsburg (1835) 1836-1838
Enthält u. a.: Schatzregister der Stadt Rendsburg des Johannisquartals 1835

2586 Schaulegung oder Veröffentlichung der Amts- und Kommunenanlagerechnungen 1835-1836

2587 Beitrag des H. C. Busse in Lasbek zu den Kommunallasten in Eichede (1640-) 1838-1842

2588 Hinzuziehung der vermieteten Nebenhäuser in Ahrensbök zu den Fleckenslasten (1838) 1839

2589 Aufhebung einer Verfügung der Revisionskommission der Landschaft Süderdithmarschen an das Kirchspiel Marne (1837) 1838-1839

2590 Fleckensrechnung in Bramstedt (1834-) 1838-1839

2591 Amtsanlagen des Amtes Gottorf 1839-1846

2592 Ansetzung von Eingesessenen in Lütjenhastedt und Kleinrade zum Kätnerschatz im Kirchspiel Süderhastedt (1743-) 1839-1842

2593 Bauerschaftsrechnungen und Bauerschaftslasten in der Landschaft Süderdithmarschen 1839-1849

Enthält: Fahrstedt; Kattrepel und Kattrepelerdeich; Marne

2594 Amtsanlagen der Ämter Husum und Bredstedt 1839-1848

2595 Kommuneabgaben des Landvogts der Landschaft Norderdithmarschen 1839-1847

2596 Fleckenslasten in Bramstedt 1838-1840

2597 Prozess zwischen den Besitzern der Freiländereien und der Marschkommune in Krempe wegen der Marschausschläge (1810-) 1838-1848

Enthält: „Correspondenz-Blatt" vom 20. Juni 1840; „Schleswig-Holsteinische Anzeigen" vom 15. Mai 1837 und 26. Oktober 1840

2598 Zustand der Kommunalverwaltung und Änderung der Kommunalverfassung in Neumünster 1839, 1848-1849

2599 Befreiung oder Ermäßigung von Kommunallasten sowie Kommunallasten allgemein 1839-1848

2600 Befreiung oder Ermäßigung von Kommunallasten sowie Kommunallasten allgemein 1847-1850

2601 Amtsanlagen in den Ämtern Sonderburg und Norburg 1839-1845

2602 Beförderung von obrigkeitlichen Anordnungen an die Ausbauern 1840

2603 Dorfrechnung für Großensee 1840

2604 Kommunalabgaben des Hans Hansen in Oster-Ohrstedt (1839) 1840

2605 Teilnahme des Paul Popp in Quickborn (Landschaft Süderdithmarschen) an der Bauerschaftsversammlung (1833-) 1840

2606 Verteilung der Kommunallasten und des Armengeldes in Wahlstedt nach bonitierten Steuertonnen 1840

2607 Protest des Hinrich Möller in Stördorf gegen die Kommunalachten der Wilstermarsch (1839-) 1841-1842

2608 Verteilung der Kommunallasten in Meggerdorf 1840-1846

2609 Wegfall des Passus in den Amtsrechnungen zur Berechnung der Gebühr dienstloser Leute 1840

2610 Auseinandersetzung der Kommunallasten bei teilweisen Landveräußerungen 1841-1847

2611 Einführung der Landkommunalordnung für Dänemark in die gemischten dänischen und schleswigschen Kirchspiele 1842-1844

2612 Amtsanlagen im Amt Hütten 1842-1847
Enthält: Hohn; Fleckeby

2613 Wahrnehmung der Interessen der Kommune hinsichtlich der Eisenbahn 1845-1850
Enthält u. a.: Ansetzung der Eisenbahngesellschaften zu den Armenlasten

2614 Anbringung von Namenstafeln bei den Ortschaften 1848

2615 Vermageschiftung [Austausch] von Ländereien des Jens Wedstedt und Clemens Michelsen in Westerwestedt 1845-1846

2616 Verzeichnisse der herrschaftlichen Steuern und Kommunallasten für 1834: Ämter, Landschaften und Köge im Herzogtum Holstein 1835

2617 Verzeichnisse der herrschaftlichen Steuern und Kommunallasten für 1834: Städte im Herzogtum Holstein 1835

2618 Verzeichnisse der herrschaftlichen Steuern und Kommunallasten für 1834: Güter, Klöster und sonstige Jurisdiktionen im Herzogtum Holstein 1835

2619 Verzeichnisse der herrschaftlichen Steuern und Kommunallasten für 1834: Ämter und Landschaften sowie Kanzleigüter im Herzogtum Schleswig 1835

2620 Verzeichnisse der herrschaftlichen Steuern und Kommunallasten für 1834: Städte im Herzogtum Schleswig 1835
Enthält auch: Verzeichnis der Stadt Schleswig für 1833

2621 Verzeichnisse der herrschaftlichen Steuern und Kommunallasten für 1834: Güter im Herzogtum Schleswig und Sankt Johanniskloster 1835

2622 Verzeichnisse der herrschaftlichen Steuern und Kommunallasten für 1835: Ämter, Landschaften und Köge im Herzogtum Holstein 1836

2623 Verzeichnisse der herrschaftlichen Steuern und Kommunallasten für 1835: Städte im Herzogtum Holstein 1836

2624 Verzeichnisse der herrschaftlichen Steuern und Kommunallasten für 1835: Güter, Klöster und sonstige Jurisdiktionen im Herzogtum Holstein 1836

2625 Verzeichnisse der herrschaftlichen Steuern und Kommunallasten für 1835: Ämter und Landschaften im Herzogtum Schleswig 1836

2626 Verzeichnisse der herrschaftlichen Steuern und Kommunallasten für 1835: Städte im Herzogtum Schleswig 1836

2627 Verzeichnisse der herrschaftlichen Steuern und Kommunallasten für 1835: Güter im Herzogtum Schleswig und Sankt Johanniskloster 1836

2628 Verzeichnisse der herrschaftlichen Steuern und Kommunallasten für 1836: Ämter, Landschaften und Köge im Herzogtum Holstein 1837

2629 Verzeichnisse der herrschaftlichen Steuern und Kommunallasten für 1836: Städte im Herzogtum Holstein 1837

2630 Verzeichnisse der herrschaftlichen Steuern und Kommunallasten für 1836: Güter, Klöster und sonstige Jurisdiktionen im Herzogtum Holstein 1837

2631 Verzeichnisse der herrschaftlichen Steuern und Kommunallasten für 1836: Ämter und Landschaften im Herzogtum Schleswig 1837

2632 Verzeichnisse der herrschaftlichen Steuern und Kommunallasten für 1836: Städte im Herzogtum Schleswig 1837

2633 Verzeichnisse der herrschaftlichen Steuern und Kommunallasten für 1836: Güter im Herzogtum Schleswig und Sankt Johanniskloster 1837

2634 Verzeichnisse der herrschaftlichen Steuern und Kommunallasten für 1837: Ämter und Landschaften im Herzogtum Holstein 1838

2635 Verzeichnisse der herrschaftlichen Steuern und Kommunallasten für 1837: Städte im Herzogtum Holstein 1838

2636 Verzeichnisse der herrschaftlichen Steuern und Kommunallasten für 1837: adlige Güter, Kanzleigüter, lübsche Güter, großherzoglich-oldenburgische Fideikommissgüter, lübsche Stadtstiftsdörfer, Wildnisse und Köge im Herzogtum Holstein 1838

2637 Verzeichnisse der herrschaftlichen Steuern und Kommunallasten für 1837: Ämter und Landschaften im Herzogtum Schleswig 1838

2638 Verzeichnisse der herrschaftlichen Steuern und Kommunallasten für 1837: Städte im Herzogtum Schleswig 1838

2639 Verzeichnisse der herrschaftlichen Steuern und Kommunallasten für 1837: adlige Güter im Herzogtum Schleswig 1838

2640 Verzeichnisse der herrschaftlichen Steuern und Kommunallasten für 1837: Kloster Uetersen, Sankt Johanniskloster, Kloster Preetz 1838

2641 Verzeichnisse der herrschaftlichen Steuern und Kommunallasten für 1838: Ämter und Landschaften im Herzogtum Holstein 1839

2642 Verzeichnisse der herrschaftlichen Steuern und Kommunallasten für 1838: Städte im Herzogtum Holstein 1839

2643 Verzeichnisse der herrschaftlichen Steuern und Kommunallasten für 1838: adlige Güter, Kanzleigüter, lübsche Güter, großherzoglich-oldenburgische Fideikommissgüter, lübsche Stadtstiftsdörfer, Wildnisse und Köge im Herzogtum Holstein 1839

2644 Verzeichnisse der herrschaftlichen Steuern und Kommunallasten für 1838: Ämter und Landschaften im Herzogtum Schleswig 1839

2645 Verzeichnisse der herrschaftlichen Steuern und Kommunallasten für 1838: Städte im Herzogtum Schleswig 1839

2646 Verzeichnisse der herrschaftlichen Steuern und Kommunallasten für 1838: adlige Güter im Herzogtum Schleswig und Sankt Johanniskloster 1839

2647 Berichte über die Kommunallasten für 1839 und 1840: Ämter und Landschaften im Herzogtum Holstein 1840-1842

2648 Berichte über die Kommunallasten für 1839 und 1840: Städte im Herzogtum Holstein 1840-1842

2649 Berichte über die Kommunallasten für 1839 und 1840: adlige Güter, Kanzleigüter, großherzoglich-oldenburgische Fideikommissgüter, Klöster, lübsche Güter, lübsche Stadtstiftsdörfer, Wildnisse und Köge im Herzogtum Holstein sowie Hof Ovendorf 1840-1842

2650 Berichte über die Kommunallasten für 1839 und 1840: Ämter und Landschaften im Herzogtum Schleswig 1840-1842

2651 Berichte über die Kommunallasten für 1839 und 1840: Städte im Herzogtum Schleswig 1840-1842

2652 Berichte über die Kommunallasten für 1839 und 1840: adlige Güter im Herzogtum Schleswig 1840-1841

2653 Berichte über die Kommunallasten für 1839 und 1840: Sankt Johanniskloster, Landschaft Nordstrand, Kappeln, Hospitalgericht in Flensburg und Köge im Herzogtum Schleswig 1840-1842

2654 Berichte über die Kommunallasten für 1841: Ämter und Landschaften im Herzogtum Holstein 1842

2655 Berichte über die Kommunallasten für 1841: Städte im Herzogtum Holstein 1842

2656 Berichte über die Kommunallasten für 1841: adlige Güter im Herzogtum Holstein 1842

2657 Berichte über die Kommunallasten für 1841: Kanzleigüter, großherzoglich-oldenburgische Fideikommissgüter, Klöster, lübsche Stadtstiftsdörfer, Wildnisse und Köge im Herzogtum Holstein sowie Hof Ovendorf 1842

2658 Berichte über die Kommunallasten für 1841: Ämter und Landschaften im Herzogtum Schleswig 1842-1843

2659 Berichte über die Kommunallasten für 1841: Städte im Herzogtum Schleswig 1842

2660 Berichte über die Kommunallasten für 1841: adlige Güter im Herzogtum Schleswig 1842

2661 Berichte über die Kommunallasten für 1841: Sankt Johanniskloster, Kappeln, Hospitalgericht in Flensburg und Köge im Herzogtum Schleswig 1842

2662 Berichte über die Kommunallasten für 1842: Ämter und Landschaften im Herzogtum Holstein 1843-1844

2663 Berichte über die Kommunallasten für 1842: Städte im Herzogtum Holstein 1843

2664 Berichte über die Kommunallasten für 1842: adlige Güter im Herzogtum Holstein 1843

2665 Berichte über die Kommunallasten für 1842: Kanzleigüter, großherzoglich-oldenburgische Fideikommissgüter, Klöster, lübsche Güter, lübsche Stadtstiftsdörfer und Köge im Herzogtum Holstein sowie Hof Ovendorf 1843

2666 Berichte über die Kommunallasten für 1842: Ämter und Landschaften im Herzogtum Schleswig 1843-1845

2667 Berichte über die Kommunallasten für 1842: Städte im Herzogtum Schleswig 1843

2668 Berichte über die Kommunallasten für 1842: adlige Güter im Herzogtum Schleswig 1843

2669 Berichte über die Kommunallasten für 1842: Sankt Johanniskloster, Kappeln, Hospitalgericht in Flensburg und Köge im Herzogtum Schleswig 1843

2670 Berichte über die Kommunallasten für 1843: Ämter und Landschaften im Herzogtum Holstein 1844-1845

2671 Berichte über die Kommunallasten für 1843: Städte im Herzogtum Holstein 1844-1845

2672 Berichte über die Kommunallasten für 1843: adlige Güter im Herzogtum Holstein 1844

2673 Berichte über die Kommunallasten für 1843: Kanzleigüter, großherzoglich-oldenburgische Fideikommissgüter, Klöster, lübsche Güter, lübsche Stadtstiftsdörfer und Köge im Herzogtum Holstein 1843-1844

2674 Berichte über die Kommunallasten für 1843: Ämter und Landschaften im Herzogtum Schleswig 1844-1845

2675 Berichte über die Kommunallasten für 1843: Städte im Herzogtum Schleswig 1844-1845

2676 Berichte über die Kommunallasten für 1843: adlige Güter im Herzogtum Schleswig 1844-1845

2677 Berichte über die Kommunallasten für 1843: Sankt Johanniskloster, Landschaft Nordstrand, Kappeln, Kirchenlansten und Hospitalgericht in Flensburg und Köge im Herzogtum Schleswig 1844-1845

2678 Berichte über die Kommunallasten für 1844: Ämter und Landschaften im Herzogtum Holstein 1845

2679 Berichte über die Kommunallasten für 1844: Städte im Herzogtum Holstein 1845

2680 Berichte über die Kommunallasten für 1844: adlige Güter im Herzogtum Holstein 1844-1845

2681 Berichte über die Kommunallasten für 1844: Kanzleigüter, großherzoglich-oldenburgische Fideikommissgüter, Klöster, lübsche Güter, lübsche Stadtstiftsdörfer, Wildnisse und Köge im Herzogtum Holstein sowie Hof Ovendorf 1844-1845

2682 Berichte über die Kommunallasten für 1844: Ämter und Landschaften im Herzogtum Schleswig 1845

2683 Berichte über die Kommunallasten für 1844: Städte im Herzogtum Schleswig 1845

2684 Berichte über die Kommunallasten für 1844: adlige Güter im Herzogtum Schleswig 1845

2685 Berichte über die Kommunallasten für 1844: Sankt Johanniskloster, Landschaft Nordstrand, Kappeln, Hospitalgericht in Flensburg und Köge im Herzogtum Schleswig 1845

2686 Berichte über die Kommunallasten für 1845: Ämter und Landschaften im Herzogtum Holstein 1846

2687 Berichte über die Kommunallasten für 1845: Städte im Herzogtum Holstein 1846

2688 Berichte über die Kommunallasten für 1845: adlige Güter im Herzogtum Holstein 1845-1846

2689 Berichte über die Kommunallasten für 1845: Kanzleigüter, großherzoglich-oldenburgische Fideikommissgüter, Klöster, lübsche Güter, lübsche Stadtstiftsdörfer, Wildnisse und Köge im Herzogtum Holstein sowie Hof Ovendorf 1845-1846

2690 Berichte über die Kommunallasten für 1845: Ämter und Landschaften im Herzogtum Schleswig 1846-1847

2691 Berichte über die Kommunallasten für 1845: Städte im Herzogtum Schleswig 1846

2692 Berichte über die Kommunallasten für 1845: adlige Güter im Herzogtum Schleswig 1845-1846

2693 Berichte über die Kommunallasten für 1845: Sankt Johanniskloster, Landschaft Nordstrand, Kappeln, Kirchenlansten und Hospitalgericht in Flensburg sowie Köge im Herzogtum Schleswig 1846-1847

2694 Berichte über die Kommunallasten für 1846: Ämter und Landschaften im Herzogtum Holstein 1847

2695 Berichte über die Kommunallasten für 1846: Städte im Herzogtum Holstein 1847

2696 Berichte über die Kommunallasten für 1846: adlige Güter im Herzogtum Holstein 1846-1847

2697 Berichte über die Kommunallasten für 1846: Kanzleigüter, großherzoglich-oldenburgische Fideikommissgüter, Klöster, lübsche Güter, lübsche Stadtstiftsdörfer, Wildnisse und Köge im Herzogtum Holstein sowie Hof Ovendorf 1847

2698 Berichte über die Kommunallasten für 1846: Ämter und Landschaften im Herzogtum Schleswig 1847

2699 Berichte über die Kommunallasten für 1846: Städte im Herzogtum Schleswig 1847

2700 Berichte über die Kommunallasten für 1846: adlige Güter im Herzogtum Schleswig 1846-1847

2701 Berichte über die Kommunallasten für 1846: Sankt Johanniskloster, Landschaft Nordstrand, Kappeln, Kirchenlansten und Hospitalgericht in Flensburg sowie Köge im Herzogtum Schleswig 1847

2702 Berichte über die Kommunallasten für 1847: Ämter und Landschaften im Herzogtum Holstein 1848

2703 Berichte über die Kommunallasten für 1847: Städte im Herzogtum Holstein 1847-1848

2704 Berichte über die Kommunallasten für 1847: adlige Güter im Herzogtum Holstein 1847-1848

2705 Berichte über die Kommunallasten für 1847: Kanzleigüter, großherzoglich-oldenburgische Fideikommissgüter, lübsche Güter, lübsche Stadtstiftsdörfer und Köge im Herzogtum Holstein sowie Hof Ovendorf 1847-1848

2706 Berichte über die Kommunallasten für 1847: Amt Norburg, Landschaft Fehmarn und Amt Flensburg 1847-1848

2707 Berichte über die Kommunallasten für 1847: Aerösköping, Friedrichstadt und Garding 1848

2708 Berichte über die Kommunallasten für 1847: Dänischwohlder, Zweiter Angler und Schwansener Güterdistrikt 1848

2709 Berichte über die Kommunallasten für 1847: Kirchenlansten und Hospitalgericht in Flensburg sowie Köge im Herzogtum Schleswig 1848

2710 Berichte über die Kommunallasten für 1848: Herzogtum Holstein (unvollständig) 1848-1850

2711 Berichte über die Kommunallasten für 1848: Herzogtum Schleswig (unvollständig) 1848-1850

2712 Berichte über die Kommunallasten für 1849: Herzogtum Holstein (unvollständig) 1849-1850

2713 Berichte über die Kommunallasten für 1849: Schwansener Güterdistrikt und Marienkoog 1849-1850

2714 Berichte über die Kommunallasten für 1850: Bentfeld, Bliesdorf, Merkendorf, Marxdorf, Kleinschlamin, Gut Tangstedt und Sophienkoog 1851

2715 Steuern und Kommunallasten einiger Städte, Ämter und Landschaften der Herzogtümer sowie des Klosters Uetersen für 1839 bis 1845 1840-1846

6410 Anlagen- und Kommunalrechnungen der Ämter, Landschaften und Städte (1801-) 1834-1845

6429 Nachrichten über herrschaftliche Steuern der Ämter, Landschaften und Städte für 1846 und 1847 1847-1848

6409 Anlagen- und Kommunalrechnungen der Ämter, Landschaften und Städte 1841-1861

KONZESSIONEN

2716 Gesuche um Bestätigung nichtbestätigungsbedürftiger oder zum Ressort anderer Kollegien gehörenden Privilegien und Konzessionen (1817-) 1840

2717 Konzessionen: Stadt Eckernförde (1824-) 1840-1842

Enthält u. a.: Stempelabdrucke der Tabakfabrik des Franz Daniel Spethmann

2718 Konzessionen: Stadt Hadersleben (1810-) 1840-1841

2719 Konzessionen: Stadt Flensburg (1798-) 1840-1844
Enthält u. a.: Stempelabdrucke der Tabakfabrik des J. P. Schmidt

2720 Konzessionen: Stadt Friedrichstadt (1819-) 1840-1842
Enthält: Tabakfabrikant Peter Mohr; Tabakfabrikanten Jürgen Detlef Tietje und Jürgen Günrath

2721 Konzessionen: Stadt Garding (1837) 1840-1842
Enthält: Tabakfabrikant Hans Hansen (mit Fabrikstempel)

2722 Konzessionen: Stadt Schleswig (1826-) 1840-1842

2723 Konzessionen: Stadt Sonderburg (1804-) 1840-1841

2724 Konzessionen: Stadt Tondern (1817-) 1840-1842
Enthält u. a.: Firmenzeichen der Tabakfabrikanten Heinrich Hagge und Johann Friedrich Jensen

2725 Konzessionen: Städte Apenrade, Burg auf Fehmarn, Husum und Tönning (1822-) 1840-1841

2726 Konzessionen: Stadt Krempe (1718-1721, 1818-) 1840-1842
Enthält u. a.: Fabrikstempelabdruck der Tabakfabrik des Bane Gerdsen

2727 Konzessionen: Stadt Glückstadt (1808-) 1840-1843

2728 Konzessionen: Stadt Itzehoe (1815-) 1840-1846

2729 Konzessionen: Stadt Kiel (1813-) 1840-1842

2730 Konzessionen: Stadt Oldenburg (1824-) 1840-1841
Enthält: Tischler Wilhelm Hinrich Voss; Bäcker Matthias Daniel Sievers

2731 Konzessionen: Stadt Oldesloe (1839-) 1841-1842
Enthält: Tabakfabrikant Peter Jantzen (mit Stempelabdrücken)

2732 Konzessionen: Stadt Plön (1814-) 1840-1841

2733 Konzessionen: Stadt Segeberg (1839) 1840-1842
Enthält: Bäckergeselle Johann Carl Siendknecht; Tabakfabrikant Matthias David Levi (mit Stempelabdrücken)

2734 Konzessionen: Stadt Wilster (1816-) 1840-1843
Enthält u. a.: Firmenzeichen und Fabrikstempelabdrücke

2735 Konzessionen: Städte Heiligenhafen, Neustadt, Lütjenburg und Rendsburg 1841-1843

2736 Konzessionen: Lansten der Stadt Rendsburg 1840-1842
Enthält: Krüger Hans Kühl, Osterrönfeld

2737 Konzessionen: adlige Güter im Herzogtum Schleswig, Hospital in Flensburg, Kappeln (1818-) 1840-1842

2738 Konzessionen: adlige Güter und Klöster im Herzogtum Holstein, lübsche Güter und lübsche Stadtstiftsdörfer (1823-) 1840-1841

2739 Konzessionen: Amt Apenrade (1817-) 1840-1841

2740 Konzessionen: Amt Bredstedt (1799-) 1840-1841

2741 Konzessionen: Landschaft Eiderstedt-Osterteil (1806-) 1840-1843

2742 Konzessionen: Landschaft Eiderstedt-Westerteil (1808-) 1840-1842

2743 Konzessionen: Landschaft Fehmarn [1840-1842]
Enthält nur Aktendeckblatt

2744 Konzessionen: Amt Flensburg (1800-) 1840-1843

2745 Konzessionen: Glücksburg und Munkbrarupharde (1802-) 1840-1844

2746 Konzessionen: Amt Gottorf (1779-) 1840-1844

2747 Konzessionen: Amt Hadersleben-Osterteil (1800-) 1840-1841

2748 Konzessionen: Amt Hadersleben-Westerteil (1785-) 1840-1844

2749 Konzessionen: Amt Hütten (Hohnerharde und Hüttenerharde) (1824-) 1840-1845

2750 Konzessionen: Amt Husum (1813-) 1840-1841

2751 Konzessionen: Amt Lügumkloster (1807-) 1840-1841

2752 Konzessionen: Amt Norburg (1816-) 1840-1842

2753 Konzessionen: Landschaft Pellworm (1817-) 1840-1841

2754 Konzessionen: Amt Sonderburg-Süderharde (1832-) 1840-1841

2755 Konzessionen: Amt Sonderburg-Nübelharde und Vogtei Sundewitt (1817-) 1840-1841

2756 Konzessionen: Landschaft Stapelholm (1804-) 1840-1842

2757 Konzessionen: Amt Tondern-Geestharden (1810-) 1840-1842

2758 Konzessionen: Amt Tondern-Marschharden (1795-) 1840-1842

2759 Konzessionen: Amt Ahrensbök (1808-) 1840-1842

2760 Konzessionen: Amt Bordesholm (1807-) 1840-1841

2761 Konzessionen: Amt Cismar (1688-) 1840-1842

2762 Konzessionen: Amt Kronshagen (1836-) 1840-1846

2763 Konzessionen: Landschaft Norderdithmarschen (1812-) 1840-1846

2764 Konzessionen: Landschaft Süderdithmarschen (1828-) 1840-1846
Enthält: Schuster Johann Bock, Meldorf; Tischler Claus David Marxen, Meldorf

2765 Konzessionen: Herrschaft Herzhorn, Sommerland und Grönland (1794-) 1840-1842

2766 Konzessionen: Amt Kiel (1819-) 1840-1846

2767 Konzessionen: Amt Neumünster (1838-) 1840-1841

2768 Konzessionen: Herrschaft Pinneberg (1801-) 1840-1843

2769 Konzessionen: Ottensen (1838-) 1840-1844

2770 Konzessionen: Amt Plön (1809-) 1840-1842

2771 Konzessionen: Grafschaft Rantzau (1808-) 1840-1842

2772 Konzessionen: Amt Reinbek (1812-) 1840-1842

2773 Konzessionen: Amt Reinfeld (1820-) 1840-1843

2774 Konzessionen: Amt Rendsburg (1817-) 1840-1843

2775 Konzessionen: Amt Rethwisch (1827-) 1840-1841

2776 Konzessionen: Amt Segeberg (1806-) 1840-1842

2777 Konzessionen: Amt Steinburg (1800-) 1840-1843

2778 Konzessionen: Amt Traventhal (1820-) 1840-1842

2779 Konzessionen: Amt Tremsbüttel (1794-) 1840-1842

2780 Konzessionen: Amt Trittau (1815-) 1840-1842

6387 Verzeichnis von Konzessionen für Handwerk, Gewerbe, Hökerei und Krügerei Oktober-Dezember 1834

6388 Verzeichnis von Konzessionen für Handwerk, Gewerbe, Hökerei und Krügerei Januar-März 1835

6389 Verzeichnis von Konzessionen für Handwerk, Gewerbe, Hökerei und Krügerei April-September 1835

6390 Verzeichnis von Konzessionen für Handwerk, Gewerbe, Hökerei und Krügerei Oktober 1835-Dezember 1837

6391 Verzeichnis von Konzessionen für Handwerk, Gewerbe, Hökerei und Krügerei Januar 1838-März 1840

6392 Verzeichnis von Konzessionen für Handwerk, Gewerbe, Hökerei und Krügerei April 1840-Juni 1842

6393 Verzeichnis von Konzessionen für Handwerk, Gewerbe, Hökerei und Krügerei Juli 1842-September 1844

6394 Verzeichnis von Konzessionen für Handwerk, Gewerbe, Hökerei und Krügerei Oktober 1844-Juni 1846

6395 Verzeichnis von Konzessionen für Handwerk, Gewerbe, Hökerei und Krügerei Juli 1846-März 1849

6396 Verzeichnis von Konzessionen für Handwerk, Gewerbe, Hökerei und Krügerei April 1849-Dezember 1852

LANDHANDWERKER

2805 Verzeichnisse der Handwerker und Gewerbetreibenden im Herzogtum Holstein: adlige Güter, Kanzleigüter, Klöster, Wildnisse, Köge, lübsche Stadtstiftsdörfer 1832

2781 Amt Apenrade: Aktenverzeichnis zu den Handwerkern (mit Namensregister) 1834-1846

2787 Ämter Husum und Bredstedt: Aktenverzeichnis zu den Handwerkern (mit Namensregister) 1834-1847

2792 Ämter Bordesholm, Kiel und Kronshagen: Aktenverzeichnis zu den Handwerkern (mit Namensregister) 1834-1847

2793 Amt Segeberg: Aktenverzeichnis zu den Handwerkern (mit Namensregister) 1834-1847

2790 Grafschaft Rantzau: Aktenverzeichnis zu den Handwerkern (mit Namensregister) 1834-1848

2788 Landschaft Eiderstedt: Aktenverzeichnis zu den Handwerkern (mit Namensregister) 1834-1848

2783 Amt Tondern: Aktenverzeichnis zu den Handwerkern (mit Namensregister) 1834-1848

2784 Amt Flensburg: Aktenverzeichnis zu den Handwerkern (mit Namensregister) 1834-1848

2785 Amt Sonderburg: Aktenverzeichnis zu den Handwerkern (mit Namensregister) 1834-1848

2786 Amt Hadersleben: Aktenverzeichnis zu den Handwerkern (mit Namensregister) 1834-1848

6408 Amt Gottorf: Aktenverzeichnis zu den Handwerkern (mit Namensregister) 1834-1848

2789 Amt Cismar: Aktenverzeichnis zu den Handwerkern (mit Namensregister) 1834-1849

2797 Amt Steinburg: Aktenverzeichnis zu den Handwerkern (mit Namensregister) 1834-1849

2782 Amt Hütten und Landschaft Stapelholm: Aktenverzeichnis zu den Handwerkern (mit Namensregister) 1834-1849

2798 Herrschaft Pinneberg: Aktenverzeichnis zu den Handwerkern (mit Namensregister) 1834-1850

2794 Amt Rendsburg: Aktenverzeichnis zu den Handwerkern (mit Namensregister) 1834-1850

2795 Ämter Reinbek, Trittau und Tremsbüttel: Aktenverzeichnis zu den Handwerkern (mit Namensregister) 1834-1850

2796 Plönische Ämter: Aktenverzeichnis zu den Handwerkern (mit Namensregister) 1834-1850

2791 Amt Neumünster: Aktenverzeichnis zu den Handwerkern (mit Namensregister) 1835-1848

2799 Verzeichnisse der Handwerker und Gewerbetreibenden auf dem Land 1846: Herzogtum Schleswig 1846-1847

2800 Verzeichnisse der Handwerker und Gewerbetreibenden auf dem Land 1846: Herzogtum Holstein 1846-1847

2801 Verzeichnisse der Handwerker und Gewerbetreibenden auf dem Land 1847: Herzogtum Schleswig 1847-1848

2802 Verzeichnisse der Handwerker und Gewerbetreibenden auf dem Land 1847: Herzogtum Holstein 1847-1848

2803 Verzeichnisse der Handwerker und Gewerbetreibenden auf dem Land 1848: Herzogtümer Schleswig und Holstein 1848-1849

2804 Verzeichnisse der Handwerker und Gewerbetreibenden auf dem Land 1849: Herzogtum Holstein 1849-1850
Enthält auch: Güter Knoop und Eckhof

2806 Herrschaft Pinneberg: Handwerker und Gewerbetreibende (1823-) 1834-1851

2807 Herrschaft Pinneberg: Handwerker und Gewerbetreibende (1812-) 1842-1848

KRÜGEREI UND HÖKEREI

Chronologisches Verzeichnis, Namens- und Ortsregister zu Abt. 49 Nr. 2808-2912 unter Abt. 49 Nr. 6452-6454

2808 Krügerei- und Hökereikonzessionen (1748-) 1821-1841

2809 Krügerei- und Hökereikonzessionen 1806-1848

2810 Krügerei- und Hökereikonzessionen (1791-) 1816-1841

2811 Krügerei- und Hökereikonzessionen (1763-) 1799-1850

2812 Krügerei- und Hökereikonzessionen (1773-) 1798-1845

2813 Krügerei- und Hökereikonzessionen (1740-) 1814-1842

2814 Krügerei- und Hökereikonzessionen 1812-1845

2815 Krügerei- und Hökereikonzessionen 1809-1838
Darin: Skizze zum Wegesystem bei Eggebek

2816 Krügerei- und Hökereikonzessionen (1800-) 1808-1848

2817 Krügerei- und Hökereikonzessionen (1795-) 1802-1838

2818 Krügerei- und Hökereikonzessionen 1806-1846

2819	Krügerei- und Hökereikonzessionen	1802-1837
2820	Krügerei- und Hökereikonzessionen	(1802-) 1810-1843
2821	Krügerei- und Hökereikonzessionen	(1799-) 1804-1834
2822	Krügerei- und Hökereikonzessionen	(1777-) 1808-1848
2823	Krügerei- und Hökereikonzessionen	(1787-) 1799-1842
2824	Krügerei- und Hökereikonzessionen	1805-1844
2825	Krügerei- und Hökereikonzessionen	(1786) 1807-1849
2826	Krügerei- und Hökereikonzessionen	1802-1842
2827	Krügerei- und Hökereikonzessionen	(1769) 1791-1842
2828	Krügerei- und Hökereikonzessionen	(1800-) 1822-1849
2829	Krügerei- und Hökereikonzessionen	(1690-) 1808-1844
2830	Krügerei- und Hökereikonzessionen	(1791) 1803-1849
2831	Krügerei- und Hökereikonzessionen	(1783-) 1808-1847
2832	Krügerei- und Hökereikonzessionen	(1759-) 1801-1842
2833	Krügerei- und Hökereikonzessionen	(1778-) 1806-1847
2834	Krügerei- und Hökereikonzessionen	(1781-) 1818-1847
2835	Krügerei- und Hökereikonzessionen	1812-1846
2836	Krügerei- und Hökereikonzessionen	(1755-) 1816-1849
2837	Krügerei- und Hökereikonzessionen	(1800) 1804-1846
2838	Krügerei- und Hökereikonzessionen	(1655-) 1803-1844
2839	Krügerei- und Hökereikonzessionen	(1790-) 1808-1846
2840	Krügerei- und Hökereikonzessionen	(1800-) 1806-1846

2841	Krügerei- und Hökereikonzessionen	(1798-) 1806-1846
2842	Krügerei- und Hökereikonzessionen	(1806-) 1809-1849
2843	Krügerei- und Hökereikonzessionen	(1792-) 1829-1845
2844	Krügerei- und Hökereikonzessionen	(1744-) 1829-1846
2845	Krügerei- und Hökereikonzessionen	1806-1851
2846	Krügerei- und Hökereikonzessionen	(1806-) 1815-1851
2847	Krügerei- und Hökereikonzessionen	(1800-) 1829-1849
2848	Krügerei- und Hökereikonzessionen	(1782-) 1800-1844
2849	Krügerei- und Hökereikonzessionen	(1784-) 1808-1847
2850	Krügerei- und Hökereikonzessionen	(1794-) 1814-1844
2851	Krügerei- und Hökereikonzessionen	(1766-) 1809-1846
2852	Krügerei- und Hökereikonzessionen	1801-1848
2853	Krügerei- und Hökereikonzessionen	(1805-) 1818-1850
2854	Krügerei- und Hökereikonzessionen	(1802-) 1826-1846
2855	Krügerei- und Hökereikonzessionen	(1765-) 1820-1848
2856	Krügerei- und Hökereikonzessionen	(1776-) 1808-1850
2857	Krügerei- und Hökereikonzessionen	(1811) 1812-1849
2858	Krügerei- und Hökereikonzessionen	(1803-) 1832-1847
2859	Krügerei- und Hökereikonzessionen	1803-1850
2860	Krügerei- und Hökereikonzessionen	(1780) 1809-1849
2861	Krügerei- und Hökereikonzessionen	(1791-) 1840-1847
2862	Krügerei- und Hökereikonzessionen	(1802-) 1815-1845

2863	Krügerei- und Hökereikonzessionen	(1797-) 1831-1848
2864	Krügerei- und Hökereikonzessionen	(1802-) 1840-1845
2865	Krügerei- und Hökereikonzessionen	(1791-) 1792-1849
2866	Krügerei- und Hökereikonzessionen	(1765-) 1808-1848
2867	Krügerei- und Hökereikonzessionen	(1748-) 1840-1847
2868	Krügerei- und Hökereikonzessionen	(1796-) 1840-1847
2869	Krügerei- und Hökereikonzessionen	1800, 1825-1851
2870	Krügerei- und Hökereikonzessionen	(1784-) 1833-1847
2871	Krügerei- und Hökereikonzessionen	(1805-) 1840-1848
2872	Krügerei- und Hökereikonzessionen	(1800-) 1840-1847
2873	Krügerei- und Hökereikonzessionen	1804-1847
2874	Krügerei- und Hökereikonzessionen	(1815-) 1820-1850
2875	Krügerei- und Hökereikonzessionen	(1807-) 1826-1849
2876	Krügerei- und Hökereikonzessionen	(1801-) 1840-1850
2877	Krügerei- und Hökereikonzessionen	1800-1849
2878	Krügerei- und Hökereikonzessionen	(1799) 1800-1851
2879	Krügerei- und Hökereikonzessionen	(1805-) 1841-1850
2880	Krügerei- und Hökereikonzessionen	(1783-) 1842-1848
2881	Krügerei- und Hökereikonzessionen	(1804-) 1843-1849
2882	Krügerei- und Hökereikonzessionen	(1794-) 1817-1850
2883	Krügerei- und Hökereikonzessionen	(1802) 1843-1848
2884	Krügerei- und Hökereikonzessionen	(1805-) 1822-1846

2885	Krügerei- und Hökereikonzessionen	(1610-) 1808-1848
2886	Krügerei- und Hökereikonzessionen	(1802-) 1824-1851
2887	Krügerei- und Hökereikonzessionen	(1815-) 1844-1849
2888	Krügerei- und Hökereikonzessionen	(1813-) 1832-1846
2889	Krügerei- und Hökereikonzessionen	(1757-) 1844-1850
2890	Krügerei- und Hökereikonzessionen	1807-1849
2891	Krügerei- und Hökereikonzessionen	(1803-) 1819-1848
2892	Krügerei- und Hökereikonzessionen	(1796-) 1845-1849
2893	Krügerei- und Hökereikonzessionen	(1817-) 1823-1851
2894	Krügerei- und Hökereikonzessionen	(1824-) 1846-1849
2895	Krügerei- und Hökereikonzessionen	(1825-) 1846-1851
2896	Krügerei- und Hökereikonzessionen	(1791-) 1802-1849
2897	Krügerei- und Hökereikonzessionen	(1785-) 1845-1850
2898	Krügerei- und Hökereikonzessionen	(1808-) 1819-1849
2899	Krügerei- und Hökereikonzessionen	(1788-) 1828-1850
2900	Krügerei- und Hökereikonzessionen	(1796-) 1808-1850
2901	Krügerei- und Hökereikonzessionen	(1811-) 1833-1849
2902	Krügerei- und Hökereikonzessionen	(1806-) 1817-1849
2903	Krügerei- und Hökereikonzessionen	(1766-) 1803-1850
2904	Krügerei- und Hökereikonzessionen	(1783-) 1831-1850
2905	Krügerei- und Hökereikonzessionen	(1827-) 1847-1851
2906	Krügerei- und Hökereikonzessionen	1808-1850

2907 Krügerei- und Hökereikonzessionen (1809-) 1848-1850

2908 Krügerei- und Hökereikonzessionen (1693-) 1848-1850

2909 Krügerei- und Hökereikonzessionen (1801-) 1849-1850

2910 Krügerei- und Hökereikonzessionen (1807-) 1849-1851

2911 Krügerei- und Hökereikonzessionen (1825-) 1849-1851

2912 Krügerei- und Hökereikonzessionen (1809-) 1845-1851

ADLIGE GÜTER

Adlige Güter allgemein

2913 Deputierte für die Güterdistrikte 1835-1838

2914 Entwurf zu einer Instruktion für die Deputierten der Güterdistrikte 1836-1850

2915 Bau von Katenwohnungen durch den Hufner Mutzenbecher in Rensing sowie Verfahren beim Katenbau in den Gutsdistrikten 1833-1835

2916 Sessionsbeiträge der Güter 1837-1838

2917 Regulierung strittiger Dienstverhältnisse auf den adligen Gütern (1769-) 1827-1847

2918 Regulierung strittiger Dienstverhältnisse auf den adligen Gütern (1674-) 1839-1850
Darin: Dienstreglement und Landgerichtsurteil für die Herrschaft Breitenburg, 1674, 1757

2919 Anfrage der Gutsobrigkeit von Seegaard zu Maßnahmen bei Diebstählen 1840

2920 Aufrechterhaltung der Rechte der adligen Güter zur Konzessionierung von Hökerei und Branntweinbrennerei 1843-1846

2921 Verfahren mit den Akten über die 1804 von Leibeigenen bewohnten Landstellen der adligen Güter 1850

2922 Anlage von Ziegeleien in den adligen und klösterlichen Distrikten
Enthält: Sankt Johanniskloster 1847-1848

2923 Matrikelverhältnisse in den Güterdistrikten im Herzogtum Holstein 1843-1844

Adlige Güter im Herzogtum Schleswig

2925 Gut Behrensbrook: Rückstand der Gewerberekognition des Tischlers Christian Soll in Neudorf 1850

2926 Gut Brunsholm: Färberei 1847

2927 Gut Büchenau: Formular für die schematische Übersicht bei Konzessionsgesuchen 1834-1835

2924 Gut Buckhagen: Konzession des Schneiders Johann Hinrich Leiner in Maasholm 1842

2932 Gut Büstorf: Handwerker 1820-1823

2929 Gut Dänisch Nienhof: Handwerker 1821-1843

2930 Gut Dollrott: Erweiterung der Konzession des Schmieds Hinrich Christensen in Güderott auf das Kirchspiel Süderbrarup 1834

2931 Gut Düttebüll: Kostenverteilung bei Anstellung eines Polizeivogts 1838

2935 Gut Fahrenstedt: Handwerker (1823-) 1835-1845

6423 Gut Fahrenstedt: Lasten der Kätner in Fahrenstedt 1850

2933 Gut Freienwillen: Handwerker 1839-1844

2934 Gut Fresenhagen: Anlage einer Seilerbahn durch Jacob Brodersen in Stadum 1844

2936 Gut Gaarde: Landkauf des Peter Jacob Brodersen in Gaarderfeld 1842

2937 Gut Gelting: Übertragung der Administration und Polizeiverwaltung sowie Steuererlass für Asmus Nissen in Nieby 1836-1841

2939 Gut Grünhof oder Lundsgaarde: Handwerker 1833-1842

2938 Gut Grünholz (Schwansen): Handwerker 1821, 1843-1847

2940 Gut Hemmelmark: Handwerker (1814) 1815-1843

2928 Gut Karlsburg: Handwerker 1814-1835

2942 Gut Karrharde: Färbereikonzession des Peter Brodersen aus Lügum für das Dorf Klixbüll 1834, 1844

2941 Gut Königsförde: Handwerker 1819-1844

2943 Gut Lindau: Handwerker 1820-1847

2944 Gut Lütjenhorn: Katenbau und Handwerker (1826) 1838-1844

2946 Gut Marienthal: Handwerker 1820-1826

2945 Gut Mirebüll: Beitrag der Eingesessenen zu den außerordentlichen Kosten des Amtes Bredstedt wegen der Volksbewaffnung und der Zeitumstände 1848-1849

2947 Gut Noer: Handwerker 1820-1845

2949 Gut Norgaard: Erfassung von Kätnern in Habernis im Lageregister des Amtes Flensburg und Schusterkonzession des Hans Conrad in Hattlund 1788-1789, 1816-1836

2948 Gut Nübel: Handwerker 1831-1847

2950 Gut Ohrfeld: Beschwerde des Peter Tramsen in Hattlund wegen Vorenthaltung von Gutsdokumenten und Gewerbegebühr des Bäckers Hans Christiansen in Koppelheck (1836-) 1841-1843

2951 Gut Rathmannsdorf: Handwerker und Einquartierung 1823-1849

2953 Gut Roest: Krugstelle Kikut und Beitrag des Asmus Jessen in Sandbek zu den Kirchenlasten 1836-1840

2954 Gut Rosenkranz: Handwerker 1821-1847

2952 Gut Rundhof: Beschwerden gegen die Schmiedetätigkeiten des Jacob Mansen und des Jes Harmsen in Grünholz (1725, 1828) 1835-1836

2955 Gut Schwensby: Haustrauung des Nebenhofbesitzers Nicolai Diedrich Otzen und Abgabe von Langschoof zum Bau des Diakonats und Handwerker 1801-1802, 1834-1844

2958 Gut Seegaard: Handwerker 1836-1847

2959 Gut Seegaard: Abgabenhaftung des Asmus Knutzen in Seegaardfeld für verkaufte Ländereien 1842-1843

2957 Gut Sehestedt: Predigerwahl 1735-1737

2956 Gut Südensee: Handwerker sowie Krügerei und Hökerei 1841-1846

2960 Gut Toestorf: Missbrauch der Kruggerechtigkeit durch Jacob Gottlieb Johannsen in Scheggerott 1834-1835

2961 Gut Unewatt: Handwerker (1825-) 1835-1848

2962 Gut Weseby: Polizeiverwaltung 1841

Adlige Güter im Herzogtum Holstein

2963 Gut Augustenhof: Einziehung von Bauernstellen 1846-1847

2964 Gut Borstel: nächtliches Herumschwärmen der jungen Leute in Sülfeld 1841-1842

2965 Gut Bramstedt: Verhältnis zum Flecken Bramstedt 1841

2966 Herrschaft Breitenburg mit Erfrade: Handwerker und Gewerbetreibende 1819-1834

2975 Herrschaft Breitenburg: Erstattung von bei der Invasion 1814 entstandenen Kosten des Schmieds Johann Möller in Deicherde (1817) 1845

2976 Herrschaft Breitenburg: Einquartierungswesen 1848-1850

2967 Herrschaft Breitenburg mit Erfrade: Handwerker und Gewerbetreibende (1826) 1827-1847

2968 Herrschaft Breitenburg mit Erfrade: Handwerker und Gewerbetreibende (1825-) 1833-1845

2969 Herrschaft Breitenburg mit Erfrade: Handwerker und Gewerbetreibende 1826-1849
Darin: Dienstbuch des Hinrich Storjohann, 1841

2970 Herrschaft Breitenburg mit Erfrade: Handwerker und Gewerbetreibende (1826-) 1846-1848

2971 Herrschaft Breitenburg: Notat zur Armenrechnung des Kirchspiels Breitenberg 1836

2972 Herrschaft Breitenburg: Anstellung eines Polizeireiters 1836-1837

2973 Herrschaft Breitenburg mit Erfrade: Grenze des Gutes Erfrade zum Amt Plön 1839-1840

2974 Herrschaft Breitenburg mit Erfrade: Grenze des Gutes Erfrade zum Amt Neumünster 1839-1841

2983 Gut Depenau: Handwerker und Gewerbetreibende 1824-1833

2984 Gut Depenau: Handwerker und Gewerbetreibende 1824-1848

2985 Gut Depenau: Kommunelasten des Erbpächters Claus Hinrich Theeden in Mißmaßen 1839-1841

3036 Güter Deutsch Nienhof und Pohlsee: Handwerker und Gewerbetreibende 1824-1844

2986 Gut Drage (Friedrichsruhe): Handwerker und Gewerbetreibende 1824-1831

2987 Gut Drage (Friedrichsruhe): Handwerker und Gewerbetreibende (1823) 1824-1841

2989 Gut Drage (Friedrichsruhe): Abfassung und Einsendung von Abgabenverzeichnissen 1837

2990 Gut Drage (Friedrichsruhe): Jurisdiktion über den Freihof Ottenbüttel 1838-1846

2991 Gut Drage (Friedrichsruhe): Bestätigung der Schenkungsakte über die Kate des Marx Hauschild in Drage 1839-1840

2988 Gut Drage (Friedrichsruhe): Handwerker und Gewerbetreibende (1824-) 1839-1848

2992 Gut Drage (Friedrichsruhe): Beschwerden der Kätner wegen Verteilung der Kriminalkosten 1847

2993 Gut Drage (Friedrichsruhe): Aufhebung der gesonderten Verwaltung 1850

2994 Gut Emkendorf: Handwerker und Gewerbetreibende 1823-1848

2995 Gut Fresenburg: Handwerker und Gewerbetreibende 1823-1842

2996 Gut Futterkamp: Handwerker und Gewerbetreibende 1824-1840

2997 Gut Gaarz: unerlaubte Einziehung von Landstellen 1847

2998 Gut Glasau: Handwerker und Gewerbetreibende 1821-1847

2999 Gut Großenbrode: Handwerker und Gewerbetreibende 1824-1842

3000 Gut Großenbrode: Kram- und Viehmarkt in Großenbrode 1840

3001 Gut Großenbrode: Aufteilung der Gemeinheitsländereien in Großenbrode (1844) 1845

3002 Gut Güldenstein: Handwerker und Gewerbetreibende 1824-1847

3003 Güter Hagen, Dobersdorf und Schädtbek: Handwerker und Gewerbetreibende (1823) 1824-1845

3004 Gut Hanerau: Handwerker und Gewerbetreibende 1820-1842

3005 Gut Hanerau 1837-1850
Enthält u. a.: Katentaler; Schullasten des Gutsbesitzers; Aufstellen von Viehtriften und Koppelpferden; Auslegung der Rechnungen über den Schulfonds sowie das Armen- und Ortskassengeld

3006 Güter Haselau und Haseldorf: Fußsteig über das Feld des Hofbesitzers Plüschau in Mühlenwurth (1836) 1837
Darin: Karte

3007 Güter Haselau und Haseldorf: Fischerei von Auswärtigen in der Binnenelbe an den Außendeichen des Gutes Haseldorf 1839-1840

3008 Güter Haselau und Haseldorf: Beschwerde des Hufners Johann Hinrich Wulff in Haselau wegen mangelhafter Verwaltung 1840

3009 Güter Heiligenstedten und Kampen: Handwerker und Gewerbetreibende 1824-1842

3010 Güter Heiligenstedten und Kampen: Handwerker und Gewerbetreibende (1827-) 1841-1847

3011 Güter Heiligenstedten und Kampen: Jahrmarkt in Heiligenstedten 1835

3012 Güter Heiligenstedten und Kampen: Aufhebung des Hofrechnungsgeldes von Hof- und Katenlandbesitzern in Heiligenstedten, Neuenkirchen und Rethwisch 1850

3013 Gut Höltenklinken: Handwerker und Gewerbetreibende 1824-1846

3014 Güter Jersbek und Stegen: Handwerker und Gewerbetreibende 1824-1838

3015 Güter Jersbek und Stegen: Handwerker und Gewerbetreibende (1826-) 1838-1847

3016 Güter Jersbek und Stegen: Aufhebung der gesonderten Verwaltung des Gutes Mönkenbrook und Abtretung von Grundstücken des Gutes Mönkenbrook an das Gut Jersbek 1842-1850

2977 Gut Kaden: Verhältnis zum Dorf Ellerau 1848-1849

2978 Gut Kaden: Bedrückungen der Eingesessenen in Alvesloe (1783-) 1849

Darin: Abgabenbücher des Johann Siems und des Johann Steuerjohann, 1783-1843

3037 Gut Klein Nordsee: Weigerung des Justitiariats des Gutes Großkönigsförde zur Übermittlung eines Dekrets zum Landhandel und Gewerbe 1839

3017 Gut Kletkamp: Handwerker und Gewerbetreibende (1823) 1824-1842

2979 Güter Groß und Klein Kollmar: Handwerker und Gewerbetreibende 1824-1827

2980 Güter Groß und Klein Kollmar: Handwerker und Gewerbetreibende 1827-1837

2981 Güter Groß und Klein Kollmar: Handwerker und Gewerbetreibende (1823) 1827-1848

2982 Gut Krummendiek: Verteilung der Kriminalkosten nach Hufenzahl 1836

3018 Güter Kühren und Bundhorst: Handwerker und Gewerbetreibende 1824-1843

3019 Gut Lehmkuhlen: Handwerker und Gewerbetreibende 1824-1847

3020 Güter Löhrstorf, Klaustorf, Godderstorf, Satjewitz und Görtz: Handwerker und Gewerbetreibende 1824-1843

3021 Gut Löhrstorf: unerlaubte Einziehung von Landstellen 1847

3022 Gut Marutendorf: Handwerker und Gewerbetreibende 1824-1840

3023 Gut Mehlbek: Handwerker und Gewerbetreibende 1823-1845

3024 Gut Mehlbek: Unterhaltskosten für einen Wahnsinnigen in der Irrenanstalt in Schleswig 1825-1835

3025 Gut Mehlbek: Verbittelsgeld sowie Schul- und Kommunallasten des Insten Marx Wolters in Kaaks 1838

3026 Gut Muggesfelde: Handwerker und Gewerbetreibende 1824-1847

3027 Gut Muggesfelde: Einsetzung des Joachim Hinrich Haacks in Muggesfelde in die Erbzinsstelle seines Vaters 1845-1847

3028 Gut Muggesfelde: Regulierung der Abgaben- und sonstigen Verhältnisse von Erbzinsleuten 1846-1849

3029 Gut Neudorf: Handwerker und Gewerbetreibende 1824-1836

3031 Gut Neuendorf: Handwerker und Gewerbetreibende 1824-1848

3032 Gut Neuendorf: Verfahren bei Unterbringung und Transport von Bettlern und Vagabunden (1804-) 1835-1836

3033 Gut Neuendorf: Kontributionsüberschuss, Quittungsgebühren und Annahmegeld in Neuendorf 1836-1838

3034 Gut Neuendorf: Beschwerde des Thies Heins in Moorhusen gegen Matthias Früchtenicht in Neuendorf wegen Wegräumung von Erde (1799-) 1842

3030 Gut Neuhaus: Handwerker und Gewerbetreibende 1824-1834, 1847

3038 Gut Nütschau: Handwerker und Gewerbetreibende 1824-1847

3039 Gut Oppendorf: Instenlegat und Erhalt der Landinstenstellen (1781) 1842-1843

3040 Güter Osterrade, Kluvensiek und Georgental: Handwerker und Gewerbetreibende 1824-1845

3041 Gut Osterrade: Verkauf eines Landstücks vom Gut Steinwehr an das Gut Kluvensiek 1841-1844

3042 Gut Osterrade: Landtausch mit dem Gut Kluvensiek 1849

3043 Gut Övelgönne: Handwerker und Gewerbetreibende 1824-1840

3044 Güter Panker, Klamp, Schmoel, Hohenfelde und Todendorf: Handwerker und Gewerbetreibende 1824-1849

3045 Güter Perdöl, Schönböken und Bockhorn: Handwerker und Gewerbetreibende 1824-1845

3046 Gut Perdöl: Verpflichtung der Untergehörigen des Gutes Schönböken zur Siellegung an den Landstraßen 1838

3047 Gut Perdöl: Bauervogtsstelle im Gut Schönböken 1841-1842

3048 Gut Perdöl: Behandlung der Tagelöhner im Gut Schönböken 1841-1850

3049 Gut Perdöl: Verteilung der Nachtwachtkosten für die Dorfschaft Ruhwinkel im Gut Schönböken 1843

3050 Gut Petersdorf: Jahrmarkt 1842

3051 Gut Petersdorf: Sicherung des Mühlendamms bei der Mühle in Kolau (1746-) 1843-1845

3052 Plessische Wildnis: Handwerker und Gewerbetreibende (1820) 1824-1848

3053 Gut Pronstorf: Handwerker und Gewerbetreibende 1824-1846

3054 Gut Putlos: Handwerker und Gewerbetreibende 1824-1843

3055 Gut Putlos: unerlaubte Einziehung von Landstellen 1847

3056 Gut Putlos: ordnungswidrige Bewirtschaftung einer Hufenstelle in Göhl im Gut Schwelbek 1847

3057 Gut Quarnbek: Handwerk und Gewerbetreibende (1823) 1824-1841

3058 Gut Rantzau: Handwerker und Gewerbetreibende 1819-1846

3059 Güter Rastorf, Rethwisch und Bredeneek: Handwerker und Gewerbetreibende 1824-1846

3060 Gut Rixdorf: Handwerker und Gewerbetreibende 1824-1832

3061 Gut Rixdorf: Handwerker und Gewerbetreibende (1823-) 1832-1849

3062 Gut Rohlstorf: Abtrennung von Meierhöfen und Erhebung des Meierhofs Pettluis zum adligen Gut 1807-1841

3063 Gut Rohlstorf: Handwerker und Gewerbetreibende 1824-1844

3066 Gut Sarlhusen: Holzzoll (1750) 1835-1841

3067 Gut Sarlhusen: Legung des Webeksmoors zum Hoffeld 1839

3064 Gut Satjewitz: Handwerker (1820) 1821-1839

3065 Gut Satjewitz: unerlaubte Einziehung von Landstellen 1847

3068 Güter Schmoel und Hohenfelde: Handwerker 1824-1847

3069 Gut Schönweide: Kriminalfuhren der Hufenbesitzer in Grebin und Görnitz (1805) 1843

3070 Gut Schönweide: Abstellung der Lustbarkeiten bei den Bauern in Grebin und Görnitz 1845

3071 Gut Seegalendorf: Niederlegung des Dorfes Bankendorf 1847

3072 Gut Seestermühe: Beschwerde des Zollwesens wegen Verweigerung obrigkeitlicher Assistenz 1843

3073 Gut Sierhagen: Bestätigung einer Vereinbarung über einen Landverkauf des Gutes Övelgönne 1844

3074 Gut Siggen: Gesellenbeschäftigung des Landschusters Johann August Ruge in Fargemiel 1834-1843

3075 Gut Siggen: Niederlegung einer Hufe in Ölendorf und Abtrennung von Land in Michaelsdorf 1847

3076 Gut Tangstedt: Brüche der Gutsobrigkeit wegen verzögerter Berichterstattung 1841-1843

3077 Gut Tangstedt: Genze zum hamburgischen Gebiet (1773) 1845-1847

3078 Gut Travenort: Handwerker (1824) 1839
Enthält: Tischler Hartwig Wilhelm und Ernst Friedrich Lendt, Wensin

3103 Gut Wandsbek: Handwerk und Gewerbetreibende 1824-1830

3104 Gut Wandsbek: Handwerk und Gewerbetreibende 1824, 1830-1849

3079 Gut Wandsbek: Verteilung der Kosten für die Sessionsreisen des Gerichtshalters 1834

3080 Gut Wandsbek: Wahl der Fleckensvorsteher in Wandsbek 1835

3082 Gut Wandsbek: Parteilichkeit des Justitiars Hennings bei der Hinzuziehung von Ärzten (1834) 1835

3081 Gut Wandsbek: Pferderennen beim Flecken Wandsbek 1835-1847

3085 Gut Wandsbek: Regulierung der Geschäftsverwaltung des Gerichtshalters, Hausvogts und Aktuars sowie Regulativ für die Polizeiverwaltung und Instruktion für den Polizeibeamten im Flecken Wandsbek 1835-1850

3089 Gut Wandsbek: Polizeikosten im Flecken Wandsbek 1836-1848

3083 Gut Wandsbek: Juden im Flecken Wandsbek (1671-) 1837-1846
Enthält u. a.: Bestätigung der Privilegien

3084 Gut Wandsbek: Einrichtung eines Erziehungsinstituts durch Mathilde Schwabe 1839

3086 Gut Wandsbek: zollrechtliche Bestimmung zu Fabrikaten aus Werkstätten in Wandsbek 1839-1840

3087 Gut Wandsbek: Bestimmung zu Gewerbekonzessionen für Werkstätten und Läden von Eingesessenen in Wandsbek 1839-1840

3090 Gut Wandsbek: Anlage einer Mädchenschule in Wandsbek durch den Kandidaten der Theologie August Friedrich Hinrichsen aus Feldscheide (1820-) 1840

3091 Gut Wandsbek: Ansetzung neuer Wohnstellen in Wandsbek zur Grundheuer 1840-1841

3088 Gut Wandsbek: Gassenordnung für den Flecken Wandsbek
Darin: gedruckte Exemplare 1840-1841

3093 Gut Wandsbek: Vermächtnis an die Kirche in Wandsbek zum Unterhalt eines Grabes 1841

3092 Gut Wandsbek: Verhalten von Fabrikarbeitern, Stationierung eines Militärkommandos und Verstärkung des Polizeipersonals in Wandsbek (1818) 1841-1844
Darin: Artikel der Kasse der Kattundrucker in Wandsbek, 1818

3094 Gut Wandsbek: Einziehung von Nachrichten über Fabrik- und Industrieanlagen 1842

3095 Gut Wandsbek: Konzession für Gastwirtschaft und Krügerei auf der Stelle Jüthorn 1844

3096 Gut Wandsbek: Aufhebung des Kommuneverbandes zwischen Wandsbek, Tonndorf und Hinschenfelde 1844

3097 Gut Wandsbek: Abstellung von Missständen im Gewerbewesen in Wandsbek 1845

3098 Gut Wandsbek: Errichtung eines Privaterziehungsinstituts in Wandsbek durch Friedrich August Auerbach 1845

3099 Gut Wandsbek: Verfügungen zum Schutz der Gewerbetreibenden in Wandsbek 1846

3100 Gut Wandsbek: Einrichtung einer Privatschule für kleine Knaben in Wandsbek durch Heinrich Kahl aus Oldenburg 1847

3101 Gut Wandsbek: Verhalten des Inspektors und Branddirektors Lange 1848

3102 Gut Wandsbek: Unterbringung von Dragonerpferden in Wandsbek 1849

3035 Gut Waterneversdorf: Handwerker und Gewerbetreibende 1824-1844

3105 Gut Wellingsbüttel: Kostenberichtigung für zwei Leichenbesichtigungen 1842

3106 Gut Wulksfelde: Mitteilung der Kommunerechnung 1841-1842

3107 Gut Wulksfelde: Wahl des Gerichtsarztes 1841-1843

3108 Gut Wulksfelde: Erleichterung der Lasten und Abgaben von Erbpächtern 1848

KLÖSTER

Sankt Johanniskloster

3109 Vergleich mit der Dorfschaft Schaalby wegen des Weiderechts 1793-1795

3110 Wahl des Klosterverwalters (1700, 1754) 1773-1774

3111 Verhalten und Entfernung der Konventualin Dorothea Sophia von Winterfeldt 1779-1784

3112 Weigerung der Konventualin Ernesta Georgina Henrica von Raben zur Bezahlung des Kaufgeldes für das Aderkassische Haus 1774-1775

3113 Auferlegung ritterschaftlicher Anlagegelder auf die Untersassen 1776

3114 Verkauf der Klosterhölzung und des Torfmoors 1788-1789, 1818-1819

3115 Naturalisationspatent für Wilhelmine Friederike Auguste von Varendorf 1798-1799

3116 Entwurf einer neuen Klosterordnung 1779-1786

3117 Rechnungsaufnahme bei den adligen Klöstern 1795-1822

3118 Zustimmung des Klosterpropstes zu den Einschreibungen 1795-1796

3119 Niederlegung und Vererbpachtung der Hof- und Vorwerksländereien 1797-1799

3120 Aufenthalt außerhalb des Klosters 1805-1833

3121	Nichtbesetzung von Klostervakanzen	1808
3122	Entwurf einer neuen Klosterordnung	1797-1835
3123	Verhalten der Konventualin Wilhelmine von Scholten	1816
3124	Einschreibung der Louise Marie Sophie von Eyben	1818-1819
3125	Indigenat für die Töchter des Grafen von Münnich	1821
3126	Geschäftsverteilung zwischen dem Klostersyndikus und dem Klosterverwalter	1819-1824
3127	Indigenat für die Nichten des Grafen zu Lynar	1822
3128	Aufnahme der Henriette Franziska von Gyldenfeld	1822-1823
3129	Beschwerde der Konventualin Julie von Bielke wegen Klostereinkünften	1826
3130	Verteilung der Polizei- und Kriminalkosten	1831-1834
3131	Vermessung und Aufteilung der Ländereien der klösterlichen Eingesessenen in Esprehm	1834
3132	Handwerker	1825-1849
3133	Ausbleiben der Kirchenrechnungen für 1833 und 1834 in Kahleby	1835
3134	Beitrag von Klosteruntergehörigen in Lutzhöft für Gemütskranke	1835
3135	Heranziehung der Hufen- und Katenausbauern in Kahleby zu den Hand- und Spanndiensten bei der Kirche und den Kirchspielsgebäuden	1835-1838
3136	Versteigerung von Bäumen auf den Pastoratsgründen in Kahleby	1836-1837
3137	Pastorat in Kahleby	(1835) 1836-1845
3138	Revision der Klosterrechnungen	1837-1847

3139 Benutzung von zur Kirche in Füsing gehörenden Ländereien in Kahleby durch den dortigen Juraten 1837-1838

3140 Einrichtung eines Pastoratsarchivs 1838

3141 Führung der Kirchenbücher und Anschaffung eines Reskriptenbuchs 1838

3142 Verhältnisse des Parzellisten Matthias Thomsen auf Kahlebygaard zur Klosterkirche 1837-1839

3143 Revision der Schul- und Armenrechnung in Kahleby 1840-1841

3144 Kirchenvermögen in Kahleby 1840-1846

3145 Nichtbewilligung von Exspektanzen zur Wiederherstellung des Klostervermögens 1843-1844

3146 Kirchhof in Kahleby 1843-1847

3147 Wegnahme oder Erweiterung eines Bogens in der Kirche in Kahleby 1846

3148 Klosterpropst 1847

3149 Schule in Füsing 1845-1846

Kloster Itzehoe

3150 Vereinigung der Halbhufen des Ehler Martens in Hohenwestedt (1829) 1835

3151 Revision der Klosterrechnungen für 1830 bis 1834 1836, 1847

3152 Parzellierung der Jacob Wegener in Kellinghusen gehörenden Hufe in Grönhude 1837

3153 Verlegung der Wohnbuden außerhalb des Hauses des Klostereingesessenen Peter Düring in Itzehoe 1840

3154 Stellung eines Reuterpferdes (1779-1803) 1840-1849
Enthält u. a.: Auszüge aus dem Lageregister des Klosters, 1775-1799; Pferderolle, 1803

3155 Hausbau des Schneiders Christian Peyn in Sude 1843

3156 Benennung der vom Generalkonsul Vidal aus Hamburg gekauften Landstelle in Grönhude in „Fernsicht“ 1843

3157 Streitigkeiten zwischen Kätnern und Hufnern in Peissen wegen Aufteilung des Gemeinheitslandes 1845

3158 Genehmigung der Aktienzeichnung der Klosterkommune in Itzehoe für die Eisenbahn Glückstadt-Heide 1845

3159 Landverkauf des Hans Wulf in Hohenaspe 1846

3160 Jurisdiktion der Büchsenschneiderkate am Steindamm bei Honigfleth 1847

3161 Rückzahlung von Grundsteuern des Erbpächters Johann Schlüter und der Witwe Harder im Bellernkrug sowie des Claus Rathjen im Holz und Carl Fick in Itzehoe (1849) 1850

Kloster Preetz

3162 Märkte 1836, 1847-1848

3163 Revision der Klosterrechnungen 1836-1846

3164 Einsicht der Kommission zur Aufnahme der Klosterrechnungen in das Schuld- und Pfandprotokoll 1841

3165 Hausbau des Dr. Apel in Preetz auf Klostergrund 1842

3166 Bestätigung der Klosterprivilegien 1844

3167 Fleckensordnung für Preetz 1848-1850

3168 Beschwerde des Dr. Apel in Preetz wegen Straßensperrung für die Parade des 5. Jägerkorps 1850

Kloster Uetersen

3169 Jahr- und Wochenmärkte 1835-1842

3170 Revision der Klosterrechnungen 1836, 1847

3171 Beteiligung der Luise Matthiesen in Uetersen an den Fleckenslasten 1841-1844

3172 Niederlassung des Papiermachers Christian Hinrich Ludwig Walter aus Neustadt-Harzburg und des Nagelschmiedegesellen Johann Friedrich Christoph Titius aus Linden 1841

3173 Beitrag von Zubauern in Heist zum Monatsgeld (1840) 1841-1843

3174 Verteilungsnorm für die Abgaben des Fleckens Uetersen (1735-) 1841

3175 Kirchenreparaturen in Uetersen (1785) 1842

3176 Mühlen 1843-1845

3177 Kassation der Bestätigung des Quartiermeisters Matthias Kedenburg in Uetersen 1843

3178 Bestätigung der Klosterprivilegien 1844

3179 Bestätigung der Privilegien der Fleckensgerechtigkeit sowie der Jahr- und Wochenmärkte in Uetersen 1844-1845

3180 Kommunerechnungen 1847

3181 Kircheninventar in Uetersen 1849-1850

3182 Einquartierung 1848-1849
Enthält nur Aktendeckblatt

3183 Regulativ für die Präsentation und Wahl der Quartiermeister und Fleckensvorsteher sowie Fleckensordnung in Uetersen 1846-1850

LÜBSCHE GÜTER

3184 Brauerei und Branntweinbrennerei des Parzellisten C. H. Wilcken in Eckhorst 1850

3185 Schulgeld des Haushalters Schmahl in Merkendorf 1834

3186 Aufnahme des Schuhmachers H. H. Witt aus Hamberge in das Gut Mori und Verfahren des Amtes Großvogtei Schwartau hinsichtlich der Aufnahme von Landeseinwohnern 1837-1839

3187 Verkauf fremden Branntweins in Fackenburg durch den Krämer Ludwig Pritzkow 1838-1839

3188 Verfahren bei Berichterstattungen über polizeiliche und andere administrative Angelegenheiten in den lübschen Gütern 1839

3189 Kommunalverwaltung im Gut Stockelsdorf 1842-1849

3190 Gewerbe- und Hausabgabe sowie Kanon im Gut Stockelsdorf 1847

3191 Streitigkeiten des Gutsbesitzers von Dunkelsdorf mit den Tagelöhnern und Heuerinsten 1849

3192 Streitgkeiten des Gutsbsitzers von Stockelsdorf mit der Kommune 1848-1849

3193 Gut Steinrade: Betrag der herrschaftlichen Steuern, Naturalleistungen, Kommunalabgaben und Kommunallasten 1835

HERZOGLICHE FIDEIKOMMISSGÜTER

3194 Abgabenverhältnisse 1845-1847
Enthält u. a.: Verzeichnis der Handwerker und Gewerbetreibende für 1843

3195 Instenhufen in Schönwalde und Langenhagen 1847

ADLIGE KIRCHEN

Adlige Kirchen allgemein

3196 Unterordnung der Kirchen in den adligen Distrikten des Herzogtums Schleswig unter die Propsteien (1797-) 1834-1841

3197 Schulen in den adligen Distrikten im Herzogtum Schleswig 1805-1850

Darin: Grundriss der Schulstube in Bergholz; Grundriss eines Anbaus am Schulhaus in Neuwittenbek; Grundriss des Schulhauses in Rabel, Profil und Grundriss des Schulhauses in Tüttendorf

3198 Schulen in den adligen Distrikten im Herzogtum Schleswig 1835-1849

Enthält u. a.: Anordnung zur Vermeidung von Schulversäumnissen; Anstellung von Unterlehrern
Darin: Karte des Kirchspiels Düppel und Grundriss der dortigen Schule; Grundriss des Schulhauses in Felmerholz

3199 Schulen in den adligen Distrikten im Herzogtum Schleswig

Enthält u. a.: Schule und Unterlehrer in Barkelsby 1838-1849

3200 Verwaltung des Juratenamtes bei den adligen Kirchen (1621-) 1835-1836

3201 Verfahren zum Nachrichtenerhalt von den Patronaten der adligen Kirchen 1836

3202 Anwesenheit der Kirchenvisitatorien bei Predigerwahlen für die adligen Kirchen 1836-1839

3203 Präsentation zur Predigerwahl in Kirchnüchel und Bestätigung von Präsentationen bei adligen Kirchen 1837

3204 Aufbewahrung von Abschriften der Obligationen und Dokumente in den Pastoratsarchiven adliger Kirchen im Herzogtum Schleswig 1837-1843

3205 Instruktionen für die Schulvorsteher in den adligen Distrikten 1837-1841

3206 Instruktionen für die Schulvorsteher in den adligen Distrikten (1798-) 1837-1851

3207 Ausfertigung der Bestallungen für die Schullehrer in den der Generalsuperintendentur für Schleswig unterstehenden adligen Distrikten 1843-1845

Adlige Kirchen im Herzogtum Schleswig

3208 Kirche in Dänischenhagen 1818-1849
Enthält u. a.: Schulregulative für Freidorf und Knoop

3209 Kirche in Gelting: Kirchhof und Wahl des Adjunkten Johann Ernst Ludwig Schmidt zum Kompastor 1834-1845

3210 Kirche in Gelting 1835-1847
Enthält u. a.: Verhalten des Schullehrers Bruhn in Pommerby, 1835-1844; Instruktionen für Schulvorsteher und Kirchenoffiziale

3211 Kirche in Gelting 1746-1784, 1839-1847
Enthält u. a.: Diakonatswahl, 1746; Schulen in Gundelsby und Stenderup

3212 Kirche in Gettorf 1836-1847
Enthält: Roggenlieferung an den Schullehrer Tottleben, Neuwittenbek; Kirchhof; Schulen in Gettorf, Krusendorf und Lindhöft

3213 Kirche in Gettorf 1836-1850
Enthält u. a.: Schulen; Kirchenbauten

3214 Kirche in Kappeln 1835-1848
Enthält: Schule in Maasholm; Kirchenrechnung; Schulgeld in den Gütern Roest und Buckhagen

3215 Kirche in Kappeln 1795-1849
Enthält u. a.: Predigerwahlen, 1795-1848; Schule in Mehlby

3216 Kirche in Krusendorf: Kirchhof und Schule in Dänisch Nienhof 1836-1847

3217 Kirche auf Nordstrand 1839-1847
Enthält: Kirchhof und Pastor in Odenbüll; Abstellung von Schulmängeln

3218 Kirche in Rieseby 1768, 1836-1849
Enthält u. a.: Tumult durch Untergehörige des Gutes Saxtorf bei der Predigerwahl, 1768; Schulwesen, 1836-1849

3223 Kirche des Sankt Johannisklosters 1837-1844
Enthält: Generalkirchenvisitation; Inventare; Zuweisung von Parzellisten zu Schulen

3219 Kirche in Schwansen 1837-1848
Enthält u. a.: Schullehrer in Damp; Schule in Karby

3220 Kirche in Sehestedt 1839-1846

3221 Kirche in Sieseby: Kirchenkonvent 1817-1841

3222 Kirche in Sieseby 1807-1819, 1835-1846
Enthält u. a.: Schulregulativ für Börentwedt, 1846

3224 Kirche in Waabs 1840-1847

Adlige Kirchen im Herzogtum Holstein

3225 Kirche in Altenkrempe: Hassensches Legat 1837

3226 Kirche in Barkau 1840-1843

3227 Kirche in Blekendorf 1837-1850
Darin: Karte des Kirchhofs

3228 Kirche in Bovenau 1837-1850

3229 Kirche in Flemhude 1839-1846

3230 Kirche in Giekau 1834-1848

3231 Kirche in Hansühn 1835-1844

3232 Kirche in Haselau 1804-1849

3233 Kirche in Haseldorf 1836-1846
Enthält: Verpachtung des Schul- und Küsterlandes; Kirchenrenten; Pastoratsländereien

3234 Kirche in Hohenstein 1836-1841
Enthält: Kirchengebäude; gottesdienstliche Versammlungen; Begräbnisplatz

3238 Kirche in Kirchnüchel 1832-1847

3235 Kirche in Lebrade 1834-1848

3236 Kirche in Lensahn 1829-1846

3237 Kirche in Neukirchen (Oldenburger Güterdistrikt)
Enthält u. a.: Kircheninventar, 1801 (1726, 1800) 1801, 1837-1847

3239 Fleckenskirche in Preetz 1836-1846

3240 Klosterkirche in Preetz: Unterstellung unter die Generalsuperintendentur für Holstein 1835-1837

3241 Kirche in Probsteierhagen 1835-1847

3242 Kirche in Sarau 1838-1849

3243 Kirche in Schönberg 1835-1849

3244 Kirche in Schönwalde 1834-1847

3245 Kirche in Selent: Predigerwahl und Begräbnisplatz 1838-1842

3246 Kirche in Stellau: Kirchhof und Glockenstuhl 1844-1851

3247 Kirche in Sülfeld 1838-1842

3248 Kirche in Westensee (1772-1824) 1838-1845
Enthält u. a.: Kircheninventar, 1839

PROPSTEIEN IM HERZOGTUM SCHLESWIG

Propstei Apenrade und Lügumkloster

6361 Aktenverzeichnis zu den Landschulen 1801-1849

Propstei Eiderstedt

Allgemeines

3267 Veräußerungen von Grundstücken und Häusern in den Kirchspielen an die sogenannte Tote Hand 1835-1836

3275 Kaland oder Predigerkonvent 1804-1806, 1837-1843

3279 Kirchenpropst 1838-1839

Kirchenvisitation

3264 Spezialkirchenvisitation 1835 im Osterteil und Kirchenschulden 1835-1847

3272 Spezialkirchenvisitation 1836 für den Westerteil 1836-1837
Enthält u. a.: Industrieschule in Tating; Schulbibliotheken

3277 Generalkirchenvisitation 1837 in Eiderstedt, Friedrichstadt und Nordstrand 1837-1840
Enthält u. a.: Verbesserung des Kircheninneren in Vollerwiek

3281 Spezialkirchenvisitation im Osterteil 1838

3282 Spezialkirchenvisitation 1839 im Westerteil 1839-1843
Enthält u. a.: Übersichten über die Kirchenrechnungen

3287 Generalkirchenvisitation 1840

3290 General- und Spezialkirchenvisitation 1841-1848

Schule allgemein

3249 Regulative der Landschulen 1803-1824
Enthält auch: Aktenverzeichnis für Abt. 49 Nr. 3249-3253

3250 Regulative der Landschulen 1805-1817

3251 Regulative der Landschulen (1805-) 1818-1849

3252 Regulative der Landschulen (1819-) 1838-1849

3253 Entwurf eines Regulativs für die Landschulen 1836-1846
Darin: Karte des Schuldistrikts Uelvesbüll

3259 Schulen 1835-1847
Darin: Grundriss des Schulhauses in Sankt Peter

Angelegenheiten der Kirchspiele

3254 Berufung des Diakons Weiland zum Pastor in Oldenswort 1834-1835

3255 Bestechung bei der Predigerwahl in Welt 1795-1810

3256 Verwaltung der Predigergeschäfte in Katharinenheerd 1835

3257 Verfahren gegen den Schulverächter Hans Drewahl in Kotzenbüll 1835

3258 Ordnungswidrige Protestation des Kirchenvorstehers Tönnies in Garding (1833-) 1835

3260 Verbindung des Küsterdienstes mit der Elementarschullehrerstelle in Tating 1835-1836

3261 Armenunterstützung des Peter Claus Peters in Osterhever 1835

3262 Beitrag der Interessenten des Grothusenkoogs zu den Kirchenlasten in Welt 1762-1772, 1838-1842

3263 Beitrag der Interessenten des Grothusenkoogs zu den Kirchenlasten in Welt 1842-1849

3265 Beitrag des Peter Stährmann im Norderfriedrichskoog an die Kirche in Uelvesbüll 1835-1836

3266 Beitrag des Norderfriedrichskoogs zu den Kirchenlasten in Uelvesbüll (1834) 1835-1844

3268 Kirchengebäude in Uelvesbüll 1836-1847

3269 Zahlung des Berend und Peter Muhl Ketels in Uelvesbüll für nicht geleistete Kirchenfuhren (1835) 1836

3270 Verbindung des Kirchspiels Uelvesbüll mit dem Kirchspiel Simonsberg zu einem Vikariatsdistrikt 1836-1837

3271 Verbindung der Hauptschullehrer- und Organistenstelle in Tating 1837

3273 Abgang des Pastors Lempelius in Kotzenbüll 1837-1846

3274 Kirchenglocke in Osterhever 1837, 1843-1844

3276 Streitigkeiten zwischen dem Propst Johann Andreas Hansen in Tating und dem Oberstaller wegen des Auftrags zur Beurteilung des Westerbüller Weges bei Koldenbüttel (1823) 1837

3278 Überlassung des Anwachses am Pastorats- und Schulland in Westerhever zur Anlage eines Spülkoogs an der Haffschleuse 1838

3280 Verwaltung des Pastorats in Tetenbüll während der Vakanz 1839

3283 Kirche in Ording 1840-1841

3284 Kirchengebäude in Witzwort 1839-1846

3285 Kosten für das Ausbringen des Kleischlotts aus dem Graben um den Pastoratsgarten in Koldenbüttel 1840

3286 Verfahren des Pastors Gustav Heinrich Ludwig Schumacher in Tönning wegen einer Falschaussage der Ehefrau A. M. Fedders in Katharinenheerd 1840

3288 Regulierung der Kirchenstände und Begräbnisplätze in Tetenbüll 1840

3289 Kirche in Westerhever 1840-1842

3291 Kircheninventare in Witzwort und Welt 1841-1844

3292 Kirche in Tating 1842-1844

3293 Kirchhof in Poppenbüll 1843

3294 Kircheninventar in Tetenbüll 1844-1845

3295 Abtretung von Pastoratsland in Oldenswort 1847

3296 Veränderung der Verfassung des Kirchen- und Schulkollegiums des Kirchspiels Tönning 1849

Propstei Fehmarn

Allgemeines

3302 Unterhaltung der Gartenbefriedigungen der Schullehrer 1834

3312 Kircheninventar für das mittlere Kirchspiel 1836-1847

3317 Verbesserung des Kircheninneren in Landkirchen und Petersdorf, Verbesserung des Kirchengesangs, Anschaffung von Landkarten zum Schulgebrauch, Anschaffung der Schulprotokolle 1837-1838

3333 Umlegung von Unfreiheitskapitalen in andere Pfandstücke 1843-1847

Kirchenvisitation

3313 Spezialkirchenvisitation 1836 und Vermögenszustand der Kirchen 1836-1848

3315 Generalkirchenvisitation 1837

3321 Spezialkirchenvisitation 1838 1838-1839

3325 Generalkirchenvisitation 1840, insbesondere Kirchenrechnungen 1840-1848

3330 General- und Spezialkirchenvisitation 1840-1846 1841-1847

Schule allgemein

3297 Regulative der Landschulen 1809-1835
Enthält auch: Aktenverzeichnis für Abt. 49 Nr. 3297-3301

3298 Regulative der Landschulen (1814-) 1816-1844

3299 Regulative der Landschulen 1802-1843
Enthält u. a.: Verbesserung des Schulregulativs, insbesondere Bestimmung des festen Schulgehalts, 1802-1836

3300 Regulative der Landschulen 1836-1849
Enthält u. a.: Entwurf eines neuen Schulregulativs

3301 Regulative der Landschulen 1842-1849

3309 Schulbauten 1835-1850

Angelegenheiten der Kirchspiele

3303 Schulpflicht des Gehöfts Staberhof (1833) 1834-1836

3304 Kompastorat in Burg auf Fehmarn 1834-1844

3305 Verteilung des Gehalts des Schullehrers in Todendorf auf Fehmarn 1834-1835

3306 Schulhaus in Landkirchen 1834-1835, 1844

3307 Bitte des Schullehrers Papke in Landkirchen um Intepretation einer Bestimmung der allgemeinen Schulordnung 1835

3308 Vostellung der Stadt Burg auf Fehmarn und des Osterkirchspiels wegen einer Predigervakanz, des Klingelbeutelgeldes und der Verwaltung der Armenkasse 1738-1748

3310 Reiten auf dem Schulfußsteig von Wulfen nach Avendorf 1832

3311 Weidegelder des Diakons Röh, des Kantors Papke und des Organisten Westphalen in Landkirchen 1835-1836

3314 Pastorat und Diakonat in Landkirchen (1835) 1837-1846
Darin: Lageskizze des Pastoratslandes

3316 Kirchenfuhren des Richters Peter Rauert in Sahrensdorf für das Norderkirchspiel (1836) 1837-1838

3318 Kirchenfuhren des Joachim Rahlff in Gammendorf für das mittlere Kirchspiel (1836) 1837-1843

3319 Kirche in Landkirchen 1838-1846

3320 Umlegung von Unfreiheitshypotheken auf den Ländereien des Dr. jur. von Leesen in Katharinenhof 1838-1841

3322 Löschung einer Rentenabgabe im Professionsprotokoll über die öffentlich verkaufte Landstelle des Matthias Wilken auf Gluhmshof 1838-1839

3323 Kirchhof in Burg auf Fehmarn 1839-1846

3324 Äquivalent für das Weiderecht des Pastors und Diakons in Petersdorf 1840

3326 Vertrag mit dem Prediger in Landkirchen über die Befreiung von der Haltung eines Dorfstiers, Dorfebers und Dorfbocks (1748-1749) 1840-1844

3327 Kirchenreparaturen und Kirchenglocke in Bannesdorf 1841, 1846

3328 Kirchhöfe in Petersdorf, Bannesdorf und Landkirchen 1841-1849

3329 Umtausch von Landstücken des Glockenläuters Jacobsen in Bannesdorf mit Pastoratsländereien 1841-1842

3331 Verlegung eines Unfreiheitskapitals des Hans Maas in Vitzdorf 1842-1843

3332 Predigerwitwenhaus in Bannesdorf 1843

3334 Abfindung der Prediger und des Elementarschullehrers in Petersdorf in den Weiden 1844

3335 Landtausch mit dem Pastorat in Petersdorf 1844

3336 Kirchenreparaturen in Petersdorf 1846-1848

3337 Schullehrer- und Predigerwitwenhaus in Landkirchen 1846-1847

3338 Ablösung des Weiderechts der Prediger in Petersdorf 1847

Propstei Flensburg

Allgemeines

3387 Vorlage der Schulrechnungen bei den Spezialkirchenvisitationen und Beteiligung des Pastors Lorenzen in Adelby an den Angelegenheiten der Schule in Sankt Jürgen bei Flensburg 1837-1838

3402 Propst 1815, 1839-1850

3407 Vermögen und Schulden der Kirchen 1839-1849

3411 Kirchhöfe allgemein 1840-1846

3416 Beseitigung der Mittelstände und Anlegung eines breiten Mittelganges in den Kirchen (1760) 1814-1844

3422 Gehaltszulage des Konsistorialbotens Wedel in Flensburg 1841

3435 Auszahlung eines Anteils am Kirchen- und Konsistorialbotenlohn an die Witwe des Konsistorialbotens Wedel in Flensburg 1843

3439 Führung der Kirchen-, Kirchspiels-, Schul- und Armenrechnungen 1843

3443 Hand- und Spanndienste bei Kirchen- und Schulgebäuden sowie Bearbeitung des Schullandes (1843-) 1845

3458 Abfassung von Pachtkontrakten für Pastoratsländereien 1849

Kirchenvisitation

3368 Generalkirchenvisitation 1835 1835-1837, 1844
Enthält u. a.: Dienstabgang des Pastors Lau, Glücksburg; Visitation über die Schlosskirche in Glücksburg

3376 Spezialkirchenvisitation 1836 1836-1837

3382 Spezialkirchenvisitation 1837

3384 Gebühr des Amtmanns und ersten Kirchenvisitators für die Spezialkirchenvisitation 1837-1839, 1847

3386 Spezialkirchenvisitation 1837

3394 Spezialkirchenvisitation 1838, insbesondere die Schullehrerbibliothek im Kirchspiel Glücksburg und Ablegung der Armen- und Schulrechnungen 1838-1839

3401 Generalkirchenvisitation 1836 und 1839 1836-1839

3405 Generalkirchenvisitation 1839

3408 Spezialkirchenvisitation 1839

3420 Spezialkirchenvisitation 1840 1841

3423 General- und Spezialkirchenvisitation 1841-1849

Schule allgemein

3339 Regulative der Landschulen 1798-1803
Enthält auch: Aktenverzeichnis für Abt. 49 Nr. 3339-3355

3340 Regulative der Landschulen 1799-1823

3341 Regulative der Landschulen (1671-) 1800-1804
Enthält u. a.: Regulativ zu den Gebühren der Schulherren; Beteiligung der Parzellisten im Amt Flensburg an den Schullasten

3342 Regulative der Landschulen 1799-1820
Enthält u. a.: Einrichtung des Schulwesens im Kirchspiel Jörl, 182-1820

3343 Regulative der Landschulen 1796-1817

3344 Regulative der Landschulen (1639-) 1804-1807

3345 Regulative der Landschulen 1806-1821
Enthält u. a.: Verfügung zur Beteiligung an den Schullasten, 1811-1816

3346 Regulative der Landschulen 1813-1825

3347 Regulative der Landschulen (1752-) 1817-1830
Darin: Grundriss des alten Küsterhauses in Wanderup

3348 Vereinigung der Dörfer Ausacker und Ausackerholz zu einem Schuldistrikt, Entlassung und Abfindung des Schullehrers Lassen in Ausacker sowie Bau eines Schulhauses 1823-1841
Darin: Situationsriss über den Schuldistrikt, 1829

3349 Regulative der Landschulen 1829-1833
Enthält: Munkbrarup; Frauenhof und Esgrusschauby; Schwensby; Sörup; Weibek

3350 Regulative der Landschulen 1830-1846

3351 Regulative der Landschulen 1834-1847

3352 Regulative der Landschulen 1837-1844

3353 Erlass eines Schulregulativs 1836-1845

3354 Erlass eines Schulregulativs 1845-1849

3355 Regulative der Landschulen 1840-1849

3364 Schulen 1835-1850

3365 Schulen 1836-1849

Angelegenheiten der Kirchspiele

3356 Gehilfe für den Pastor Andreas Christian Johannes Schmidt in Husby 1834-1835

3357 Schullehrerwitwenkasse in der Nieharde 1834, 1839

3358 Verwendung eines Kirchenkapitals für die Orgelreparatur in Grundhof 1834

3359 Beteiligung der Besitzerinnen des Meierhofs Neufeld bei Glücksburg am Kirchen- und Pastoratsbau in Munkbrarup (1786, 1833) 1834-1835, 1843

3360 Bau einer Pastoratsscheune in Handewitt 1835

3361 Beschwerde eines Hans Fries in Satrup gegen den Pastor in Großsolt wegen verweigerter Verlobung 1835

3362 Berichtigung der Kosten für die Reise des Pastors Harries von Fehmarn nach Grundhof (1834) 1835

3363 Überlassung der Kirchenstühle des Gutes Lindewitt an die Kirche in Großenwiehe 1835-1836

3366 Verpflichtung der königlichen Kasse zur Entrichtung von Abgaben für den Hof Lindewitt an den Prediger und Küster des Kirchspiels Großenwiehe 1835-1836

3367 Rückständige Beiträge von Parzellisten in Nübel zu Leistungen an das Pastorat in Quern (1769-) 1836-1838

3369 Verwaltung des Juraten- und Achtmanndienstes im Kirchspiel Hürup 1835-1839

3370 Verteilung der Kirchenstände in Sieverstedt (1776-) 1835-1841

3371 Verwaltung des Pastorats in Adelby während der Anwesenheit des Pastors Lorenzen bei der Ständeversammlung 1836-1847

3372 Ansprüche der Erben des Pastors Johannes Christian Schmidt in Husby an einen Düngerquantum der Predigerstelle 1836

3373 Gebühren für sogenannte Stille Hochzeiten in Großenwiehe (1833) 1836

3374 Vermageschiftung [Austausch] von Ländereien zwischen dem Pastorat in Steinberg und Matthias Magnussen in Gintoft 1836

3375 Kirchhof in Adelby 1836

3377 Kirchenglocken in Esgrus, Quern, Adelby, Sterup, Großenwiehe und Wanderup 1837-1845

3378 Kirchhof in Steinberg 1836-1838

3379 Schulregulativ für den Distrikt Glücksburg (1828) 1829-1842
Darin: Grundriss des Schulhauses in Glücksburg

3380 Dienstentlassung des Küsters und Schullehrers Nis Nissen in Jörl und Ernennung seines Sohnes zum Nachfolger 1837

3381 Kircheninventar für Großenwiehe (1769-) 1837

3383 Kircheninventar des Kirchspiels Steinberg 1837-1839

3385 Pastorat in Neukirchen 1837-1849

3388 Taufhabit und Kircheninventar in Wallsbüll 1838-1839

3389 Kircheninventar in Sterup (1837) 1838, 1844

3390 Herabsetzung der Gebühren des Pächters der Pastoratsländereien in Husby für die Pachtkontrakte 1838

3391 Kirchhof in Großsolt 1838-1839

3392 Anschaffung einer Kirchenorgel in Handewitt 1838-1843

3393 Tafelopfer im Kirchspiel Großsolt 1838

3395 Kirchhof in Grundhof 1838-1848

3396 Bau des Pastorats in Nordhackstedt 1838-1840

3397 Ablösung der Festequalität von Kirchenländereien der Ehefrau des Peter Nicolai Otzen in Löstrup 1838-1839

3398 Eierlieferung des Hans Sager in Hörreberg an das Pastorat in Grundhof (1838) 1839

3399 Vergütung des Küsters Peter Nissen in Jörl für die Geschäftsführung während der Pastoratsvakanz 1839

3400 Wegfall vom Opfer des Vorwerkspächters in Glücksburg an den Organisten in Munkbrarup 1839

3403 Kircheninventar in Neukirchen 1839

3404 Verteilung der Lasten des Kirchspiels Husby 1839-1843

3406 Kirchenglocken in Handewitt und Großenwiehe 1839-1844

3409 Kirchhof in Großenwiehe 1839-1840

3410 Kircheninventar für Munkbrarup 1838-1842

3412 Begräbnisplatz des Kirchspiels Eggebek 1840

3413 Begräbnisplatz in Rüllschau 1840

3414 Kirchhof in Sieverstedt 1840

3415 Mittelstände in der Kirche in Kleinsolt 1841

3417 Prediger- und Küsteropfer im Kirchspiel Adelby 1841

3418 Begräbnisplatz in Hürup 1841-1848

3419 Kirchenvisitation für das Kirchspiel Neukirchen 1841

3421 Kirchenstühle in Wanderup 1841

3424 Kirchhof in Sörup 1842

3425 Kirchhof in Wallsbüll 1841-1842

3426 Priesteropfer für Quern 1841-1843

3427	Regulativ für den Kirchhof in Kleinsolt	1842
3428	Küsterwohnung in Adelby	1843
3429	Vereinigung von in den Kirchspielen Quern und Grundhof eingepfarrten Stellen mit dem Kirchspiel Neukirchen	1842-1843
3430	Verlegung der Kirchenbohlen in Grünberg	1843
3431	Butterzehnt von Kolonisten in Stenderupfeld an das Pastorat in Sieverstedt	1842-1843
3432	Lieferungen der Parzellisten Lorenz Hansen und Jürgen Friedrichsen in Nübel an die Kirche in Quern	1843-1844
3433	Kircheninventar für das Kirchspiel Esgrus	1843
3434	Begräbnisplatz in Handewitt	1842-1843
3436	Kirchhof in Glücksburg	1843-1845
3437	Kirchspielzugehörigkeit der neuen Wohnstelle des Hufners Jacob Lund in Gintoft	1843-1844
3438	Mitteilung eines Antrags zur Reparatur der Kirchenorgel in Glücksburg	1844
3440	Michaelisopfer für den Prediger in Jörl	1844-1845
3441	Anschaffung einer Kirchenorgel in Oeversee	1845-1847
3442	Kirchenreparatur in Husby	1845
3444	Pastorat in Glücksburg	1845
3445	Instruktion für den Küster in Munkbrarup und den Armenvogt in Großsolt	1845
3446	Kirchenbau und Kirchenstände in Sterup	1845-1848
3447	Kircheninventar für Adelby	(1845) 1846
3448	Kirchenrenovierung in Nordhackstedt	1846

3449 Geschäftsverteilung der Prediger in Grundhof 1846

3450 Kirchenorgel in Großsolt 1846-1848

3451 Kirchenorgel in Großenwiehe 1846-1847

3452 Kirchenstände in Hürup 1846-1848

3453 Butterlieferung der Kolonisten in Weding an das Pastorat in Handewitt 1847

3454 Kirchenorgel in Eggebek 1847

3455 Pastoratsländereien in Rüllschau (1845) 1848

3456 Begräbnisplatz in Esgrus 1847

3457 Überlassung von Predigerländereien in Kleinsolt an Hans Clausen in Kleinwolstrup 1849

Propstei Gottorf

Allgemeines

3472 Brautkronengebühr in der Struxdorfharde, Schliesharde und Füsingharde (1771-) 1809-1835

3499 Schullehrerwitwenkasse (1798) 1837-1847
Darin: Statuten der Kasse, 1798

3534 Aufhebung der Kronen- und Kirchenfahrtsgebühr an die Hardesvogtei der Struxdorfharde 1841

3538 Begräbnisplätze allgemein 1842-1846

3544 Vermögenszustand der Kirchen 1843
Enthält: Belegung eines Kirchenkapitals in Treia; Bilanzierung in den Kirchenrechnungen

Kirchenvisitation

3489 Spezialkirchenvisitation 1835 (1831-) 1836-1839
Enthält u. a.: Kircheninventar und Kirchhof in Kropp; Kirchenkapital in Moldenit

3496 Spezialkirchenvisitation 1836 1837

3501 Generalkirchenvisitation 1837, auch in Kahleby, Kappeln und Gelting 1837-1843

3510 Spezialkirchenvisitation 1837 1838

3514 Weigerung von Schullehrern zum Erscheinen in den visitierten Kirchen 1837-1838, 1843

3520 Spezialkirchenvisitation 1838 (1838) 1839

3524 Spezialkirchenvisitation 1839 und 1840 1840-1845
Enthält u. a.: Schuldverhältnisse im Kirchspiel Thumby

3525 Generalkirchenvisitation 1840 1840-1847

3537 General- und Spezialkirchenvisitation 1841-1848 (1835-) 1842-1848
Enthält u. a.: Spezialkirchenvisitationsprotokoll für das Amt Gottorf von 1835 bis 1847

Schule allgemein

3459 Regulative der Landschulen 1802-1807
Enthält auch: Aktenverzeichnis für Abt. 49 Nr. 3459-3471

3460 Regulative der Landschulen 1805-1827
Enthält u. a.: Beitrag des Besitzers des Kanzleigutes Winning zu Schullasten und Schulabgaben in Moldenit, 1806-1827

3461 Regulative der Landschulen (1778) 1806-1812

3462 Regulative der Landschulen 1808-1821

3463 Regulative der Landschulen 1818-1831

3464 Regulative der Landschulen (1812) 1820-1832
Enthält: Stolk; Scheggerott; Havetoftloit; Meggerdorf; Klein Rheide; Klein Bennebek und Loit; Neuberend; Taarstedt und Brodersby

3465 Regulative der Landschulen (1826) 1827-1830
Darin: Grundriss des Schulhauses in Norderbrarup

3466 Regulative der Landschulen (1804-) 1829-1835

3467 Regulative der Landschulen (1806-) 1831-1845

3468 Regulative der Landschulen 1837-1847
Enthält u. a.: Schulkollegien

3469 Umarbeitung des Schulregulativs 1836-1849

3470 Regulative der Landschulen 1833-1850

3471 Regulative der Landschulen 1841-1850

3483 Schulen 1835-1850
Enthält: Schullokale für den wechselseitigen Schulunterricht; Schulbau in Jübek; Schullokal in Thumby; Havetoftloit und Torsballig; Havetoft

3484 Schulen 1837-1847

Angelegenheiten der Kirchspiele

3473 Beteiligung des Hofbesitzers Jebsen auf Katharinenhof zum Schulgeld für eine Katenstelle 1834-1836

3474 Befreiung des Schullehrers Franz Heinrich Brillow in Borgstedt vom Militärdienst und Anstellung als Distriktschullehrer 1834

3475 Gottesdienstanfang in Thumby und Struxdorf 1834

3476 Berichtigung der speziellen Kirchspielsrechnung in Taarstedt für 1833 (1775-) 1835

3477 Einfriedung der Schulländereien in Groß Rheide 1834-1835

3478 Beiträge von Auswärtigen mit Landbesitz auf Arnis zum Gehalt des dortigen Schullehrers und zu den Armenlasten 1835

3479 Schulweg in Dammholm 1835

3480 Pastoratsgebäude in Böel (1830) 1831-1833

3481 Pastoratsländereien in Treia 1824-1830

3482 Pastoratsländereien in Treia (1737-) 1826-1828

3485 Witwenabgabe vom Pastorat in Töstrup 1835

3486 Herausgabe von Dokumenten durch den Küster in Kropp (1833) 1834

3487 Torffuhren für den Pastor in Brodersby aus dem Kirchspiel Taarstedt (1830-) 1835-1836

3488 Rückständige Beiträge der Kätner Jess Bruhn und Nicolai Thoms in Mohrkirchwesterholz zu Kirchspielsanlagen 1835

3490 Kantor-, Organisten-, Küster- und Schullehrerdienst in Norderbrarup 1836

3491 Antrag des Pastors Schöttel in Havetoft wegen der Abfindung beim Wegfall des Opfers bei Trauungen sowie um Bestätigung der Gebühr für Prediger und Küster bei Haustrauungen (1835) 1836

3492 Veräußerung von Pastoratsländereien in Satrup 1836-1837

3493 Reparatur des Pastorats in Norderbrarup 1836

3494 Bewertung des Opfers an den Prediger, Kantor und Organisten in Sankt Michaelis in Schleswig als Reallast 1836-1837

3495 Kirchenreparaturen in Böel 1837

3497 Unterhalt für die Prediger-, Küster- und Schulgebäude im Kirchspiel Havetoft 1836-1837

3498 Kirchhof in Boren 1837-1846

3500 Kirchhof in Treia 1837-1847

3502 Zahlung von außerordentlichen Fuhrvergütungsgeldern durch die Witwe des Pastors Hegelundt in Thumby 1837-1839

3503 Beitrag der Kätner zu den Unterhaltskosten für die Predigergebäude in Böel (1835-) 1837

3504 Instandsetzung des Weges vom Pastorat zur Kirche in Rabenkirchen 1837

3505 Verteilung der Kirchenlasten im Kirchspiel Havetoft und in den übrigen Kirchspielen der Propstei Gottorf 1837-1848

3506 Kirchengebäude in Töstrup 1838, 1843

3507 Handdienste für die Kirche in Ekenis 1838

3508 Verwendung einer Summe aus dem Kirchenärar im Kirchspiel Ulsnis für Baukosten 1838

3509 Legat des Hans Hinrich Pape in Böel zur Anschaffung von Schulbüchern für Armenkinder (1810-1812) 1837-1838

3511 Beitragspflicht der Parzellisten in der Mohrkirchharde zu Tafelgeldern im Kirchspiel Böel (1780-) 1838-1839

3512 Kircheninventar für Töstrup 1837-1841

3513 Kirchenglocke in Ulsnis 1837-1838, 1843

3515 Kircheninventar für Böel 1837-1847

3516 Verteilung der Kirchenlasten des Kirchspiels Töstrup (1800-) 1838-1839

3517 Kirchengebäude in Rabenkirchen 1838, 1846

3518 Aufhebung eines Notats zur Kirchenrechnung 1834 in Fahrenstedt bezüglich der Rückzahlung eines Kapitals 1838

3519 Vergütung der Kirchspielgevollmächtigten des Kirchspiels Kropp für Reisen und Aufwand 1838-1839

3521 Verkauf der Bäume auf dem Pastoratsland in Rabenkirchen 1839-1840

3522 Kirchengebäude in Taarstedt 1839

3523 Minderung einer Rechnung der Kirchenjuraten in Fahrenstedt für Reisen und Aufwand (1837-) 1839-1840

3526 Dienstabgang des Pastors Peter Friedrich Tychsen in Böel 1840-1843

3527 Mittelstühle und Mittelgang in der Kirche in Havetoft 1840-1845

3528 Zulage der Kirchenjuraten und Kirchspielsmänner in Boren für die Beköstigung bei Eröffnung der Kirchenrechnung 1840-1841

3529 Kirchenreparatur in Brodersby 1841

3530 Kirchhof in Süderbrarup 1840-1841

3531 Begräbnisplatz in Havetoft 1840-1847

3532 Anzeige gegen Pastor Augustini in Uelsby 1840-1841

3533 Kirche in Arnis 1841-1849

3535 Bau eines Kirchenturms in Kropp 1841-1842

3536 Stellung des Kirchspiels Moldenit zum Kirchspiel Kahleby (1787) 1842

3539 Reparatur des Glockenhauses in Boren 1842-1843

3540 Brotlieferung des Asmus Petersen in Rüde an den Organisten in Satrup (1834) 1841-1844

3541 Kirchhöfe in Thumby und Struxdorf 1842-1844

3542 Kirchhof in Haddeby 1842-1843

3543 Kirchhof in Böel 1842-1845

3545 Pastorat für Tolk und Nübel 1843-1849

3546 Beitrag des Johann Jacob Johannsen in Brekling zu den Kosten für eine Veränderung der Kirchenstände in Nübel (1665-) 1843

3547 Überlassung eines Teils des Küstergartens in Satrup an den Höker Peter Petersen zum Hausbau 1843-1844

3548 Kirchhof in Rabenkirchen 1843-1844

3549 Kirchhof in Taarstedt 1843

3550 Kirchhof in Brodersby 1843

3551 Bau einer gemeinschaftlichen Kirche für Thumby und Struxdorf 1843-1848

3552 Predigergebühr der Kätner und Insten im Kirchspiel Rabenkirchen 1844-1846

3553 Abtretung von Bauplätzen vom Pastoratsland in Arnis 1844

3554 Kirchenrenovierung in Süderbrarup 1844-1845

3555 Trennung der Dörfer Jübek, Gammellund, Silberstedt und Rosacker von der Sankt-Michaelis-Kirche in Schleswig 1845-1848

3556 Kirchenreparatur in Haddeby 1845-1846

3557 Dienstabgabe vom Pastorat in Hollingstedt 1846

3558 Unterhaltung des Stakets um den Pastoratshof in Rabenkirchen 1846

3559 Mitteilung an die Visitatoren zum Kircheninventar für Satrup 1846

3560 Austausch von Pastoratsländereien in Haddeby 1846

3561 Kirchenrenovierung in Norderbrarup 1846-1847

3562 Übertragung der beim Schulland in Ekenis vorgenommenen Vereinigung von Besitzungen des Amtes Gottorfs und des Sankt Johannisklosters auf das Pastoratsland in Boren 1847

Propstei Hadersleben

6362 Aktenverzeichnis zu den Landschulen 1805-1848

Propstei Hütten mit Stapelholm

Allgemeines

3604 Mitteilung der Ernennung des Pastors Nicolai Johannes Ernst Nielsen aus Sarau zum Pastor für die Kirche in Friedrichsberg in Schleswig und zum Propst 1840

3618 Besetzung des Konsistoriums 1844

Kirchenvisitation

3582 Spezialkirchenvisitation 1835 1835-1836

3586 Spezialkirchenvisitation 1836 1836-1847

3588 Aussetzung der Spezialkirchenvisitation 1837

3589 Generalkirchenvisitation, auch in den adligen Distrikten 1837

3595 Spezialkirchenvisitation 1838 (1838) 1839

3598 Ausfall der Spezialkirchenvisitation 1839 sowie Revision der Kirchen-, Schul- und Armenrechnungen 1839-1840

3605 Generalkirchenvisitation 1840

3608 Spezialkirchenvisitation 1840

3613 General- und Spezialkirchenvisitation 1841-1847 1842-1848

Schule allgemein

3563 Regulativ der Landschulen (1708-) 1802-1808, 1820
Enthält u. a.: Schulregulativ
Enthält auch: Aktenverzeichnis für Abt. 49 Nr. 3563-3572

3564 Regulativ der Landschulen 1805-1814

3565 Regulativ der Landschulen 1793, 1805-1847
Enthält u. a.: Schullasten der Eingesessenen in Königshügel und Königsberg, 1805-1847

3566 Regulativ der Landschulen 1807-1829

3567 Regulativ der Landschulen 1815-1834
Enthält u. a.: Genehmigung des erneuerten Schulregulativs

3568 Regulativ der Landschulen 1823-1848

3569 Regulativ der Landschulen (1791-) 1824-1829
Darin: Karte des Mitteldeichs in Drage, 1791

3570 Regulativ der Landschulen 1830-1834

3571 Regulativ der Landschulen 1834-1847

3572 Regulativ der Landschulen 1839-1848

3577 Schulen 1835-1850

Angelegenheiten der Kirchspiele

3573 Änderung bei der Besetzung der Kantor- und Schullehrerstelle in Erfde 1834-1836

3574 Bestrafung des Kätners Bertram Piepgras in Missunde wegen Zurückhaltung seines Sohnes von der Schule 1834-1835

3575 Erlaubnis des Besitzers des Kleinenseerkoogs zur Haustrauung 1834-1836

3576 Bezahlung der Kosten für die Bestrafung von Schulverächtern im Kirchspiel Erfde 1835

3578 Taufe und Konfirmation der Tochter der Anna Sophia Maria Soll in Eckernförde durch Pastor Zur Mühlen 1835-1836

3579 Teilnahme der Schulvorsteher bei der Präsentation von Kandidaten für das Kantorat in Bergenhusen 1835

3580 Dienstabgabe des Pastors Wiemke in Erfde an den Pastor emeritus Ipsen 1835

3581 Teilnahme des Gutes Möhlhorst am Kirchenkonvent in Kosel 1832-1835

3583 Vergütung des Kirchenjuraten Christian Christiansen in Borby 1836-1840

3584 Austausch von Küstereiland in Erfde 1836

3585 Kirchenanlagen in Erfde (1834-) 1836

3587 Gnadenjahr für die Witwe des Kantors und Küsters Jürgen Buhmann in Erfde (1767) 1837

3590 Kircheninventar in Hohn 1837

3591 Annahme des abgesetzten Schullehrers Detlef Piper in Brunsholm als Verwalter des Kantorats in Bergenhusen 1837-1840

3592 Beschwerde der Kirchspielsmänner des Kirchspiels Hütten gegen die dortigen Kirchenjuraten 1838

3593 Bemalung des Kirchenstuhls des Gutes Möhlhorst in Kosel 1838

3594 Verwaltung eines Legats für die Schule in Kochendorf 1838-1839

3596 Brautkronengebühr des Kleinenseerkoogs (1835-) 1839

3597 Einkünfte des Prediger- und Kantorwitwenbesitzes in Süderstapel und Ablösung einer Schuld des Kirchspiels Süderstapel 1838-1839

3599 Kircheninventar für Süderstapel 1839-1842, 1850

3600 Leichenhaus in Kosel 1839-1842

3601 Gebühren des Küsters des Kirchspiels Hütten als Totengräber und Glöckner 1840

3602 Gebühren der sechsten Parzelle in Pahlhorn für den Prediger in Erfde 1840

3603 Kirchhof in Borby 1839-1843

3606 Teilnahme der Schulkinder in Brekendorf, Bergenhusen und Erfde an Lustbarkeiten 1840

3607 Kirchenglocke in Bünsdorf 1840

3609 Kirchhof in Bünsdorf 1841

3610 Kirchspielslasten im Kirchspiel Hohn 1841-1844

3611 Kirchenanlagen in Borby (1841) 1842-1845

3612 Kircheninventar für Bergenhusen 1840-1843

3614 Zahlung einer Gratifikation aus der Kirchenkasse in Süderstapel an Pastor Röh in Bergenhusen 1843

3615 Bau des Pastorats in Hütten 1843-1844

3616 Kirchenanlagen im Kirchspiel Hütten 1843-1844

3617 Reparatur der Kirchenglocke in Erfde 1844

3619 Veräußerung von Pastoratsländereien in Hohn 1844-1847

3620 Kirchenvermögen in Borby 1846

3621 Reparatur der Kirchenorgel in Bergenhusen (1817) 1846
Enthält auch: Kirchen- und Kirchhofsgerechtigkeit, 1817

3622 Landtausch zwischen dem Pastorat in Bünsdorf und dem Gut Schirnau 1845
Enthält nur Aktendeckblatt

3623 Kirchhof in Hohn 1846

3624 Bau des Pastorats in Kosel (1845) 1846-1847

3625 Verwendung eines Kapitals zur Reparatur der Kirchenorgel in Hütten 1847

3626 Pastorat in Süderstapel (1831) 1847-1849
Enthält: Tausch von Pastoratsländereien; Entrichtung der Sommerpflicht

3627 Verlegung der zum Kirchspiel Hohn gehörenden Ortschaften Rickert, Duten und Ahrenstedt zur Neuwerker Landgemeinde der Christ- und Garnisonskirche in Rendsburg 1849
Enthält nur Aktendeckblatt

3628 Teilnahme des Kirchspielsmanns Kapitän Weber an den Sitzungen des Kirchenkonvents in Borby (1723-1751, 1805) 1848-1850
Darin: Instruktion für die Kirchen- und Schuloffizialen in der Propstei Hütten, 1805

6411 Beteiligung des Predigers in Borby an den außerordentlichen Fuhren (1848) 1849

Propstei Husum-Bredstedt

Allgemeines

3643 Errichtung einer Propstei und eines Unterkonsistoriums im Amt Husum sowie Verbindung des Konsistoriums mit dem Stadtkonsistorium in Husum 1792-1796

3645 Gebühren für den Amtsdiener und Konsistorialboten 1795-1812

3665 Stiftung des Witwenkleides und des Armenlakens (1752) 1836-1837

3670 Regulierung der Kirchhöfe 1836-1838

3672 Revision der Instruktion für die Kirchenoffizialen und Instruktion für die Schulvorsteher 1836-1845

3688 Gebühr des Kirchenboten für Aufwartung bei der Kirchenvisitation 1839

3690 Einrichtung von Mittelgängen in den Kirchen 1839

3701 Propst 1842-1845

3725 Konsistorialbote 1848

Kirchenvisitation

3654 Spezialkirchenvisitation 1835 1835-1836

3656 Generalkirchenvisitation, ohne Landschaft Nordstrand 1836

3657 Spezialkirchenvisitation 1836 1836-1837

3679 Spezialkirchenvisitation 1837

3685 Spezialkirchenvisitation 1838

3691 Spezialkirchenvisitation 1839 1839-1840

3693 Generalkirchenvisitation, mit Landschaft Nordstrand 1839

3699 Spezialkirchenvisitation 1840 und Vermögensverhältnisse der Kirchen 1840-1849

3705 General- und Spezialkirchenvisitationen 1841-1848 1842-1849

Schule allgemein

3629 Regulativ zur Einrichtung der Landschulen 1802-1821
Darin: Regulativ, 1802

3630 Regulativ zur Einrichtung der Landschulen (1803-) 1805-1826

3631 Regulativ für die Landschulen auf dem Festland 1804-1828
Darin: Schulregulativ, 1804

3632 Regulativ für die Landschulen auf dem Festland 1806-1814

3633 Regulative der Landschulen 1816-1825
Enthält auch: Aktenverzeichnis für Abt. 49 Nr. 3633-3641

3634 Regulative der Landschulen 1824-1840

3635 Regulative der Landschulen 1829-1837

3637 Regulative der Landschulen 1831-1834

3638 Regulative der Landschulen (1828-) 1834-1847

3639 Regulative der Landschulen (1833-) 1836-1847

3640 Regulative der Landschulen 1843-1849

3641 Regulative der Landschulen 1843-1850
Enthält: Winnert; Bremsburg; Hallig Gröde; Hallig Nordmarsch; Wittbek

3651 Schulen 1835-1850

3652 Schulen 1842-1849

Angelegenheiten der Kirchspiele

3636 Verteilung der Realschullasten im Kirchspiel Langenhorn 1810-1834

3642 Bestallungsgebühren und Gratial des Predigers Hans Ebsen auf Langeneß 1834-1838

3644 Kirchenrechnung in Simonsberg und Beteiligung des Neuenkoogs an den Kirchenlasten 1830-1846

3646 Landkauf der Kirchenjuraten des Kirchspiels Ostenfeld 1835

3647 Einschränkung der Beamten auf Pellworm, besonders die Einziehung neuer Predigerstellen und einer Schulstelle 1832-1835

3648 Genehmigung von Landumsätzen zur Arrondierung der Ländereien der Kirchenbediensteten auf Pellworm 1835

3649 Ankauf einer Marschfenne in der Hattstedtermarsch für die Schule in Lundenberg 1835

3650 Einziehung der Organistenstelle in Schwabstedt 1835-1849

3653 Kirchenstandsgelder des Schiffskapitän Johann Johannsen in Wyk für Kirchenstände auf der Hallig Nordmarsch 1835

3655 Regulierung der sogenannten Mattschoppen im Kirchspiel Joldelund 1804-1806

3658 Zahlung der Gelder für den Prediger- und Schuldienst auf der Hallig Nordmarsch aus der königlichen Kasse 1836

3659 Trennung der Krugwirtschaft vom Küsteramt in Schobüll 1836

3660 Pastorat in Olderup 1836-1838, 1847-1849

3661 Weigerung des Pastors Hans Hansen in Simonsberg zur Einreichung der Kirchen- und Armenrechnungen 1836

3662 Vereinigung der Hallig Langeneß mit der Hallig Nordmarsch in kirchlicher Hinsicht, Kirchenkapital auf Nordmarsch, Ermäßigung der Kirchenvisitationsgebühren für die Halligen 1836-1843

3663 Reparatur des Glockenhauses und der Kirche in Schwabstedt 1836

3664 Ernennung des Diakons Holst in Breklum zum dortigen Hauptprediger 1836-1837

3666 Besetzung der Küster- und Schullehrerstelle in Simonsberg (1788-) 1836

3667 Vorlage der Rechnungen über die Grundtsche und Clementinische Stiftung in Bredstedt bei den Kirchenvisitatoren 1836

3668 Sittlicher und ökonomischer Verfall der Gemeinde Schwabstedt sowie Gegenmaßnahmen 1836-1846

3669 Mangelhafter Schulbesuch in Schwabstedt und Bredstedt 1836-1837

3671 Grundstückskauf für das Diakonat in Schwabstedt 1836-1837

3673 Wahl der Kirchen- und Armenvorsteher in Breklum 1837

3674 Einpfarrung der Einwohner auf dem Bottschlotter Deich und auf der Hamburger Hallig in die Kirche in Ockholm sowie Einpfarrung der Bewohner von Nord- und Süd-Waygaard in die Kirche in Fahretoft 1836-1842

3675 Veröffentlichung der Kirchspielsrechnungen im Kirchspiel Drelsdorf 1837

3676 Begräbnisplatz in Bredstedt 1837-1838

3677 Verwendung von Kirchenzinsen zum Unterhalt der Predigergebäude in Mildstedt (1768) 1837

3678 Begräbnisplätze in Langenhorn und Ockholm 1837-1838

3680 Kirchhof in Langeneß 1837

3681 Legat der Pastorenfrau Sievers in Bredstedt und Handdienste bei den Kirchenbauten in Mildstedt 1838

3682 Kuhgrasung auf dem Pastoratsland auf Nordmarsch 1838

3683 Notat zur Kirchenrechnung in Schwabstedt 1838

3684 Verwendung der Einkünfte des Pastorats in Hattstedt während der Vakanz für die Kosten der Predigerwahl 1838

3686 Verlosung der Kirchenstände in Viöl 1839-1848

3687 Aufführung einer Summe für den Transport von Bauholz in der Kirchenrechnung in Schwabstedt 1839

3689 Kirchenglocken in Bredstedt und Schwabstedt 1839

3692 Kirchengebäude in Ockholm 1839-1841

3694 Beschwerden gegen Pastor Thiesen auf Pellworm 1840

3695 Naturalleistungen an den Prediger und die Schulen in Viöl 1840

3696 Kirchenanlage in Schwabstedt 1840-1843

3697 Pastorat in Schwesing 1840-1849

3698 Kirchenanlagen im Kirchspiel Bargum 1840-1841

3700 Abgaben des Kompastors Henrichsen in Mildstedt 1839

3702 Verhalten des Pastors Hans Hansen in Simonsberg 1842-1843

3703 Verkauf von Schnitzwerken und Orgelbau in Breklum 1841-1847

3704 Kirchhof in Mildstedt 1842

3706 Predigerwahl in Ostenfeld (1803) 1842

3707 Zahlungen aus königlicher Kasse an die Prediger-, Küster- und Schullehrerstelle auf der Hallig Oland 1843

3708 Bearbeitung eines Landstücks durch den Küster Wollesen in Schwesing 1843

3709 Läuten und Schlagen der Betglocke in Olderup 1843

3710 Anschaffung einer Orgel in Hattstedt 1844

3711 Kirchenreparaturen in Joldelund 1844-1846

3712 Holzgelder für den Pastor und Diakon in Schwabstedt 1845

3713 Pastorat in Viöl 1845-1848

3714 Predigerwitwenhäuser in Schobüll und Mildstedt 1845-1846

3715 Restaurierung des Altars in Schwabstedt 1845

3716 Kirchhofssteige in Simonsberg 1845

3717 Bau des Pastorats in Drelsdorf 1846-1849
Darin: Grundriss des Wirtschaftsgebäudes des Pastorats

3718 Kirchenanlagen im Kirchspiel Hattstedt 1846

3719 Küstergebühren in Schwesing 1846

3720 Kirchenanlagen im Kirchspiel Breklum 1846-1848

3721 Kirchenanlagen des Kirchspiels Bordelum 1846-1847

3722 Pastorat und Diakonat in Schwabstedt 1847-1848

3723 Kirchenanlagen im Kirchspiel Langenhorn (1722-) 1847
Enthält u. a.: Kirchspielsrechnung, 1764-1766

3724 Pastorat in Simonsberg 1848-1849

3726 Gehaltszulage für den Pastor auf Hallig Hooge 1848

3727 Deckung der Kirchenreparaturkosten auf Hallig Hooge 1848-1850

3728 Kirchenanlagen im Kirchspiel Joldelund (1806-) 1846-1848

6424 Bestreitung der Kriegslasten der Predigerländereien in Breklum aus dem Kirchenärar 1848-1849

6415 Beteiligung der Prediger in Langenhorn an den Kriegslasten 1849

Propstei Sonderburg

6363 Aktenverzeichnis zu den Landschulen 1800-1846

Propstei Tondern

Allgemeines

3772 Instruktion für die Kirchenoffizialen 1836-1839

3773 Verteilung der Kirchenstände und Kirchenlasten in den Kirchspielen 1836-1837, 1846-1847

3774 Kirchhöfe 1836-1841
Darin: Regulativ für die Begräbnisplätze der Landgemeinden der Propstei Tondern, 1840

3804 Gebühren der Visitatoren für die Leitung der Predigerwahl und die Introduktion 1836

Kirchenvisitation

3749 Spezialkirchenvisitation auf Sylt und ein entsprechender Aufsatz im „Kieler Correspondenzblatt“ 1834-1835
Darin: „Kieler Correspondenzblatt“ vom 22. November 1834

3759 Spezialkirchenvisitation 1835 1836

3769 Generalkirchenvisitation 1836 1836-1837

3771 Spezialkirchenvisitation 1836, Zustand der Schulen sowie Kirchenkapitalien und Kirchenschuld 1837-1847

3780 Spezialkirchenvisitation 1837 1838

3785 Generalkirchenvisitation 1838-1844
Enthält: Kirchenstühle und Kirchengebäude in Humptrup; Kirchenuhr und Kirchendach in Lügum; Beseitigung der Mittelstände in den Kirchen; Aufhängestock in der Kirche in Braderup

3787 Spezialkirchenvisitation 1838 1839

3790 Spezialkirchenvisitation 1839 1840

3796 Spezialkirchenvisitation 1840 1841

3802 General- und Spezialkirchenvisitationen 1838-1846

Schule allgemein

3729 Regulative der Landschulen (1802) 1803-1819
Enthält auch: Aktenverzeichnis für Abt. 49 Nr. 3729-3744

3730 Regulative der Landschulen (1783-) 1805-1835

3731 Regulative der Landschulen (1632-) 1806-1819
Enthält u. a.: Nebenschulen und Anstellung von Seminaristen

3732 Regulative der Landschulen (1756) 1807-1818
Darin: Situationsriss des Emmelsbüller Kleinen Koogs

3733 Regulative der Landschulen 1812-1818

3734 Regulative der Landschulen 1812-1819
Enthält: Ruttebüll; Dagebüller Koog; Perebüll, Ackern, Sande und Enge; Kirchspiel Emmelsbüll und Katzhörn; Bestimmung der Grenzen zwischen Küster- und Schulland; Königsberg und Höxlund

3735 Regulative der Landschulen (1801-) 1817-1830

3736 Regulative der Landschulen 1827-1847

3737 Regulative der Landschulen 1788-1811, 1829-1845
Enthält u. a.: Beitrag von Untergehörigen des Gutes Fresenhagen zur Schule in Stadum, 1788-1811
Darin: Grundriss des Schulhauses für den Kleiseerkoog und Julianenkoog

3738 Regulative der Landschulen (1811-) 1834-1836
Enthält: Hostrup; Westre; Risum; Jeising; Aderslebener Koog, Stedesand und Bargum

3739 Entwurf eines neuen Schulregulativs 1835-1844

3740 Entwurf eines neuen Schulregulativs 1837-1847

3741 Regulative der Landschulen 1835-1849

3742 Regulative der Landschulen 1836-1849
Enthält u. a.: Unzuträglichkeiten im Schulwesen, 1836-1839; Schulwesen in Wyk, 1838-1849

3743 Regulative der Landschulen 1838-1847

3744 Regulative der Landschulen 1843-1849

3753 Schulen 1835-1841
Enthält: Erweiterung von Schullokalen; Entlassung des Küsters in Morsum und Bau eines Schulhauses

3754 Schulen 1836-1849

3755 Schulen 1837-1848
Darin: Profilriss und Grundriss des Küster- und Schulhauses in Deezbüll

Angelegenheiten der Kirchspiele

3745 Administrationsrechnungen über die Pastorats- und Küsterländereien in Galmsbüll (1802-) 1830-1832

3746 Administrationsrechnungen über die Pastorats- und Küsterländereien in Galmsbüll 1832-1851

3747 Amtsgehilfe für Pastor Matthiesen in Klixbüll (1814) 1815, 1834-1836

3748 Fuhrleistungen in den Kirchspielen der Bökingharde und im Kirchspiel Dagebüll 1834-1835

3750 Fässchenkorn und Pflugschatzung in Sankt Johannis auf Föhr 1835

3751 Einziehung des Diakonats in Niebüll 1835-1845

3752 Gratifikation für die vikarierenden Prediger in Keitum 1835

3756 Realschullasten der Kirchspiele Niebüll und Deezbüll (1811-) 1832-1833

3757 Nichtbesetzung des Pastorats in Risum 1835-1836

3758 Anschaffung einer Orgel in Sankt Johannis auf Föhr 1835-1836

3760 Beschwerden des Pastors Moritzen in Lindholm wegen der Pfarreinkünfte (1782-) 1828, 1835-1836

3761 Landtausch des Pastors Jacobsen in Neukirchen 1836
Darin: Kartenskizze

3762 Pastoratsbauten und Pastoratsfenne in Klanxbüll 1836-1847
Darin: Kartenskizze

3763 Abtrag einer Schuld für den Bau des Predigerhauses in Dagebüll 1836-1847

3764 Ausbesserung der Kirchenmauern in Risum, Rinkenis und Holebüll 1836-1840

3765 Instandsetzung der Turmuhr in Niebüll 1836-1838

3766 Beitrag aus der Kirchenkasse in Aventoft für die Pension des Küsters Carstensen 1836

3767 Instandsetzung der Kirchenglocken in Keitum 1836-1838

3768 Umgießung der Kirchenglocken und Ausbesserung der Kirchengebäude in Fahretoft sowie Verteilung der Kirchenausgaben im Kirchspiel Fahretoft 1836-1843

3770 Diakonatsländereien in Niebüll 1837-1839

3775 Kircheninventare in den Kirchspielen Humptrup und Braderup 1836

3776 Tausch von Pastoratsland in Karlum 1837

3777 Kirchhöfe für Niebüll und Leck 1837-1839

3778 Beitrag des Kleiseerkoogs an die Armenkasse in Enge und Gebühr an den Prediger sowie Verteilung der Armenlasten im Kleiseerkoog 1835-1843

3779 Bau des Pastorats in Lügum 1837-1839

3781 Zahlung von rückständigen Kirchenstandsgeldern, Prediger- und Küstersalär vom Staven des Friedrich Sibbers in Süd-Waygaard 1838

3782 Verwendung der Klingelbeutelgelder der Sankt-Johannis-Kirche auf Föhr für die Hausarmen 1838

3783 Verwendung eines Überschusses in Lügum für die Kosten der Predigerwahl und Introduktion 1838-1839

3784 Anfrage der Prediger in Sankt Johannis auf Föhr zur Befugnis dänischer Behörden in gemischten Jurisdiktionen zur Ehescheidung 1838-1839

3786 Landstück des Küsterdienstes in Rantrum 1838-1839

3788 Beförderung oder Gratifikation für Pastor Rasmus Petersen in Morsum 1839-1843

3789 Pastorat in Stedesand 1840-1843

3791 Kosten der Predigerwahl in Westerland 1840

3792 Kirchenreparatur in Medelby 1840-1841

3793 Kirchspielslasten im Kirchspiel Ladelund 1840

3794 Kirchspielslasten im Kirchspiel Medelby 1840-1848

3795 Heulieferung der Dorfschaft Westre an den Prediger in Ladelund 1841

3797 Pastoratsgarten in Rodenäs 1841-1843

3798 Gesprungene Kirchenglocken in Feldstedt, Humptrup und Hoyer 1841-1844

3799 Anschaffung einer Orgel in Leck 1841-1842

3800 Gehaltszulage für Pastor Frensen in Westerland 1842-1850

3801 Turmuhr und Kirchenstand in Braderup 1842-1844

3803 Trennung von Hausbesitzern in Westerkamp von der Kirche in Keitum und der Schule in Tinnum 1843

3805 Fünfzigjährige Amtsfeier des Pastors Andreas Boysen in Aventoft 1843

3806 Bau von Armenwohnungen auf Pastoratsland in Holebüll 1843

3807 Bestätigung der Predigerwahl in Dagebüll 1844

3808 Kapstuhl in der Kirche in Enge 1844

3809 Regulierung des Begräbnisplatzes in Humptrup 1844

3810 Reparatur des Pastorats in Aventoft 1845-1846

3811 Bau der Pastoratsgebäude in Niebüll 1846

3812 Reparatur der Sankt-Johannis Kirche auf Föhr 1846

3813 Verwendung von Überschüssen des Pastorats in Rapstedt für die Kosten der Predigerwahl 1848

Propstei Törninglehn

3814 Regulierung des Schulwesens im Kirchspiel Wodder 1836-1847

3815 Diensteinkünfte des Küsters Blume in Spandet und seine Nichternennung zum Schullehrer 1840-1841

PROPSTEIEN IM HERZOGTUM HOLSTEIN

Propstei Münsterdorf

Allgemeines

3825 Pensionsanstalt für die Organisten-, Küster- und Schullehrerwitwen 1815-1850

Darin: Druckschrift des Schullehrers Heinrich Chr. Leschen, Itzehoe: „Ueber Witwencassen. Ein Versuch“. Altona 1832

3841 Unordnung der Kirchenarchive 1833-1834

3846 Verwaltung der Geschäfte des Konsistorialrates Quenzel und Pastors Carl Julius Herzbruch in Glückstadt während ihrer Abwesenheit 1834-1836

3848 Anfrage des Patronats der Kirche in Itzehoe zur Anwendung von Paragraf 75 der allgemeinen Schulordnung 1834-1835

3849 Anfrage des Pastors Burchardi in Itzehoe zur Interpretation einer Bestimmung der allgemeinen Schulordnung 1834

3857 Propst 1835-1848

3863 Schulden von Schulkommunen 1836-1850

3876 Gebühr des Kalandsboten für Aushändigungen an die Prediger in Itzehoe 1839

3879 Sitz und Stimme des Archidiakons Jess in Itzehoe im Konsistorium 1840

3884 Gegenseitige Befugnisse des Kirchenvisitatoriums und der Kirchenpatrone 1838-1841

3902 Kirchenvermögen und Kirchenschulden 1841-1850

3907 Konsistorium 1840-1848

3908 Magenssche Stiftung für Predigerbibliotheken 1841-1844

3916 Regulativ für Kirchenstuhlbücher 1842-1847

Kirchenvisitation

3837 Spezialkirchenvisitation im Amt Steinburg 1833-1835

3840 Spezialkirchenvisitation 1833 in den adligen Kirchen, Glückstadt und Krempe, insbesondere Schule in Breitenberg 1833-1837

3858 Spezialkirchenvisitation 1835 1836-1837

3861 Spezialkirchenvisitation 1834 und 1835 im Amt Steinburg 1836-1841
Enthält u. a.: Schulwesen im Kirchspiel Neuenbrook

3864 Spezialkirchenvisitation 1837 in Glückstadt und Krempe sowie in den adligen Distrikten 1837
Enthält u. a.: Schulbibliotheken in den Kirchspielen Krummendiek und Breitenberg; Gehilfe für die Elementarschule in Heiligenstedten

3874 Spezialkirchenvisitation 1838 1839-1848
Enthält u. a.: Kirchenschuld und Kirchenanlagen im Kirchspiel Brokdorf, 1839-1848

3878 Spezialkirchenvisitation 1839 in Glückstadt und Krempe sowie in den adligen Distrikten 1839-1847
Enthält u. a.: Orgelreparatur in Neuendorf, 1841-1847

3887 Spezialkirchenvisitation 1840

3901 Spezialkirchenvisitation 1841

3909 General- und Spezialkirchenvisitationen 1838-1842 1840-1843

3910 General- und Spezialkirchenvisitationen 1843-1850 1843-1850

Schule allgemein

3816 Regulative der Landschulen (1833) 1834-1847
Darin: Karte des Schuldistrikts Dammfleth
Enthält auch: Aktenverzeichnis für Abt. 49 Nr. 3816-3822

3817 Regulative der Landschulen 1838-1850

3818 Regulative der Landschulen 1838-1851
Enthält: Errichtung einer Distriktsschule in Herfart und Brokreihe

3819 Regulative der Landschulen 1838-1847
Enthält u. a.: Vermeidung von Schulversäumnissen in den adligen Kirchspielen der Propstei

3820 Regulative der Landschulen 1835-1850
Enthält u. a.: Elementarschulen und dort angestellte Seminaristen, 1840-1847

3821 Regulative der Landschulen 1843-1850

3822 Regulative der Landschulen (1836) 1837-1850
Darin: Profilriss des Schulhausanbaus in Wewelsfleth

3854 Schulen 1835-1846

3855 Schulen 1835-1850

3856 Schulen 1840-1851

Angelegenheiten der Kirchspiele

3823 Forderungen des Küsters und Schullehrers König in Stellau an die Schulkommune 1835-1836

3824 Armensetzung im Kirchspiel Hohenaspe 1815, 1842-1843

3826 Abgaben von den Pastoratsländereien in Borsfleth 1816, 1843

3827 Wahl des Armenvorstehers in der Landgemeinde Krempe 1838-1841

3828 Verteilung des Kirchenschosses in Neuenkirchen 1817, 1843

3829 Schullasten von Ländereien außerhalb des Schuldistrikts Elskop und Verteilung der Realschulasten in verschiedenen Distrikten 1817, 1829-1844

3830 Verteilung der Schullasten in Wewelsfleth 1839

3831 Arme elternlose Knaben in der Landgemeinde Krempe 1817, 1844

3832 Verkauf einer Diakonatskoppel in Neuendorf 1817-1818, 1836

3833 Bearbeitung des Schullandes auf der Wischreihe 1819, 1837

3834 Kosten für einen Armenkrug in Beidenfleth 1822, 1839-1842

3835 Regulativ zur Verteilung der Kirchenanlagen im Kirchspiel Hohenaspe 1823-1847

3836 Zustand des Schulhauses und Diensteinkünfte des Schullehrers in Sude 1829-1841

3838 Abgang des Schullehrers Johann Richter in Bielenberg 1833-1841

3839 Vergrößerung des Kirchhofs in Sankt Margarethen 1833-1836

3842 Roggenlieferung von einer Parzelle des Gutes Drage an die Kirche in Hohenaspe 1833-1834

3843 Wachsgeld von Hauseigentümern in Wilster 1833-1834

3844 Verzehrungskosten in der Kirchenrechnung in Krempe 1833-1838

3845 Kirchengeld der Heuerinsten im Kirchspiel Münsterdorf 1834-1839

3847 Unterstützung des Diakons Witt in Kollmar 1834

3850 Verbesserung der Diensteinnahmen des Diakons Matthias Hansen in Wilster 1834-1835

3851 Heranziehung von Marschländereien zu den Realschullasten in Heiligenstedten 1833-1837

3852 Erweiterung des Kirchhofs in Wewelsfleth (1757, 1760) 1835-1839

3853 Beitrag vom Wohnhaus des Justizrats Beichmann und von den zur Rentekammer gehörenden Ländereien in Glückstadt zu den Realschullasten (1813) 1835

3859 Besetzung der Organistenstelle in Neuendorf 1836-1837

3860 Kircheninventar für die Stadtkirche in Glückstadt 1836-1850

3862 Abschaffung der Mahlzeiten bei Aufnahme der Kirchenrechnung in Breitenberg 1837

3865 Kirchhof in Münsterdorf 1837-1843

3866 Dienstunfähigkeit des Pastors Nicolaus Erich Goos in Neuenkirchen 1837-1841

3867 Bau des Pastorats in Hohenfelde 1838-1841

3868 Hauptpastorat und Diakonat im Gut Neuendorf 1838-1843

3869 Ausstellung eines falschen Attestes durch Pastor Wolff in Wilster 1837-1838

3870 Kirchhof in Hohenaspe 1838-1841

3871 Konfirmation ohne Dispens vom Mindestalter in Itzehoe 1838

3872 Kirchenfußsteig über die Ländereien des Claus Oesau und Carsten Thode in Dammfleth 1838-1839

3873 Kirchenanlagen für Hohenfelde 1838-1850

3875 Beteiligung der Zubauernstellen im Kirchspiel Kollmar an den Kirchenlasten und Regulierung der Kirchenstände in Kollmar 1836-1839

3877 Diakonat und Pastorat in Wewelsfleth 1839-1844

3880 Kürzung indirekter Beiträge zur Bankhaft von Kirchenkapitalien in Neuendorf 1839-1840

3881 Verwaltung der vakanten Predigerstelle in Münsterdorf 1840

3882 Vermögen der Schule in Neuendorf 1839-1841

3883 Begräbnisplatz in Breitenberg 1840-1845

3885 Fehlen eines Kircheninventars für das Kirchspiel Stellau 1841

3886 Instandsetzung der Orgel und des Kircheninneren in Wewelsfleth 1841-1842

3888 Pastoratsbauten in Brokdorf 1841-1845

3889 Instandsetzung der Orgel und des Kircheninneren in Neuenkirchen 1841

3890 Abschaffung des Kirchenopfers und die Umwandlung in eine Haussammlung in Neuendorf 1841

3891 Kirchhof in Kollmar 1841-1849

3892 Kirchenstuhlbuch in Beidenfleth 1841

3893 Anschaffung einer Orgel und Kirchenreparaturen in Süderau 1841-1850

3894 Dienstabgabe und Besetzung des Hauptpastorats in Borsfleth 1841

3895 Kirchhof in Horst 1841-1845

3896 Kirchhof in Beidenfleth 1841-1843

3897 Kircheninventar für Neuenbrook 1841, 1848

3898 Genehmigung von Geldanleihen für das Kirchen- und Armenwesen in Hohenaspe 1841

3899 Predigten des Diakons Witt und die Geschäfte des Hauptpredigers in Wewelsfleth 1841

3900 Hauptpastorat in Kollmar 1841-1847

3903 Kirchenuhr, Kirchenglocke und Kirchenrenovierung in Breitenberg 1841-1846

3904 Beitrag der Pastoratsländereien in Neuenbrook zu den Extra-Marschausschlägen 1841-1844

3905 Pastorat und Diakonat in Neuenkirchen 1842-1849

3906 Reparatur der Kirche und des Pastorats in Krummendiek 1842

3911 Nichtbestätigung einer Acht der Kirchspielskommune Borsfleth 1842

3912 Kircheninventar für Hohenaspe 1841

3913 Kirchhof in Krummendiek 1841-1843

3914 Kirchenreparatur in Borsfleth 1842

3915 Kircheninventar für Wewelsfleth 1842-1848

3917 Organistenland in Hohenaspe 1842-1843

3918 Diakonat in Kollmar 1843-1845

3919 Legat zur Anschaffung von Büchern für die Prediger in Wewelsfleth 1842-1843

3920 Kirchenrechnung in Brokdorf 1843-1845

3921 Reparatur des Kirchturms in Neuendorf 1843

3922 Festgeläut an der Kirche in Heiligenstedten 1843

3923 Kirchenreparatur in Hohenaspe 1843-1844

3924 Verhalten des Pastors Peter Gottlieb Hansen in Brokdorf 1844-1850

3925 Änderung des Kircheninventars für Breitenberg hinsichtlich des Juratenamtes 1845
Enthält nur Aktendeckblatt

3926 Verpachtung von Diakonatland in Süderau 1845

3927 Kircheninventar für Brokdorf 1845-1846

3928 Verwaltung des Diakonats und Verpachtung von Pastoratsländereien in Heiligenstedten 1846

3929 Kirchenanlage für Stellau 1846-1851

3930 Kirchenreparatur in Heiligenstedten 1846-1847

3931 Reparatur des Hauptpastorats in Beidenfleth 1847

3932 Kirchenanlage für Sankt Margarethen 1848-1851

3933 Diakonat in Borsfleth 1848-1849

3934 Kirchenanlagen im Kirchspiel Münsterdorf 1848-1849

3935 Verteilung der Kirchen- und Schullasten im Kirchspiel Wewelsfleth 1849

3936 Vermögensverhältnisse der Kirche in Sankt Margarethen 1848-1850

3937 Vermögensverhältnisse der Kirche in Horst 1848

3938 Vermögensverhältnisse der Kirche in Kollmar 1847-1849

3939 Widerrechtliche Verwendung von Begräbnisplätzen in Süderau (1741, 1847) 1848

Propstei Plön

Allgemeines

3952 Gründung einer Schullehrerwitwenkasse 1820-1847
Darin: Regulative der Pensionsanstalten für Organisten-, Küster- und Schullehrerwitwen in den Propsteien Stormarn und Plön, 1822, 1824

3977 Antrag des Pastors Carl Chr. Fr. Hansen in Gleschendorf auf eine festere Begründung der kirchlichen Verhältnisse zwischen den königlichen und den großherzoglichen oldenburgischen Behörden 1837-1838

3959 Propst 1835-1838

3990 Propst 1842-1843

Kirchenvisitation

3971 Spezialkirchenvisitation 1836 in den Kirchspielen Zarpen, Reinfeld und Klein Wesenberg 1837
Enthält: Anforderung eines Berichtes

3974 Spezialkirchenvisitation 1837 in den Kirchspielen Reinfeld, Zarpen und Klein Wesenberg sowie Vermögen der Kirchen 1838-1849

3985 Spezialkirchenvisitation 1838 und Abänderung des Visitationsverfahrens 1839-1843

3986 Generalkirchenvisitation 1839 1841

3988 Spezialkirchenvisitation 1840 (1841) 1842

3993 General- und Spezialkirchenvisitationen 1842-1848 1843-1849

Schule allgemein

3942 Regulative der Landschulen 1834-1847
Enthält u. a.: Instruktion für die Schulvorsteher
Enthält auch: Aktenverzeichnis für Abt. 49 Nr. 3942-3946

3943 Regulative der Landschulen 1837-1849
Enthält u. a.: Dotierung der Schulstellen in der Propstei Plön und in Ahrensbök

3944 Regulative der Landschulen 1837-1850
Enthält u. a.: Zahlung von Schulgeld für in einem anderen Schuldistrikt lebende Kinder verarmter Eltern
Darin: Grundriss des Schulgebäudes in Rehhorst; „Correspondenz-Blatt" vom 16. Mai 1848 (Schule in Glasholz)

3945 Regulative der Landschulen 1815-1849
Enthält u. a.: Schule in Groß und Klein Barnitz, 1815-1845

3946 Regulative der Landschulen 1843-1849

3964 Schulen 1836-1851

Angelegenheiten der Kirchspiele

3940 Quartalsopfer in Zarpen 1788-1789, 1837-1838

3941 Reparatur des Predigerwitwenhauses in Klein Wesenberg
1803, 1816, 1843-1846

3947 Reparatur der Kirche und des Pastorats in Zarpen
(1787) 1816, 1833-1836

3948 Verbesserung der Gutsschule in Schönweide 1816-1822

3949 Verbesserung der Gutsschule in Schönweide 1822-1847

3950 Beitrag von Parzellisten zur Parzellistenschule in Reinfeld
1818-1821, 1843-1844

3951 Beitrag der Erbpächter im Gut Trenthorst zu den Schulleistungen in Westerau 1819-1820, 1841-1847

3953 Anleihe für den Schulhausbau in Süsel 1824-1840

3954 Kirchhof in Klein Wesenberg 1826, 1837-1845

3955 Verwendung der Zinsen eines von den Schutzjuden Abraham Leser und Michael Levi an das Armenwesen in Plön überwiesenen Kapitals 1827, 1843

3956 Bau eines Predigerwitwenhauses in Ratekau 1831-1839

3957 Kirchhof in Ratekau 1834, 1841

3958 Verminderung der Holzdeputate für die Prediger in Gnissau und Reinfeld 1834-1845

3960 Benutzung des Predigerwitwenhauses in Ratekau zur Hökerei 1835-1839

3961 Instandsetzung des Kirchenfußsteiges über den sogenannten hohen Berg bei Plön 1835

3962 Schulen in den Kirchspielen Zarpen, Reinfeld und Klein Wesenberg 1834-1849
Enthält: Klein Wesenberg; Badendorf; Willendorf; Ratzbek; Stubbendorf

3963 Schulen in den Kirchspielen Zarpen, Reinfeld und Klein Wesenberg (1797-) 1832-1850
Enthält: Heidekamp; Westerau; Lokfeld; Hamberge und Hamfelde

3965 Beeinträchtigung der Befugnisse des Predigers in Klein Wesenberg (1809-) 1835-1837

3966 Vergütung der Transportkosten bei der Versetzung des Pastors Ohlmeyer von Plön nach Reinfeld 1835

3967 Absetzung des gemütskranken Schullehrers Hagge in Badendorf 1835-1837

3968 Feier mit Gottesdienst zum Einweihungsjubiläum der Kirche in Reinfeld 1836

3969 Organisation des Visitorialverhältnisses der Kirchspiele Reinfeld, Zarpen und Klein Wesenberg 1836

3970 Schulbibliothek in Zarpen 1836

3972 Begräbnisplatz in Gleschendorf 1837-1842

3973 Verwandlung der Pastoratsdienste des Johann Hinrich Kloth in Gleschendorf in eine Geldabgabe 1841

3975 Kirchhof in Reinfeld 1837-1844
Darin: Skizze zur Lage der Kirche

3976 Abtrag der Kirchenschulden in Gleschendorf 1837

3978 Kirchhof in Zarpen 1838-1847

3979 Kirchenstuhlbuch für Klein Wesenberg 1837-1849

3980 Kirchenstuhlbuch für Zarpen 1837-1843

3981 Bauten am Kirchturm in Ratekau 1838-1840

3982 Beschwerde der in Gleschendorf eingepfarrten Untertanen des Fürstentums Lübeck wegen der Kirchenrechnung 1839

3983 Pastorat in Reinfeld 1839-1845

3984 Berücksichtigung der Verhältnisse des Pastors Eckermann in Ratekau beim Übergang der Kirche an das Fürstentum Lübeck 1839-1842

3987 Verpachtung von Pastoratsländereien in Gleschendorf 1841

3989 Kirchenanlagen in Gleschendorf (1841) 1842

3991 Pastorat in Klein Wesenberg 1843-1847

3992 Kircheninventar für Hamberge (1816-1818) 1843-1848

3994 Reparatur des Kirchturms in Zarpen 1841-1844

3995 Kirche in Klein Wesenberg 1843-1847

3996 Kirchenanlage in Zarpen 1844

3997 Verteilung der Kirchen- und Armenlasten in Steinfeld 1845-1846

3998 Kirche in Hamberge 1810-1829, 1842-1850

3999 Bestellung des Pastoratsgartens und der Pastoratsländereien während der Pastoratsvakanz in Curau 1849

4000 Einsammlung der Opfer- und Quartalsgelder im Kirchspiel Hamberge durch den Organisten 1849

4001 Verpachtung von Predigerwitwenland in Hamberge 1849

4002 Kircheninventar in Klein Wesenberg 1850

4003 Beitrag der Staatskasse zur Kirchenanlage in Hamberge 1850

Propstei Rendsburg

Allgemeines

4023 Pensionsanstalt für die Schullehrerwitwen 1817-1820, 1830-1843

4050 Sogenanntes Jorten oder Jotten [Zusammenkunft junger Leute beiderlei Geschlechts], besonders im Kirchspiel Hohenwestedt (1831-) 1837, 1844

4062 Verbesserung des Kirchengesangs 1839

4087 Konsistorialbote 1850

Kirchenvisitation

4045 Spezialkirchenvisitation 1835 1836-1838
Enthält u. a.: Kirchenvermögen der Marienkirche in Rensburg; Kapitalien der Kirche in Westensee

4047 Spezialkirchenvisitation 1836 in den Amtskirchen (1836) 1837, 1843

4048 Spezialkirchenvisitation 1836 in Bovenau 1837-1838

4053 Spezialkirchenvisitation 1837 in den Patronatskirchen 1837-1838

4061 Spezialkirchenvisitation 1838 in den Amtskirchen
Enthält u. a.: Vermögensstatus der Kirchen 1838-1839, 1843-1848

4067 Spezialkirchenvisitation in den Patronatskirchen 1839

4069 Spezialkirchenvisitation (1797-) 1840

4075 Generalkirchenvisitation 1839 1841

4077 Spezialkirchenvisitation 1841

4079 General- und Spezialkirchenvisitationen 1842-1850 1842-1850

Schule allgemein

4011 Regulative der Landschulen 1835-1844
Enthält: Fitzbek; Mörel; Jarsdorf; Ellerdorf; Großenbornholt und Lütjenbornholt sowie Oersdorf und Bendorf; Aasbüttel und Bokhorst

4012 Regulative der Landschulen 1836-1850

4013 Regulative der Landschulen 1837-1850
Enthält u. a.: Abstellung der Schulversäumnisse

4014 Regulative der Landschulen 1838-1848

4015 Regulative der Landschulen 1840-1850
Enthält u. a.: Instruktion für die Schulvorsteher

4016 Regulative der Landschulen 1834-1850
Enthält u. a.: Vermögensverhältnisse der Schulkommunen

4017 Regulative der Landschulen 1846-1850
Enthält u. a.: Leistung der Hand- und Spanndienste in den Schulkommunen

4021 Regulative der adligen Schulen 1836-1840
Enthält: Einrichtung des Schulwesens in Störkathen; Anstellung eines Unterlehrers in Westensee

4040 Schulen 1834-1847

4041 Schulen 1836-1847

Angelegenheiten der Kirchspiele

4004 Christ- und Garnisonskirche in Rendsburg 1836-1837
Enthält: Leichengebühren des Artilleriekapitäns von Güldenfeldt; Revision und Bestätigung des Kircheninventars

4005 Armenwesen in Rendsburg 1835-1836

4006 Verbesserung der Einkünfte des Kirchenärars der Christ- und Garnisonskirche in Rendsburg 1782-1820

4007 Verbesserung der Einkünfte des Kirchenärars der Christ- und Garnisonskirche in Rendsburg 1820-1851

4008 Verteilung der Realschullasten im Schuldistrikt Alt- und Neu-Büdelsdorf sowie Beteiligung der Carlshütte und der Papeschen Knochenmühle an den Schullasten 1838-1840
Enthält u. a.: Verzeichnis der Schüler in Büdelsdorf, 1838

4009 Vergrößerung des Kirchhofs in Jevenstedt 1811-1813, 1843-1846

4010 Einrichtung des Kirchhofs in Hademarschen 1811-1813, 1838

4018 Beteiligung an den Kirchen- und Schulanlagen im Kirchspiel Kellinghusen 1836-1849

4019 Heu- und Strohlieferung an den Schullehrer in Nienborstel 1814-1815, 1835

4020 Beteiligung an den Realschullasten in Hohenwestedt 1841-1842

4022 Kirchhof und Totengräber in Schenefeld 1817, 1839-1850

4024 Bau eines Armenhauses für das Kirchspiel Nortorf 1820-1822, 1839

4025 Lebenswandel des Distriktschullehrers Christoph Tiedemann in Böken 1821, 1839-1840

4026 Kirchhof in Westensee 1823-1824, 1842

4027 Vergrößerung des Kirchhofs in Hohenwestedt 1825-1839

4028 Kirchspielverhältnis des Hofes Mehlbek 1826-1838

4029 Kircheninventar für die Marienkirche in Rendsburg 1829-1848

4030 Verteilung der Realschullasten in Warder (1777-) 1829-1830, 1845-1846

4031 Unterstützung für den Schulbau in Wapelfeld 1834-1835

4032 Unterstützung für den Schulbau in Innien 1834-1835

4033 Erhöhung der Diensteinnahmen der Elementarschullehrer in Kellinghusen 1834

4034 Beihilfe zum Schulanbau in Nienborstel 1834-1835

4035 Ordination des Prädikanten Mertz in Westensee 1834-1835

4036 Kirchenreparatur in Hohenwestedt 1835-1837

4037 Verteilung der Realschullasten in Mehlbek (1815) 1835-1837

4038 Verkauf des alten Schulhauses in Wapelfeld 1835

4039 Erhöhung der Torflieferung für den Schullehrer Hans Wannfried in Bargstedt 1835

4042 Amtsgehilfe für Pastor Kirchhof in Kellinghusen 1835-1836

4043 Gefängnisstrafe gegen Hinrich Loop in Oeschebüttel wegen seiner Setzung zu den Kirchenanlagen in Kellinghusen 1835

4044 Annahme eines ordinierten Prädikanten als Amtsgehilfe für Pastor Karstens in Bovenau 1835-1839

4046 Beitrag der Prediger zum Unterhalt des Polizeidieners in Hohenwestedt 1836

4049 Umarbeitung des Kircheninventars in Hademarschen 1837

4051 Kritik im Generalvisitationsbericht zum Kirchen- und Schulwesen im Kirchspiel Jevenstedt 1837

4052 Sandmagazin auf der Diakonatskoppel in Schenefeld (1829-) 1837-1839

4054 Verbleib des Pastors Peter Friedrichsen in Jevenstedt als Rektor in Husum bis Ostern 1838

4055 Kirchenanlagen für das Kirchspiel Hohenwestedt (1835-) 1838-1839

4056 Reparatur des Pastorats und Verkauf eines Nebengebäudes in Jevenstedt 1838

4057 Pastoratsarchiv der Christ- und Garnisonskirche in Rendsburg sowie Kirchenrechnungen in Kellinghusen und Schenefeld 1837-1845

4058 Übernahme der Amtsgeschäfte des Propstes und Pastors Johann Friedrich Leonhard Callisen in Rendsburg während seiner Teilnahme an der Ständeversammlung 1838-1846

4059 Ernennung des bisherigen Amtsgehilfen zum Pastor in Jevenstedt 1837

4060 Buttersammlung in Haale für die Prediger in Schenefeld (1787-) 1838

4063 Ausweisung von Bauplätzen auf dem Pastoratsland in Kellinghusen 1838-1840

4064 Gnadenjahr für die Organistenwitwe Staack in Hohenwestedt 1838-1839

4065 Geschäftsverteilung der beiden Prediger in Kellinghusen 1839-1844

4066 Vergütung des Kandidaten der Theologie Cassuben für die Vakanzpredigten beim Diakonat in Schenefeld 1839

4068 Pastorat in Schenefeld 1839-1847

4070 Abgang des Diakons Michaelsen in Nortorf 1840-1842

4071 Kirchenuhr und Kirchenreparatur in Nortorf 1841-1844

4072 Predigerwitwenhaus in Nortorf 1840-1841

4073 Diakonat in Kellinghusen 1841-1849

4074 Verwaltung des Pastorats in Nortorf 1841

4076 Kirchenstuhlbücher in Kellinghusen, Nortorf, Schenefeld, Hohenwestedt und Altstadt Rendsburg 1841

4078 Kirchenfuhren in Lockstedt zum Bau des Diakonats in Kellinghusen (1827-) 1842

4080 Kirchhof in Nortorf 1844-1846
Enthält u. a.: Register der Familienbegräbnisse

4081 Predigerstellen in Hohenwestedt 1844-1850

4082 Ankauf einer Wiese für die Organistenstelle in Hademarschen 1844

4083 Geldzahlung des Heinrich Ehlers in Schenefeld an den dortigen Organisten und Schullehrer Pöhlsen 1846-1847

4084 Roggenlieferung der Dorfschaft Bönebüttel an das Pastorat in Kellinghusen 1845-1846

4085 Provisorisches Lokalstatut für das Kirchenwesen in Nortorf 1848
Darin: Exemplare des Statuts

4086 Pachtsumme des Pächters der Geldhebung bei der Störbrücke an die Kirchenkasse in Kellinghusen 1848-1849

4088 Totengebühren der Prediger in Hohenwestedt für im Feldlazarett gestorbene Militärkranke 1850

4089 Verbindung der Dorfschaft Maisborstel mit dem Kirchspiel Hohenwestedt 1850-1851

4090 Verlegung des Besitzes des Ehler Voss in Borstelerteich zur Armenkommune Pöschendorf und zur Kirchenkommune Schenefeld sowie Kirchspielszugehörigkeit von Borstelerteich (1837-) 1847

Propstei Segeberg

Allgemeines

4105 Pensionsanstalt für Witwen von Organisten, Küster und Distriktsschullehrer 1815-1816, 1830-1848
Darin: Plan für die Pensionsanstalt, 1816

4109 Handdienste der Kätner bei Schulbauten 1822, 1835

4141 Pflicht des Propstes zur Besorgung und Ausfertigung der Expeditionen in Visitorialangelegenheiten 1838-1839, 1847-1848

4165 Einrichtung einer neuen Propstei in Oldesloe 1842-1846

4172 Kirchen- und Konsistorialboten 1846-1851

Kirchenvisitation

4116 Kirchenvisitation 1834 in Pronstorf, Segeberg, Leezen und Warder 1834-1838

4126 Spezialkirchenvisitation 1835 in Bornhöved, Bramstedt und Kaltenkirchen (1832-) 1835

4131 Spezialkirchenvisitation 1836 in Oldesloe, Sarau, Sülfeld und Schlamersdorf sowie Kirchenvermögen 1837-1849

4133 Spezialkirchenvisitation 1837 in Segeberg, Leezen, Pronstorf und Warder 1838-1844
Enthält u. a.: Kirchenanlage und Kirchenjurat in Tralau

4134 Generalkirchenvisitation 1837 (1837) 1838

4142 Spezialkirchenvisitation 1838 in Bramstedt, Kaltenkirchen und Bornhöved 1839-1842
Enthält u. a.: Pastoratsbau in Bornhöved
Darin: Grund-, Auf- und Querschnittsrisse des Pastorats in Bornhöved

4154 Spezialkirchenvisitation 1839 in Sülfeld, Schlamersdorf, Sarau und Oldesloe 1840

4160 Generalkirchenvisitation 1840 1841

4161 Spezialkirchenvisitation 1840 (1840) 1841

4162 General- und Spezialkirchenvisitation 1841-1849 1842-1850

Schule allgemein

4093 Regulative der Landschulen 1830-1844
Enthält: Stolpe (Gut Depenau) und Wankendorf
Enthält auch: Aktenverzeichnis für Abt. 49 Nr. 4093-4103

4094 Regulative der Landschulen 1831-1846
Enthält: Klein Rönnau; Kaltenkirchen; Güter Jersbek und Stegen

4095 Regulative der Landschulen 1833-1849
Enthält: Bramstedt; Sievershütten; Weddelbrook und Mönkloh; Gut Jersbek; Ulzburg; Negernbötel

4096 Regulative der Landschulen (1809-) 1835-1849
Enthält u. a.: Verbesserung der Diensteinkünfte von Schullehrern im Kirchspiel Segeberg

4097 Regulative der Landschulen (1829) 1836-1849
Enthält u. a.: Kircheninventar von Leezen, 1829

4098 Regulative der Landschulen 1837-1850
Enthält: Bramstedt; Armstedt

4099 Regulative der Landschulen 1838-1850

4100 Regulative der Landschulen (1815-) 1839-1850

4101 Regulative der Landschulen 1839-1850

4102 Regulative der Landschulen 1841-1846

4103 Regulative der Landschulen 1838-1850

4121 Schulen 1834-1849 (1857)
Enthält auch: Aktenverzeichnis für Abt. 49 Nr. 4121-4125

4122 Schulen 1835-1847

4123 Schulen (1818) 1836-1849

4124 Schulen 1840-1850

4125 Schulen 1837-1850

Angelegenheiten der Kirchspiele

4091 Bau und Reparatur des Schulhauses in Bahrenhof 1796-1797, 1825-1843

4092 Einrichtung der Armenkasse in Bramstedt 1797-1799, 1842

4104 Verhältnis der Parzellisten in Rethwisch zur Schule in Pölitz 1815-1819, 1839-1847

4106 Zustand der Schule in Belau 1817-1818, 1834-1837

4107 Begräbnisplatz für das Kirchspiel Bornhöved 1819-1821, 1839-1841

4108 Außerordentliche Kirchenanlage im Kirchspiel Bramstedt 1822, 1842, 1848

4110 Teilnahme der Parzellisten in Rohlfshagen an den Schullasten in Barkhorst sowie die Schulen in Rümpel, Vorburg Tremsbüttel und Klinken 1823, 1834-1836

4111 Teilnahme der Parzellisten in Rohlfshagen an den Schullasten in Barkhorst sowie die Schulen in Rümpel, Vorburg Tremsbüttel und Klinken (1834-) 1836-1840

4112 Mängel an der Kirche in Bornhöved 1829-1831, 1841-1842

4113 Neubau oder Reparatur des Schulhauses für Kattendorf-Winsen
Darin: Grundriss des Schulhauses 1833-1837

4114 Ordination des Kandidaten der Theologie Günzel als Amtsgehilfe des Pastor Oertling in Bornhöved und Tod des Pastors 1833-1837

4115 Reparatur der Kirchturmspitze in Oldesloe 1834-1837

4117 Regulativ für den Kirchhof in Sarau 1834-1836

4118 Beschwerde von Malern in Segeberg gegen den Maler und Schullehrer Lütje in Mielsdorf 1835

4119 Kirchenbauten und Kirchenuhr in Kaltenkirchen 1835, 1842-1847

4120 Reparatur des Organistenhauses in Bornhöved 1835-1844

4127 Kirchenstuhl für den Amtmann von Rosen in der Kirche in Segeberg 1835

4128 Kirchenanlagen für das Kirchspiel Kaltenkirchen 1835-1848

4129 Besetzung der Predigerstelle und Pastoratsbauten in Pronstorf 1836, 1846-1847

4130 Ermäßigung von Visitationskosten für das Kirchspiel Leezen 1836-1837, 1850

4132 Reparatur des Pastorats in Bramstedt 1837-1838

4135 Verlegung der Missionsstunde in die Kirche in Sarau 1838

4136 Kirchhof in Pronstorf 1838

4137 Predigerwitwenhaus für das Kirchspiel Kaltenkirchen 1838-1839

4138 Vorlage der Kirchenrechnungen bei der Generalkirchenvisitation in Oldesloe 1838-1839

4139 Unterhalt der Einfriedung des Organistengartens in Bramstedt 1839

4140 Kircheninventar für Pronstorf 1838-1844

4143 Kirchenanlagen für das Kirchspiel Bornhöved 1839, 1847-1850

4144 Kirchenstuhlbuch für das Kirchspiel Bramstedt und Einrichtung neuer Kirchenstände in der Kirche in Bramstedt 1838-1847

4145 Kirchenglocke und Kirchenvermögen in Pronstorf 1839, 1850

4146 Kircheninventar für Bornhöved 1838-1847

4147 Begräbnisplätze im Kirchspiel Sülfeld 1838-1843

4148 Kircheninventar für Oldesloe 1838-1847

4149 Kirchhof in Leezen 1838-1841

4150 Verkauf von Pastoratsland in Bramstedt zur Anlage von Katenstellen 1839-1840

4151 Kircheninventar für Schlamersdorf 1838-1847

4152 Kircheninventar für Kaltenkirchen 1838-1849

4153 Kirchenrechnung in Kaltenkirchen 1840

4155 Kirchen- und Kirchspielsrechnungen in Bornhöved 1839-1840, 1847

4156 Weigerung des Pastors Niese in Kaltenkirchen zu einer Amtshandlung im Distrikt des zweiten Pastors Schröder 1840

4157 Begräbnisplatz in Bramstedt 1838-1848

4158 Verlegung von Eingesessenen in Klint vom Kirchspiel Segeberg zum Kirchspiel Großenaspe 1840-1841

4159 Zinsfuß und Bankhaftkürzung eines Kapitals der Kirche in Warder 1841

4163 Verhältnis des Meierhofs Pettluis zur Kirche in Segeberg 1839-1842

4164 Verwendung der Klingelbeutelgelder im Kirchspiel Bornhöved 1842-1843

4166 Entlassung des Pastors Niese in Kaltenkirchen 1842-1843

4167 Kirchenstuhlbuch für das Kirchspiel Leezen 1841-1843

4168 Propstei Segeberg: Abgang des Propstes Nissen und vorläufige Verwaltung der Propsteigeschäfte 1843-1846

4169 Einnahmen für die Brautkronen und das Taufzeug in Kaltenkirchen 1843

4170 Begräbnisplatz in Kaltenkirchen 1844-1849

4171 Pastoratsbauten in Bornhöved 1843-1847

4173 Kircheninventar in Leezen 1849

4174 Kirche in Bornhöved 1850
Enthält nur Aktendeckblatt

Propstei Süderdithmarschen

Allgemeines

4184 Instruktion für die Kirchenoffizialen und Schulvorsteher 1811-1846

4187 Errichtung einer Pensionswitwenanstalt für Predigerwitwen 1822-1838

4199 Verteilung der Kirchenanlagen 1790-1847

4203 Gebühr des Propstes für eine Ordination 1836

4239 Propst 1842-1849

4241 Vermögensverhältnisse der Kirchen 1838-1848

Kirchenvisitation

4189 Generalkirchenvisitation 1827 1828-1836
Enthält: Kirchenbesuch in Eddelak; Kirchenzustand und Kirchhof in Marne; Kirchenglocke in Nordhastedt

4204 Spezialkirchenvisitation 1836 in Hemmingstedt, Süderhastedt, Sankt Michaelisdonn und Windbergen 1836-1837

4207 Spezialkirchenvisitation 1837 und 1840 in Wöhrden, Brunsbüttel, Marne, Albersdorf und Eddelak 1837-1840

4213 Spezialkirchenvisitation 1838 in Burg, Barlt, Albersdorf, Meldorf und Nordhastedt, Spezialkirchenvisitation 1841 sowie Änderung der Visitationsordnung 1838-1850

4217 Generalkirchenvisitation 1837 (1837-) 1839

4220 Spezialkirchenvisitation in Sankt Michaelisdonn, Windbergen, Süderhastedt und Hemmingstedt 1839

4230 Generalkirchenvisitation 1840 1841

4238 General- und Spezialkirchenvisitationen 1842-1850 1842-1851

Schule allgemein

4176 Distriktsschulen und Schulregulativ 1811-1847
Enthält auch: Aktenverzeichnis für Abt. 49 Nr. 4176-4182

4177 Distriktsschulen und Schulregulativ (1819) 1836-1845
Enthält u. a.: Schulunterricht am Mittwochnachmittag

4178 Distriktsschulen und Schulregulativ 1838-1850

4179 Distriktsschulen und Schulregulativ 1841-1850

4180 Distriktsschulen und Schulregulativ 1835-1850

4181 Distriktsschulen und Schulregulativ 1842-1849
Enthält: Blangenmoor und Lehe; Hochdonn; Wöhrden; Barlt
Darin: Karte zu den Schuldistrikten im Kirchspiel Eddelak

4182 Distriktsschulen und Schulregulativ 1843-1851

4194 Schulen 1835-1847

Angelegenheiten der Kirchspiele

4175 Einziehung des Kompastorats in Meldorf 1846

4183 Verlegung des Kirchhofs in Meldorf 1809-1813, 1839-1845

4185 Schulordnung für die Bürgerschulen in Meldorf 1814, 1834-1835
Darin: Karte zur Feldmark der Dorfschaft Ammerswurth

4186 Schulordnung für die Bürgerschulen in Meldorf (1790-1795) 1835-1847

4188 Verteilung der Realschullasten der Landbesitzer in Burg 1823-1835

4190 Kirchenreparatur in Hemmingstedt 1829-1837

4191 Beschwerde des Schullehrers Finke in Westerbüttel wegen eines Kleiewalls 1834-1835

4192 Hinziehung von Kirchen- und Predigerländereien in Albersdorf zu Schulbaukosten 1834-1835

4193 Kirchenreparatur in Marne 1832-1836

4195 Untersuchung gegen den Schullehrer Claus Dencker in Diekhusen wegen unzüchtiger Handlungen mit Schulkindern 1835-1836

4196 Kirchenreparatur in Nordhastedt 1835-1836

4197 Zahlung der Bauernschuld und Hühnerdütchen des Pastors Christiansen in Barlt in die Armenkasse 1835

4198 Beschwerde des Gerichtsdieners Kaiser gegen den Kompastor J. C. Paulsen in Meldorf 1835-1840

4200 Unzulässige Verheiratungen durch Pastor Jacob Hansen in Meldorf 1835-1836

4201 Beschwerde gegen den Seminaristen Kohlsaat in Barlt wegen Züchtigung des Sohnes des Peter Lever 1835-1836

4202 Einkünfte der Kirchenbaumeister in Meldorf 1836

4205 Altersschwäche des Pastors Berend Jacob Lange in Süderhastedt 1837

4206 Verkauf einer Holzbüthe der Kirche in Burg 1837

4208 Kirche und Pastoratsgebäude in Meldorf 1838-1847

4209 Orgelkonzert des Organisten Piening in der Kirche in Meldorf 1838

4210 Pastorat und Diakonat in Eddelak 1838-1848

4211 Begräbnisplatz in Brunsbüttel 1839-1842
Darin: Regulative

4212 Kirchenreparatur in Barlt 1838-1843

4214 Fußsteigverbindungen von Ostermoor und Koog nach Brunsbüttel 1839

4215 Kirchhof in Nordhastedt 1838-1843

4216 Kirchhof in Barlt 1839, 1847-1850

4218 Kircheninventar für das Kirchspiel Barlt 1838-1844

4219 Diakonat in Marne 1839-1845

4221 Kircheninventar für Albersdorf 1839

4222 Kirchhof in Hemmingstedt 1839-1842

4223 Zuordnung der Dorfschaften Odderade und Lehrsbüttel zum Kirchspiel Norderhastedt 1838-1843

4224 Änderungen in den kirchlichen und gottesdienstlichen Einrichtungen in Meldorf 1835-1845

4225 Beitrag der Prediger in Meldorf zu den Fleckensanlagen 1840

4226 Missstände beim Kirchenkollegium in Sankt Michaelisdonn sowie Aufnahme der dortigen Kirchen- und Armenrechnungen 1840-1841

4227 Begräbnisplatz in Sankt Michaelisdonn 1841-1842

4228 Diensteinkünfte des Pastorats in Sankt Michaelisdonn 1841

4229 Revision des Kircheninventars in Meldorf 1841-1847

4231 Kircheninventar für Brunsbüttel 1841-1850

4232 Benutzung von Kirchenland im Kronprinzenkoog (1790-) 1842

4233 Wohnungsgeld für die Pastorenwitwe Müller aus Brunsbüttel 1841-1842

4234 Versammlungen des Subrektors Decker in Meldorf zur Bibelerklärung 1842

4235 Bauten im Kircheninneren in Albersdorf 1842

4236 Kirchhof in Albersdorf 1842

4237 Aussetzung der Nachmittagspredigten in Meldorf 1842

4240 Turmuhr für die Kirche in Burg 1843

4242 Kirchenbauten und Kirchenrechnung in Eddelak 1844-1847

4243 Pastorat in Süderhastedt 1845-1848

4244 Kircheninventar für Sankt Michaelisdonn 1845

4245 Begräbnisplatz in Wöhrden 1845-1846

4246 Kirchenanlagen im Kirchspiel Süderhastedt (1743-) 1845-1846

4247 Belegung von Pastoratskapitalien in Nordhastedt 1846

Propstei Norderdithmarschen

Allgemeines

4276 Konfitentenregister 1836-1837

4279 Entlassung des Propstes Jürgens in Weddingstedt 1837-1841

4292 Propst 1838-1849

4296 Geistlicher Gerichtsstand für Prediger 1839

4297 Freifuhren für Prediger zum Konsistorium und Diäten sowie Normativ für den Kaland 1838-1845

4318 Gültigkeit der fürstlichen Verordnung von 1739 zur Verwaltung der Kirchengüter (1739) 1838-1839

Kirchenvisitation

4263 Generalkirchenvisitation 1827 1828-1838

4265 Generalkirchenvisitation 1830 1831-1835
Enthält: Schulen in Barkenholm und Linden; Feuerung des Schullehrers in Oster- und Westermoor

4272 Spezialkirchenvisitation 1835, besonders Vermögensverhältnisse der Kirchspiele Delve, Lunden, Sankt Annen, Schlichting, Hennstedt, Neuenkirchen, Tellingstedt und Heide 1836-1842

4275 Spezialkirchenvisitation in den Kirchspielen Büsum, Wesselburen, Neuenkirchen und Weddingstedt 1836

4278 Spezialkirchenvisitation 1837 in Tellingstedt, Hemme und Heide (1832-) 1837-1838

4293 Generalkirchenvisitation 1837 1838

4295 Spezialkirchenvisitation 1838 in Hennstedt, Sankt Annen, Lunden, Delve und Schlichting sowie Abfassung der Kirchen- und Armenrechnungen in allen Kirchspielen und Vermögensverhältnisse der Kirchenkassen 1838-1850

4301 Spezialkirchenvisitation 1839 in Wesselburen und Weddingstedt 1838-1843
Enthält auch: Kirchenstuhlbuch in Sankt Annen und Neuenkirchen

4312 Generalkirchenvisitation 1840 1841

4315 General- und Spezialkirchenvisitationen 1840-1849 1839-1850

Schule allgemein

4251 Einführung eines neuen Schulregulativs 1833-1849
Enthält auch: Aktenverzeichnis für Abt. 49 Nr. 4251-4254

4252 Einführung eines neuen Schulregulativs 1836-1850

4253 Einführung eines neuen Schulregulativs (1835-) 1840-1847
Enthält u. a.: Schulfonds

4254 Einführung eines neuen Schulregulativs 1842-1850

4260 Schullehrerwitwenkasse 1835-1848
Enthält vor allem: Rechnungen

4270 Schulen 1835-1850

Angelegenheiten der Kirchspiele

4248 Kirche und Schulgebäude in Hemme 1795, 1830-1850

4249 Wahl der Kirchenbediensteten in Heide 1800-1801, 1826, 1839

4250 Kirchenreparatur in Heide 1813, 1832, 1838

4255 Verbindung des Organistendienstes mit dem Schuldienst in Hemme und Bau eines Totenhauses auf dem Kirchhof in Heide (1832-) 1834-1843

4256 Dienstentlassung des Schullehrers Johann von Böhl in Dellstedt 1818, 1837

4257 Verbesserung der Predigerstelle in Hennstedt 1818-1819, 1832-1836

4258 Präsentation und Wahl des Schullehrers in Wesselburen
1819, 1822, 1839

4259 Beschwerden der Prediger in Wesselburen wegen Störung des öffentlichen Gottesdienstes und anderer Missstände 1819-1847

4261 Gebühren der Prediger in Hennstedt, Weddingstedt und Tellingstedt in Schulangelegenheiten 1822-1846

4262 Regulierung der Nebenschule in Tielenhemme
Darin: Karte des Tielenhemmer Koogs 1825-1831, 1841-1845

4264 Dienstuntüchtigkeit des Schullehrers Petersen in Lüdersbüttel
(1824-) 1828-1839

4266 Kirche in Lunden 1834-1845
Darin: Grundriss der Kirche mit Zeichnungen zum Innenausbau

4267 Verminderung des Kirchenvermögens in Hennstedt 1834-1836

4268 Beiträge der Eingesessenen in Sankt Annen zum Kirchen- und Halsschatz in Lunden 1834-1843

4269 Anbau an das Pastorat in Neuenkirchen 1835

4271 Kircheninventar in Hennstedt (1833-) 1835-1836, 1850-1851

4273 Regulierung der Hand- und Spanndienste für die Schulkommune Westermoor und Ostermoor 1836

4274 Einfriedung von Kirchenländereien in Hennstedt 1836

4277 Umgießung der Kirchenglocke in Delve 1837

4280 Reparatur des Glockenhauses in Hemme 1838

4281 Gehaltserhöhung für die Prediger in Heide 1838

4282 Küster- und Schullehrerstelle in Delve 1838-1840

4283 Unordnungen und Missbräuche im Kirchenwesen in Hemme
(1817) 1838-1839

4284 Diakonat, Pastor und Kirchenanlagen in Delve 1838-1851

4285 Kirchenreparaturen in Weddingstedt 1839-1848

4286 Kirchhof in Tellingstedt 1838-1839

4287 Kirchengebäude in Tellingstedt 1838-1847

4288 Schulzinsen in Tellingstedt 1838-1841

4289 Führung der Kirchenrechnung im Kirchspiel Schlichting 1838

4290 Hand- und Spanndienste für den Pastor in Schlichting 1838-1839

4291 Zustand des Kirchengebäudes in Schlichting 1838-1839

4294 Kirchenreparatur und Kirchenstuhlbuch in Delve 1839-1842

4298 Kirchen- und Armenvorsteherkollegium in Schlichting 1838-1843

4299 Aufbringung der Kirchenlasten in Sankt Annen 1838-1840

4300 Trennung der Notariatsgeschäfte von den Rektorenämtern in Sankt Annen und Schlichting 1838-1845

4302 Wohnhaus der Predigerwitwen in Heide 1839-1843

4303 Verhältnisse der Dorfschaften Wesseln und Rüsdorf zu den Kirchspielen Heide und Weddingstedt (1815-1816) 1838-1841

4304 Nachlässigkeit des Pastors Paul Nissen in Lunden bei Führung der Ministerialbücher anlässlich einer Namensänderung 1840

4305 Kirchhof in Weddingstedt 1838-1842

4306 Kirchhof in Delve 1838-1842

4307 Kirchhof in Lunden 1838-1845

4308 Kirchhof und Kirchenstuhlbuch in Hennstedt 1838-1844

4309 Kirchhof in Hemme (1838-) 1840

4310 Dienstentlassung und Pensionierung des Pastors Johann Christian Gazert in Büsum 1840-1841

4311 Säuberung der Straßen um das Pastorat in Hennstedt 1839-1840

4313 Kirchengebäude und Kirchenvermögen in Wesselburen 1841-1850

4314 Kirchenstuhlbuch in Büsum und Schlichting 1841-1842

4316 Verteilung der Armenlasten, des Kirchenkorns sowie der Hand- und Spanndienste in Schlichting 1841-1844

4317 Heranziehung auswärtiger Besitzer von Ländereien in Sankt Annen zu den Kirchenlasten 1843

4319 Kirchhof in Sankt Annen 1841-1843
Darin: Karte zum Kirchhof

4320 Protokollführung über die Verhandlungen des Kirchenkollegiums in Schlichting (1831-) 1843

4321 Amtsverhalten des Diakons Georg Friedrich Volquarts in Lunden (1841-) 1844
Darin: Extrabeilage zur „Dithmarsischen Zeitung" Nr. 36, August 1843; „Dithmarsische Zeitung" vom 14. Oktober 1843 und 6. April 1844; zwei gedruckte Predigten des Diakons Volquarts: „Die gebrannten Wasser", 1841, und „Alcohol, der Landesfeind", 1843

4322 Leichengebühr in Hennstedt 1843-1844

4323 Kirche in Hennstedt 1844-1848

4324 Vakanz und Besetzung des Pastorats in Wesselburen 1848-1849

4325 Neubau des Diakonats in Lunden 1848

Ehemalige großfürstliche Kirchen

4326 Gleichstellung der beiden Prediger in Neumünster und Führung der dortigen Kirchenbücher 1841

4327 Predigerwitwenhaus in Neumünster 1840-1843

4328 Kirchenwesen in Kiel 1797-1798, 1822-1848

4329 Vorläufiger Nießbrauch des Predigerwitwenlandes in Grömitz 1801-1807, 1846

4330 Regulativ für die Landschulen: Amt Cismar 1810-1818
Enthält auch: Aktenverzeichnis für Abt. 49 Nr. 4330-4331

4331 Regulativ für die Landschulen: Amt Cismar 1818-1846

4332 Regulativ für die Landschulen: Amt Neumünster 1810-1813
Enthält auch: Aktenverzeichnis für Abt. 49 Nr. 4332-4336

4333 Regulativ für die Landschulen: Amt Neumünster 1813-1840

4334 Regulativ für die Landschulen: Amt Neumünster 1828-1850
Enthält u. a.: Probeschule für den wechselseitigen Schulunterricht sowie Regulativ für die Fabrik- und Armenschule in Neumünster

4335 Regulativ für die Landschulen: Amt Neumünster (1810-1812) 1836-1843

4336 Regulativ für die Landschulen: Amt Neumünster 1842-1850

4337 Regulativ für die Landschulen: Ämter Kiel, Bordesholm und Kronshagen 1811-1832
Enthält auch: Aktenverzeichnis für Abt. 49 Nr. 4337-4340

4338 Regulativ für die Landschulen: Ämter Kiel, Bordesholm und Kronshagen 1831-1849

4339 Regulativ für die Landschulen: Ämter Kiel, Bordesholm und Kronshagen 1839-1850

4340 Regulativ für die Landschulen: Ämter Kiel, Bordesholm und Kronshagen 1843-1850

4341 Kirchhof in Neumünster 1811-1813, 1843-1844

Propstei Kiel

Allgemeines

4348 Pensionsanstalt für Schullehrerwitwen 1816-1847

4345 Pflicht der Altenteiler und Insten zu den Handdiensten für die Schule 1815, 1830, 1841

4374 Propst 1835-1849

4387 Nachricht über die Gründung eines Konvents 1837

4402 Kirchenrechnungen 1843
Enthält nur Aktendeckblatt

4405 Vermögenszustand der Kirchen 1843-1850

4406 Weltlicher Kovisitator bei den adligen Kirchen 1842-1848

Kirchenvisitation

4355 Generalkirchenvisitation 1832 im adligen Distrikt 1833-1838
Enthält u. a.: Abgang des Pastors Tychsen, Selent

4363 Spezialkirchenvisitation 1834 in Neumünster und Großenaspe 1835

4364 Spezialkirchenvisitation 1834 im Distrikt des Klosters Preetz
Enthält u. a.: Gartenland in Passade und Klausdorf 1835-1837

4365 Spezialkirchenvisitation 1834 in den Patronatskirchen 1835
Enthält u. a.: Kirchenorgel für Selent; Abgang des Pastors Jensen, Lebrade

4366 Spezialkirchenvisitation 1834 im Amt Bordesholm 1835-1836

4383 Spezialkirchenvisitation 1836 im Amt und Kirchspiel Neumünster
Enthält u. a.: Kirchen- und Schulschulden 1836-1845

4384 Spezialkirchenvisitation 1836 in den Ämtern Kiel, Bordesholm und Kronshagen sowie in den adligen Distrikten 1836-1838

4385 Spezialkirchenvisitation 1836 im Distrikt des Klosters Preetz 1836-1839

4389 Spezialkirchenvisitation 1838 in den Propsteidistrikten Bordesholm, Neumünster und Preetz 1838-1841
Enthält u. a.: Schulbibliothek in Brügge

4396 Generalkirchenvisitation 1838, auch in der Stadt Kiel und im Kloster Preetz 1838-1840
Enthält u. a.: Übersicht über die Volksschulen

4399 General- und Spezialkirchenvisitationen 1841-1850 1842-1850

Schule allgemein

4343 Adlige Schulen im Distrikt des Klosters Preetz 1813-1814, 1835-1838
Enthält auch: Aktenverzeichnis für Abt. 49 Nr. 4343, 4346, 4347 und 4350

4346 Regulativ für die adligen Schulen 1813-1848

4347 Regulativ für die adligen Schulen 1837-1843
Enthält: Lebrade; Wittenberg und Stellböken

4350 Regulativ für die adligen Schulen im Distrikt des Klosters Preetz 1818, 1838-1841

4371 Schulen im Amt und im Kirchspiel Neumünster 1835-1850
Darin: Zeichnung des Schulhauses in Boostedt

4372 Schulen im Distrikt des Klosters Preetz 1835-1848

4373 Schulen in den Ämtern Kiel und Bordesholm sowie im adligen Distrikt 1835-1849

Angelegenheiten der Kirchspiele

4342 Verteilung der Kirchenanlagen in den Kirchspielen Groß Flintbek und Brügge 1812-1835

4344 Regulierung der Schuleinrichtung im Schuldistrikt Gadeland-Kleinkummerfeld 1815-1827, 1844-1849

4349 Schulgebäude in Bordesholm 1817-1818, 1837-1838

4351 Feuerung für die Schule in Brachenfeld 1821-1822, 1838

4352 Weichholzlieferung aus der Pastoratshölzung in Bönebüttel an die Prediger in Neumünster 1821-1822, 1839-1840

4353 Amtsgehilfe und Entlassung des Pastors Hans Jürgen Stubbe in Brügge 1828, 1837-1841

4354 Schulhaus in Neumühlen 1830-1846

4356 Kirchengebäude in Neumünster 1769-1815

4357 Kirchengebäude in Neumünster 1815-1828

4358 Kirchengebäude in Neumünster 1828-1833
Enthält u. a.: Kirchenkassenrechnung, 1829-1830

4359 Kirchengebäude in Neumünster 1833-1834
Enthält u. a.: Bau des Altars

4360 Kirchengebäude in Neumünster 1834-1835
Enthält u. a.: Vermietung der Kirchenstände

4361 Kirchengebäude in Neumünster 1835-1846

4362 Kirchhof in Großenaspe 1834-1839

4367 Regulierung der Leistungen für die Schule in Neumühlen 1835

4368 Kirchenjuraten für das Kirchspiel Barkau 1835-1839

4369 Behandlung der Klage der Schulvorsteher in Großharrie gegen den Schullehrer Heeschen wegen Hökerei (1831-) 1835

4370 Anweisung von Plätzen in der Nikolaikirche in Kiel für die Mitglieder des Oberappellationsgerichts 1835

4375 Ankauf der Interimskirche in Neumünster für eine Schuleinrichtung und Unterhalt der dortigen Schulhäuser 1835-1841

4376 Beitrag des Amtmanns von Sievers in Neumünster zu den persönlichen Schulleistungen 1835

4377 Verkauf des Archidiakonatgartens in der Brunswik 1835

4378 Besetzung der Stelle eines Kirchenjuraten und eines gerichtlichen Taxators im Gut Schrevenborn 1836

4379 Verkauf des Juratengartens und der Juratenwiese in Kiel 1836

4380 Kirchenreparatur in Großenaspe 1836

4381 Kirchenbauten in Schönkirchen 1836-1841

4382 Änderung der Kirchenverfassung im Kirchspiel Schönkirchen 1836-1839

4386 Beitragspflicht des Erbpachtmüllers Strenge in Heidmühlen zu den Kirchenfuhren in Großenaspe 1836-1838

4388 Kircheninventar für Neumünster 1838, 1845

4390 Bau des Organistenhauses in Lebrade 1839

4391 Dienstabgabe an die Predigerwitwen in Großenaspe 1839

4392 Kirchenanlagen im Kirchspiel Großenaspe 1841-1848

4393 Kirche in Groß Flintbek 1840-1849

4394 Pastorenwitwenhaus in Bordesholm 1840

4395 Gebühren und Lieferungen für das Pastorat in Bordesholm 1840-1843

4397 Kirchhof in Schönkirchen 1841-1847

4398 Kirchhof in Brügge 1841-1844

4400 Besetzung des Pastorats in Schönkirchen 1842-1843

4401 Predigerwahl in Groß Flintbek 1843

4403 Orgelanschaffung und Kirchenreparatur in Bordesholm 1844-1850

4404 Kirchenlasten des Tuchmachers Friedrich Hansen in Neumünster 1845

4407 Änderung des Kircheninventars für Brügge 1849

4408 Berichterforderung zum Neubau des Pastorats in Großenaspe 1850

4409 Beitrag von Anbauern in Wellingdorf zu den Kirchenlasten 1848-1849

Propstei Oldenburg

Allgemeines

4410 Konsistorium 1811-1850

4418 Witwenpensionsanstalt für Organisten, Kantoren, Küster und Schullehrer 1818-1850
Darin: gedruckter Plan für eine Pensionsanstalt, 1818

4436 Beeinträchtigung der Einkünfte der Schullehrer in den landgräflichen Fideikommissgütern 1835-1838

4439 Beschwerde des Magistrats in Heiligenhafen gegen die Ansetzung des Kirchenkonvents und Anweisung eines Vorschusses an den Kirchenjuraten Orts in Heiligenhafen 1836

4443 Gebühr für die Introduktion der Prediger (1835) 1837-1850
Darin: gedrucktes Kircheninventar für Oldenburg, 1835

4456 Entlassung des Propstes Franz Adolph Schroedter in Oldenburg 1842-1844

4461 Propst 1843-1847

Kirchenvisitation

4420 Generalkirchenvisitation 1822 1822-1841
Enthält u. a.: Kapelle in Cismar; Schule in Heiligenhafen und Oldenburg

4421 Spezialkirchenvisitationen 1823-1849
Darin: Inventar der Kirche in Oldenburg, 1835

4422 Spezialkirchenvisitation 1825 1825-1828, 1846

4423 Generalkirchenvisitation 1825 1825-1844
Enthält u. a.: Schullokal in Gadendorf und Wangels; Schulregulativ für Petersdorf und Schulpflicht des Hofes Wahrendorf

4426 Generalkirchenvisitation 1828 1828-1836

4437 Spezialkirchenvisitation 1835 1835-1849

4438 Gebühr der Justitiare für die Anwesenheit bei der Kirchenvisitation 1836

4444 Spezialkirchenvisitation 1837 1837-1838

4446 Generalkirchenvisitation 1836, auch in der Stadt Neustadt (1836) 1837

4450 Spezialkirchenvisitation und Kirchenkonvent in Heiligenhafen 1839

4451 Spezialkirchenvisitationen 1839-1840
Enthält u. a.: Vorlage der Schulrechnungen der adligen Schulen

4453 Generalkirchenvisitation 1839 1841

4457 General- und Spezialkirchenvisitationen 1841-1849 (1841) 1842-1849

Schule allgemein

4411 Regulativ für die adligen Landschulen 1813-1817
Enthält auch: Aktenverzeichnis für Abt. 49 Nr. 4411-4417

4412 Regulativ für die adligen Landschulen 1817-1835, 1849-1850

4413 Regulativ für die adligen Landschulen 1835-1848

4414 Regulativ für die adligen Landschulen 1838-1850
Enthält u. a.: Organisation des Schulwesens in Grömitz, 1838-1850; Schulversäumnisse, 1839-1847

4415 Regulativ für die adligen Landschulen 1809-1809, 1838-1851
Enthält u. a.: Bliesdorf, 1808-1851

4416 Regulativ für die adligen Landschulen 1838-1850

4417 Regulativ für die adligen Landschulen 1840-1849
Enthält u. a.: Verbesserung der Schulstellen

4433 Schulen 1835-1850

4434 Schulen 1835-1850

4435 Schulen 1842-1850

Angelegenheiten der Kirchspiele

4419 Predigerwitwenhaus in Grube 1823-1826, 1843-1847
Darin: Grund- und Profilriss, 1824

4424 Kircheninventar für Grube 1825-1843

4425 Kirchhof in Lütjenburg 1828-1848

4427 Beitrag der Dörfer Neuratjensdorf, Kembs, Sulsdorf und Dazendorf zum Unterhalt der Schulhäuser in Heiligenhafen 1827-1835

4428 Wahl des Elementarlehrers Zimmermann an der Probeschule in Oldenburg 1834-1835

4429 Verteilungsnorm für die Kirchen- und Armenanlagen in den zum Amt Cismar gehörenden Teilen des Kirchspiels Grube (1784) 1834-1848

4430 Unterstützung zum Schulhausbau in Dahme 1835

4431 Abgang des Schullehrers Bauer in Schachthagen und des Schullehrers Klüver in Rettin 1835-1838

4432 Beerdigung des Pächters Danielsen in Johannishof und des Nicolaus Ludwig Ehrich in Petersdorf auf dem alten Kirchhof in Lensahn 1835-1837

4440 Kompastorat und Kompastoratswitwenhaus in Grube 1837-1838

4441 Kircheninventar für Grömitz 1837-1847

4442 Begräbnisplatz in Hansühn 1837

4445 Erleichterung des Pastors Franz Adolph Schroedter in Oldenburg in seinen Amtsgeschäften 1838-1839

4447 Vergütung der Pastorenwitwe Ingversen in Grube für ihr zustehende Lieferungen und Leistungen 1838

4448 Vergütung der Umzugs- und Introduktionskosten des Pastors Heinrich Adolph Burchardi in Heiligenhafen 1838-1839

4449 Kirchenrechnungswesen und Predigerwitwenhaus in Grömitz (1712-) 1837-1839

Enthält u. a.: Abschrift des Testaments der Pastorenwitwe Elisabeth Harders, 1712

4452 Kirchenreparatur und Kirchenstuhlbuch in Grube 1840, 1846

4454 Feuerungsdeputat der Witwe des Kompastors Koltmann in Grube 1838

4455 Verlegung der Erntefeier in der Gemeinde in Oldenburg 1841-1842

4458 Kirchenanlagen im Kirchspiel Neukirchen 1842-1843

4459 Organistendienst in Grube 1842-1846

4460 Vermessung und Aufteilung des Kirchhofs in Großenbrode 1843

4462 Kirchenstände und Kirchenglocke in Großenbrode 1845-1849

4463 Begräbnisplatz und Kirchenstuhlbuch in Grömitz 1846-1847

4464 Pastoratsländereien und Pastoratsleistungen in Grömitz 1848-1849

4465 Kirchenlasten der Erbpächter und Parzellisten im Kirchspiel Grömitz (1741) 1849

Propstei Stormarn

Allgemeines

4485 Pensionsanstalt für Schullehrerwitwen 1822-1849

4496 Landzulage und Gehaltserhöhung für die Schullehrer 1828-1845

4530 Vermögenszustand der Kirchen 1844
Enthält nur Aktendeckblatt

4533 Ernennung des Pastors Friedrich Tamsen in Trittau zum Propst 1849

Kirchenvisitation

4482 Generalkirchenvisitation 1819 1819-1847
Enthält u. a.: Schuldistrikt Köthel und Hamfelde; Kircheninventare in Bergstedt, Barsbüttel, Trittau und Wandsbek
Darin: Kircheninventar für Bargteheide, 1839

4490 Spezialkirchenvisitation 1825 1826-1838
Enthält: Visitationsbericht; Schulhausbau in Siek; Kirchhof in Bergstedt; Schullokal in Wandsbek

4491 Spezialkirchenvisitation 1825 1838-1845
Enthält: Schulwesen in Wandsbek

4506 Spezialkirchenvisitation 1835 1836-1837

4511 Spezialkirchenvisitation 1837 und 1839 1838-1840

4518 Generalkirchenvisitation 1837 und 1840 1838-1841

4521 Spezialkirchenvisitationen 1841-1849 (1841) 1842-1850

Schule allgemein

4466 Regulative der Schulen in den Ämtern Reinbek, Trittau und Tremsbüttel 1810-1835
Enthält auch: Aktenverzeichnis für Abt. 49 Nr. 4466-4470

4467 Regulative der Schulen in den Ämtern Reinbek, Trittau und Tremsbüttel 1835-1851
Darin: Grund- und Profilriss des Schulhauses in Todendorf

4468 Regulative der Schulen in den Ämtern Reinbek, Trittau und Tremsbüttel 1841-1850
Enthält: Trittau und Lütjensee, Hamfelde; Grönwohld; Eichede
Enthält auch: Berichte aus den Propsteien der Herzogtümer über die Auslegung von Schuldienstland

4469 Regulative der Schulen in den Ämtern Reinbek, Trittau und Tremsbüttel 1841-1850

4470 Regulative der Schulen in den Ämtern Reinbek, Trittau und Tremsbüttel 1848-1850
Enthält: Glinde; Bünningstedt und Timmerhorn; Köthel; Schiffbek; Sasel

4504 Schulen 1835-1850
Darin: Grund- und Aufriss der Schule in Hoisbüttel; Grund- und Aufriss des Organisten- und Schulhauses in Siek

Angelegenheiten der Kirchspiele

4471 Reparatur der Kirchengebäude in Bergstedt und Kirchenanlagen im Kirchspiel Bergstedt 1813-1848

4472 Kirchenbauten in Eichede 1813, 1834

4473 Diensteinkünfte der Kirchenbediensteten in Eichede 1813-1815, 1829-1837

4474 Kirchhof in Wandsbek 1815-1849

4475 Kirchhof in Eichede 1816, 1844

4476 Kirchenanlage im Kirchspiel Siek 1816-1818, 1827-1845

4477 Änderung der Katechetenstelle in Reinbek und Verpflichtung des Predigers in Steinbek zur Predigt in der Schlosskapelle in Reinbek 1816-1832, 1842

4478 Beitrag der Erbpächter in Todendorf und Lasbek zu den Reallasten für die Schule in Todendorf 1818-1838

4479 Einrichtung des Armenwesens im Dorf Wellingsbüttel 1818-1835

4480 Kirchenanlage in den Kirchspielen Siek und Rahlstedt 1819-1823

4481 Kirchenanlage in den Kirchspielen Siek und Rahlstedt 1822-1847

4483 Schulbauten in Ohe 1820-1827, 1836
Darin: Grundrisse und Profilriss

4484 Kirchhof in Woldenhorn 1821-1824, 1844

4486 Kircheninventar für Trittau 1823-1849

4487 Kirchhof in Bergstedt 1825-1837

4488 Verbindung der Trittauer Vorwerkspächter in Grönwohld mit der dortigen Schule sowie Erhöhung des Schulgehalts und der Naturalien (1821-) 1825-1828

4489 Verbindung der Trittauer Vorwerkspächter in Grönwohld mit der dortigen Schule sowie Erhöhung des Schulgehalts und der Naturalien 1828-1848

4492 Kirchenanlage für das Kirchspiel Trittau 1826, 1835-1843

4493 Kirchenanlage für das Kirchspiel Eichede 1827-1847

4494 Kirchenanlage für das Kirchspiel Trittau (1827) 1828-1835

4495 Verteilung der Relschullasten im Schuldistrikt Schiffbek 1828-1831, 1843-1844

4497 Schulwesen in Woldenhorn 1828-1833

4498 Schulwesen in Woldenhorn (1832-) 1834-1850

4499 Beiträge der Juden in Ahrensburg zu den allgemeinen Personalschullasten 1832-1835

4500 Kirchenanlagen für das Kirchspiel Bargteheide 1834-1847

4501 Ungesetzliche Trauung des August Engelhard Seidensticker mit der Friederike Braun aus Wulksfelde durch den katholischen Pfarrer Schiff in Hamburg 1834-1835

4502 Übertragung des Schuldienstes in Todendorf vom Schullehrer Ketelhack auf seinen Schwiegersohn Feddersen 1835-1836

4503 Schulbauten in Oetjendorf 1835-1845

4505 Kirchenjuratenamt in Bargteheide 1835-1849

4507 Kirchhof in Bargteheide 1836-1847

4508 Kirchenstuhl und Begräbnisplatz in Bargteheide für den Hegereiter Walt zum Vorwerk Tremsbüttel 1837

4509 Kirchengebäude und Kirchenanlage in Wandsbek 1837-1849

4510 Kirchturmuhr im Kirchspiel Siek 1838-1840

4512 Verkauf der Predigerwitwenwohnung in Trittau (1836) 1837-1838

4513 Beschwerde der Hufner in Sprenge gegen die Kirchenjuraten in Eichede, besonders wegen des Düngerfahrens (1808-) 1839-1844

4514 Predigerwitwenhaus in Eichede 1838-1840

4515 Vergütung der Kirchenjuraten im Kirchspiel Eichede für Ansagen in den Außendörfern und Anstellung eines Kirchenknechts 1839

4516 Reparatur der Orgel in Bergstedt 1840

4517 Störung des Gottesdienstes in Trittau 1841

4519 Kircheninventar für Altrahlstedt 1841-1846

4520 Missbräuche bei Hochzeiten in Ahrensburg 1841

4522 Pastoratsländereien in Bargteheide 1842-1844

4523 Kirchenuhr in Trittau 1842-1846

4524 Grabbuch und Kirchenstuhlbuch in Siek 1841-1844

4525 Gehaltszulage für den Organisten Moritz in Wandsbek 1843

4526 Pastoratsländereien und Pastoratserntefuhren in Eichede 1843-1844

4527 Pastorat in Trittau 1843-1848

4528 Kirchenreparatur und Siemersches Begräbnis in Steinbek 1844, 1850

4529 Pastoratsland in Altrahlstedt 1844-1846

4531 Kirchturmreparatur in Siek 1845

4532 Beschwerden von Musikern in Lohbrügge gegen den Organisten Heeschen in Steinbek wegen dessen Aufwartung mit Musik auf Hochzeiten 1848-1849

ÄMTER UND LANDSCHAFTEN

Ämter und Landschaften allgemein

4534 Kommunalordnung für die Landdistrikte der Herzogtümer (1816-) 1837-1850

4535 Subordinationsverhältnis der Hardesvögte im Amt Gottorf und im Amt Hadersleben zum Amtshaus in Polizeiangelegenheiten 1839-1848

Ämter und Landschaften im Herzogtum Schleswig

Amt Bredstedt

4536 Zuständigkeit für Untersuchungen bei Zunftstreitigkeiten im Flecken Bredstedt 1781-1783

4537 Erhebung der Landvogtei Bredstedt zu einem Amt, Trennung vom Amt Flensburg und Verbindung mit dem Amt Husum sowie Regulativ zu den Gebühren des Landvogts und Aktuars im Amt Husum 1782-1812

4538 Bestellung eines Zwölfobersten in Viöl 1785

4539 Gebühren des Kanzleirats und Aktuars Clausen in Bredstedt für die Predigerwahl und Vorschrift zum Verfahren bei Predigerwahlen 1789-1792

4540 Clementinische Armenstiftung in Bredstedt (1728-) 1793-1796, 1832

4541 Ablieferung der den Predigern zugesandten Bekanntmachungen 1795-1796

4542 Einziehung des Diakonats in Bordelum 1798-1800

4543 Hinzuziehung des Zwölfobersten in Bredstedt bei der Bestimmung von Reparaturen an Prediger- und Schulgebäuden 1801

4544 Einziehung des Diakonats in Bredstedt und Verwendung der Einkünfte 1805-1812, 1837

4545 Verteilung der Kirchen-, Kirchspiels- und Schullasten 1805-1807, 1830

4546 Ernennung eines Kirchenboten 1808

4547 Einziehung des Diakonats in Drelsdorf und Verwendung der Einkünfte 1818-1829, 1849

4548 Einrichtung der Geschäfte der Landvogtei und des Aktuariats sowie Sporteltaxe 1817-1818

4549 Anzeige über eine bei der Landvogtei entschiedene Wegeangelegenheit 1826-1831

4550 Zuständigkeit im Verarmungsfall der Tochter des Gerichtsdieners Thye Jensen in Bredstedt 1826, 1834

4551 Einverleibung der Arlewatter Auslansten in Bohmstedt und Langenhorn 1819-1820, 1831-1832

4552 Kompetenz des Oberbeamten bei der Gewerbepolizei 1834

4553 Führung der Amtsanlagen- und Kriminalrechnungen sowie Einforderung der Amtsanlagengelder (1819-) 1834-1842

4554 Abgaben des Landvogts Adler in Bredstedt von seinen Dienstländereien 1835

6420 Lasten und Abgaben von Insten und Handwerkern im Kirchspiel Langenhorn (1836) 1848-1849

Landschaft Eiderstedt

4555 Revision der Landschaftsrechnungen 1775-1808, 1826-1827

4556 Heranziehung auswärtiger Landbesitzer zum Unterhalt von Armen eines Kirchspiels 1785-1812
Enthält: Verfügung; Koldenbüttel; Katharinenheerd; Osterhever; Vollerwiek; Oldenswort mit Tetenbüll

4557 Heranziehung auswärtiger Landbesitzer zum Unterhalt von Armen eines Kirchspiels 1787-1841

4558 Heranziehung auswärtiger Landbesitzer zum Unterhalt von Armen eines Kirchspiels 1819-1841
Enthält: Oldenswort; Welt; Poppenbüll

4559 Heranziehung auswärtiger Landbesitzer zum Unterhalt von Armen eines Kirchspiels 1822-1841
Enthält: Uelvesbüll und Süderstapel; Sankt Peter; Ording; Witzwort; Tating

4560 Heranziehung auswärtiger Landbesitzer zum Unterhalt von Armen eines Kirchspiels 1826-1842
Enthält: Koldenbüttel; Witzwort; Garding; Kating; Kotzenbüll; Sankt Peter; Uelvesbüll

4561 Heranziehung auswärtiger Landbesitzer zum Unterhalt von Armen eines Kirchspiels 1829-1838
Enthält: Uelvesbüll mit Adolfskoog; Garding

4562 Befreiung von Fuhrleistungen zu herrschaftlichen Diensten 1791

4563 Änderung des Deichregulativs hinsichtlich der Instandsetzung und Unterhaltung der Wege 1794-1795

4564 Missbrauch der unentgeltlichen Rechtspflege in Kirchen-, Schul- und Armenangelegenheiten 1798

4565 Kosten der Besetzung des Diakonats in Tating 1800

4566 Aufbewahrung der Kirchenbücher 1800-1801

4567 Beseitigung der Mängel und Unordnungen in den Kirchspielsarmenrechnungen 1802

4568 Regulativ zur Beteiligung an den Deichlasten (1787-) 1791-1797
Darin: gedrucktes Regulativ, 1793

4569 Verfassung und Verwaltung des Kirchspiels Oldenswort, besonders Kommission wegen der Beschwerden gegen Lehnsmänner (1786-) 1802-1809

4570 Verfassung und Verwaltung des Kirchspiels Oldenswort, besonders Kommission wegen der Beschwerden gegen Lehnsmänner (1806-) 1809-1823, 1848-1849

4571 Aushändigung von Supplikationsschriften und -akten aus dem Obergericht an die Kirchenvisitatoren (1802) 1803

4572 Antrag der Prediger im Osterteil auf Schulbesuch der Katechumen im Jahr vor der Konfirmation 1810

4573 Interimistische Verwaltung der Propstei Eiderstedt und Ernennung eines Propstes 1815-1817

4574 Einziehung des Diakonats in Koldenbüttel (1803) 1809, 1817-1821

4575 Errichtung einer Industrieschule sowie einer Arbeits- und Armenanstalt im Diakonat in Tating (1781-) 1804, 1825-1827, 1843

4576 Bestimmung der Leichen- und Personalgebühr für die Rechenmeister im Kirchspiel Oldenswort (1803-) 1805

4577 Ausführung von Exekutionen der Kirchenvisitatoren 1806

4578 Stimmrecht bei der Predigerwahl in Oldenswort 1824

4579 Regulativ zur Verwaltung der Predigerdienste während des Gnadenjahrs 1828-1829

4580 Beschwerde des Tischlermeisters Eberhard Sievers in Garding wegen Wegnahme eines Sarges für den Schullehrer Jürgen Schmidt im Kirchspiel Tönning 1830

4581 Besetzung des Landesdienerpostens 1832-1834

4582 Weigerung der Pfennigmeister und Vorsteher zur Zahlung der Polizeikosten 1833

4583 Berichtigung der Kriminalkostenrechnung 1833-1834

4584 Beamte, Grenzen und Verfassung 1746-1777

4585 Landhandwerker (1809-) 1834-1847

4586 Beschwerde des Lehnsmanns Claus Geertz in Katharinenheerd wegen einer Umschreibegebühr (1785, 1835) 1836

4587 Hebungs- oder Quittungsgebühren für die hebungsführenden Lehnsmänner 1836-1841

4588 Feststellung der Grenze zum Amt Husum außerhalb des Seedeichs 1837

4589 Hebung der Bankzinsen im Alt-Augustenkoog 1839

4590 Beschwerde des Lehnsmanns Mummy in Tetenbüll gegen den Ratsmann Hinrichs in Osterhever wegen Um- und Zuschreibung des Landstücks Kieselhagen (1837-) 1840-1841, 1849

4591 Bestätigung der Freiheiten des Hofs des Lehnsmanns Eggers aus Westerhever im Alt-Augustenkoog 1842

4592 Verkauf eines Hauses der Kirchspielkommune Koldenbüttel 1842

4593 Befriedungskosten des Kirchspiels Oldenswort für den Gutsbesitzer von Hoyerswort 1842

4594 Einrichtung der Schuld- und Pfandprotokolle im Kirchspiel Koldenbüttel 1842

4595 Bestätigung der Rechte von Ländereien des Christian Albrecht Asmussen und Anna Christina Asmussen aus Husum im Alt-Augustenkoog 1843

4596 Umstrittene Zulassung des Detlev Hinrich Stamp in Koldenbüttel zur Interessentenversammlung (1840-) 1844

4597 Übertragung einer Bestimmung des Regulativs des Kirchspiels Oldenswort zum Zensus für die Kirchspielversammlung auf das Kirchspiel Witzwort 1844

4598 Regulierung der Verhältnisse des Wilhelminenkoogs 1843-1847

4599 Abgabenrückstände des Bürgermeisters Schütt aus Friedrichstadt im Kirchspiel Koldenbüttel 1846

4600 Beschwerde von Landbesitzern im Kirchspiel Oldenswort wegen der Chaussee von Oldenswort nach Rotenspieker 1846-1847

4601 Wahl eines Pfennigmeisters (1836-) 1847

4602 Öffentlichkeit der Landesversammlung 1848

4603 Trennung der Oberstallerschaft von der Amtmannstelle in Husum 1848

4604 Stellung des Inspektors des Norderfriedrichskoogs 1850

Landschaft Fehmarn

4605 Erteilung von Krügereikonzessionen durch die Kirchspiele 1760, 1795-1797

4606 Zuständigkeit des Amtshauses für die Polizei mit Entscheidung der Gesinde-, Injurien-, Handwerker- und kleineren Schuldangelegenheiten 1782-1784

4607 Verfahren mit dem Nachlass von aus den Kirchspielsarmenkassen unterstützten oder begrabenen Personen 1797

4608 Gültigkeit von Dorfbeliebungen 1799

4609 Einrichtung des Armenwesens im mittleren Kirchspiel 1805-1807

4610 Anstellung und Besoldung eines Arztes im Westerkirchspiel 1818, 1829-1845

4611 Besetzung des Physikats (1707-) 1726-1727, 1812, 1822-1823

4612 Diakonat in Bannesdorf 1824-1833

4613 Beitrag des Wärters der Marienleuchte zu den Kommunallasten des Norderkirchspiels 1833

4614 Landhandwerker (1799-) 1815-1843

4615 Landhandwerker (1834) 1843-1848

4616 Bestätigung der Statuten der Mackeprang-Witteschen Vetterschaft 1835-1836

4617 Bestätigung der Statuten der allgemeinen Totengilde 1832-1835

6422 Rabatt in der landschaftlichen Apothekerrechnung für Armenkranke (1829-) 1835-1836

4618 Anstellung eines Polizeireiters 1838-1839

4619 Vergütung des Landschreibers für Geschäfte in Landschafts- und Kirchspielsangelegenheiten 1840-1845

4620 Anweisung von Ausgaben des Amtshauses auf die Landschaftskasse 1842

4621 Vergütung der Gerichtsdiener für den Transport der Verbrecher in die Strafanstalten in Glückstadt 1842

4622 Aufteilung der Kommunalgründe in Todendorf 1843

4623 Kommunalordnung 1843-1849

4624 Viehmarkt 1844

Amt Flensburg

4625 Hinzuziehung der ehemaligen Untertanen des Amtes Mohrkirchen zu den Amtsanlagenrechnungen und sonstigen Ausgaben 1780-1782

4626 Heranziehung der ehemaligen Domkapitelsuntertanen in der Husbyharde, Uggelharde und Niesharde zu den Hardesanlagengeldern und zum Unterhalt der Steinbrücke bei Bau 1780-1782

4627 Armenwesen im Kirchspiel Adelby 1785, 1813-1814

4628 Hinzuziehung des Hausvogts Lüders bei Grenzberichtigungen (1752, 1773) 1792-1793

4629 Industrieschule in Glücksburg (1757-) 1792-1798

4630 Streitigkeiten von Amtseingesessenen mit Bewohnern der Satrupharde wegen des Ausweichens von Düngerwagen 1799-1800

4631 Einverleibung der Untergehörigen des Gutes Wesebyhof in die Husbyharde (1804) 1805
Enthält u. a.: Lageregister des Gutes Weseby, 1804

4632 Verteilung der Kirchspielslasten im Kirchspiel Nordhackstedt (1764-) 1809-1822

4633 Kirchliche Verhältnisse der Bewohner der Vorstadt Duburg zur Marienkirche in Flensburg und zur Kirche in Handewitt 1810, 1823-1824

4634 Trennung der Predigerwitwen- und -waisenkasse zwischen dem Amt Flensburg und dem Amt Bredstedt 1812-1820

4635 Vereinigung der Güter Nübel, Unewatt und Norgaard mit den Harden des Amtes Flensburg sowie Regulierung der Verhältnisse zwischen den Beamten, Bediensteten und Kommunen des Amtes Flensburg mit denen des ehemaligen Distrikts Glücksburg 1821-1829

4636 Einpfarrung des Fleckens Glücksburg in die Kirche in Munkbrarup 1826-1827, 1837

4637 Übertragung der Einkassierung der Auktionsgelder sowie der Annahme und Aufbewahrung der Depositenscheine aus der Husbyharde an die Amtskasse 1829

4638 Dienstvergütung des Rechensmanns des Trints Hürup-Husby 1834-1836

4639 Fröruper Au 1777-1789

4640 Amtsanlagen und Amtsanlagenrechnung (1778-) 1822-1846

4641 Amtsanlagen und Amtsanlagenrechnung (1610-) 1816-1833

4642 Beamte, Grenzen und Verwaltung 1615-1617, 1805-1819

Enthält u. a.: Bestallungsurkunde für den Dingschreiber Dietrich Wittemake, 1615

4643 Landhandwerker 1826-1848

4644 Landhandwerker (1736-) 1828-1848

4645 Landhandwerker 1842-1849

4646 Märkte 1835-1847

4647 Amtsgerichtsdiener und Amtsbote 1836-1849

4648 Zuständigkeit des Hardesvogts der Munkbrarupharde bei kleinen Hebungen und Rechnungsführungen 1837-1838

4649 Bau eines Gefängnisses sowie Kriminal- und Polizeianlagen 1817-1835

4650 Bau eines Gefängnisses sowie Kriminal- und Polizeianlagen
Enthält: Kommissionsakten (1744) 1833-1837
Darin: Verordnung zur Verteilung von Polizei- und Kriminalkosten im Amt Flensburg und anderen Ämtern des Herzogtums Schleswig, 1744

4651 Bau eines Gefängnisses sowie Kriminal- und Polizeianlagen
Enthält: Kommissionsakten (1786-) 1837-1839

4652 Bau eines Gefängnisses sowie Kriminal- und Polizeianlagen
1839-1845

4653 Bau eines Gefängnisses sowie Kriminal- und Polizeianlagen
1743-1786, 1844-1846
Enthält u. a.: Heranziehung von Untertanen anderer Jurisdiktionen zu den Kriminalkosten des Amtes Flensburg, 1743-1786
Darin: Quittungsbücher für Peter Nicolaus Hinrichsen, Grünholz, 1830-1843, Peter Christiansen, Mühlenholz, 1837-1844, Peter Hansen, Mühlenholz, 1833-1840, Hans Hinrich Bundhund, Mühlenholz, 1820-1844, sowie Johann Hansen, Südensee, bzw. Diedrich Thomsen, Sörupholz, 1818-1845

4654 Bau eines Gefängnisses sowie Kriminal- und Polizeianlagen
(1776-) 1846-1848

4655 Verfall von Glücksburg und Maßnahmen zur Aufhelfung 1838-1846
Enthält u. a.: General-Mannzahlregister von Glücksburg, 1839
Darin: Fleckensbeliebung für Lunden, 1844

4656 Bestätigung von Privilegien für Ländereien der Bohlsleute Carl Petersen, Fedder Feddersen und Ketel Petersen in Riesbriek
1840-1841

4657 Gehalt und Gebühren für die Älterleute und Fleckensvorsteher in Glücksburg 1841

4658 Wegfall von Geldern für den Hausvogt aus der Amtskätner-Anlagenrechnung 1841

4659 Beitrag der dingpflichtigen Untergehörigen der adligen Güter, der Lansten der Nikolai- und Marienkirche sowie des Hospitals in Flensburg zu den Polizei- und Kriminalanlagen und den Kosten des Gefängnisbaus 1838-1842

4660 Zahlung der königlichen Kasse für Kosten der Besichtigung und Beerdigung des im herrschaftlichen Fischteich in der Munkbrarupharde ertrunkenen Johann Ohlsen aus Glücksburg 1842-1843

4661 Bestätigung der Privilegien des Gutes Kielseng 1844-1845

4662 Trennung des Aktuariats von der Hebungsbedienung 1844-1847

4663 Regulierung des Botenlaufens der Kätner in den Trints 1845

4664 Anstellung eines Polizeireiters und Instruktion für die Rechensmänner 1845-1846

4665 Vorschuss der Hardesvögte bei der Hardesanlagenrechnung (1845) 1846-1847

4666 Amtmann 1848-1850

Amt Gottorf

4667 Dingpflicht sowie Reparatur der Brücken und Wege 1727-1728

4668 Reinigung der Auen in Angeln 1761-1822

4669 Reinigung der Auen in Angeln 1821-1844

4670 Verteilung der Untertanen des Domkapitels und des Distrikts Mohrkirchen, Verlegung der Hohnerharde und der Landschaft Stapelholm zum Amt Hütten sowie die Einrichtung eines Konsistoriums im Amt Hütten und Errichtung des Amtes Mohrkirchen 1775-1786, 1825-1826

4671 Niederlegung des Gutes Lindau, Kirche und Kirchenbedienstete in Boren und Freileute in Lindau 1783-1787, 1813-1814

4672 Amt Gottorf und Amt Hütten: Einholung obrigkeitlicher Genehmigungen beim Bau neuer Häuser (1789) 1790-1795

4673 Amt Gottorf und Amt Flensburg: Einverleibung von Hufen- und Katenstellen des Gutes Toestorf 1801-1810

4674 Annahme eines Kirchenboten 1804, 1808

4675 Einstellung des Gottesdienstes in der Schlosskapelle auf Gottorf während des Sommeraufenthalts des Hofes auf Louisenlund 1722-1736, 1804

4676 Torfdeputat aus dem Moor bei Idstedt für den Propst Boisen in Schleswig 1805

4677 Befreiung des Aktuars Flor in Schleswig von den Kirchenvisitationsreisen 1809, 1821-1822

4678 Befreiung des Hardesvogts Hennings von der Aufnahme der Kirchenrechnung in Taarstedt 1811

4679 Einverleibung von Parzellen und Familienstellen des Gutes Flarup in der Mohrkirchharde und Struxdorfharde (1778) 1811-1830

4680 Reglement für Polizeiangelegenheiten während des Jahrmarkts in Süderbrarup (1640) 1794-1812
Darin: gedrucktes Reglement, 1812

4681 Nachteil öffentlicher Tanzböden in Ruhekrug und Fahrdorf sowie Tanz auf der Stampfmühle bei Schleswig 1811, 1823-1825

4682 Pferdemarkt in Arnis 1812

4683 Weigerung von Eingesessenen in Arnis zur Zahlung des Schulgeldes (1815) 1816

4684 Pastoratsbau in Rabenkirchen und Beteiligung an den Kirchspiellasten in der Propstei Gottorf 1821-1830
Darin: Grundriss des Predigerhauses

4685 Polizeiaufsicht über die Krüger in Grumby und Tolk 1822-1834

4686 Durchführung des Verkaufs der wegen Rückständen in Kirchen-, Schul- und Armenbeiträgen gepfändeten Sachen 1823

4687 Verfassung und Verwaltung des Börmerkoogs (1815-) 1821-1824

4688 Verfassung und Verwaltung des Börmerkoogs 1824-1845

4689 Beamte, Grenzen und Verfassung 1783-1820

4690 Fischerei auf dem Langsee (1705-) 1747-1748

4691 Landhandwerker 1816-1840

4692 Landhandwerker (1804-) 1838-1846

4693 Hinzuziehung der Unterbediensteten des Distrikts des Grauklosters in Schleswig bei Unterschriften unter Erwerbsurkunden und Amtsanlagenrechnungen 1834-1835

4694 Bestätigung der Freiheiten des Gutes Winning 1805

4695 Polizeiverwaltung und Anstellung eines Polizeireiters 1837-1847

4696 Märkte 1840-1850

4697 Bestätigung des Oktroi des Kleinenseerkoogs 1840-1843

4698 Hinzuziehung von Hufnern in Meggerdorf und Brekling zu den Polizei- und Kriminalanlagen 1841

4699 Polizeiaufsicht über die Stellen des Gutes Dollrott in Süderbrarup und Polizeiausübung auf Grundstücken unter fremder Jurisdiktion 1842-1846

4700 Verteilung der Hardesanlagen in Groß-Grödersby 1843

4701 Gebührenberechnung der Struxdorfharde bei Bestätigung der Krügereikonzession des Hans Görrissen bei Moldenit 1843

4702 Bestätigung der Privilegien der Bewohner von Arnis zum Kaufhandel und zur Schifffahrt 1844-1845

4703 Verpflichtung der ehemaligen Untertanen der Mohrkirchharde zur Bezahlung der Beiträge für das Taubstummeninstitut und die Reuterpferde-Zulagegelder 1845

4704 Anerkennung der adligen Qualitäten des Gehöfts Kalkjärgaard und Bestätigung der Privilegien 1847

4705 Berichtigung der Kosten der außerordentlichen Einquartierung in Norderbrarup 1846
Enthält nur Aktendeckblatt

4706 Bestätigung des Erdbuchs von Bollingstedt [1849, 1853]
Enthält nur zwei Zettel mit Aktentitel

4707 Pachtung der zur Salarienhufe der Ahrens- und Treiaharde gehörenden sogenannten Knickwiese durch die Heuerinsten Johann Grabbe und Hans Kois in Ellingstedt 1850

6421 Verzeichnisse erteilter Gewerbekonzessionen 1848-1850

6412 Expressreiten des Ziegeleibesitzers Jürgen Tams in Haddeby (1756, 1801-) 1849-1850

6413 Ansetzung einer Wahl zum Gerichtshalter im Börmerkoog (1702, 1848) 1849

Amt Husum mit Amt Bredstedt sowie den Landschaften Nordstrand und Pellworm

4708 Landschaft Nordstrand: Missbrauch des Patronatsrechts 1751

4709 Landschaft Nordstrand: Deichreparatur und Privileg für die Deichgeldervorschüsse 1752

4710 Landschaft Nordstrand: Streitigkeiten der Partizipanten wegen der Wahl eines Interimsstallers 1753

4711 Kriminalkosten der Südermarsch 1780-1781

4712 Diakonat, Schulstube und Predigerwitwenabgabe in Schwesing 1801-1826

4713 Landschaft Pellworm: Einrichtung des Armenwesens 1801-1808
Darin: Plan zur Einrichtung des Armenwesens, 1804

4714 Landschaft Pellworm: Einrichtung des Armenwesens 1808-1826

4715 Landschaft Nordstrand: Landbesitz und sonstige Güter der römisch-katholischen Kirche und der Kapelle sowie Nachlass des Oratorienpredigers Wouters 1805-1815

4716 Landschaft Nordstrand: Landbesitz und sonstige Güter der römisch-katholischen Kirche und Kapelle sowie Nachlass des Oratorienpredigers Wouters (1810-) 1815-1849

4717 Landschaft Nordstrand: katholische Prediger 1742-1754, 1805-1807
Enthält u. a.: Zettel über Vermögen und Schulden des Oratorienpredigers Wouters

4718 Landschaft Nordstrand: katholische Prediger 1754-1772

4719 Landschaft Pellworm: Einrichtung eines neuen Stockregisters (1772-) 1806, 1827

4720 Armenkasse im Kirchspiel Mildstedt 1809-1842

4721 Ernennung eines Höftmanns in der Vogtei Schwabstedt 1810-1813, 1848-1849

4722 Kirchenstände und Kirchenlasten auf den Halligen Hooge und Nordmarsch 1812-1843

4723 Landschaft Pellworm: Schulmängel und Schulregulativ 1810-1827
Darin: Schulreglement für Pellworm, 1813

4724 Landschaft Pellworm: Strandwesen 1815-1816

4725 Amt Husum: Verlegung der Amtsuntertanen in Meyn und Wallsbüll zum Amt Flensburg hinsichtlich der Pfluglasten 1815-1827

4726 Landschaft Nordstrand: Besetzung der Stallerschaft 1820-1821

4727 Landschaft Nordstrand: Gebühren des Stallers für Haustrauungen 1822-1828

4728 Kirchen- und Schulwesen auf Nordstrandischmoor 1819-1828

4729 Kirchen- und Schulwesen auf Nordstrandischmoor 1826-1847

4730 Amt Husum: Unterstützungsfonds für die Prediger auf den Halligen
Enthält nur Aktendeckblatt mit Hinweis zum Verbleib der Akte [1825]

4731 Landschaft Nordstrand: Einsetzung des Advokaten Stemann aus Schleswig zum Staller und Pfennigmeister 1830-1831

4732 Landschaft Nordstrand: Einziehung des Hauptpastorats an der jansenistischen Kirche 1832-1833

4733 Amt Husum: Beamte, Bedienstete und Verwaltung
1749-1779, 1818-1820

4734 Landschaft Bredstedt: strittige Angelegenheiten zwischen den Syndici und den Gevollmächtigten sowie dem Landschreiber 1734-1749

4735 Landschaft Bredstedt: strittige Angelegenheiten zwischen den Syndici und den Gevollmächtigten sowie dem Landschreiber
(1713-) 1736-1738
Enthält u. a.: Abschrift der schwedischen Brandschatzungsrechnung 1713

4736 Landschaft Bredstedt: strittige Angelegenheiten zwischen den Syndici und den Gevollmächtigten sowie dem Landschreiber 1738-1750

4737 Amt Husum: Sturmflut von 1825 1825-1827

4738 Landschaft Bredstedt: Bezahlung der Syndikatsschulden
(1745-) 1750-1753

4739 Amt Husum: Handwerker (1680-) 1835-1847

4740 Landschaft Eiderstedt: Wahl eines Landsekretärs 1834-1836

4741 Landschaft Nordstrand: Erlass oder Befristung der Rückstände an die königliche Kasse 1834-1838

4742 Landschaft Pellworm: Abkürzung des gerichtlichen Verfahrens bei Eintreibung sämtlicher rückständiger Anlagengelder 1835
Enthält nur Exemplare der gedruckten Verfügung

4743 Landschaft Pellworm: ökonomische Lage und Kommunalverhältnisse der Halligen 1835-1842

4744 Amts- und Schlosspförtnerdienst in Husum 1835, 1843-1845

4745 Landschaft Pellworm: Kauf von Wohnhaus und Land des Landvogts Klinker bei seiner Dienstentlassung und Bestimmung zur Dienstwohnung des Landvogts 1835-1836

4746 Gerichtsbarkeit über an die Reußenköge grenzenden Außendeichsländereien der Kaufleute Herrmann und Behrend Roosen in Hamburg 1835-1837

4747 Landschaft Pellworm: Gut Seegaard 1835-1841

4748 Regulativ über das Torfgraben im Schwabstedter Westerkoog (1819) 1835-1843

4749 Landschaft Eiderstedt: Vereinbarung mit dem Adolfskoog wegen der ehemaligen landschaftlichen Ländereien und deren Verkauf an die tote Hand (1795-) 1835

4750 Amt Bredstedt: interimistische Sporteltaxe für den Landvogt und Aktuar 1835-1847

4751 Landschaft Pellworm: Erledigung der Landvogtei und des Branddirektorats 1836

4752 Landschaft Pellworm mit Halligen: Errichtung von Heuerkontrakten 1836

4753 Gebühren der Hebammen in Langenhorn 1836

4754 Pachtsummen bei Wiederverpachtung der Hallig Nordmarsch 1836

4755 Landschaft Pellworm: Sporteltaxe 1836-1839

4756 Amt Husum: Vergütung für die Anschaffung von Auktionsprotokollen aus der Amtsanlagenkasse 1837

4757 Bau von Wohnhäusern auf einer Koppel des Viertelstavners Peter Lorenzen in Wittbek 1837

4758 Zustand der Schafzucht auf Nordstrandischmoor 1836-1837

4759 Amt Bredstedt: Anschaffung von Kontor- und Archivinventar auf Amtsrechnung 1838

4760 Ämter Husum und Bredstedt: Märkte 1838-1848

4761 Einziehung der Ratmannstelle für die Hallig Nordmarsch 1838-1839

4762 Landschaft Nordstrand: Vergütung des ehemaligen Stallers Christiansen für seine Tätigkeit beim Bau einer Zollkontrolleurswohnung 1839

4763 Landschaft Nordstrand: Bestätigung der Privilegien und Rechte 1840-1843

4764 Bestätigung der Rechte für die Stellen des Lorenz Boysen und des Johann Forthmann in Hattstedt 1841

4765 Nachforschung über die Zugehörigkeit von Pflügen in Uphusum zu einem adligen Gut 1841

4766 Amt Bredstedt: Anfertigung von Nachrichten über Fabriken und Industrieanlagen 1841

4767 Amt Bredstedt: Beitrag zu den Kommunallasten 1839-1848
Darin: Quittungsbuch für Eingesessene in Almdorf, 1810-1846

4768 Bescheinigung für die Todeserklärung des Matrosen Friedrich Frerk Diedrichsen von der Hallig Hooge 1842-1843

4769 Verbot des Branntweinverkaufs auf Hallig Hooge 1843

4770 Einkassierung der Kommunalabgaben im Neuenkoog im Kirchspiel Simonsberg 1843

4771 Gnadengeschenk wegen außerordentlicher Kommunalausgaben sowie Kirchen- und Schulangelegenheiten der Halligen 1843-1850

4772 Landschaft Pellworm: Verwaltung der Landschreiberei und des Deichkommissariats 1843-1844

4773 Amt Husum: Pension für die Witwe des Amtsboten Findtner 1844

4774 Amt Husum und Vogtei Rödemis: Bestätigung der Konzession zum Einsatz von Spielleuten bei fröhlichen Gelegenheiten 1844

4775 Amt Bredstedt: Gerichts- und Polizeidiener 1844-1845

4776 Landschaft Pellworm: Notstand aufgrund von Wassermangel und Krankheiten 1846-1847

4777 Landschaft Nordstrand: Versammlung der Hauptpartizipanten (1757, 1767) 1847-1848

4778 Entlassung des Peter Hansen aus dem Amt eines Gevollmächtigten des Fleckens Schwabstedt 1848

4779 Vergütung des Amtshöftmanns Hans Heldt in Rantrum für die Rechnungslegung über die außerordentlichen Lieferungen des Amtes Husum im Jahr 1848 (1809-) 1849

4780 Aufhebung des Brauereizwangs in der Vogtei Schwabstedt 1849

4781 Verbesserung der Marktplätze in Langenhorn und Viöl (1758-1759) 1847-1848

6414 Verteilung von Verpflegungeldern für einquartierte Reichstruppen in Rantrum 1850
Enthält u. a.: Einquartierungslisten

Amt Hütten mit Landschaft Stapelholm

4782 Einverleibung der sechs Dörfer des Amtes Rendsburg nördlich der Eider 1777-1778

4783 Amt Hütten: Verwandlung der Festebesitzer in Bonden 1779-1781

4784 Beitrag der Parzellisten in Pahlhorn zu den Kriminalkosten 1789-1791

4785 Beitrag der Parzellisten in Pahlhorn zum Armengeld des Kirchspiels Erfde (1708, 1788-) 1790

4786 Amt Hütten: Unregelmäßigkeiten bei der Hardesanlagenrechnung 1809

4787 Predigerwahl in Borby 1796

4788 Amt Hütten: Abgang des Oberkonsistorialrats Schwollmann als Propst und Hauptprediger in Schleswig (1778-) 1797-1802

4789 Amt Hütten: Verteilung der Kirchspielslasten (1756) 1775-1801

4790 Amt Hütten: Verteilung der Kirchspielslasten 1803-1848

4791 Amt Hütten: Verteilung der Kirchspielslasten (1817) 1819-1834

4792 Einziehung des Diakonats in Süderstapel und Verwendung der Einkünfte 1802-1826

4793 Fuhren für vikarierende Prediger bei Predigervakanzen in den Propsteien Gottorf und Hütten 1807-1808

4794 Kirchenzinsen von der sogenannten Stückenfenne für die Kirche in Süderstapel 1809-1810

4795 Landschaft Stapelholm: Anstellung eines Arztes und Einziehung der Filialapotheke in Süderstapel 1810-1818

4796 Landschaft Stapelholm: Anstellung eines Arztes und Einziehung der Filialapotheke in Süderstapel 1818-1845

4797 Organisation des Archivs der Landvogtei in Süderstapel sowie Anschaffung eines Archivschranks und eines Repertoriums für das Aktuariat des Konsistoriums der Propstei Hütten 1818-1827

4798 Teilnahme des Landvogts an der Präsentation und Wahl des Kantors in Süderstapel (1782-) 1821-1822
Enthält u. a.: Abschriften älterer Wahlprotokolle

4799 Amt Hütten: Einsendung von Konzessionen an das Amthaus 1809

4800 Landschaft Stapelholm: Kantor- und Schullehrerwahlen (1710-) 1726, 1782-1806, 1824

4801 Ökonomische Lage der Dorfschaft Drage 1831

4802 Ausschreibung von Armenfuhren durch den Armenvorsteher Hans Jürgen Sievers in Tielen (1805) 1831
Darin: Instruktion für Kirchen- und Schuloffiziale in der Propstei Hütten, 1805

4803 Hinzuziehung der Kolonisten, Hausinsten und Freistellen zu den Amts- und Hardesanlagen in der Hohnerharde 1833

4804 Amt Hütten: Beamte und Verfassung 1719-1774, 1806-1816

4805 Befugnis der Hüttenerharde zu Polizeistrafen (1754-) 1829

4806 Amt Hütten und Landschaft Stapelholm: Handwerker 1815-1843

4807 Amt Hütten und Landschaft Stapelholm: Handwerker 1826-1848

4808 Amt Hütten: Verlegung des Amthauses und der Amtstube nach Eckernförde 1831-1835

4809 Antrag des Jacob Vogt in Lehmbek auf Aufteilung des Landstücks Fuhlenbucht in Erfde 1835-1838

4810 Landschaft Stapelholm: Märkte 1835-1849

4811 Gerichtsdiener und Gefangenenwärter der Hüttenerharde 1836-1850

4812 Landschaft Stapelholm: Verfall und Hilfeleistung 1834-1838

4813 Amtsentsetzung des Bauervogts Hans Peters in Norderstapel (1835) 1836-1837

4814 Amt Hütten: Vertretung des Amtes in Kommunalangelegenheiten 1837-1839

4815 Gerichtsdiener und Gefangenenwärter der Hohnerharde 1837-1848

4816 Beiträge neu errichter Katenstellen in der Hohnerharde zu den Kommunallasten 1839

4817 Amt Hütten: Sporteltaxe für den Hausvogt 1839-1841

4818 Privilegien und Freiheiten des Freihofs der Gebrüder Frahm in Bergenhusen (1839) 1840-1842

4819 Landschaft Stapelholm: Bestätigung der Privilegien und Freiheiten des Königsteinschen Hofs 1841-1844

4820 Bestätigung der Privilegien und Freiheiten sowie Kommunallasten des Hofs des Detlef Friedrich Ohm in Hohn 1841

4821 Gassenvogt in Borby 1841

4822 Entschädigung der königlichen Kasse für die weggefallene Verpachtung des Bier- und Branntweinzwangs durch die Erhöhung von Krügereirekognitionen 1841

4823 Amt Hütten: Sporteltaxe für den Amtsboten 1842-1845

4824 Landschaft Stapelholm: Trennung der Hebungs- und Aktuariatsgeschäfte 1842-1843

4825 Badeanstalt in Borby 1842-1844

4826 Mutwilliges Verhalten junger Leute in Norderstapel gegen Reisende 1844

4827 Landschaft Stapelholm: Landvogt 1845-1846
Enthält: Gebühren für Konzessionen; Beitrag von den Dienstländereien zum Abtrag von Schulden des Sorgkoogs

4828 Änderung des Laufs der Schirnau und Landumtausch 1845-1846

4829 Beitrag der Dorfschaft Bargen zu den Kosten eines Chausseenivellements (1847) 1848-1849

Amt Tondern mit den Landschaften Föhr und Sylt

4830 Landschaft Sylt: Landvogtei (1720-) 1787-1812
Enthält u. a.: Verbesserung des Fähr- und Postwesens; Erbteilung zwischen der Witwe Kressen Ebe Jessen in Keitum und ihren Stiefkindern

4831 Landschaft Sylt: Landvogtei 1741, 1787-1822

4832 Landschaft Föhr: Landvogtei 1769-1800
Enthält u. a.: Sporteltaxe für den Landvogt; Deichangelegenheiten

4833 Landschaft Föhr: Landvogtei 1774-1832
Enthält u. a.: Belohnung für die Anzeige von Baumfrevel; Beiträge der Prediger in Sankt Johannis zu den Wasserlösungskosten; Maßnahmen zur wirtschaftlichen Verbesserung des Fleckens Wyk

4834 Beitrag des Störtewerkerkoogs zu den Kommunallasten der Bökingharde und des Kirchspiels Risum 1751-1753

4835 Amt Tondern: Karrharde 1790-1826
Enthält: Jurisdiktionsstreitigkeiten mit Hardesvogt Lesser; Auktionen der Untertanen; Bestimmung der Dienstwohnung des Hardesvogts

4836 Eingriffe des Hardesvogts der Tonderharde und Hoyerharde Tönsen in die Befugnisse des Gerichtschreibers Dumreicher in Tondern 1806

4837 Beitrag der Köge zur Unterhaltung der Deiche in der Wiedingharde
Darin: Beweisführungen 1757-1758

4838 Eindeichung des Vorlandes in Galmsbüll 1786-1796

4839 Eindeichung des Vorlandes in Galmsbüll 1796-1818
Darin: „Schleswig-Holsteinische Anzeigen" vom 23. Mai, 30. Mai und 6. Juni 1796; „Altonaischer Mercur" vom 26. Mai, 9. und 16. Juni 1796

4840 Eindeichung des Vorlandes in Galmsbüll 1802-1834

4841 Überlassung des Gutes Lindewitt an den dänischen König und damit verbundene Veränderungen 1793-1806, 1833-1834

4842 Reparatur der Haffdeiche in der Wiedingharde (1792) 1793-1794
Darin: Karte und Aufmessung des Deichschadens der Sturmflut vom 11. Dezember 1792

4843 Reparatur der Haffdeiche in der Wiedingharde (1758, 1793) 1794-1798

4844 Reparatur der Haffdeiche in der Wiedingharde 1797-1802

4845 Reparatur der Haffdeiche in der Wiedingharde (1794-) 1800-1817
Enthält u. a.: Rechnungen über die Wiederherstellung des Seedeichs 1794-1796 mit Beilagen

4846 Bestimmung der gegenseitigen Amtsbefugnisse der Kirchenvisitatoren in der Propstei Tondern 1794-1803

4847 Amt Tondern: Beitrag der oktroyierten Köge und Kanzleigüter zur Vergütung von Fouragelieferungen während der feindlichen Invasion (1809) 1819-1820

4848 Amt Tondern: Belegung eines Kapitals des Schulfonds 1831

4849 Ausschlämmung und Erweiterung des Kanals bei Dagebüll 1834-1848

4850 Amt Tondern: Amtsanlage (1829) 1833-1847

4851 Entlassung des Hinrich thor Straten in Deezbüll vom Amt eines Sechs- oder Kirchspielsmanns (1832-) 1834

4852 Wiedingharde und Bökingharde: ökonomischer Zustand sowie Verminderung der Kirchen-, Schul- und Armenoffizialen (1830-) 1832-1840

4853 Übertragung der Hebung der Landsteuer und Bankzinsen im Störtewerkerkoog 1834-1835

4854 Amt Tondern: Handwerker (1828-) 1835-1847

4855 Märkte in Niebüll, Leck und Hoyer 1816, 1834-1841

4856 Anlage eines Seebads in Nieblum 1835

4857 Regulierung der Verhältnisse des Marschhofs Bottschlott 1835-1837

4858 Verteilung der Kirchspielslasten in Niebüll und Deezbüll sowie in den Marschharden allgemein 1835-1837

4859 Landschaft Sylt: Entwurf für eine Landschafts-, Kirchspiels- und Bauerschaftsordnung 1835-1836

4860 Landschaft Sylt: Reisekosten für die zum Dreihardengericht abgesandten Ratmänner 1839

4861 Anstellung von Gerichtsdienern und Polizeidienern in der Wiedingharde und Bökingharde 1839

4862 Aufhebung der Brauerei- und Brennereigerechtigkeit in der Bökingharde 1839-1842

4863 Aufhebung des Brauerei- und Brennereizwangs in den Kirchspielen Ladelund, Karlum und Klixbüll 1840-1842

4864 Kassierung der Rechnung für das Kirchspiel Fahretoft (1840) 1841

4865 Amt Tondern: Märkte 1841
Enthält nur Aktendeckblatt

4866 Alter und neuer Christian-Albrechts-Koog 1842-1848

4867 Besetzung der Birkvogtei in Westerlandföhr mit einem Dänen 1843-1844

4868 Bestätigung der Privilegien des Fleckens Wyk 1844-1845

4869 Ernennung eines Justitiars für den Marienkoog 1846

4870 Inspektorat des Dagebüller Koogs 1846-1847

4871 Amt Tondern: Amtsdiener und Landdiener 1847-1849

4872 Konzession für ein Putz- und Modewarengeschäft der Sophia Hirsch aus Friedrichstadt während der Badesaision in Wyk 1846-1847

4873 Amt Tondern: Trennung des Branddirektorats und der Hausvogtei 1847

4874 Gerichtsschreiber für die Schluxharde 1846-1848

4875 Eröffnung eines Ladens mit Manufaktur- und Modewaren durch den Kaufmann C. D. Nicolaysen aus Flensburg während der Badesaison auf Föhr 1848

4876 Amt Tondern: geänderte Organisation der Marschharden 1848-1849

6417 Reform der Kommunalordnung in Wyk 1848-1849

6418 Verzugszinsen des Schlachters Franz Portofee in Niebüll für Kommunerestanten 1848-1849

6419 Hökereikonzession des Jürgen Lassen und Christian Zoega in Kraulund 1849-1850

Ämter und Landschaften im Herzogtum Holstein

Amt Cismar

4877 Handwerker 1823-1849

4878 Weideregulativ für die Gemeinweide in Grömitz 1834

4879 Polizeireiter 1838-1848

4880 Herabsetzung von Geld- und Dienstleistungen von Groß- und Kleinkätnern in Grube 1838-1839

4881 Vorschlag zur Verbindung mit der Landschaft Fehmarn 1840

4882 Amtspförtner 1840-1849
Enthält u. a.: Übersicht über die Anzahl der seit 1834 einsitzenden Gefangenen

4883 Wohnungsbezug des Tagelöhners Henning Friedrich Scharfenberg in Grömitz (1838) 1840-1841

4884 Polizeidiener und Gerichtsdiener in den ehemaligen fürstlich-lübeckischen Dorfschaften 1844-1847

4885 Einfriedung eines Landstreifens aus der Dorfsfreiheit in Altratjensdorf durch den Drittelhufner Peter Ochsen 1844-1845

4886 Ernennung von Amtsdeputierten 1848

Landschaft Süderdithmarschen

4887 Jahrmarkt in Meldorf, Brunsbüttel, Burg und Eddelak 1781, 1812-1851

4902 Vermessung und Bonitierung beider Dithmarschen 1839-1843

4903 Gerichtsdiener bei der Landvogtei 1841-1842

4904 Vorkehrungen zur Abwendung des Andrangs unbemittelter Ansiedler in den Kirchspielen Burg und Süderhastedt (1832-) 1840-1841

4905 Nachtwächter in Barlt 1841-1842

4888 Kirchspielvögte 1834-1850

4906 Abtretung einer Landstrecke des Jacob Stührck in Epenwöhrden zur Verlegung der Mündung des Dunkerstroms 1842

4907 Landvogt 1842, 1848
Enthält: Ermäßigung von Gebühren: Reise des Landvogts Lempfert nach Frankfurt am Main

4908 Verwendung der Zollentschädigungsgelder der Interessenten des Kronprinzenkoogs 1842-1843

4909 Verhältnisse der Bewohner der königlichen Außendeiche 1842-1843

4910 Mitteilung von Dokumenten an das Fleckenskollegium in Meldorf und das Kirchspielskollegium der Nordervogtei Meldorf 1843-1845

4911 Regulierung des Nordervierts 1846

4912 Verfassungsverhältnisse der Dorfschaft Nordhastedt 1846-1847

4913 Straßenpflasterung in Meldorf 1846

4914 Grenzregulierung mit dem Kanzleigut Hanerau (1782-) 1846-1847

4915 Pferde für die Provisorische Regierung 1848

4889 Handwerker 1835-1847
Enthält nur Aktendeckblatt

4916 Kassierung der Wahlen von Kommunebeamten in Buchholz 1848

4917 Bestätigung der Privilegien 1844-1848

4918 Abbruch eines Wohnhauses des Claus Sühl und seiner Frau in Blangenmoor (1848) 1849-1850

4919 Fleckensordnung für Meldorf 1850-1851

4920 Zulage eines Landanteils an Claus Johann Jürgens in Westdorf 1848-1849

4921 Verlegung des Kruges des Paul Andreas Baumeister in Barlt vom Kirchspiel Barlt zum Kirchspiel Süderhastedt (1846) 1847
Darin: Kartenskizze

4890 Zinshebung bei Schuldern von Landes- und Kirchspielsanlagen im Kirchspiel Barlt 1828-1842

4891 Schulden des Kirchspiels Hemmingstedt und der Dorfschaft Fedderingen 1828-1837

4892 Schulden des Kirchspiels Marne 1835-1836

4893 Verwaltung der Inspektoratsgeschäfte des Kronprinzenkoogs (1833) 1835-1836

4894 Reglement zur Präsentationswahl für Kirchspielvogteistellen sowie Besetzung der Kirchspielvogteien in Burg, Süderhastedt und Albersdorf 1836-1842

4895 Hebungsgebühren für Beamte und Hebungswesen allgemein 1836-1849

4896 Verhalten des Landvogts Lempfert bei der Schneereinigung in Meldorf 1838-1839

4897 Kirchspielsrechnungen 1838-1842

4898 Aufhebung einer Vereinbarung im Kirchspiel Barlt über die Hebung des Salärs für den Kirchspielvogt durch den Kirchspielvogt Wulfsdorf 1839

4899 Polizeiliche Missbräuche in Meldorf 1840

4900 Wahl eines Bauerschaftsgevollmächtigten in Kattrepel 1849

4901 Bestätigung des Erbpachtvertrages über den Sophienkoog 1840-1845

Landschaft Norderdithmarschen

4922 Märkte in Heide, Tellingstedt, Delve, Büsum, Lunden und Wesselburen 1835-1850

4923 Rückzahlung einer Bauerschuld an den Landsoldaten Hans Peter Friedrich Feddersen in Warwerort und Abgaben des Landsoldaten Jacob Hartnack in Groven 1835-1838

4924 Verbesserung des polizeilichen Zustandes 1836-1839

4925 Hebungsgebühren der Beamten und Hebungswesen alllgemein 1836-1839

4926 Befreiung des Peter Diedrich Landsmann und des Hans Detlefs in Schülp von der Häusermorgenzahl im Kirchspiel Wesselburen (1833) 1836-1837

4927 Landvogt 1837-1848

4928 Ostereggenkommune in Heide 1838-1845

4929 Kirchspielsrechnungen in Hemme, Wesselburen und Tellingstedt (1834) 1837-1847

4930 Kirchspielschreiber und Organistendienst in Hennstedt 1836-1846

4931 Gebühren des Kirchspielvogts in Heide (1823-) 1836-1838

4932 Offizialrechnungen und Gebühren des Kirchspielschreibers in Heide 1838-1839

4933 Rechnungsführung, Kaution und Wahl des Kirchspieleinnehmers in Hemme 1838

4934 Übertragung der Verordnung von 1741 zum Abschneiden der Pferdeschweife 1836

4935 Vorschlag zur Trennung der Verwaltung von der Justiz anlässlich der Vakanz der Landvogtei 1838-1845

4936 Weigerung des Kirchspielvogts Dührsen in Heide zur Erhebung von Vergütungssummen für Brot- und Fouragelieferungen 1839

4937 Wahl des Justiz- und Polizeibeamten im Karolinenkoog durch die Interessenten 1837-1845

4938 Kirchspieleinnehmer 1838-1850

4939 Beschwerden gegen den Landes- und Kirchspielgevollmächtigten Lorenzen in Hemme 1839-1840

4940 Kirchspielvorsteher 1840-1850

4941 Amtsdiener, Gerichtsdiener und Gefangenenwärter 1837-1850

4942 Ablösung der Maulscheere in der Hölzung in Linden 1840-1841

4943 Gebühren- und Auslagerechnung der Kirchspielvogtswitwe Buhmann in Neuenkirchen für das Kirchspielvorsteherkollegium in Hemme 1840-1841

4944 Demolierung einer Katenwohnung in Rüsdorf 1840-1841

4945 Kirchspielvogteien 1841-1850

4946 Beitrag des Kirchspiels Hennstedt an den Kosten für die zur Krönungsfeier nach Kopenhagen gesandten Deputierten 1840-1841

4947 Stimmrecht der Landvogtei in den landschaftlichen Versammlungen 1840-1841

4948 Übernahme eines Kummerpostens [Steuerzahlung auf nicht vorhandenes Land] des Lammert Lammerts in Norddeich durch das Kirchspiel Wesselburen 1841

4949 Ankauf von Landstücken zur Einrichtung einer Tränkstelle und eines Nachtstalls im Karolinenkoog 1841

4950 Fleckensordnung für Lunden 1840-1850

4951 Absprechung von Sitz und Stimme des Kirchspielvogts Jochims in Büsum in der Landesversammlung 1841-1842

4952 Änderungen in der Verfassung der Kirchen-, Kirchspiels- und Fleckensgemeinde in Heide 1841-1843

4953 Verwendung von Straßendünger in Süderholm 1843

4954 Erstattung von Polizeikosten im Kirchspiel Lunden aus der landschaftlichen Kasse 1843

4955 Bestätigung einer Vereinbarung mit den Interessenten des Bösbütteler Koogs 1844-1845

4956 Beteiligung des Fleckens Heide an der Eisenbahn Glückstadt–Heide durch Aktienzeichnung 1844-1848

4957 Straßenpflasterung und Gassenreinigung in Heide (1844) 1845

4958 Saumseliges Amtsverhalten des Inspektors des Hedwigenkoogs
Enthält nur Aktendeckblatt 1845

4959 Bestätigung der Privilegien 1845

4960 Vergütung für die Lagemänner im Kirchspiel Lunden für außerordentliche Mühewaltung 1849

4961 Einrichtung einer stillen Wache in Lunden 1849

4962 Ansetzung zur Häusermorgenzahl in Heide 1848-1851

4963 Verhältnis der Kätner zu den Hufnern in Hennstedt 1849-1850

4964 Verhältnis von Eingesessenen in Lunden zu den Mitgliedern des Achtmännerkollegiums (1849) 1850

4965 Berichtigung von Rechnungsposten des Kirchspielvogteiverwesers Witt in Lunden 1850

Ämter Kiel, Bordesholm und Kronshagen

4966 Totengilde in Brunswik 1839-1840

4967 Ämter Kiel und Bordesholm: Wegfall des sogenannten Amtmannstalers 1841-1848

4968 Amt Bordesholm: Berechnung der Wegeanlage- und Reuterpferde-Zulagegelder 1841-1842

4969 Amt Bordesholm: Trennung des Aktuariats von den Hebungsgeschäften 1842-1846

4970 Verteilung der Kommunallasten der Erbpächter auf dem Hoffeld in Bordesholm 1840-1843

4971 Amt Bordesholm: Abhandlung des Brauerei- und Brennereizwangs 1843

4972 Bestätigung eines Privilegs zur Gleichstellung der Eingesessenen in Brunswik mit den Einwohnern in Kiel hinsichtlich des Brückengeldes 1844-1845

4973 Vorschlag zur Trennung eines Teils des Moorsees von der Kommune Moorsee und Zulegung zur Kommune Boksee 1845-1846

4974 Amt Bordesholm: Depositenlade für das Aktuariat und Vergütung des Hebungsbeamten Huss für die Führung der Amtsanlagenrechnungen 1846-1847

4975 Trockenlegung des Wellsees 1846

4976 Ämter Kiel, Bordesholm und Kronshagen: Amtsboten 1849-1851

4977 Amt Bordesholm: Entlassung des Amtsvogts Claus Jacob Böck in Bordesholm und Nachfolge seines Schwiegersohns Claus Bülck 1849

4978 Amt Kronshagen: Ersatz für die Einquartierung des sächsisch-meiningschen Jägerbataillons 1850

Amt Neumünster

4979 Übergang des am Haus des Gastwirts Matthias Kruse in Neumünster haftenden Weinschenkprivilegs beim Verkauf auf den Käufer (1640-) 1834, 1843-1850

4980 Weidegeld und Chausseebauschuld in Neumünster 1834-1848

4981 Erhebung eines Stättegeldes auf den Jahrmärkten in Neumünster (1823) 1824, 1833-1842

4982 Besetzung des Schornsteinfegerdienstes in Neumünster (1809, 1833) 1834-1835

4983 Handwerker (1797-) 1838-1847

4984 Märkte 1792-1848

4985 Ämter Neumünster und Bordesholm: Scharfrichter (1807) 1837

4986 Überlassung von Gemeinheitsland an den Dienstknecht Claus Hauschildt in Groß Kummerfeld zum Katenbau 1837-1838

4987 Beschwerden über die Wahl eines Fleckensdeputierten in Neumünster 1839

4988 Anspruch der Tuchfabrikanten Renck und Kompanie in Neumünster an einem Moorteil des Zuchthauses 1839

4989 Anstellung eines Feldvogts in Neumünster 1840-1841

4990 Amtsboten und Gerichtsdiener 1839-1851

4991 Erdbuch für Neumünster 1840-1841

4992 Amtsführung des Hausvogts und Branddirektors Flemmich und Verleihung der Hausvogtstelle an Hans Jansen (1836-) 1841-1842

4993 Katengrundheuer für neue Wohnstellen in Neumünster 1839

4994 Anleihe in Neumünster für die Chaussee Neumünster–Rendsburg 1841-1844

4995 Bauervögte und ihre Instruktion (1770, 1807-) 1841-1847

4996 Polizeiverwaltung in Neumünster 1841-1850

4997 Erlass eines Regulativs zu den Hand- und Spanndiensten der Eingesessenen in Neumünster 1842

4998 Gehaltserhöhung für den Fleckenskassierer Schönwandt in Neumünster 1842

4999 Erhebung der Nahrungssteuer in Neumünster 1842

5000 Einquartierungswesen in Neumünster 1844-1851

5001 Steinpflaster in Neumünster 1845-1847

5002 Amtmann 1846-1848

5003 Bewilligung für Eingesessene in Neumünster zur Fluchtbildung durch Neu- und Anbau ihrer Häuser 1849

5004 Baufreiheiten 1849-1850

5005 Trennung des Aktuariats vom Hebungsgeschäft 1849

5006 Bestätigung des Gewerbevereins in Neumünster 1847

Ämter Plön, Ahrensbök, Reinfeld, Rethwisch und Traventhal

5007 Ämter Plön, Ahrensbök, Reinfeld, Rethwisch und Traventhal: Handwerker und Gewerbetreibende (1821-) 1835-1847

5008 Ämter Reinfeld und Traventhal: Hausvogt 1834-1835, 1847-1850

5009 Bedingungen für die Niederlassung von Handwerkern in Ahrensbök 1836-1837

6403 Amt Ahrensbök: Dezision zu den Notaten der Anlagenrechnung 1832-1837

5010 Amt Reinfeld: Aufkommen für die Kosten der Schuld- und Pfandprotokolle sowie der Kontraktenprotokolle des Aktuariats 1839

5011 Ämter Reinfeld, Rethwisch und Traventhal: Änderung in der Verwaltungsorganisation 1839,1849

5012 Ämter Plön und Ahrensbök: Veränderung bei den Unterbeamtenstellen 1838-1849

5013 Ämter Plön, Ahrensbök, Reinfeld und Traventhal: Aufbringung der Polizeikosten (1759-) 1838-1850

5014 Ämter Plön, Ahrensbök, Reinfeld, Rethwisch und Traventhal: Amtspförtner 1839-1851

5015 Fleckensprivileg für Reinfeld 1824-1847

5016 Einverleibung des Hauses des Mechanikers Brandt an der Landstraße von Ahrensbök nach Lübeck in den Flecken Ahrensbök 1840

5017 Ämter Reinfeld, Rethwisch und Traventhal: Amtmann 1840-1843

5018 Märkte in Klein Wesenberg und Reinfeld 1840-1849

5019 Ämter Plön, Ahrensbök, Reinfeld, Rethwisch und Traventhal: Amtsanlagen 1842-1848

5020 Zulegung des Parzellisten Schultz in Quaalerteich zur Kommune Stipsdorf 1842-1843

5021 Beteiligung der Kätner in Hamberge an der Nutzung der früheren Hirtenkate und Hirtenwiese (1756-1784, 1836) 1842-1843
Enthält u. a.: ältere Buschlandkonzessionen der Kätner

5022 Ämter Plön, Ahrensbök, Reinfeld, Rethwisch und Traventhal: Amtsdiener 1843-1851

5023 Amt Reinfeld: Anweisung von Polizeikosten für Verhaftungen 1843

5024 Amt Ahrensbök: Einverleibung von Kesdorf, Wulfsfelde, Eilsdorf, Reinsbek und Butterstieg 1844-1847
Darin: Patent zur Einverleibung der Dorfschaft Kesdorf

5025 Amt Traventhal: Mitteilung von Exemplaren der Bekanntmachung zu eigenmächtigen Bauten und Landzerstücklungen 1846

5026 Privilegien des Fleckens Ahrensbök (1797) 1824-1829, 1845-1853

5027 Nachtwächter und mobile Sicherheitswache im Flecken Reinfeld 1847-1848

5028 Amt Traventhal: Vakanz des Pflugvogtdienstes 1848

5029 Amt Plön: Weigerung der Entgegennahme von Schreiben des Magistrats in Plön 1849

5030 Amt Traventhal: Vergütung von Kosten der Amtsgevollmächtigten 1849-1850

5031 Amt Plön: Verwendung der sogenannten Remissionsgelder zur Unterstützung der im Amt ausgehobenen Rekruten 1850

5032 Amt Reinfeld: Verzeichnis der Tonnenzahl und Änderung des Verteilungsfußes hinsichtlich der Amtsanlagekosten 1848-1850

5033 Vergütung des Amts-, Landgerichts- und Konsistorialboten Tode in Plön für weggefallene Einnahmen (1808-) 1848

Amt Rendsburg

5034 Recht des Militärs in Rendsburg auf das Sandholen von der Feldmark in Westerrönfeld 1834-1835

5035 Carlshütte 1834-1846

5036 Handwerker und Gewerbetreibende (1765) 1824-1848

5037 Märkte 1823-1849

5038 Bebauung eines Platzes durch den Drechsler Christian Einfeldt in Lehmberg bei Kellinghusen und seine Gleichstellung mit den dortigen Hufnern mit Fleckensrecht 1838

5039 Ärztliche Behandlung der Armenkranken in den Kirchspielen Raumort und Jevenstedt (1825) 1840

5040 Beschwerde des Hans Matthiessen in Osterstedt wegen der dortigen Pflugzahl (1840) 1841

5041 Amtmann 1797-1798, 1841-1842

5042 Transport der Strafgefangenen durch die Dingvögte 1843

5043 Bestätigung der Fleckensgerechtigkeit für Kellinghusen 1844-1850

5044 Trennung der Amtsverwalterstelle vom Aktuariat 1846-1847

5045 Aufnahme einer Kommuneschuld in Kellinghusen zur Übernahme eines Aktienteils zur Zweigbahn Wrist–Kellinghusen 1846

5046 Dienstentlassung des Kirchspielvogts Friedrich Magnus Ivens in Schenefeld 1848-1851

5047 Einquartierungswesen 1848
Enthält nur Aktendeckblatt

5048 Wohnungsgeld für den Amtsboten 1851

Amt Segeberg

5049 Polizeiwesen in Bramstedt (1833) 1834-1840

5050 Handwerker und Gewerbetreibende 1821-1848

5051 Einrichtung einer Polizei in Hasenmoor 1835

5052 Nachfolge des Polizeireiters Peter Backhaus in Kaltenkirchen (1810) 1835-1841

5053 Entschädigung der Dorfschaft Wiemersdorf durch die anderen Dorfschaften des Kirchspiels Bramstedt wegen Überlastung mit Fußtransporten von Vagabunden und Armen 1838

5054 Märkte in Kaltenkirchen, Bramstedt und Ulzburg 1838-1850

5055 Gewerbefreiheit in Bornhöved und Erhebung zum Flecken 1838-1841

5056 Hebungsgebühren der Kirchspielvogtei Bramstedt (1834) 1839

5057 Trennung der Hausvogteistelle vom Amt des Kirchspielvogts und Verbindung mit dem Branddirektorat in den Kirchspielen Segeberg, Leezen und Bornhöved 1839-1840

5058 Gehaltszulage und Pförtnerdienst für den Pflugvogt Wessel am Kalkberg bei Segeberg 1841-1847

5059 Forderungen von Eingesessenen in Bramstedt wegen Lieferungen an die feindlichen Truppen 1813 und 1814 (1838-) 1842

5060 Nachtwächter in Kaltenkirchen 1829-1843

5061 Bestätigung der Privilegien und Rechte des Fleckens Bramstedt 1844-1845

5062 Besetzung der Gerichtsdiener- und Gefangenenwärterstelle 1848-1850

5063 Beschwerde des Arztes und Hufenbesitzers Dr. Lempelius in Kesdorf wegen verlangter persönlicher Leistungen 1849

5064 Einquartierungslast des Pastors Gerber in Bramstedt 1850
Enthält nur Aktendeckblatt

Ämter Reinbek, Trittau und Tremsbüttel

5065 Handwerker und Gewerbetreibende (1822) 1831-1848

5066 Handwerker und Gewerbetreibende (1823-) 1841-1850

5067 Anweisung von Rechnungen des Justizrats Hagelstein für Physikatsbemühungen an dessen Witwe in Oldesloe 1834-1835

5068 Märkte 1797, 1835-1847

5069 Sporteltaxe (1773) 1837-1838

5070 Kriminalkosten für die Erbpachtschaften Rohlfshagen, Todendorf und Gölm 1841-1843

5071 Antrag der Erbpächter in Grönwohld auf Bildung einer selbstständigen Kommune 1841

5072 Beitrag der Erbpachtsmühle in Oststeinbek zu den Amtsanlagen 1841

5073 Bauervögte in Großensee und Trittau 1841-1847

5074 Regulierung des Krugwesens in Bargteheide, Itzstedt und Fischbek (1833-) 1843-1846

5075 Amt Trittau: Amtsanlagen 1846-1849
Darin: Rechnungen über die Kommunalausgaben des Amtes Trittau, 1845-1848

5076 Ämter Reinbek und Trittau: Gratifikation und Entlassung des Amtsboten Niss Petersen 1847-1850

5077 Amt Reinbek: Amtspförtner 1848-1849

5078 Ansatz der Erbpachtschaft Papendorf zur außerordentlichen Pflugzahl und Änderung der Pflugzahl im Amt Trittau 1849-1851

5079 Amt Reinbek: Hausvogtei 1850

Amt Steinburg

5080 Handwerker und Gewerbetreibende (1806-) 1821-1845

5081 Handwerker und Gewerbetreibende 1824-1848

5082 Verteilung der Vogteien in der Krempermarsch 1835-1839

5083 Differenz in der Wilstermarsch über Auktionen von gepfändeten und konfiszierten Sachen sowie von Strandgütern (1813-) 1837

5084 Sporteltaxe für den Landschreiber in der Wilstermarsch (1832-) 1836-1839
Enthält u. a.: Abschrift des Wilstermarscher Schuldprotokolls für 1832-1838

5085 Uferwerk und Steg zur Erleichterung des Löschens und Ladens bei der Zollstätte in Wewelsfleth 1839

5086 Unregelmäßigkeit bei der Wahl eines Rechnungsgevollmächtigten für die Außenschleusenkommune in der Wilstermarsch und bei der Rechnungsablage (1838-) 1840

5087 Gehalt und Wahl der Marschhauptleute (1837) 1840-1841, 1850

5088 Beschwerde der Interessenten der Neuhafener Schleusenkommune aus Sankt Margarethen gegen die Achtleute Hinrich Brandt in Eddelak und Claus Becker in Nortorf wegen einer Kommunalacht
(1798) 1841-1842

5089 Märkte in Hohenfelde und Neuenbrook
1770, 1827-1829, 1841-1850

5090 Bestätigung der Privilegien der Häuser des Jacob Engelbrecht in Landwehr vor Krempe 1842

5091 Beschwerde des Johann Cornils senior im Außendeich in Wewelsfleth gegen eine Acht (1841-) 1843-1844

5092 Beschwerde der Kirchspiele Beidenfleth und Wilster alte und neue Seite gegen die Kirchspiele Wewelsfleth, Brokdorf und Sankt Margarethen wegen Aufhebung der Ausfuhrgelder
(1817, 1842) 1843-1844

5093 Liquidationsrechnung der Krempermarsch und der Wilstermarsch
1847-1849

5094 Gehaltszulage für den Kirchspielvogt Waldemar Schmidt in Brokdorf
1848

5095 Zulassung des Jasper Horns in Dägeling zur Wahl eines Kirchspielgevollmächtigten im Kirchspiel Münsterdorf 1848

5096 Streitigkeiten der Kirchspiele Wilster alte Seite und Beidenfleth wegen einer Acht (1847-) 1849

5097 Ausdehnung der Polizeiaufsicht in Espe 1850

STÄDTE

Städte allgemein

5098 Umlage der Polizeikosten in den Städten 1834

5099 Niederlassung von Juden in den Städten 1797-1845

5100 Regulierung der Bewilligung von Baufreijahren nach Brandfällen in den Städten 1802-1803, 1832-1835

5101 Gesuche wegen städtischer Abgaben 1836-1841
Enthält auch: Aktenverzeichnis für Abt. 49 Nr. 5101-5103
Darin: zwei Quittungsbücher des Simon Schmidt, Sonderburg, 1821-1840

5102 Gesuche wegen städtischer Abgaben (1796-1801) 1840-1846
Enthält u. a.: Kontributionsregister aus Oldesloe, 1796-1801

5103 Gesuche wegen städtischer Abgaben 1845-1851

5104 Aufhebung des Reskripts vom 17. Dezember 1768 hinsichtlich der Kompetenz der Magistrate im Herzogtum Holstein zur Bestrafung geringer Vergehen städtischer Untertanen auf den adligen Gütern 1837

5105 Nachrichten zu den Budgets der Städte in den Herzogtümern (1819-) 1837-1840
Enthält u. a.: Bankhaft-, Haussteuer- und Landsteuerrechnung der Altstadt Plön, 1819-1836

5106 Allgemeine Städteordnung 1835-1850
Enthält u. a.: Lokalstatute
Darin: Lokalstatute für Rendsburg, 1849, und Glückstadt, 1850

5107 Herrschaftliche Fuhren der Städte 1837-1847

5108 Einrichtung eines regelmäßigen Tilgungsfonds für die Schulden der Städte 1840-1850

5109 Gebühr der städtischen Hebungsbeamten für die Erhebung der Beiträge zu den Kosten des Kunststraßenbaus 1842-1843

5110 Aufnahme in den Bürgerverband der Städte und Flecken 1848

6405 Verzeichnisse über den Eingang und die Bearbeitung von Stadtrechnungen für 1844-1849 1845-1851

Städte und Flecken im Herzogtum Schleswig

Stadt Burg auf Fehmarn

5111 Verwendung des Überschusses der Armenstiftung zum Heiligengeist 1773-1776, 1833-1839

5112 Besetzung des Organistendienstes 1785-1789

5113 Schule 1801-1847

5114 Gemeinschaftlicher Beitrag mit der Landschaft zu den Kosten des militärischen Krankenhauses und sonstigen außerordentlichen Einquartierungskosten (1738-1742) 1809

5115 Einlieferung der Brunnenrechnung (1811) 1812

5116 Aufhebung des Sankt-Jürgen-Stifts 1813-1814

5117 Verpachtung des Dienstlandes des Bürgermeisters und des Stadtsekretärs 1815-1843

5118 Abgaben für die Kirche, die Kirchenbediensteten und die Armenhäuser 1816

5119 Ökonomischer Zustand und seine kommissarische Untersuchung 1819-1823, 1839-1847

5120 Verteilung des Honorars für die Erhebung der Bankzinsen 1833-1837

5121 Hafen (1744) 1747, 1812-1818

5122 Verbot der Konzessionserteilung an Landschuster und Aufhebung oder Beschränkung des Schuhmarkts 1834-1835

5123 Handwerker 1810-1842

5124 Bestimmung zur Ausübung des Bäcker-, Schlachter-, Sattler-, Riemer-, Reifer-, Böttcher-, Drechsler-, Rademacher-, Maler-, Färber-, Hutmacher-, Glaser- und Klempnerhandwerks 1835, 1844

5125 Entschädigung für die Nachtwächter 1835

5126 Pflicht des Jacob Rawert (Rauert) zum Wiederaufbau seines Hauses 1833-1839

5127 Fristaufschub für Hans Wilhelm Thomsen zum Wiederaufbau seines Hauses 1833-1835

5128 Bürgerrecht 1835-1838
Enthält: See-Enrollierter Daniel Ehler; Schustergeselle Daniel Hinrich Wohlers

5129 Annahme von Nachtwächtern 1836

5130 Beamte 1836-1849

5131 Landumtausche 1837-1849

5132 Schulden, Rechnungswesen und Anleihen 1837-1849

5133 Märkte (1816) 1838-1839, 1849

5134 Renovierung des Kircheninneren 1840-1846

5135 Beschwerde des Holzsetzers Joachim Lafrentz auf dem Burgstaaken gegen seine Entlassung und das Verbot zum privaten Holzsetzen 1841

5136 Stadtmusiker 1843-1850

5137 Verlegung eines Unfreiheitspostens durch Hinrich Lafrenz 1843

5138 Verpachtung der Dienstländereien des Kompastors 1844

5139 Zusammenlegung der auf den Feldmarken in Ostermarkelsdorf und Sahrensdorf gelegenen Dienstländereien der Kirchenbediensteten 1846

Flecken Bredstedt

5140 Beitrag der Beamten zu den Baugeldern 1833

5141 Kirchenzugehörigkeit der Interessenten des Sophien- und Magdalenen-Koogs und des Desmerciereskoogs 1783-1784

5142 Armenwesen 1781-1840

5143 Schule 1792-1795, 1824-1850

5144 Gesuch der Schusterzunft zum Konzessionswesen 1835

5145 Märkte 1830-1840

5146 Pflicht zum Fleckensbürgerrecht für den Hebungsgevollmächtigten Plambeck, Untersuchung gegen seine Amtsführung und Erhebung von Gebühren für vorgelegte Konzessionen 1840-1841

5147 Bestätigung der Freiheiten und Privilegien 1844-1845

5148 Beschwerde des Gastwirtes Carl Müller über die Polizeiverwaltung 1849

Flecken Kappeln

5149 Anlage eines neuen Kirchhofs 1767-1768, 1841-1845

5150 Erhebung zur Stadt sowie Einrichtung des Justiz-, Polizei-, Kameral-, Kirchen-, Schul- und Armenwesens 1808-1835

5151 Verwaltung des Kirchenvermögens und Aufbringung der Besoldung der Schullehrer 1819-1821

5152 Verwaltung des Kirchenvermögens und Besoldung der Schullehrer 1821-1829, 1843-1844

5153 Armenwesen (1806-) 1823, 1846

5154 Bestätigung von Privilegien und Konzession für einen Wochenmarkt 1801-1802, 1834

5155 Schule 1804-1841
Darin: Regulativ zur Einrichtung der Fleckensschule, 1804; Instruktionen für die Schulvorsteher, 1827

5156 Handwerker und Gewerbetreibende 1816-1844
Enthält auch: Aktenverzeichnis für Abt. 49 Nr. 5156-5159
Darin: Wanderbuch des Sattlergesellen Lambert Hinrich Christian Francke, Ratzeburg, 1829-1830

5157 Handwerker und Gewerbetreibende 1826-1847

5158 Handwerker und Gewerbetreibende 1827-1844

5159 Handwerker und Gewerbetreibende 1822-1847

5160 Märkte 1834-1846

5161 Straßenpflasterung 1829-1835

5162 Anerkennung als ein zur städtischen Nahrung berechtigter Ort 1835-1847

5163 Polizeiverwaltung 1837-1840

5164 Flecken Kappeln: Anschaffung von Messgefäßen und Anstellung eines Messers (1840-) 1842-1847

5165 Aufnahme von Anleihen 1847-1848

5166 Berechtigung des Claus Hinrich Johannsen zu einer Gesellenherberge 1847

5167 Fleckensvogt 1848

5168 Einquartierungswesen 1849
Enthält nur Aktendeckblatt

5169 Flecken Kappeln: Beschränkung der Niederlassung fremder Handwerker 1848

Stadt Eckernförde

5170 Brücken-, Brand- und Lombardordnung 1740-1826
Darin: gedruckte Brückenordnung, 1740; gedruckte Brandordnung, 1744; gedruckte Konzession zur Errichtung eines Leihhauses, 1768

5171 Streitigkeiten mit der Ritterschaft im Herzogtum Schleswig wegen Last- und Brückengeldern (1554-) 1741-1756

5172 Streitigkeiten mit der Ritterschaft im Herzogtum Schleswig wegen Last- und Brückengeldern 1756-1779

5173 Rechnungen über herrschaftliche Gefälle von 1807 bis 1810 1810-1811

5174 Olpenitzsches Armenhaus (Goschenhof) 1786, 1813-1830

5175 Zulage für den Organisten Henningsen 1816

5176 Predigergehalt, Besetzung des Diakonats und Verbindung mit dem Rektorat sowie Geschäftsverteilung der Prediger 1813-1824

5177 Predigergehalt, Besetzung des Diakonats und Verbindung mit dem Rektorat sowie Geschäftsverteilung der Prediger 1823-1848

5178 Heranziehung von Ländereien aus den aufgeteilten Gemeinweiden zur Verzinsung und Abtragung der Stadtschulden 1818

5179 Christianspflegehaus 1819-1822, 1845-1850

5180 Kirchhof 1825-1840

5181 Überlassung des Soldatenkirchhofs und städtischer Landstücke an das Christianspflegehaus 1827, 1841-1843

5182 Reglement für die ökonomische Verwaltung 1832-1839
Darin: gedrucktes Reglement, 1832

5183 Schulordnung 1799-1830
Darin: gedruckte Schulordnung, 1799

5184 Schulordnung 1831-1847

5185 Schule 1744-1792

5209 Anstellung eines Nachtwächters im Vogelsang 1834

5186 Exerzier- und Gymnastikhaus für das Militär 1834-1835, 1848

5187 Handwerker und Gewerbetreibende (1810-) 1835-1848

5188 Schaulegung der Einquartierungs-, Polizei- und Brandkassenrechnung 1835

5189 Beamte 1835-1848
Darin: Druckschrift „Schutzfristen des Ober- und Landgerichts-Advocaten Gülich, Dr. jur. in Schleswig, für den Bürger und Literaten Hansen in Eckernförde [...] in Betreff einer die Gebührenerhebung im Eckernförder Zollamte betreffenden Annonce im dortigen Wochenblatt". Eckernförde 1840

5190 Beamte 1840-1848

5191 Prüfung der Wahlkandidaten für das Rektorat durch den Propst 1835

5192 Beiträge der pensionierten Kapitäne von Schleifer und von der Wettering zur Polizeisteuer 1835

5193 Reparatur am Rathaus und Bekleiden der langen Brücke mit Schienen 1835-1840

5194 Aufnahme der Kriminalkosten sowie der Bepflasterungs- und Wegebesserungskosten in die Polizeirechnung 1835-1836

5195 Baufreijahre (1835) 1836-1844

5196 Untersuchung zur Erhebung der Haussteuer, Bankzinsen und Brandversicherungsbeiträge (1819-) 1833-1836
Enthält u. a.: Hauptbuch, 1819-1821

5197 Gassenbeleuchtung (1835) 1836-1837

5198 Stadtmusikant (1812) 1835-1847

5199 Polizeidiener und Marktvogt 1836-1847

5200 Einrichtung einer Privatlehranstalt durch den Privatlehrer Dammann und den Seminaristen Henningsen 1837
Darin: „Eckernförder Wochenblatt" vom 25. Februar 1837

5201 Verkauf von Landstücken des Nicolaikirchhofs an Bürger 1837

5202 Anlage einer Tranbrennerei auf der Schiffbrücke durch den Kaufmann Hans Christian Lange 1837

5203 Straßenpflasterung 1837, 1847-1848

5204 Märkte 1837-1849

5205 Öffentliche Brunnen (1837) 1838, 1847

5206 Erteilung des Bürgerrechts 1838-1847

5207 Stadtkasse und Stadtvermögen 1840-1848

5208 Hauptpastorat und Diakonat 1840-1846

5210 Landtausch sowie Verkauf städtischer Ländereien und Bauplätze 1840-1848

5211 Stadt Eckernförde: Fortdauer der Ratskellerpacht des Pächters Dammann 1840

5212 Stadt Eckernförde: Predigerwitwenhäuser und Anschaffung einer Dienstwohnung für den Diakon 1840-1844

5213 Niederlassung des Unteroffiziers Ernst Nussbaum 1841

5214 Leichengebühr für den Rektor, Schreibmeister und Hauptpastor 1842

5215 Kirchenreparaturen 1842-1846

5216 Einquartierung 1842-1848
Enthält nur Aktendeckblatt

5217 Kircheninventar 1843-1849
Enthält: Interpretation eines Passus im Kircheninventar; Gebühren für die Beerdigung der bei den Kämpfen am 5. April 1849 Gefallenen

5218 Rollfuhrwesen 1843-1844

5219 Kloaken und Latrinen des Christianpflegehauses sowie Übelstände durch die Benutzung des Kakabellenbachs durch die Bewohner des Pflegehauses 1844-1847

5220 Verbindung des Vogelsang mit der Kirchen- und Schulkommune 1844

5221 Ablösung der Handdienste von Eingesessenen des Amtes Hütten in Borby zu Bauarbeiten an der langen Brücke 1850

Stadt Flensburg

5222 Interimsverwaltung des Pastorats an der Marienkirche 1798

5223 Aufgebot und Trauung in der Klosterkirche durch den Hopitalprediger Tamsen (1704-) 1799
Enthält u. a.: Auszüge aus dem Hospitalgerichtsprotokoll, 1704-1798

5224 Streitigkeiten des dänischen Predigers mit den anderen Predigern und Bestimmung der Grenzen des dänischen Predigers, Abstellung des Singens der Armenschule, der Singvesper und des Singens bei Leichen sowie Quartalsopfer und Hochzeitsgebühren 1779-1785

5225 Gotthard und Anna Hansensche Stiftung [vor 1834]
Enthält nur Aktendeckblatt

5226 Instruktion für den Polizeimeister 1806-1809
Darin: gedruckte Instruktion

5227 Vermächtnis des Buchhalters Johann Christian Jensen in Trondheim für die öffentlichen Stiftungen (1805) 1806

5228 Widersetzlichkeit des Hospitalgerichts gegen die Polizeiautorität 1807

5229 Deckung eines Defizits in der Waisenhausrechnung durch Anleihe oder Kündigung von Institutskapitalien 1811

5230 Stadtvogt 1822-1824

5231 Wahl und Amtsführung der Kirchgeschworenen sowie Einrichtung der Kirchenschatzung (1767-) 1773-1780, 1807, 1823

5232 Tragen der Klingelbeutel in der Sankt-Johanniskirche 1822-1833

5233 Stimmrecht bei Predigerwahlen im Marien-, Nikolai- und Johanniskirchspiel sowie Wahlfähigkeit der Juden im Nikolaikirchspiel 1824-1826

5234 Zucht- und Werkhaus 1829-1849

5235 Errichtung einer Industrieschule 1818-1819

5236 Armenwesen (1830) 1831-1836
Enthält u. a.: tabellarische Übersicht über das Armenwesen 1821-1828

5237 Bemerkung bei der Generalkirchenvisitation zur Kirchenkasse 1833-1834

5238 Mitrevision und Quittierung von Stiftungsrechnungen durch den Propst 1833-1834

5239 Hospital (1551-) 1744, 1806-1827

5240 Bedenken des Gottorfer Obergerichts zum Entwurf einer Maklerordnung 1816

5241 Brandwesen 1834

5242 Vereinbarung zwischen dem Konrektor der Lateinschule und den Kirchspiels-, Schreib- und Rechenmeistern über das Hinsingen der Leichen 1789-1791

5243 Einrichtung der Nebenschulen (1698-) 1762-1770

5244 Gelehrtenschule 1815-1823
Darin: Schulordnungen; Instruktionen für die Schullehrer; Schulgesetze für die Schüler

5245 Gelehrtenschule 1819-1834

5246 Beamte 1834-1847

5247 Beamte 1836-1848

5248 Kirchenvermögen der Marienkirche 1834-1844

5249 Handwerker 1793-1847
Enthält u. a.: Schlachter
Enthält auch: Aktenverzeichnis für Abt. 49 Nr. 5249-5252

5250 Glaser, Drechsler, Barbiere, Böttcher, Bäcker, Knopfmacher, Handschuhmacher (1805-) 1806, 1832-1849

5251 Tischler (1741-) 1802-1846

5252 Tischler (1783-) 1838-1849

5253 Klempner, Seiler, Zinngießer, Schmiede und Schlosser, Anfertigung weiblicher Kleidungsstücke, Schuster (1806-) 1826-1847

5254 Abschaffung der Steuer „Mittelschatz" (1831) 1834-1848
Enthält u. a.: Setzungsliste zu den Beiträgen zum Schullehrergehalt, 1834
Darin: Regulativ zur Kommission für die Umlage des Schullehrergehalts, 1831

5255 Zuständigkeit des Magistrats für die Bestrafung von Schulversäumnissen an der Wilhelminenschule 1834-1845

5256 Schulgeld des Eskadronschirurgen Gottfried Schenk 1834-1835

5257 Reorganisation des deutschen Schulwesens und Bürgerschulen allgemein 1821-1838

5258 Reorganisation des deutschen Schulwesens und Bürgerschulen allgemein 1830-1848
Darin: Regulativ für die Bürgerschulen, 1832; Grundriss und Ansichtszeichnung von der Predigerwitwenwohnung der Marienkirche; Regulativ zur Umlage des Schullehrergehalts, 1831

5259 Rückzahlung von Gebühren an die Totengilde für die Beerdigung eines Kindes 1834-1835

5260 Erteilung des Bürgerrechts 1835-1847

5261 Beitrag des Schullehrers Christian Carl Hoyer an der Wilhelminenschule und der Schullehrerin Anna Margaretha Jürgensen an der Sankt-Marien-Freischule zu den Schullehrergehalten 1835

5262 Straßenunfug und Bereitstellung einer Eskadronabteilung 1835

5263 Polizeibefehl an den Buchdrucker Jaeger zur Anlage einer Wasserableitung (1834) 1835
Darin: Skizze der Grundstücke

5264 Beitrag des See-Enrollierten Bernhard Lessel zum Schullehrergehalt 1834-1835

5265 Märkte 1835-1846

5266 Kirchenschatzung der zur Johannisgemeinde gehörenden und vor dem Johannistor wohnenden Grundbesitzer 1835-1845

5267 Straßenpflasterung und Straßenpolizei 1835-1847

5268 Instruktion für den Brückenvogt, Ankauf von Landesprodukten auf den Märkten und der Schiffbrücke durch den Müller Lautrup, Überhandnehmen des Vorkaufs 1824-1847

5269 Bürgerliche Abgaben des See-Enrollierten Hinrich Lebrecht Peter Sommer 1835-1836

5270 Abgaben des Steuermanns Jürgen Wilhardt Thomsen 1828-1836

5271 Düngerfahren (1807) 1836

5272 Präsentation zur Wahl eines Diakons an der Nikolaikirche 1836

5273 Stadtbauten, Geldanleihen, Ankauf von Immobilien für die Stadt 1836-1848

5274 Vereinigung der an die Stadt grenzenden städtischen Distrikte zu einem Polizeiverband und Regelungen von Jurisdiktionsverhältnissen (1325-) 1805-1845
Darin: Karte der Stadt Flensburg, mit Jurisdiktionseinteilung, 1779

5275 Wahl des Hauptpastors an der Marienkirche 1837

5276 Wahl des Diakons an der Johanniskirche 1837-1843

5277 Bankzinsen des Andreas Lindschau 1837

5278 Landtausch sowie Verkauf städtischer Ländereien und Bauplätze 1837-1848

5279 Führung der Kirchenbücher an der Marien- und Johanniskirche 1837-1838

5280 Entwurf von Kircheninventaren für die Marien-, Nikolai- und Johanniskirche 1837-1846

5281 Zahlung sämtlicher Abgaben des Johann Johannsen und Peter Christiansen in Baurup als Untergehörige der Nikolaikirche an das Patronat 1838-1842

5282 Reparaturen und Bauten an der Nikolaikirche 1839-1847

5283 Vermögen der Johanniskirche 1837-1845

5284 Kirchenanlagen für die Johanniskirche 1801-1802, 1840, 1849

5285 Verwaltung des Schauspielhauses 1840

5286 Einquartierung 1842-1848
Enthält nur Aktendeckblatt

5287 Konzession des Stadtmusikanten Demuth 1843

5288 Graukloster und Hospital 1843-1847

5289 Wohnungsnahme des Töpfers Carl Gottlieb Klahre außerhalb des Roten Tores und Erweiterung der Stadt 1843-1846

5290 Baufreijahre 1844-1846

Flecken Friedrichsort

5291 Verlust einer Kirchensumme beim Konkurs des Pastors Heinrich Rundt 1836

5292 Konzessionierung des Maurergesellen Christoph Friedrich Krüger 1837

5293 Schulregulativ 1837-1844

5294 Kircheninventar (1764) 1837-1838

5295 Gebühr des Generalsuperintendenten für die Generalkirchenvisitation 1837-1839

5296 Konzessionierung des Zimmergesellen Friedrich Carl Theodor Prüss als Freimeister 1840

5297 Änderung im Kirchen- und Schulwesen nach Umwandlung der Festung in eine Seebatterie 1843-1844

5298 Entwendung von Feldsteinen vom Glacis der Seebatterie 1845

5299 Gehaltszulage für den Pastor 1846-1849

5300 Konflikt zwischen den mit Schankkonzessionen versehenen Marketendern Stumme und Bäcker Rosacker 1848

Stadt Friedrichstadt

5301 Schützengilde 1788-1790

5302 Schulordnung 1771-1772, 1804-1824
Darin: Schulordnung für die Schulen der lutherischen Gemeinde, 1807

5303 Schulordnung 1825-1847
Darin: Schulregulativ für die allgemeine Stadtschule, 1827

5304 Bezahlung des Trauergeläuts an der lutherischen Kirche für Angehörige des königlichen Hauses (1746) 1783-1784

5305 Einziehung des Kompastorats an der lutherischen Kirche 1799-1800

5306 Verhältnis des Besitzers des Spätinghofs in der Landschaft Stapelholm zur lutherischen Kirche (1817) 1819

5307 Römisch-katholischer Missionsfonds 1813

5308 Verhältnis der katholischen Kirche zur französischen Regierung und zum Bistum Münster 1813-1847

5309 Ausschreibung einer Schatzung in der lutherischen Gemeinde für die Kosten des lutherischen Waisenhauses 1814-1817

5310 Aufbringung der Kosten für den Besuch fremder katholischer Prediger während der Predigervakanz 1815

5311 Bestimmung des Polizeidistrikts (1663-) 1817-1818, 1850

5312 Armenwesen (1818) 1829-1837

5313 Remonstrantische Gemeinde 1824-1838

5314 Bau des Rathauses 1830-1851
Darin: Grund- und Profilrisse des Stadtgefängnisses, 1846

5315 Verkauf und Abtragung eines Nebengebäudes der Dienstwohnung des Zollverwalters 1832

5316 Schul- und Armenwesen der katholischen Kirche 1791-1806

5317 Verfassung (1681) 1731-1732, 1769-1771
Enthält: Geschäftsordnung; Kirchenordonnanz der lutherischen Kirche; Unterrichtung, Erziehung und Unterhalt des Thomas Schreiber Janssen

5318 Verfassung 1736-1746, 1787-1789
Enthält: Kirchenanlage der lutherischen Gemeinde; Anlage einer Nebenschule

5319 Beamte 1834-1850

5320 Ansetzung des Kantors Lorenz Peter Tobies und des Mädchenlehrers Ernst Bornholdt zur Kirchen- und Schulschatzung 1834

5321 Kirchen- und Schulschatzung des Stadt- und Gerichtsschouten Eduard Alberti 1834-1835

5322 Ansetzung des Pastors Biernatzki zur Kirchen- und Schulschatzung 1835

5323 Beschwerde des Apothekers Kaul gegen den Magistrat wegen verweigerter Mitteilung medizinischer Gutachten hinsichtlich seiner Apotheke 1784-1785

5324 Mängel bei der Haushaltung der Schiffergilde mit den Armengeldern 1725-1727

5325 Beschwerde des lutherischen Kirchenkollegiums gegen den Deputierten Bürger und Kirchenbaumeister Fedder Peter Fedders wegen verweigerter Verwaltung des Kirchenbaumeisteramts (1810-) 1815-1816

5326 Jüdische Gemeinde und ihr Regulativ von 1802 1799-1800

5327 Jüdische Gemeinde und ihr Regulativ von 1802 1799-1801

5328 Jüdische Gemeinde und ihr Regulativ von 1802 1800-1808, 1835-1838

5329 Entzug der Einkünfte des Kompastors Wildhagen und des Kantors Voss an der lutherischen Kirche 1801

5330 Bau eines Windfanges an der Südtür der lutherischen Kirche 1804

5331 Beschwerde des Ratsverwandten Stuhr gegen das lutherische Kirchenkollegium wegen Quittierung einer an die Turmbaukommission abgelieferten Geldsumme 1825

5332 Notat zur Lombardrechnung wegen der Aufschiebung des Verkaufs uneingelöster Pfänder 1823

5333 Stadtdiener und Schoutendiener 1836-1848

5334 Auszahlung des Gehalts des Gerichtsboten Bohnstehn an den Stadt- und Gerichtsschouten Eduard Alberti 1836

5335 Handwerker 1837-1846
Enthält: Maler Friedrich Ludwig Holle; Glaser Claus Jacob Vietzen und Jacob Meier Michelsen; Schmied Peter Jürgen Peters, Koldenbüttel; Johann Carsten Wolff

5336 Nachtwächter 1838

5337 Straßenpflaster 1838-1848

5338 Pastorat der lutherischen Kirche 1840-1845

5339 Stadtschulden, Stadtkasse, Anleihen 1840-1848

5340 Verunreinigung des Westerburggrabens 1840-1841

5341 Rückgabe wegen ausstehender Stadtschatzung gepfändeter Sachen an den Schmiedemeister Johann Christian Möller 1840-1841

5342 Schuldenabtrag und Kirchenorgel der lutherischen Kirche 1840-1844

5343 Gebühreneinnahme des Pastors an der lutherischen Kirche 1841

5344 Märkte 1842-1844

5345 Übergabe eines Schlüssels für das Stadttor an den lokalen Zollbeamten 1842-1843

5346 Kirchhof der lutherischen Gemeinde 1843-1847
Darin: Regulativ für den Kirchhof, 1847

5347 Einsturz der Bodendecken in der katholischen Kirche 1849

Stadt Garding

5348 Persönliche Leichenfolge des Propstes und Pastors Voss bei Beerdigungen der ersten und zweiten Klasse 1811

5349 Armenwesen (1740-) 1779-1788
Enthält u. a.: Armenrechnungen, 1740-1781

5350 Armenwesen (1776-) 1783-1791

5351 Armenwesen (1788) 1789-1814

5352 Kommission zur Untersuchung der Verwaltung der Armengelder
Enthält u. a.: Armenrechnungen, 1782-1784 1786

5353 Regulativ zur Verwaltung des Armenwesens (1787-1788)

5354 Beschwerden des Deputierten Bürgers König über die Behandlung von Stadtangelegenheiten 1794-1796

5355 Schulordnung 1800-1808, 1822-1849
Darin: gedruckte Schulordnung, 1800

5356 Gasthaus (Hospital) (1594-) 1782-1791

5357 Bestätigung der Konzession der Schützengilde (1731-) 1808, 1813, 1835

5358 Gehalt des Nachtwächters 1835

5359 Beamte 1837-1844

5360 Veränderung der Kirchenstühle 1837-1839

5361 Handwerker 1837, 1845
Enthält: Schlachtergeselle Johann Gottfried Diedrichsen; Maurer Sibbern Nielsen

5362 Vakanz und Besetzung des Diakonats 1838-1843

5363 Begräbnisplatz 1841-1842
Darin: Regulativ

5364 Bepflasterung der Johannisstraße 1843

5365 Bürgerrecht für Jürgen Paul Ingwersen 1845

5366 Kirchenanlage 1845-1849

5367 Deckung von Zinsen des Anlagekapitals für einen Chausseebau und Aufnahme einer Anleihe 1847-1848

5368 Anbieten von Schmiedearbeiten auf dem Wochenmarkt 1847

Stadt Hadersleben

5369 Schulordnung 1798-1849
Darin: Schulordnung für die deutschen und dänischen Schulen in Hadersleben, 1802; Regulativ der Gelehrtenschule, 1827; Schulgesetze der Gelehrtenschule, 1827; Instruktion für die Schullehrer der Gelehrtenschule, 1827

Stadt Husum

5370 Reglement zur Kontributionshebung und zum Abzugsrecht, Verordnung zu Tonnen und Baken sowie Brücken- und Hafenrolle, Erlegung der Tonnen- und Bakengelder (1738-) 1742-1755, 1770

5371 Regulativ für die deutschen Schulen 1762-1764, 1799-1825
Darin: „Erneuerte Husumsche Schulordnung", 1763; Schulverordnung für die Nebenschulen, 1764; Regulativ für die deutschen Schulen, 1810

5372 Einzug des Diakonats und Einrichtung des öffentlichen Gottesdienstes (1790) 1794-1796, 1828

5373 Gelehrtenschule 1769-1818 (1869)

5374 Gelehrtenschule 1811-1843
Darin: Regulativ für die Gelehrtenschule, 1827

5375 Armenwesen 1805-1809
Darin: Plan zu einer verbesserten Einrichtung des Armenwesens in Husum, 1806

5376 Armenwesen 1809-1824

5377 Straßenpflaster 1806, 1846-1847

5378 Bauzustand der Stadtkirche 1806-1829

5379 Bauzustand der Stadtkirche 1829-1833

5380 Instruktion für die Polizeimeister in Husum und Tönning sowie für das Polizeiamt in Garding 1812

5381 Ausübung der Polizei und Veranstaltung von Auktionen auf dem Schlossgrund 1817-1820
Darin: „Beilage zum Königlich privilegierten Wochenblatt" vom 4. April 1819

5382 Umlage der Ausgleichszahlungen für Kriegsschäden (1814-) 1816-1817
Enthält u. a.: Verzeichnisse über Kriegsschäden und Ausgleichszahlungen

5383 Gültigkeit der Reformations- und Polizeiordnung von 1582 1821-1827

5384 Abstellung des Missstandes überfüllter Betten im Waisenhaus 1824

5385 Besteuerung auswärtiger Eigentümer von Ländereien der Stadtfeldmark 1831

5386 Gebühren des Küsters und Balgentreters (1833) 1834

5387 Gasthaus Sankt Jürgen (Hospital) (1528) 1720-1721, 1788-1793, 1836-1839

5388 Märkte 1834-1835, 1846
Darin: „Königlich privilegiertes Wochenblatt" vom 24. August 1834

5389 Handwerker 1818-1844

5390 Beamte 1835-1849

5391 Befreiung des Handlungstreibenden Ludwig Heinrich Fischer aus Hamburg vom Nahrungsschatz und Bürgerschulgeld 1835

5392 Streitigkeiten über die Verwaltung der kirchlichen Ministerialhandlungen 1720-1738

5393 Elementarschulen 1835-1843

5394 Gage für den Subrektor Lohse als Klosterprediger (1833) 1836

5395 Auszahlung einer 1825 bewilligten Geldsumme an die Sonntagsschule des Justizrats Wardenburg für Sturmflutschäden (1836) 1837

5396 Herabsetzung der Steinpflüge 1837-1838

5397 Stadtwaage 1818-1821, 1838-1845

5398 Anweisung von Kosten an die Stadtkasse und Brüchebefehl gegen den Ratsverwandten P. H. Rehder 1839-1844

5399 Kompastorat 1841-1848

5400 Hauptpastorat 1842-1844

5401 Stadtmusikant 1747, 1766, 1801, 1845

5402 Kirchenreparaturen 1845-1846

5403 Erteilung des Bürgerrechts 1801-1846
Enthält: Leutnant Conrad Wilhelm Ahlefeldt von Falkenberg; Agent C. E. Schmidt

5404 Einrichtung einer Predigerwitwenwohnung (1830-) 1847

5405 Einquartierungswesen 1848
Enthält nur Aktendeckblatt

Stadt Schleswig

5406 Waisenhaus 1750-1772, 1836-1854
Enthält u. a.: Ausgabe- und Einnahmerechnungen

5407 Waisenhaus (1734-) 1770-1841
Enthält u. a.: Administrationsrechnungen, 1770-1782; Versicherungsschein, 1822

5408 Waisenhaus 1783-1811
Enthält: Administrationsrechnungen

5409 Waisenhaus (1811) 1812-1834
Enthält: Administrationsrechnungen

5410 Waisenhaus (1767-) 1834-1847
Enthält u. a.: Administrationsrechnungen; Privilegien; Reparatur und Erweiterung des Schulgebäudes auf dem Domkirchhof; Gesangbuch

5411 Einführung eines Lombards, Brandverordnung, Beseitung von Abfällen hinter dem sogenannten Graben, Lastgelder bei Schleimünde 1740-1770

5412 Wegfahren von Steinen und Sand an der Schleimünde 1796

5413 Kompatronat des Magistrats bei den Predigerstellen der Domkirche 1745-1746, 1798-1800

5414 Fischerei und Polizei auf der Schlei (1748-) 1827-1834
Enthält auch: Aktenverzeichnis zur Umlegung der Heringszäune in der Schlei, 1748-1799

5415 Fischerei und Polizei auf der Schlei 1836-1848

5416 Einnahmezulage für den Totengräber Matthias Fries 1801-1802

5417 Verkauf der Stühle, Stände, Klappen und Begräbnisse in der Domkirche (1749) 1750, 1765

5418 Schilfschneiden in den Pachtgewässern 1802

5419 Michaeliskirche 1732-1820
Enthält u. a.: Vorschuss zum Bau des Kompastorats, 1732-1737; Bestimmung der Grenze zur Schlosskapelle, 1768; Wiederherstellung des Altars, 1819

5420 Michaeliskirche (1710-) 1719-1731, 1798-1843
Enthält u. a.: Beschwerden des Pastors Peter Wolhat, 1719-1732; Beteiligung des Magistrats an der Verwaltung eines Fonds, 1798-1799; Reparatur des Kirchturms, 1828; Kirchenanlagen, 1840-1843

5421 Schulen 1817-1826

5422 Maßnahmen zur besseren Organisation des Schulwesens in der Altstadt 1823-1844

5423 Schule 1815-1834
Enthält u. a.: Verzeichnis der Besitzer von Freihöfen, 1822

5424 Schule 1782-1830
Enthält u. a.: Schulordnung für die Schule im Friedrichsberg, 1782-1813
Darin: gedruckte Friedrichsberger Schulordnung, 1802

5425 Domschule 1799-1827
Enthält u. a.: Suspendierung und Tod des Subrektors Heldt sowie Vormundschaft über seine Kinder, 1816-1826; Instruktion für die Schullehrer, Schulgesetze für die Schüler und Anzeigen über den Zustand der Schule, 1815-1827

5426 Domschule 1819-1834
Enthält u. a.: Chor in der Domkirche; Entwurf eines neuen Schulreglements
Darin: Instruktion für die Schulllehrer, 1826; Regulativ für die Domschule, 1826; Schulgesetze für die Schüler, 1826

5427 Vakanzverwaltung und Einziehung des Kompastorats an der Kirche im Friedrichsberg 1799-1804

5428 Beginn des Gottesdienstes in der Domkirche in den Wintermonaten 1804, 1810

5429 Abstellung des Missbrauchs der Domkirche im Dommarkt 1804-1805

5430 Instruktion für das Polizeigericht und den Polizeimeister 1811, 1816

5431 Aufgebot des Magistrats über Kirchenstühle und Kirchenstände der Kirche im Friedrichsberg mit ungewissen Besitzverhältnissen 1805

5432 Oberdirektor 1808-1827

Enthält: Instruktion für Amtmann von Ahlefeldt; Amtmann August Wilhelm von Schack-Staffeldt

5433 Verwendung der sogenannten Currendegelder der Domkirche 1820-1825

5434 Zuständigkeit für die Anzeige von Sterbefällen auf dem Schlossgrund 1820

5435 Abbruch des Schwahls in der Domkirche und Verlegung des Dommarktes nach dem großen Marktplatz 1823-1826

5436 Gesuch der Fischerzunft um eine Verfügung gegen den Verkauf auswärtiger Fische und den Zulauf fremder Fischträger 1834

5437 Entfernung von Ausdeichungen im Mühlenteich (1708-1710, 1805-) 1827

Enthält u. a.: Abschrift des Besichtigungsprotokolls über den Mühlenteich, 1822

5438 Betreten des Möwenberges vor Ende der Heck- und Brutzeit der Möwen 1828-1829

5439 Kirchhof der Michaeliskirche 1827-1847

5440 Zwangsarbeitsanstalt 1827-1846

Darin: Regulativ für die Anstalt, 1846; Druckschrift „Die Zwangsarbeitsanstalt in Schleswig in ihrem gegenwärtigen Zustande“. Schleswig 1839

5441 Pferderennen und Tierschau 1830-1837

5442 Strafe gegen den Amtsschustermeister Hans Christian Lammers wegen unterlassenen Klingebeuteltragens in der Domkirche 1831

5443 Heranziehung der zur Miete wohnenden Einwohner zu den Kirchen- und Polizeianlagen 1833

5444 Kirche im Friedrichsberg 1720-1724, 1831-1847

5445 Verein zur Fürsorge für entlassene Sträflinge, Kinder von Verbrechern und verwahrlosten jungen Leuten 1830, 1840-1841

5446 Armenhaus zum Heiligen-Geist 1731-1733, 1841

5447 Domziegelhof 1719-1720, 1755

5448 Beschwerden der alten und neuen Beliebung gegen den Magistrat wegen Beeinträchtigung ihrer Privilegien 1723-1724

5449 Taubstummeninstitut 1805-1816
Enthält u. a.: Anzeige von Predigern im Herzogtum Schleswig über Taubstumme in ihren Kirchspielen
Enthält auch: Inhaltsverzeichnis für Abt. 49 Nr. 5449-5456

5450 Taubstummeninstitut 1816-1830
Enthält u. a.: Anzeige von Predigern im Herzogtum Schleswig über Taubstumme in ihren Kirchspielen, 1816-1821

5451 Taubstummeninstitut (1829) 1830-1837
Enthält u. a.: Anzeigen der Prediger in den Herzogtümern über Taubstumme in ihren Kirchspielen

5452 Taubstummeninstitut 1835-1842
Enthält u. a.: Anzeigen der Prediger in den Herzogtümern über Taubstumme in ihren Kirchspielen; Jahresberichte zum Bestand und Fortgang des Instituts (Verzeichnis der Zöglinge für 1835 und 1836 mit Angabe des Namens, Geburtsorts, Alters, Aufnahme- und Abgangsdatums sowie mit Bemerkungen zum Charakter und Lernverhalten)

5453 Taubstummeninstitut 1838-1846
Enthält u. a.: Anzeigen der Prediger in den Herzogtümern über Taubstumme in ihren Kirchspielen; Jahresberichte zum Bestand und Fortgang des Instituts (Verzeichnis der Zöglinge für 1837 mit Angabe des Namens, Geburtsorts, Alters, Aufnahme- und Abgangsdatums sowie mit Bemerkungen zum Charakter und Lernverhalten)

5454 Taubstummeninstitut 1841-1852
Enthält u. a.: Anzeigen der Prediger in den Herzogtümern über Taubstumme in ihren Kirchspielen; Erweiterung und Reparatur des Hauptgebäudes; Jahresberichte (Verzeichnis der Zöglinge für 1841 und 1845 mit Angabe des Namens, Geburtsorts, Alters, Aufnahme- und Abgangsdatums sowie mit Bemerkungen zum Charakter und Lernverhalten); Erlass eines Regulativs
Darin: Entwurf zu einem Regulativ, 1852

5455 Taubstummeninstitut 1828-1832, 1844-1847
Enthält u. a.: Fleißprämien an Zöglinge, 1828-1846; Anzeigen der Prediger in den Herzogtümern über Taubstumme in ihren Kirchspielen

5456 Taubstummeninstitut 1846-1850
Enthält u. a.: Anzeigen der Prediger in den Herzogtümern über Taubstumme in ihren Kirchspielen; Änderung der Organisation

5457 Überlassung des Grundbesitzes des Professors Georg Heinrich Pfingsten an das Taubstummeninstitut 1823-1825

5458 Überlassung des Grundbesitzes des Professors Georg Heinrich Pfingsten an das Taubstummeninstitut und Finanzangelegenheiten des Taubstummeninstituts 1826-1829

5459 Irrenanstalt 1801-1823
Enthält auch: Inhaltsverzeichnis für Abt. 49 Nr. 5459-5462
Darin: Regulativ für die Irrenanstalt, 1820, mit Anhang zu den Vorschriften für die Einsendung der Krankengeschichte einer Person

5460 Irrenanstalt 1820-1835
Enthält vor allem: einzelne Kranke

5461 Irrenanstalt 1831-1840
Enthält u. a.: Jahresberichte 1833/34 und 1834/35 mit Verzeichnis der aufgenommenen Personen; Verpflegungsgelder aus dem Amt Gottorf; einzelne Kranke

5462 Irrenanstalt 1828-1848
Enthält u. a.: Jahresbericht für 1836 mit Verzeichis der aufgenommen und entlassenen Personen sowie weiteren statistischen Übersichten

5463 Aufbringung der Unterhaltskosten für unvermögende Insassen der Irrenanstalt 1821-1839

5464 Aufbringung der Unterhaltskosten für unvermögende Insassen der Irrenanstalt 1821-1841

5465 Irrenanstalt 1837-1848
Enthält u. a.: Jahresberichte 1836-1840 mit Verzeichnissen der aufgenommenen Personen; Sekretariat

5466 Irrenanstalt 1837-1849
Enthält u. a.: Jahresberichte 1840-1849 mit Verzeichnissen der aufgenommenen Personen; Raummangel; Entwurf eines Regulativs; Ärzte; Kassierer
Darin: „Altonaer Mercur" vom 29. Juni 1849

5467 Schulordnung für die Kantorklasse im Lollfuß 1804, 1824-1805

5468 Streitigkeiten des Bürgermeisters und Magistrats mit Kammerrat Lüders in verschiedenen Angelegenheiten (1712) 1714

5469 Regulativ zur Einrichtung und Verwaltung des Kirchen- und Armenwesens bei der Gemeinde im Friedrichsberg 1798-1803

5470 Straßenpflaster 1833-1845

5471 Freihäuser 1765-1834
Darin: Regulativ wegen des Beitrags der Besitzer der Freihäuser zu den Kirchen- und Polizeianlagen, 1774

5472 Freihäuser 1833-1849

5473 Verpachtung des Hühnerhausteichs 1834

5474 Kopialgebühren für den Bürgermeister und Stadtsekretär (1816-) 1818-1836
Enthält u. a.: Abschriften von Rechnungsverzeichnissen über Barauslagen und Schreibarbeiten

5475 Beamte 1828-1849
Enthält u. a.: Amtsverhalten des Polizeimeisters Baron von Eggers, 1838-1848

5476 Besetzung des Rektorats an der Bürgerschule im Friedrichsberg und Errichtung einer höheren Bürgerschule für die ganze Stadt 1834, 1848-1850

5477 Verein zur Beförderung und Vervollkommnung des bürgerlichen Gewerbes 1828-1835, 1846-1847

5478 Domkirche, Domkirchhof, Pastoratsgebäude der Domkirche 1834-1850
Enthält u. a.: Verbeserung und Verteilung der Kirchenstühle sowie Errichtung eines neuen Altars, 1837-1848; Kirchenreparaturen

5479 Freijahre für neu erbaute oder instandgesetzte Häuser 1785-1832

5480 Freijahre für neu erbaute oder instandgesetzte Häuser 1834-1849

5481 Anstellung von Bettelvögten (1833) 1834-1835

5482 Handwerker 1810-1849

5483 Regulativ für die städtischen Lieferungen an die dortigen Militärkrankenhäuser 1835-1841

5484 Umlage der Ausgleichszahlungen für Kriegsschäden 1814-1838
Enthält u. a.: Verzeichnis von Bürgern mit ihren Lieferungen und Leistungen 1814

5485 Bezahlung eines Aufseher über die Sandgrube im Friedrichsberg 1835

5486 Steueransetzung des Kaufmanns Grimm und des Malers Georg Johann Hammerich (Hamrich) 1835-1843

5487 Besuch der Sonntagsschule 1835

5488 Einstellungsverfügung für den Neubau des Marx Hinrich Dibbern im Friedrichsberg (1829) 1835

5489 Märkte 1834-1846

5490 Kontributionsfuß des Advokaten Schmidt für die Kirchen- und Polizeilasten 1828

5491 Bürgerschulen 1835-1850
Enthält u. a.: Kommission zur Umlage des Schullehrergehalts; Domziegelhof

5492 Bürgerschulen 1839-1849
Enthält u. a.: Kommission zur Umlage des Schullehrergehalts

5493 Polizeibefehl an den Schustermeister Gottliebsen zur veränderten Einrichtung eines Appartements 1835

5494 Erteilung des Bürgerrechts 1836-1846
Enthält: Johann Heinrich Christian Bartelsen; Büchsenschmied Ernst Gustav Theodor Locht, Rendsburg; Apotheker Herrmann Wilhelm Kolster; Bäckergeselle Johann Witt, Bergenhusen

5495 Verwendung einer Geldsumme aus dem städtischen Vermögen zur Straßenerweiterung bei der Fischbrücke 1836

5496 Instandsetzung der Brunnen in der Schubyer Straße 1836

5497 Expeditionsgebühr des Jacob Salomon für die Bestätigung seiner Niederlassungskonzession 1836

5498 Entschädigung des Ratskellerpächters Hans Joachim Friedrich Gerber für die Benutzung des Rathaussaales durch die Ständeversammlung 1836

5499 Einquartierungen 1836-1849
Enthält nur Aktendeckblatt

5500 Brücke über den Mühlenteich zum Herrenstall 1836-1839

5501 Steueransetzung des Hauses des Etats- und Obergerichtsrats Esmarch (Nr. 32 D, zweites Quartier) (1733, 1830-) 1837-1843

5502 Stadtmusikant 1837-1848

5503 Stadtkasse, Stadtbauten, Anleihen 1837-1849

5504 Hauptpastorat an der Domkirche 1838-1849

5505 Beschwerde des Hausbesitzers von Wiebel wegen der Bauholzlagerung bei der Schiffbrücke 1837-1838

5506 Anweisung von Posten an den Archidiakon der Domkirche in einer Anzeige des Assignationskontors der Finanzen 1837-1838

5507 Ausschluss des Tischlermeisters Ahrend Johann Fast aus der Totenbeliebung im Lollfuß (1836) 1838-1839
Darin: Statuten der Totenbeliebung, 1836

5508 Ermittllung der Grenzen der sogenannten Callsenschen Hausstelle (Nr. 174, achtes Quartier) 1838

5509 Kontributionsansetzung des Hauses des Mühlenaufsehers und Brückenschreibers Wuckel (Nr. 229, achtes Quartier) 1839

5510 Erweiterung des Weges zur Großhesterberger Koppel 1839-1840

5511 Pachterlass für den Pächter des Ratskellers und der Ratswaage (1834) 1839

5512 Stadtländereien, Tausch und Verkauf städtischer Ländereien und Bauplätze 1840-1849

5513 Generalkirchenvisitationsbericht 1840

5514 Archidiakonat an der Domkirche 1840-1847

5515 Allee über die Reuter- und die Großhesterberger Koppel 1841-1846

5516 Mitteilung einer Abschrift der Übertragung der „Freiheit“ als Schützenkoppel an die Altstädter Schützengilde im Jahr 1712 (1712) 1841-1842

5517 Entlassung des Generalsuperintendenten Callisen als Schlossprediger und Verbindung der Schlossgemeinde mit der Stadtgemeinde Friedrichsberg 1842-1843

5518 Gassenbeleuchtung 1842-1848

5519 Niederlassung des Arbeitsmanns Detlef Hinrich Krabbenhöft 1842

5520 Polizei 1844, 1848-1849
Enthält: Spielen des unkonzessionierten Orgeldrehers Johann Heinrich Ehlers, Dammducht; Rundschreiben an die Polizeibehörde der Herzogtümer zur Verhaftung des Polizeimeisters Baron von Eggers; Kostenerstattung für Anstellung eines Polizeidieners für Schloss Gottorf

5521 Bauveränderungen an der Predigerwohnung im Friedrichsberg 1844

5522 Pastorat an der Michaeliskirche 1845-1848
Enthält: Tod des Pastors Joachim Jacob Adam Petersen und Vakanzverwaltung; Bau des Pastorats

5523 Nachtwächter 1845-1849

5524 Küster an der Domkirche 1845-1849

5525 Aufhebung der Bestimmung im Kircheninventar der Domkirche zum Gnadenjahr der Küsterwitwe 1846

5526 Verkauf eines privilegierten Grundstückes (Nr. 32 C, zweites Quartier) an den Obergerichtsadvokaten Dr. Heiberg durch den Maler Georg Hammerich (Hamrich) (1846) 1847-1848

6416 Vergütung für die von preußischen Truppen als Exerzierplatz genutzte Koppel des Dreiviertelhufners Jensen in Lürschau 1850

Stadt Tönning

5527 Gerichtsgebühren und Sporteln für den ersten Bürgermeister und Gerichtsdiener 1783-1785

5528 Wohnung des Rechenmeisters, Singen bei der Nachmittagspredigt, Schulpflicht und Einsammlung des Schulgeldes (1777-) 1784-1787

5529 Beitrag zu den Kirchen- und Schulanstalten 1788-1790

5530 Einsendung der Kirchenrechnung für 1787 1787-1788

5531 Bürgermeister und Magistrat 1791-1806

5532 Armenwesen 1799, 1843
Enthält: Aufsicht über die Hospital- und Stadtarmenrechnung; Beitragspflicht des Kanalpackhauses zu den Armenlasten

5533 Armenarbeits- und Lehranstalt (1801) 1803-1804
Darin: Druckschrift „Die Frage: durch welche Mittel ward der Unfug der Bettelei in der Stadt Tönning gesteuert? beantwortet von Johann Andreas Lesser, königlicher Kanzleirath und Bürgermeister in Tönning". Glückstadt 1801

5534 Verbesserung der Polizeieinrichtung 1805-1807

5535 Förderung des Besuchs der Kirchenkatechisationen 1811-1812
Darin: Verfügung zum Besuch der Kirche und kirchlichen Katechisationen der Jugend in Tönning, 1812

5536 Verbindung der Organisten- und der Stadtmusikantenstelle 1817-1818

5537 Verfall des Kirchen- und Schulwesens, besonders Beschwerden über Pastor Joachim Friedrich Clasen und Rektor Hinrich Georg Petzel (1822-) 1832-1834
Darin: Regulativ für den Begräbnisplatz, 1829; „Itzehoer Wochenblatt" vom 19. Januar 1833

5538 Einziehung des Diakonats 1806-1815, 1836

5539 Streit um die Wahl eines Kompastors 1798-1799

5540 Schule und Schulordnung 1798-1850
Enthält u. a.: Geschäftsverteilung zwischen den beiden Predigern
Darin: gedruckte Schulordnungen, 1800, 1807

5541 Ansetzung des Konsuls Jochim Lexow zu Schatzungen 1823

5542 Kirchen-, Schul- und Polizeischatzung der Pfennigmeisterwitwe Tetens in Flottbek 1834-1835

5543 Kirchen-, Schul- und Polizeischatzung des Johann Wilhelm Jensen auf dem Wallgrund und Erstattung seines Beitrags zur Magazinlieferung 1814 (1820) 1834-1835

5544 Aufsatz im „Husumer Wochenblatt" zum Verkauf von Häusern wegen rückständiger Abgaben 1835
Enthält u. a.: Verzeichnis der aufgebotenen Häuser

5545 Stimmenanzahl der Deputierten Bürger bei gemeinschaftlicher Abstimmung mit dem Magistrat 1834-1835

5546 Wahl des Hebungsgevollmächtigten Dau zum Kirchen- und Schulvorsteher 1832

5547 Ansetzung des Johann Ehlers senior zur Nahrungssteuer und zum Armengeld für 1826 1827

5548 Beamte 1835-1849

5549 Ausstehende Zahlungen von Rente- und Schatzungsgeldern des Ratsmanns Friedrich Wolfhagen 1787-1797

5550 Veränderung der Stellung des Diakons und des Rektors sowie Entlassung des Pastors Joachim Friedrich Clasen 1834-1844

5551 Nahrungssteuer, Armengeld und Bürgereid des Johann Ehlers (1827) 1835-1838

5552 Handwerker (1831-) 1833-1847

5553 Stadtkasse, Stadtbauten, Anleihen 1837-1848

5554 Bürgereid des Johann Ehlers 1838
Enthält nur Aktendeckblatt
Bemerkung: siehe Abt. 49 Nr. 5551

5555 Änderung einer Bestimmung im Kircheninventar zu den Predigergebühren 1840-1841

5556 Zusammenkunft von Gemeindemitgliedern zu gesonderten Gottesdiensten 1840

5557 Rathaus 1840-1846

5558 Baufreijahre für den Bäcker Heinz Rudolf Kittloff 1840

5559 Verpachtung des Schifferhauses 1841

5560 Anlage einer Lösch- und Ladestelle mit Brücke 1840

5561 Stadtländereien 1841-1847
Enthält: Verpachtung des Platzes zwischen der Schleuse und dem Südermühlenberg; Verkauf der Wallländereien an die Stadt

5562 Märkte 1842-1848

5563 Dienstabgabe des Pastors Gustav Heinrich Ludwig Schumacher 1842-1843

5564 Unordnungen bei der Ausgrabung einer Zisterne auf dem Kirchhof 1845

5565 Reparatur der Kirchenorgel 1846

5566 Beschwerde des Stadtmusikanten Peter Bahns gegen Marx Friedrich Matthiessen wegen Veranstaltung von Tanzmusik 1846

5567 Einquartierungen 1850
Enthält nur Aktendeckblatt

Stadt Tondern

5568 Schullehrerseminar 1824-1830
Enthält auch: Aktenverzeichnis für Abt. 49 Nr. 5568-5572

5569 Schullehrerseminar 1830-1838
Enthält u. a.: Änderung der Aufnahmeprüfung; Regulativ für die Abgangsprüfung; Jahresberichte 1831-1833

5570 Schullehrerseminar 1834-1841
Enthält u. a.: Jahresberichte 1834-1837

5571 Schullehrerseminar 1838-1850
Enthält u. a.: Jahresberichte 1837/38-1838/39; Reorganisation des Schullehrerseminars

5572 Schullehrerseminar 1840-1849
Enthält: Jahresberichte 1839/40-1846/47

5573 Verordnung zu den zwei Märkten und den Amtsgerichtstagen 1740

5574 Stadtschatzung (1836) 1837-1840

Städte im Herzogtum Holstein

Stadt Krempe

5575 Märkte 1834-1842

5576 Gesuch der Rademacher Siemsen und Meyer über ein Verbot von Rademacherkonzessionen in Neuenbrook, Neuenkirchen und Borsfleth 1835
Enthält nur Aktendeckblatt

5577 Schule 1835-1850

5578 Diakonat (1830-) 1835-1845
Enthält u. a.: Gesuche um das Diakonat, 1835

5579 Anschaffung der Systematischen Sammlung der Verordnungen aus der Kämmereikasse 1836

5580 Beamte 1838-1851

5581 Verlegung der Predigt am Sonntagnachmittag und Einführung einer Kinderlehre 1838-1840

5582 Stadtbauten, Kämmereikasse, Anleihen 1839-1849

5583 Kosten bei der Besetzung des Diakonats (1822-) 1839-1840
Darin: „Itzehoer Wochenblatt“ vom 19. und 26. April 1839, 10. Mai 1839

5584 Verweigerter Aufenthalt des Johann Hinrich Stüben aus Uetersen 1840

5585 Begräbnisplatz 1841-1849

5586 Kircheninventar 1843-1850
Enthält u. a.: Abschrift des Inventars, 1850

5587 Kirchenbesuch und Anfertigung einer Turmuhr 1845-1846

5588 Einrichtung des Saales im Hauptpastorat 1847

5589 Stadt Krempe: Beitrag der Bewohner des Landrechts zu den Polizeilasten 1848

5590 Einquartierungswesen 1848
Enthält nur Aktendeckblatt

5591 Bürgerrecht der Prediger 1850

5592 Lichtmessgelder des Küsters sowie Wegfall der Vergütung aus der Kirchenkollekte für den Küster, den Stadtdiener und den beim Becken Wache haltenden Schüler 1850

Stadt Glückstadt

5593 Militärkrankenhaus 1806, 1834-1836

5594 Handwerker 1834-1844
Enthält: Landsoldat Marx Bielfeldt, Kammerland; Zinngießer Johann Nicolaus Hans Martens, Glückstadt; Webergeselle Hinrich Friedrich Schröder, Grube

5595 Ansetzung des Hinrich Flögel, Bediensteter des Zollinspektors von Lowtzow, zu den Schulbeiträgen, zum Stadtausschlag und zum Nahrungsschatz 1834-1835

5596 Ordnung des Stadtarchivs 1833-1845

5597 Märkte 1835, 1847-1848

5598 Erteilung des Bürgerrechts 1836-1850
Enthält: Tischlergeselle Claudié, Mecklenburg; Schustergeselle Friedrich Wilhelm Jürgen Jaeger, Glückstadt; Fahnenschmied Friedrich Ernst Gödeke, Glückstadt; Hinrich Heesch, Glückstadt; Abraham und Hugo Philipp, Glückstadt

5599 Wahl des Diakons an der Stadtkirche 1836

5600 Ratswaage 1836-1848

5601 Bürgerschule sowie Garnisons- und Freischule 1836-1849

5602 Vergütung des Elementarschullehrers Claus Alpen für die Verwaltung der Küster- und Kantorgeschäfte an der Schloss- und Garnisonskirche 1836

5603 Trennung der Polizei- und Kriminalkasse von der Stadtkasse sowie Umlage der entsprechenden Beiträge als Personallast 1836-1838

5604 Kirche und Kirchenanlage 1836-1851

5605 Verwaltung der Polizei 1837, 1847-1848

5606 Stadtbauten, Stadtkasse, Anleihen 1837-1851

5607 Kornmesser und Holzsetzer 1827-1837

5608 Verhältnis der Gärten und Hausplätze zu den kontribuablen Häusern und Entwurf eines Grundkatasters (1813-) 1833-1838
Enthält u. a.: Budenzahlregister, 1835; Gebäudeverzeichnis, 1813

5609 Freijahre und Haussteuerbefreiung für neu erbaute Häuser 1837

5610 Beamte 1838-1850

5611 Signalkanone 1841

5612 Kirchhof 1841-1849

5613 Römisch-katholische Kirche 1837-1847

5614 Kaution des Auktionators 1842

5615 Einführung einer besseren Straßenbeleuchtung 1842

5616 Weigerung des Müllers Kruse am alten Deich zur Zahlung einer Gebühr an den Mehlträger Eckhardt 1843

5617 Hauptpastorat und Diakonat 1843-1845

5618 Bauplan für die Stadterweiterung und Verbindung der Festungsländereien mit dem Stadtgebiet 1846-1847

5619 Benutzung des Kirchhofs durch die reformierte Gemeinde 1847-1848

5620 Freie Wohnung des Buchdruckers Augustin in der Buchdruckerei 1850

5621 Steindamm (1722-) 1824-1849
Enthält: Nachrichten; Kommission zur Unterhaltung; Aufseher; Kapitalien
Darin: Verordnung zum Passage- und Wegegeld auf dem Steindamm, 1722

5622 Steindamm 1803-1855
Enthält u. a.: Rechnungen, 1805-1855; Unterhaltung

5623 Steindamm 1833-1842
Enthält: Umlegung; Belegung des Überschusses der Einnahmen bei den Kommunen; Beitritt zu einem Wegedistrikt

5624 Apotheke 1834-1841

5625 Reparatur des Schlosspastorats 1836

5626 Gehaltszulage des Schloss- und Garnisonspredigers Dr. Lübkert 1839-1849

5627 StaBestätigung der Artikel der Schiffergilde 1843, 1849

5628 Wachdienstpflicht der berittenen bürgerlichen Ehrengarde 1846

5629 Seiden- und Tuchhändleramt sowie Krämerkompanie 1838-1844

5630 Bestätigung der Artikel der Prahmführerzunft 1843

5631 Stadtmusikant 1841-1845

5632 Rollfuhrzunft 1836-1851

5633 Verpachtung des Ratsweinkellers 1837-1847

Stadt Heiligenhafen

5634 Stadtmusikant (1743-) 1769-1786, 1818-1835

5635 Märkte 1834-1840

5636 Handwerker 1832-1848

5637 Ausgabe aus der Stadtkasse zur Anstellung eines Tierarztes 1835-1838

5638 Stadtbauten, Stadtkasse, Anleihen 1836-1849

5639 Totengilde 1833-1837

5640 Erteilung des Bürgerrechts 1836-1841
Enthält: Tischlergeselle Hans Martin Schumburg; Maurer Franz Jessel

5641 Beamte 1836-1850

5642 Weidenutzung der verpachteten Stadtländereien 1836-1845
Enthält u. a.: Feldregister, 1838

5643 Hauptpastorat und Diakonat 1837-1850

5644 Revision des Kircheninventars 1837-1844

5645 Ordnung des Stadtarchivs 1838-1842
Enthält u. a.: Verzeichnis zur Ordnung des Stadtarchivs

5646 Aufstellung spezifizierter Rechnungen über Staats- und Kommunalausgaben von Bürgern 1838

5647 Rückständige Beiträge von Neuratjensdorf an die Kirchenkasse 1838

5648 Stadtländereien, Tausch und Verkauf städtischer Ländereien und Bauplätze (1813-) 1838-1850

5649 Beschwerde des Gutsbesitzers von Seegalendorf wegen Behinderung der Bearbeitung von in der Stadt gelagerten Feldfrüchten 1838

5650 Vergütung des Organisten Andersen für entzogene Dienstwohnung 1838-1839

5651 Erzwingung der Besichtigung des Baus des Kaufmanns Waller durch den Magistrat 1839

5652 Depositum des Schneidergesellen Fritz Hesse aus Meldorf für einen Mietkontrakt 1840

5653 Landtausch des Schiffers August Wittrock 1841

5654 Rentezahlung an das Johanniskloster in Lübeck 1842

5655 Reparatur der Kirchenorgel 1842

5656 Kompetenz des Magistrats zur Anordnung von Kirchenausgaben und zur Erkennung von Brüchen gegen Kirchenjuraten 1842-1846

5657 Kirchlicher Sängerchor und Kustodenwesen 1843

5658 Wohnungen für den Organisten, Kantor und Küster 1843-1850

5659 Entwurf eines Armenregulativs 1838-1839

5660 Beschwerden des Kontrolleurs Hoysgaard wegen starker Einquartierung 1850
Enthält nur Aktendeckblatt

5661 Schule 1838-1850

Stadt Itzehoe

5662 Handwerker (1820-) 1835-1843
Darin: Wanderbuch des Schustergesellen Ernst Jürgen Maas, 1831-1832

5663 Beamte 1792, 1821-1824, 1835-1850

5664 Bürgerschulen 1835-1850
Enthält u. a.: Spezialvisitationen, 1839-1850

5665 Bürgerschulen 1841-1851

5666 Langebrücke und Überlassung eines Landstreifens neben der Brücke an die Stadt 1827-1836
Darin: Zeichnung zur Brückenkonstruktion

5667 Präsentationsvorschläge zur Besetzung der Kloster- und Hauptpredigerstelle an der Laurentiuskirche 1835-1836

5668 Stadthölzung und Holzvogt 1836-1846

5669 Bürgerrecht des Tischlergeselle Johann Ludwig Heinrich aus Berlin (1822-) 1836

5670 Verpachtung des Ratsweinkellers 1837-1845

5671 Stadtländereien, Tausch und Veräußerung städtischer Ländereien und Bauplätze 1838-1850

5672 Stadtbauten, Stadtkasse, Anleihen 1838-1848

5673 Archidiakonat an der Laurentiuskirche 1839-1850

5674 Aufsicht über das Ständehaus 1839

5675 Einquartierungswesen 1836-1851
Enthält nur Aktendeckblatt

5676 Vakanzverwaltung des Diakonats 1840

5677 Kirchengesang in der Laurentiuskirche 1841

5678 Führung der Kirchenbücher durch die Prediger an der Laurentiuskirche 1841

5679 Aufhebung des sogenannten Holz- und Torfpostens 1841

5680 Handelsberechtigung der Bewohner des städtischen Distrikts des Amtes Steinburg 1841

5681 Märkte 1841-1848

5682 Reparatur und Turmbau an der Laurentiuskirche 1842-1847

5683 Bestätigung der städtischen Privilegien, Begnadigungen und Rechte 1817, 1844-1847

5684 Stadtmusikanten (1810-) 1848-1849

5685 Stapelrecht für die Störfahrt und seine Aufhebung für Kellinghusen 1837-1846

Stadt Kiel

5686 Kirchhof 1833-1844

5687 Beamte (1677-) 1834-1850
Darin: Druckschrift „Commissions-Vorschläge betreffend die allgemeinen Bestimmungen eines Statuts für das Communalwesen der Stadt Kiel". Kiel 1833

5688 Beamte 1840-1850

5689 Organist und Kantor an der Schlosskirche 1834-1850

5690 Beitrag des akademischen Konviktgebäudes zu den Armengeldern 1834-1836

5691 Aufsicht über das Gebäude des Oberappellationsgerichts 1835

5692 Beschwerde des Krugwirts Fleck in Kopperpahl gegen die Barrierenabgabe 1835

5693 Handwerker 1822-1848

5694 Übertragung des Privilegs des ehemaligen Kaffeehauses auf den Inspektor Hansen in Hohenhof 1835-1836

5695 Abgabe an der Barriere 1835-1837

5696 Ankauf der Marschallschen Grundstücke (1835) 1836

5697 Bezahlung der Schulabgabe und der Entschädigung der Nikolaikirche wegen der aufgehobenen Ziegelei für mehrere Universitätsgebäude 1836-1837

5698 Ratsweinkeller sowie Handel mit Wein und Rum 1776-179, 1820, 1836-1843

5699 Aufhebung der außerordentlichen Kontribution 1836-1838

5700 Erteilung des Bürgerrechts (1836) 1837-1850
Enthält: Schuhmachergeselle Franz Friedrich Carl Calensky, Stralsund; Landsoldat Jochim Timm, Schlesen; Schustergeselle Heinrich Detlef Guntzmann; Abraham Alexander, Altona; Bürgerrecht für Miet- und Heuerlinge nach der Städteordnung

5701 Aussetzung des Stuben-Laternen-Geldes (1724) 1837

5702 Stadtländereien, Tausch und Verkauf städtischer Ländereien und Bauplätze 1834-1851
Enthält u. a.: Additament des Vermessungsregisters zu den Stadtländereien (Verzeichnis der Schläge mit Landmaßen), 1837

5704 Märkte 1837-1843

5703 Straßenpflaster 1837-1847
Darin: Grundriss der Straße vom Ziegelteich zum neuen Pflaster in der Vorstadt und Profilzeichnung des Gefälles, 1840

5705 Räumung des Stallgebäudes des Schlosses durch die Eskadron des Leibregiments Dragoner 1838

5706 Stadtbauten, Stadtkasse, Anleihen 1838-1845

5707 Stadtbauten, Stadtkasse, Anleihen 1845-1850

5708 Fehlbetrag in der Kirchenrechnung 1837-1838

5709 Ball- und Schauspielhaus 1837-1849

5710 Protest gegen die Revision des Häuserkatasters 1839

5711 Bierpachteinahmen 1839-1840

5712 Regulierung des Abgaben- und Schuldenwesens 1839-1845
Darin: Druckschrift „Bericht über die Entwerfung eines verbesserten Catasters für die Stadt Kiel". Kiel 1839

5713 Regulierung des Abgaben- und Schuldenwesens (1833-) 1845-1849
Druckschrift „Ueber die öconomische Verwaltung der Stadt Kiel. Als Entwurf eines Commissionalberichts verfaßt von dem Etatsrath und Bürgermeister Jensen". Eutin und Kiel 1838; „Kieler Wochenblatt" vom 18. August 1841, 30. Juli 1842, 9. September 1843, 9. Oktober 1844, September 1845 (alle mit Auszügen aus der Stadtrechnung)

5714 Universität 1840-1849
Enthält: Beschwerden des akademischen Konsistoriums wegen des Verfahrens des Magistrats gegen den Instrumentenmacher Utz und Beschwerden des Magistrats wegen Eingriffen der Universität in das Gewerbewesen; Auszahlung einer Hausfreiheit an den Direktor des Hebammeninstituts Prof. Wiedemann; Hausfreiheit des Musikdirektors Graedener

5715 Nikolaikirche 1840-1846
Enthält u. a.: Restaurierung der Orgel

5716 Einsendung einer Abschrift der allgemeinen Stadtprivilegien mit der letzten königlichen Bestätigung (1765-) 1839

5717 Niederlassung 1840-1843
Enthält: Kutscher Hinrich Nissen Thulbach; Drechsler August Berg; Witwe Weyhe; Johann Jacobi, Rendsburg; Lohgerber Johann Christian Ludwig Schulz; Friseur Kühne, Berlin

5718 Einquartierungswesen 1840-1850
Enthält nur Aktendeckblatt

5719 Bürgerschulen 1840-1851
Enthält: Unterricht der Soldatenkinder; Auszahlung des Schulgehalts; Erlass eines neuen Regulativs; Zustand der Stadtschule

5720 Kirchengesang und Orgel in der Klosterkirche 1841-1843

5721 Handeltreiben der Fremden 1841-1842

5722 Anlage des Bahnhofs 1844-1847

5723 Unterstützungen für die Gewerbeschule 1844-1850

5724 Organisation der Verwaltung 1845

5725 Antrag der Fischkätner in Ellerbek um ein Verbot des Seegrasschneidens im Hafen 1845-1846

5726 Ersatz für den Ausfall des Priesteropfers für den Kloster- und Garnisonsprediger Dr. Lüdemann 1848-1849

5727 Plan der Schleswig-Holsteinischen Marinekommission zur Anlage einer Schiffswerft jenseits des Hafens 1849

5728 Katholiken 1834-1845

5729 Armenwesen 1840-1844

Stadt Lütjenburg

5730 Konzessionen zur Verfertigung weiblicher Kleidungsstücke (1815) 1830-1836
Enthält: Maria Elisabeth Schnepel; Lucie Sophie Friederike Hahn

5731 Beamte 1836-1850

5732 Tausch und Verkauf städtischer Ländereien 1836, 1850

5733 Aufnahme der Kirchenrechnung 1837

5734 Rektorwahl, Verbesserung des Schulwesens, Verteilung der Schulsteuer 1838-1842

5735 Stadtbauten, Stadtkasse, Anleihen 1838-1850

5736 Verteilung der Kirchenfuhren (1622-) 1838-1840

5737 Erteilung des Bürgerrechts 1839-1845
Enthält: Tischlergeselle Johann Friedrich Kähler; Tischlergeselle Heinrich Friedrich Kröger; Schustergeselle Christian Friedrich Johann Ehlers, Damlos; Erhöhung der Aufnahmekosten

5738 Märkte 1840-1842
Enthält: Stättegeld der Schusterzunft; Errichtung eines Frühjahrviehmarkts

5739 Reglement für Hand- und Spanndienste in Kommunalangelegenheiten 1840-1841

5740 Einnahme der Kirchenbeamten aus Legatengeldern 1840-1842

5741 Auktion des Kaufmanns Bock mit Krämerwaren in Oldenburg 1841

5742 Niederlassung des Schäfers Hinrich Moll 1841

5743 Jagd auf dem Stadtfeld 1841-1842

5744 Nachfolge des Organisten Ackermann durch dessen Sohn 1843-1844

5745 Gebühr der Bäckermeister Boll und Bandholz an die Armenkasse für die Anlage von Wasserleitungen 1844

5746 Einquartierungswesen 1849
Enthält nur Aktendeckblatt

5747 Schankabgabe der Wirte 1850

Stadt Neustadt

5748 Armenwesen 1834-1837

5749 Handwerker 1834-1840
Enthält: Roggenfeinbrot des Friedrich Möller; Glasergeselle Johann Friedrich August Hackert; Konditor Theodor Schultze

5750 Polizeidiener und Gerichtsdiener 1818, 1833-1846

5751 Schule (1826) 1834-1849
Darin: Schulregulative für die Stadtschule in Glückstadt, 1826, und für Ottensen, 1836

5752 Stadtbauten, Stadtkasse, Landankäufe 1836-1849

5753 Stadt Neustadt: Stadtmusikant 1836, 1846-1847

5754 Tausch eines Koppelstücks des Johann Kelting gegen den alten Rektoratsgarten 1836
Darin: Lageskizze

5755 Ratsverwandte, Stadtkassierer, Bürgermeister, Aktuar 1836-1850

5756 Regulierung der ökonomischen Verwaltung (1766) 1832-1835

5757 Ermäßigung der Abgaben auf Eigentumsländereien von Einwohnern und Ackerbürgern an die Stadtkasse (1772-) 1834-1837

5758 Streuländereien 1834-1844

5759 Erteilung des Bürgerrechts und Niederlassung 1837-1838
Enthält: Inste Wildau, Gut Övelgönne; Christian Wilhelm Schröder, Gut Övelgönne; Landmilitärpflichtiger A. M. Rüdiger, Cismar

5760 Freijahre für Bauten 1837-1844

5761 Bau eines Wohnhauses auf dem Holm durch den Einwohner P. W. Siemers und Ausübung bürgerlicher Nahrung in den Häusern vor dem Brücktor 1837-1838
Darin: Situationsriss über die Landstraße von Neustadt bis nach dem lübschen Berg

5762 Stadtländereien, Tausch und Verkauf städtischer Ländereien und Bauplätze 1838-1850

5763 Verkauf von Roggenbrot auf dem Markt 1838

5764 Kirchenreparaturen und -bauten sowie Kirchenschulden 1840-1848

5765 Niederlassung 1841-1842
Enthält: Knecht Johann Jochim Tarnow, Mecklenburg; Maurergeselle Höpp, Hobstien; Müllergeselle Carl Heinrich Friedrich Lange, Ratzeburg

5766 Einfuhr von Branntwein durch die Branntweinbrennereien auf dem Land 1843

5767 Gehaltszahlung an den Diakon Reepen und Einzug des Diakonats
Darin: „Das Vaterland" vom 14. Dezember 1849 1849-1850

5768 Hospital 1834-1848

Stadt Oldenburg

5769 Totengilde und Schützengilde 1833, 1843-1844

5770 Glockengelder des Hospitalvorstehers Fick (1793, 1828) 1834

5771 Beamte 1835-1850

5772 Erteilung des Bürgerrechts 1836-1840
Enthält: Malergeselle Johann Hinrich Krüger; Handelsmann Friedrich Lucas Ehlers, Eutin; Schlossergeselle Johann Daniel Simon Rieck, Schaffhausen

5773 Stadtbauten, Stadtkasse, Anleihen 1836-1848

5774 Handwerker 1824-1848

5775 Privaterziehungsinstitut des Kandidaten der Theologie August Auerbach 1836-1837

5776 Stadtländereien, Tausch und Verkauf städtischer Ländereien und Bauplätze 1832-1850

5777 Straßenpflaster und Wegestrecken 1839-1840

5778 Märkte 1839-1843

5779 Stadtmusikant (1688-) 1841-1850

5780 Geschäftsverteilung zwischen dem Hauptprediger und dem Archidiakon (1848) 1849

5781 Einquartierungswesen 1849-1850
Enthält nur Aktendeckblatt

5782 Streitigkeiten zwischen dem Archidiakon Delfs und dem Kirchenvisitatorium wegen einer Bestallung für den Distriktsschullehrer Priegnitz in Altgalendorf 1850

5783 Schule 1837-1850

5784 Kirchhof (1822) 1834-1847
Enthält u. a.: Regulativ; Verzeichnis von Grabeigentümern

Stadt Oldesloe

5785 Handwerker (1827) 1834-1849

5786 Pferdemarkt und Verlegung des Frühjahrmarkts 1835-1840

5787 Hazardspiele während der Badezeit 1817-1846

5788 Schulen 1834-1836
Darin: Lageplan sowie Grundrisse und Profilriss des Schulhauses

5789 Schulen 1836-1850
Darin: Grundriss und Profilrisse zum großen Schulhaus

5790 Stadtbauten, Stadtkasse, Anleihen 1836-1850

5791 Stadtländereien, Tausch und Verkauf städtischer Ländereien und Bauplätze 1837-1850

5792 Stadtkassierer, Ratsverwandte, Stadtdiener und Polizeidiener 1838-1848

5793 Verlegung einer temporären Notwasserfahrt über den Hofplatz des Hauptpastorats 1839-1842
Darin: Lagezeichnung

5794 Geschäftsverteilung zwischen den Predigern 1838-1845

5795 Kirche 1839-1845

5796 Benutzung der Stadthölzungen 1840-1843

5797 Erteilung des Bürgerrechts (1841) 1842-1848
Enthält: Barbier Carl Christian Ludwig Rühland; Gold- und Silberarbeitergehilfe Gustav Weinel

5798 Brücke über die Trave zu den Dienstländereien des Bürgermeisters Colditz 1843-1846

5799 Bestätigung der Verordnung für die Bootsfahrer 1843

5800 Stadtmusikant (1813) 1843-1846

5801 Bau des Hauptpastorats 1844-1846

5802 Haltung eines Leichenwagens durch den Sattler Buhlert und den Schmied Lampe 1845

5803 Nachtwächter 1847-1851

5804 Ausschreibung einer Kirchenanlage 1850

5805 Bürgeraufnahme des Advokaten Nicolaus Siegfried Bahr 1836

5806 Saline 1838-1849

Stadt Plön

5807 Stadtkassierer 1820-1823, 1834-1850

5808 Abzugszehnt von der Hinterlassenschaft des Conrad August Reher 1835

5809 Weinsteuer und Branntweinausschank 1835-1847

5810 Märkte 1835-1850

5811 Zulassung des Schlachters Johann Friedrich Ferdinand Koops zum Bürgereid 1835

5812 Handwerker 1827-1849
Darin: Wanderbuch des Schlachtergesllen Johann Gottlieb Friedrich Müller, 1844

5813 Präsentation zur Wahl des zweiten Kompastors an der Altstädter Kirche 1836

5814 Bürgerschulen 1836-1838
Enthält: höhere Mädchenschule; Waisen- und Armenschule; Versetzung des Mädchenlehrers, Organisten und Küsters Höcke in den Ruhestand

5815 Bürgerschulen 1838-1850

5816 Kapitalvermögen der Altstädter Kirche 1837-1839, 1847

5817 Beschaffenheit der Einnahmen des zweiten Kompastorats 1836-1839

5818 Herabsetzung der Hauskontribution 1840
Enthält u. a.: Verzeichnisse über ausstehende Abgaben

5819 Stadtbauten, Stadtkasse, Anleihen 1841-1850

5820 Bestätigung der Artikel der Totengilde 1841

5821 Beamte 1841-1850

5822 Beamte 1845-1850

5823 Stadtländereien 1841-1848

5824 Einrichtung des Pastorats an der Neustädter Kirche als Predigerwitwenhaus 1841-1842

5825 Niederlassung 1842-1843
Enthält: Arbeitsmann Claus Hinrich Rönnfeldt; Barbier August Albert Rühland

5826 Stadtmusikant (1833-) 1838-1848

5827 Hausbau des Zimmermeisters Hans Detlef Heynemann in der Neustadt (1842) 1843

5828 Reparaturen und Anleihen der Altstädter Kirche 1843-1850

5829 Aufschub für den Magistrat zur Berichtigung rückständiger Haussteuer und Landsteuer 1841-1843

5830 Orgel in der Neustädter Kirche 1844-1845

5831 Einquartierung 1844-1850

5832 Straßenpflaster 1837-1850
Darin: Skizze zum alten Kirchhof

5833 Übertragung der Brau- und Schankgerechtigkeit beim Haus des Kaufmanns Rochus Kreutzfeldt auf den Weinhändler Marcus Bollen 1845-1847

5834 Beschwerde des Deputiertenkollegiums wegen der Exekutionsgebühren für den Michaelistermin 1845 1846
Enthält u. a.: Restantenverzeichnisse Michaelis 1845

5835 Anlage eines neuen Haussteuerregisters 1847-1848

5836 Einführung einer Straßenbeleuchtung 1848

5837 Tor- und Passageabgabe von Holz für den Polizeidiener 1848-1849

Stadt Rendsburg

5838 Verfall der Kirchlichkeit und Sittlichkeit 1833-1837

5839 Altstädter Vogelschützengilde 1828-1843

5840 Bestätigung der Artikel und der Sterbekasse der Neuwerker Schützengilde 1830-1847

5841 Beamte 1835-1852

5842 Beamte 1842-1850

5843 Handwerker und Privilegierte (1790-) 1834-1848
Darin: Wanderbuch des Bäckergesellen Hans Jürgen Clement, Großkönigsförde, 1844

5844 Wahlreglement zur Besetzung des Magistrats und des Deputiertenkollegiums, der Posten des Stadtkassierers und Stadtsekretärs sowie zum Geschäftsgang der beiden Kollegien 1826-1835
Enthält auch: Regulativ für die Aufbringung der städtischen Lasten und zum Hebungswesen, 1826-1833

5845 Wohnung und Pensionierung des Stadt- und Polizeidieners Matthias Jacob Detlev Haase 1835, 1845

5846 Kopfsteuer und bürgerliche Lasten des Grobschmieds und ehemaligen Arsenalarbeiters Peter Schrum 1835-1840

5847 Verkauf von städtischen Ländereien und Pachtstücken 1835-1838
Enthält: Verpachtung der Steffenforstwiese; Pachtverlängerung für den Garten „Stroch" des Weinhändlers Jacobsen

5848 Regulierung der Unterpolizeistelle sowie Instruktion für das Polizeigericht und den Polizeidiener 1835
Enthält nur Zettel mit Vermerk des Aktentitels und Verbleib der Akte

5849 Holz- und Torfabgabe an den Stadtoren [1835] (1858)
Enthält nur Zettel mit Aktentitel

5850 Diakonat an der Marienkirche 1836-1844

5851 Archidiakonat an der Marienkirche 1836-1845

5852 Niederlassung des mosaischen Glaubensgenossen Israel Meyer Herz aus Schleswig mit seiner Familie 1836

5853 Stadtbauten, Stadtkasse, Anleihen 1836-1848

5854 Märkte 1836-1850
Darin: „Altonaer Merkur" vom 18. und 20. Juni 1849; Beilage zum „Itzehoer Wochenblatt" Nr. 49 vom 20. Juni 1849

5855 Litzenbrüder 1837

5856 Stadtländereien 1837-1850

5857 Einschärfung der Vorschriften über den Bau von Häusern innerhalb der Demarkationslinie der Festung 1837-1848
Darin: Karten zum Verlauf der Demarkationslinie, 1847

5858 Begräbnisplatz für die Christ- und Garnisonskirche 1837-1848

5859 Düngerfahren (1822) 1837

5860 Erteilung des Bürgerrechts 1837-1848

5861 Armenschule 1837-1838

5862 Bestätigung der Privilegien des Hauses des Kaufmanns Johann Paap auf dem Schlossgrund 1838

5863 Gebührenrechnung an den Kammerjunker Schlanbusch aus Glückstadt für die Beerdigung seiner Mutter auf dem Zivilbegräbnisplatz in Neuwerk 1838

5864 Vergütung der Schullehrer für Feuerung (1836) 1837-1839

5865 Weinhandel und Weinschank 1838-1844

5866 Gottesdienst für die Karrengefangenen im Stockhaus 1838-1846

5867 Frühpredigten in der Marienkirche durch die Lehrer der Gelehrtenschule 1837-1839

5868 Entwendungen an den Festungswerken 1839-1846

5869 Verpachtung des Lombards 1839-1841

5870 Verhütung einer Verengung des Stegengrabens (1838) 1839

5871 Marienkirche 1839-1851

5872 Schadensvergütung für den Krugwirt Hans Hinrich Frahm in Nobiskrug wegen des Baus eines Pulverturms in der Nobiskruger Schanze 1840

5873 Kompastorat an der Christ- und Garnisonskirche 1840-1843

5874 Unterstützung für die vereinigte Altstädter und Neustädter Schützengilde 1840-1841

5875 Schulen 1840-1846

5876 Baufreijahre des Gastwirts Claus Harder auf dem Schützenhof für den Tanzsalon 1841

5877 Nachtwächter 1840-1848

5878 Niederlassung 1841-1842
Enthält: Abelone Paulsen, Osterrönfeld; Steuermann Haake Haakes Mellema

5879 Benennung des Gartenhauses des Kaufmanns Erich Wilhelm Martens in „Wilhelminenhof" 1841-1842

5880 Passage der zur Altstädter Landgemeinde gehörenden Kirchgänger, Konfirmanden und die Kinderlehre besuchenden Kinder durch den Obereiderausfall der Festung 1841-1842

5881 Einquartierungswesen 1842-1850
Enthält nur Aktendeckblatt

5882 Übertragung des Privilegs des Hauses des Spediteurs Johann Hinrich David Eichmann zur Befreiung von der Stadtjurisdiktion auf die Kaufleute Christian Theodor Baurmeister und Joachim Christoph Ungnad 1842-1843

5883 Stadtmusikant 1843-1850

5884 Anlage eines Konditorladens vor dem Altholsteiner Tor durch den Konditor Köncke 1842-1843

5885 Bestätigung der Privilegien des Hauses des Buchdruckers Wendel auf dem Schlossgrund 1842-1843

5886 Bestätigung der Privilegien von Grundstücken 1843
Enthält: Etatsrat und Kassierer Heinrich Carstens und Majorswitwe Margaretha Johanna Catharina von Gyldenfeldt geb. Schleth; Agent Johann Paap

5887 Abstellung des Branntweintrinkens im Stockhaus 1843-1847

5888 Rechnungsjahr der Marienkirche 1843-1844

5889 Wiederanlage einer Reeperbahn im Festungsbezirk durch den Seiler Hinrich Steffen Horst (1708-1757) 1843-1844

5890 Überlassung eines Festunglandstücks zur Erweiterung des Lösch- und Ladeplatzes 1843-1844

5891 Veränderung des Platzes für die Schießübungen der Artillerie und Verlegung der Schießbahn der Infanterie 1845-1846

5892 Überbauung des Stegengrabens hinter den Häusern des Lederfabrikanten Detlev Porath in der Neuenstraße 1850

5893 Aufhebung der Torsperre 1846

5894 Dienstentlassung und Pensionierung des Hauptpastors Peter Hinrich Sievers an der Marienkirche 1848-1849

5895 Mangel an Wohngelegenheiten für die ärmeren Klassen 1848-1850

5896 Verlegung der Ortschaften Rickert, Duten und Ahrenstedt zur Landgemeinde der Christ- und Garnisonskirche 1849

Stadt Segeberg

5897 Heranziehung der neu erbauten Häuser in der Neustadt zur Kontribution 1834-1835

5898 Märkte 1834-1848

5899 Ratsdiener und Polizeidiener 1835-1846

5900 Nachtwächtergeld der Bürger J. Massmann und Hinrich Möller 1835

5901 Beamte 1835-1848
Darin: Sporteltaxe für Magistrat, Bürgermeister, Prätor, Ratsverwandte, Stadtsekretär, Rats- und Polizeidiener in der Stadt Segeberg, 1836

5902 Handwerker (1821-) 1828-1847

5903 Verteilung der Polizeikosten 1835-1836

5904 Stadtbauten, Stadtkasse, Anleihen 1837-1849

5905 Tausch und Verkauf städtischer Ländereien und Bauplätze (1688-) 1837-1848

5906 Erteilung des Bürgerrechts (1824, 1829) 1837-1847
Enthält: Maler Friedrich Wilhelm Hüsing; Zigarrenmacher Franz Neugeschwender, Hamburg; Bürgerrecht für Grundbesitzer ohne bürgerliche Nahrung

5907 Kirchengebäude 1838-1848
Enthält u. a.: Kirchenbau und Trennung des Kirchspiels
Darin: Querschnittszeichnung zum Dachwerk

5908 Begräbnisplatz 1838-1842

5909 Kirchenanlagen 1841-1850

5910 Niederlassung des Maurergesellen Johann Lietz aus Lauenburg 1842

5911 Anstellung von Feldvögten 1833, 1843-1850

5912 Vererbpachtung eines Stücks vom Pastoratsgarten an den Bäcker Auernheimer 1844

5913 Kirchhof für die jüdische Gemeinde 1844

5914 Anwendung von Vorschriften zur Eintreibung rückständiger Steuern und Gefälle 1848

5915 Einquartierungswesen 1848
Enthält nur Aktendeckblatt

5916 Lieferung der Landeigentümer in Heiderfeld an das Gasthaus (Hospital) 1848-1850

Stadt Wilster

5917 Vergütung des Stadtsekretärs für Kopialkosten und Anfertigung von Abschriften des Schriftverkehrs 1834-1838

5918 Gehalt, Honorare und Vergütungen des Stadtsekretärs Polemann 1834-1835

5919 Erstattung von Advokatenrechnungen des Achtmännerkollegiums aus der Stadtkasse 1834-1835

5920 Handwerker 1787-1803, 1832-1850

5921 Reglement für die ökonomische Verwaltung, Anstellung eines Stadtkassierers; Erlass einer Brandverordnung, Schosskataster 1832-1837

5922 Ratsverwandte und Stadtkassierer 1822, 1836-1849

5923 Erteilung des Bürgerrechts 1836-1841
Enthält: Ernst Fiedrich Emde, Usseln (Fürstentum Waldeck); Peter Nielsen Paulsen, Seest (Amt Ripen)

5924 Märkte 1836-1849

5925 Revision der Kirchenrechnungen 1836-1837

5926 Pachtvertrag zwischen dem Diakon und Thies Janss über die Diakonatsländereien 1840

5927 Schüsse im Namen des dänischen Königs auf dem Schützenfest 1840

5928 Stadtbauten, Stadtkasse, Anleihen 1840-1849

5929 Abfassung eines neuen Kircheninventars 1841-1842

5930 Verpachtung von Pastoratsländereien 1843

5931 Privilegien des Stadtmusikanten Claus Eggers (1695-) 1843

5932 Kirchensteuer der Kinder des verstorbenen Timm Borchert in Hackeboe 1845

5933 Umschreibung der Kirchenstände 1845

5934 Schule (1804) 1834-1850
Darin: Schulordnung für die Real- und Bürgerschule in Wilster mit Instruktion für die Schullehrer, 1804

GRAFSCHAFT RANTZAU

5935 Handwerker (1801) 1821-1846
Enthält u. a.: Brauereien und Krugwirtschaften; Schlachter Johann Koopmann, Siethwende

5936 Verwendung einer Geldsumme aus der Kriminalkasse zu geheimen Polizeizwecken 1836, 1847

5937 Märkte 1839-1849

5938 Erhöhung der Nahrungssteuer in Elmshorn und Barmstedt 1839-1840

5939 Fleckensreglement für Barmstedt 1841-1851

5940 Abhilfe der bedrängen Lage der Dorfschaft Hörnerkirchen 1841-1844

5941 Baufreijahre in Elmshorn und Barmstedt 1841-1850

5942 Übernahme von Aktien der Kiel-Altonaer-Eisenbahn durch den Flecken Barmstedt 1842

5943 Polizeireiter 1841-1845

5944 Verkauf des Anteils des Fleckens Barmstedt an der Weidehölzung „Bast" 1843-1846

5945 Gerichtsdiener und Gefangenenwärter 1844-1847

5946 Gehalt des Fleckensgevollmächtigten in Barmstedt 1849

5947 Ernennung des Adolph von Moltke zum Administrator 1849

5948 Neubau des J. H. Pohlmann in Barmstedt bei der Armenhausbrücke 1849

5949 Entlassung des Timm Schacht als Landesschulze für Sommerland und Grönland und Ernennung des Jacob Schacht zum Nachfolger 1849-1850

5950 Instandsetzung des „Galgenberges“ 1849-1850

INSEL UND WERDER AUF DER ELBE

5951 Beteiligung von Zubauern in Schulau an der Pacht des „Baak“ in der Elbe 1834-1837

5952 Territorialhoheit über einen Werder zwischen Nienstedten und Finkenwerder sowie über den Stoppwerder und den Nienstedtener Sand 1843-1848

PROPSTEI ALTONA MIT OTTENSEN

5953 Zeit und Gebühren der Generalkirchenvisitation 1837-1838

5954 Propst 1836-1846
Enthält: Ernennung des Pastors Peter Paulsen, Apenrade, zum Hauptpastor der lutherischen Kirche und zum Propst; Verhältnis der anderen Gemeinden zum Propst hinsichtlich der Vorschriften zum Kirchenwesen

5955 Kirchenbauten in Ottensen 1837, 1847-1848

5956 Beitrag des portugiesischen Generalkonsuls Riberiro dos Santos in Altona zu den Kirchengeldern 1837

5957 Vereinigung der Oberküsterstelle an der lutherischen Hauptkirche in Altona mit der Adjunktur sowie Anstellung eines Nachmittagspredigers und Adjunkten in Ottensen 1838-1845

5958 Kirchenanlagen der lutherischen Hauptkirche in Altona 1838-1850

5959 Unterricht in weiblichen Handarbeiten durch Alexandrine Wilhelmine Amalie Rode in Ottensen 1839

5960 Gehaltszulage für die Prediger an der lutherischen Hauptkirche in Altona 1838-1840

5961 Bau einer Predigerwohnung für den zweiten Kompastor in Altona
Darin: Grundrisse mit Frontalansicht 1841

5962 Gehaltszulage für Pastor Niemann an der Heilig-Geist-Kirche in Altona 1841-1845

5963 Generalkirchenvisitation 1839 1841
Enthält: Instruktion wegen der Tauf- und Totenregister bei der Heilig-Geist-Kirche

5964 Begräbnisplatz in Ottensen 1841-1847

5965 Abtrag der Schulden der lutherischen Hauptkirche in Altona 1841

5966 Propstei Altona: Einführung von Spezialkirchenvisitationen 1841-1842

5967 Naturallieferungen von der Freihufe des Dr. Fischer in Ottensen an die Kirchenbediensteten 1842

5968 General- und Spezialkirchenvisitationen 1842-1848 1843-1849

5969 Kronleuchter und Orgelspiel in der lutherischen Hauptkirche in Altona 1843

5970 Entwurf eines Kircheninventars für die Heilig-Geist-Kirche in Altona 1841-1846

5971 Einrichtung eines Kircheninventars für die lutherische Hauptkirche in Altona 1841-1846

5972 Kirchenschuld in Ottensen 1843

5973 Besoldung und Sammlungen des Organisten und Küsters in Ottensen 1843-1846

5974 Bestätigung der Privilegien der reformierten Gemeinde in Altona 1844-1845

5975 Wohnung des Organisten und der Kompastorenwitwen in Altona 1846

5976 Veränderungen der Parochialverhältnisse der Kirche in Ottensen und Besetzung des dortigen Pastorats (1837) 1844-1849

5977 Gebühr des Friedrich Bernhard Peimann aus Hamburg an die Kirche in Ottensen für die Beerdigung seiner Schwiegermutter auf dem katholischen Kirchhof in Altona 1845-1846

5978 Besetzung des Pastorats an der Heilig-Geist-Kirche in Altona 1847-1848

5979 Veränderung des Geschäftskreises des Hauptpredigers an der lutherischen Hauptkirche in Altona hinsichtlich der Verheiratungen 1848

5980 Vergrößerung des Sprengels der Heilig-Geist-Kirche in Altona 1848-1849

5981 Bildung eines Kirchenkollegiums in Altona 1850

5982 Fuhrpass des Predigers der reformierten Gemeinde in Altona zum Besuch der Reformierten in den Herzogtümern 1846

PROPSTEI PINNEBERG

Allgemeines

5992 Entrichtung der Prozentsteuer von den Pastoraten in Haselau, Haseldorf, Seester und Uetersen sowie vom Diakonat in Uetersen 1835-1846

6004 Interimsverwaltung der Propstei Altona (1831) 1836-1838

6006 Ernennung des Kompastors Georg Josias Stephan Adler in Rellingen zum Propst 1837

6041 Vermögenszustand von Kirchen 1844-1847
Enthält: Wedel; Seester

Kirchenvisitation

5999 Spezialkirchenvisitation 1835 und 1836 1836-1843

6008 Gebühren für die Generalkirchenvisitation 1837-1838

6019 Spezialkirchenvisitation 1838

6024 Spezialkirchenvisitation 1840

6027 Generalkirchenvisitation 1839 1841

6038 General- und Spezialkirchenvisitationen 1841-1850

Schule allgemein

5983 Regulative für die Landschulen 1834-1840

5984 Regulative für die Landschulen 1838-1850

5985 Regulative für die Landschulen (1750-) 1842-1850
Darin: Karte des Hetlingerkoogs

5994 Schulen 1835-1849

6007 Schulden von Schulkommunen 1837

6016 Förderung des Schulbesuchs 1839

Angelegenheiten der Kirchspiele

5986 Handdienste des Hans Hinrich Seger, Claus Bornholdt und Johann Nühring in Niendorf zur Schule 1834-1835

5987 Kompastorat in Rellingen 1834

5988 Besetzung des Organisten und Schullehrerdienstes in Wedel 1835

5989 Kirchenanlagen im Kirchspiel Quickborn und Beitrag zu den Kirchenanlagen in der Propstei Pinneberg 1835-1848

5990 Unterhalt des Küster- und Schulhauses in Niendorf 1835

5991 Anlage des Schulfußsteigs in Neuendeich 1834-1838

5993 Untersuchung gegen den Schullehrer Lorenzen in Blankenese wegen ordnungswidrigen Verhaltens 1835

5995 Schulwesen in Uetersen 1835-1850
Darin: Schulordnung für den Flecken Uetersen, 1846

5996 Pension des Schullehrers Kuhlmann in Kummerfeld 1835

5997 Abgaben des Pastors Clasen in Nienstedten an die Generalsuperintendentur 1835

5998 Vergleich zwischen Pastor Sörensen, der Pastorenwitwe Ludewig und den Kirchenjuraten in Quickborn über den Nießbrauch der sogenannten Heidkoppel 1835

6000 Bau eines Glockenstuhls in Herzhorn 1836-1838

6001 Torfdeputat und Gänselieferung für das Pastorat in Quickborn 1836, 1843-1844

6002 Bau einer Pastoratswohnung in Seester 1836

6003 Besetzung des Pastorats in Seester 1836

6005 Beitrag des Jacob Westphalen in Herzhorn zu den Kirchenlasten (1694-) 1836-1837

6009 Sicherung einer Rente für die Kirche in Wedel 1837-1838

6010 Kirchengebäude in Wedel 1837-1842

6011 Kirchhof in Quickborn 1837-1838

6012 Anlage eines Begräbnisplatzes in Wedel 1837-1840

6013 Kircheninventar für Rellingen 1837-1844

6014 Kircheninventar für Seester 1837-1846

6015 Verhältnis zwischen dem Patronat von Haselau und Haseldorf und den Kirchenvisitatoren (1811) 1837-1838

6017 Feier des fünfzigjährigen Amtsjubiläums des Pastors Andreas Christian Brinckmann in Wedel 1839

6018 Ermäßigung einer Rechnung des Klosterhofmeisters Tamm in Uetersen für Aufwendungen hinsichtlich des Pastoratsbaus in Seester 1838-1839

6020 Auseinandersetzung des Pastors Lüdemann in Seester mit seinem Amtsvorgänger Pastor Cruse 1838-1839

6021 Kirchenbauten in Nienstedten 1840-1847

6022 Gebühren für Brautkronen in Quickborn 1840-1842

6023 Kirchenrechnungen des Kirchspiels Nienstedten 1840-1841

6025 Verhältnis des Patronats der Schule in Ellerau zum Kirchenvisitatorium 1840

6026 Kirchenbauten in Seester 1841-1844

6028 Abschaffung des Predigeropfers in Nienstedten 1841-1842

6029 Anstellung eines Kirchenknechts in Nienstedten 1841

6030 Kirchhof in Seester 1841-1844

6031 Kirchstuhlregister für Uetersen 1841

6032 Kirche in Uetersen: Küster- und Priesterpflicht sowie Legate für die Prediger und das Rektorat (1827) 1828, 1841-1843

6033 Hebungen des Predigers und Organisten in Nienstedten 1841-1843

6034 Verwendung der Klingelbeutelgelder und der Entreegelder des Bauerschen Gartens in Nienstedten 1841-1842

6035 Entlassung des Pastors Andreas Christian Brinckmann in Wedel 1842

6036 Revision des Kircheninventars in Nienstedten 1841-1842

6037 Kreditieren der Gebühren für den Prediger und Organisten in Rellingen sowie Eintreibung durch die Kirchenjuraten 1842-1843

6039 Fastenpflicht des Hufenbesitzers Rahlwes in Brande an das Kompastorat der zweiten Gemeinde in Rellingen (1841-) 1843-1844

6040 Verhalten des Pastors Sörensen in Quickborn 1844

6042 Kirchenbauten in Rellingen 1845-1849

6043 Verwendung eines Pastoratslandstücks zur Erweiterung des Begräbnisplatzes in Niendorf 1846

6044 Kombinierte Begräbnisplätze in Niendorf 1847

6045 Reparatur des Kirchendachs in Niendorf 1849

BÜLOWSCHE WILDNIS

6046 Verpflichtung des Paul Thamling in Moorhusen zum Bau eines Gebäudes mit Wohnung in der Bülowschen Wildnis 1837-1838

ALTONA UND OTTENSEN

6047 Handwerker (1815-) 1829-1850

6048 Schule 1835-1850
Darin: Regulativ für die zweite Armen- und Freischule der lutherischen Gemeinde in Altona, 1842

6049 Nachfolge des Stadtschullehrers Johann David Bartels durch seinen Sohn Julius Eduard Bartels 1836

6050 Viehmärkte auf dem sogenannten Schulterblatt 1837-1839

6051 Ottensen: Befugnis von Juden zum Erwerb von Grundstücken 1836-1837

6052 Stadt Altona: Baumaßnahmen an der lutherischen Hauptkirche 1838, 1847

6053 Beschwerde der Klein- und Grobschmiedezunft in Uetersen wegen der Zulassung von Landhandwerkern und Krämern zu den Märkten 1837-1839

6054 Dienstentlassung des Kompastors Nicolaus Funck 1840-1841

6055 Beitrag des Oberstleutnants Koch zur Kirchen- und Armenkasse der reformierten Gemeinde (1798-) 1841-1842

6056 Stadt Altona und Ottensen: Veränderung der bäuerlichen Verhältnisse und Abgabenverhältnisse sowie Bestimmung ihrer gemeinsamen Grenze 1840-1850

6057 Einrichtungen von Niederlassungen durch Kaufleute innerhalb der Zolllinie in Ottensen 1844-1847

6058 Zusendung von Exemplaren der Gymnasialordnung an die Provinzialregierung 1844
Darin: gedruckte Exemplare

6059 Nichtzulassung des Baus von Häusern, einer Gastwirtschaft und einer Handelsniederlassung am Lohbuschwege in Ottensen sowie Verbesserung der gewerbepolizeilichen Kontrolle in Ottensen und Neumühlen 1845-1846

6060 Ottensen: Aufnahme einer Kommuneschuld 1846

6061 Bürgerrecht des Stadtschullehrers Hans Andreas Hansen 1849-1850

6062 Dienstentlassung des Ratsverwandten Johann Heinrich Baur 1850

PINNEBERGER VOGTEIEN

6063 Rolandsäule in Wedel 1834-1835

6064 Elbstrand bei Blankenese 1834

6065 Herrschaft Pinneberg: Märkte 1835-1848

6066 Steuerverhältnisse der sogenannten Grothschen Bleiche bei Eimsbüttel 1838-1841

6067 Herrschaft Pinneberg: Abgang einer Summe im Verzeichnis der unapprobierten Posten für bedürftige Familien von Einwohnern im Militärdienst (1812-) 1840-1841

6068 Kommunalabgaben der Färberschen Freihofsländereien und deren Hinzulegung zur Herrschaft Herzhorn 1840-1844

6069 Herrschaft Pinneberg: Beitrag von Spitzerdorf zur Amtsanlage (1802-) 1841

6070 Benutzung der Hirtenkate sowie Hand- und Spanndienste in Eidelstedt (1839-) 1841

6071 Umbenennung des Hofes Datum des Hofbesitzers Heeren in „Waldenau“ 1841-1842

6072 Beteiligung des Fleckens Pinneberg an der Eisenbahn Altona–Kiel 1842

6073 Erstattung von Kriminalkosten durch die Klostervogtei Uetersen an die Landkasse der Herrschaft Pinneberg (1842) 1843

6074 Genehmigung der Statuten einer Aktiengesellschaft zur Sicherung des Elbufers von Neumühlen bis Schulau 1842-1846

6075 Herrschaft Pinneberg: Polizeireiter 1842-1851

6076 Diensteinkünfte des Landesgevollmächtigten Wagner in Poppenbüttel 1844

6077 Aufräumung und Regulierung des Tarpebachs zwischen der Herrschaft Pinneberg und der Stadt Hamburg 1844-1846, 1862-1863 (1913)

Enthält u. a.: Rezess zur Regulierung der Grenze zwischen der Herrschaft Pinneberg und der Stadt Hamburg, 1862-1863; maschinenschriftliche Abschrift des Reglements zur Reinigung des Tarpebachs

6078 Befreiung von Eingesessenen in Pinneberg von der Aufeisung des Rinnsteins 1847-1848

6079 Herrschaft Pinneberg: Landdrost 1848-1849
Enthält: Ernennung des Konferenzrats Johann Bernhard Hederich Rathgen zum Landdrosten; Pflicht von Eingesessenen in Heist, Kurzenmoor und Sonnendeich zum Torffahren für den Landdrosten

6080 Herrschaft Pinneberg: Einquartierung (1770-) 1848-1850
Enthält: Hufner Mecklenburg, Bahrenfeld; Blankenese

6081 Kosten der Grenzregulierung zwischen Altona und der Herrschaft Pinneberg 1849-1850

PROPSTEI RANTZAU

Allgemeines

6088 Schulfonds allgemein und Beihilfe aus dem Schulfonds zum Schulbau in Osterhorn 1835-1839

6096 Teilnahme der Prediger in Herzhorn an der Vakanzverwaltung von Pastoraten 1838-1839

Kirchenvisitationen

6095 Spezialkirchenvisitationen 1837 und 1838 sowie Vermögensstand der Kirchen 1838-1849

6105 Generalkirchenvisitation 1838 (1838) 1839

6110 Spezialkirchenvisitation 1839 und 1840 in Barmstedt, Elmshorn und Hörnerkirchen 1840

6113 Spezialkirchenvisitation 1841

6114 General- und Spezialkirchenvisitationen 1842-1850

Schule allgemein

6082 Regulative der Landschulen 1833-1849

6083 Regulative der Landschulen 1837-1850
Enthält: Dienstverhalten des Schullehrers Paul Hinrichs, Köhnholz; Ellerhoop; Zulage des Schullehrers Paul Hinrichs für den Schuldistrikt Lieth, Wisch und Köhnholz; Gehilfe für die Schulen in Lutzhorn, Heede und Hemdingen; Klostersande

6084 Regulative der Landschulen 1844-1850
Enthält: Hainholz; Hemdingen; Köhnholz; Naturalien für die Schullehrer; Herzhorn; Vormstegen

6087 Schulen 1835-1850

Angelegenheiten der Kirchspiele

6085 Ordination des Kandidaten der Theologie Jürgen Hinrich Truelsen aus Kropp zum Amtsgehilfen des Pastors Johann Otto Mielck in Barmstedt 1834-1835

6086 Ernennung des Kandidaten der Theologie Jacobsen aus Glückstadt zum Kompastor in Barmstedt 1834

6089 Schulwesen in Elmshorn 1836-1850

6090 Neuer Kirchhof im Kirchspiel Barmstedt 1836-1845

6091 Überlassung von Pastoratsland in Barmstedt an den Schneider Matthias Sommerfeldt 1836-1837

6092 Überlassung von Pastoratsland in Hörnerkirchen an den Heuerling Claus Mohr 1837

6093 Streitigkeiten zwischen der Jungfer Scheelcke und der Ehefrau Piening in Klostersande wegen eines Kirchenstandes in Elmshorn 1837

6094 Aufhebung des Predigeropfers in Barmstedt 1838-1848

6097 Kirchenbauten in Barmstedt 1839-1840

6098	Pastorat in Hörnerkirchen	1839-1850
6099	Überlassung von Pastoratsland in Hörnerkirchen an den Tischler Theodor Möller	1838-1839
6100	Predigergeschäfte und Predigten in Elmshorn	1839-1847
6101	Kircheninventar für Hörnerkirchen	1839-1847
6102	Roggenlieferung an die Prediger in Barmstedt	1839-1843
6103	Begräbnisplatz in Hörnerkirchen	1839-1842
6104	Benutzung des Begräbnisplatzes in Herzhorn	1840
6106	Vererbpachtung der Predigerländereien in Elmshorn	1839-1843
6107	Regulierung der Pastoratsgeschäfte in Barmstedt	1839-1846
6108	Auslegung der Kirchenrechnung des Kirchspiels Barmstedt	1840
6109	Kircheninventar für Herzhorn	1839-1850
6111	Tausch von Kompastoratsländereien in Barmstedt	1840
6112	Beitrag der Dorfschaft Bokel zu den Kirchenanlagen des Kirchspiels Hörnerkirchen	1840
6115	Predigt und Gottesdienst in Herzhorn	1839-1845
6116	Zuordnung des Chausseewärterhauses Nr. 5 in Schul- und Armenangelegenheiten zur Dorfschaft Bilsen	1842-1843
6117	Reparatur der Kirchenorgel in Herzhorn	1843
6118	Kirchenstuhlbuch für Hörnerkirchen	1842-1843
6119	Abtretung von Küsterland in Hörnerkirchen für einen Bauplatz des Tischlermeisters Wilhelm Petersenholdt	1843-1844
6120	Entschädigung der Prediger in Herzhorn für die zum Bau der Eisenbahn Glückstadt–Elmshorn herangezogenen Predigerländereien	1845-1848

6121 Überlassung von Kompastoratsland in Barmstedt 1846-1848

6122 Beschwerden des Hofbesitzers Jochim Engelbrecht in Wisch gegen den Propst Carl Ludwig Harding in Elmshorn 1847

FLECKEN ELMSHORN

6123 Märkte 1828-1849

6124 Verpflichtung des Weißgerbermeisters Issac Mändle zum Ankauf eines Hauses 1835

6125 Verpflegung der venerisch erkrankten Gesellen durch die Schuhmachergesellenbruderschaft 1834-1840

6126 Handwerker 1836
Enthält: Niederlassung des Kupferschmieds Andreas Buck, Hamburg; Maurergeselle Friedrich Nordmeier, Köhnholz

6127 Aussetzung der Kirchenreparatur bis zum Ende des Gnadenjahrs der Propstwitwe Weller 1840

6128 Änderung bei der Verteilung der Kommunelasten 1842

6129 Aufnahme einer Schuld zur Zeichnung von Eisenbahnaktien 1842-1844

6130 Besetzung der Kirchspielvogtei 1850

6131 Beseitung einer Treppenanlage durch den Schneidermeister Grönwoldt 1850

PROTOKOLLE UND JOURNALE

1 Diarium 1834
Mit Namens-, Orts- und Sachregister

2 Journal des Kontors der Ersten Sektion Oktober-November 1834

3	Journal des Kontors der Ersten Sektion	Dezember 1834-April 1835
4	„Journal für I.3“ (Journal für Referent 3 der Ersten Sektion) Enthält: Polizeiangelegenheiten	Oktober 1834-November 1836
5	Votierprotokoll der Ersten Sektion („Protokoll der in der Ersten Sektion vorgetragenen Sachen“)	1834
6	Journal des Kontors der Zweiten Sektion	Oktober-Dezember 1834
7	Journal des Kontors der Zweiten Sektion	Dezember 1834-März 1835
8	Votierprotokoll der Zweiten Sektion	1834
9	Nachweisung der reponierten Nummern	1834
10	Diarium	1835
11	Namens-, Orts- und Sachregister zum Diarium	1835
12	Journal des Kontors der Ersten Sektion	April-August 1835
13	Journal des Kontors der Ersten Sektion	August-Oktober 1835
14	Journal des Kontors der Ersten Sektion	Oktober-Dezember 1835
15	Votierprotokoll der Ersten Sektion	1835
16	Journal des Kontors der Zweiten Sektion	März-August 1835
17	Journal des Kontors der Zweiten Sektion	August-Dezember 1835
18	Votierprotokoll der Zweiten Sektion	Januar-Juli 1835
19	Votierprotokoll der Zweiten Sektion	Juli-Dezember 1835
20	(1.) Expeditionsjournal für die Berichte an die Immediatkollegien in Kopenhagen	Juli 1835-März 1837
21	Verzeichnis der Berichte der Regierung an die Immediatkollegien in Kopenhagen	1835

22	Kopialbuch der Regierung für Berichte an die Immediatkollegien in Kopenhagen Band 1	Januar-Februar 1835
23	Kopialbuch der Regierung für Berichte an die Immediatkollegien in Kopenhagen Band 2	Februar-März 1835
24	Kopialbuch der Regierung für Berichte an die Immediatkollegien in Kopenhagen Band 3	März-Mai 1835
25	Kopialbuch der Regierung für Berichte an die Immediatkollegien in Kopenhagen Band 5	April-Mai 1835
26	Kopialbuch der Regierung für Berichte an die Immediatkollegien in Kopenhagen Band 6	Mai-August 1835
27	Kopialbuch der Regierung für Berichte an die Immediatkollegien in Kopenhagen Band 7	Juni-August 1835
28	Kopialbuch der Regierung für Berichte an die Immediatkollegien in Kopenhagen Band 8	Juli-August 1835
29	Kopialbuch der Regierung für Berichte an die Immediatkollegien in Kopenhagen Band 9	August 1835
30	Kopialbuch der Regierung für Berichte an die Immediatkollegien in Kopenhagen Band 10	August-September 1835
31	Kopialbuch der Regierung für Berichte an die Immediatkollegien in Kopenhagen Band 11	September-Oktober 1835
32	Kopialbuch der Regierung für Berichte an die Immediatkollegien in Kopenhagen Band 12	Oktober-Dezember 1835
33	Kopialbuch der Regierung für Berichte an die Immediatkollegien in Kopenhagen Band 13	Dezember 1835
34	Nachweisung der reponierten Nummern	1835
35	Diarium	1836
36	Namens-, Orts- und Sachregister zum Diarium	1836
37	Journal des Kontors der Ersten Sektion	Januar-März 1836

38	Journal des Kontors der Ersten Sektion	März-August 1836
39	Journal des Kontors der Ersten Sektion	August-Oktober 1836
40	Journal des Kontors der Ersten Sektion	Oktober 1836-Februar 1837
41	Journal des Kontors der Ersten Sektion	November 1836-April 1839
42	Votierprotokoll der Ersten Sektion	1836
43	Journal des Kontors der Zweiten Sektion	Januar-März 1836
44	Journal des Kontors der Zweiten Sektion	März-Juni 1836
45	Journal des Kontors der Zweiten Sektion	Juni-Oktober 1836
46	Journal des Kontors der Zweiten Sektion	Oktober 1836-März 1837
47	Journal der Hafenangelegenheiten (Journal des Expeditionskontors der Zweiten Sektion über eingegangene Hafenangelegenheiten)	1836-1837, 1841-1846
48	Votierprotokoll der Zweiten Sektion	Januar-Juli 1836
49	Votierprotokoll der Zweiten Sektion	Juli-Dezember 1836
50	Kopialbuch der Regierung für die Berichte an die Immediatkollegien in Kopenhagen	Januar 1836
51	Nachweisung der reponierten Nummern	1836
52	Diarium	1837
53	Namens-, Orts- und Sachregister zum Diarium	1837
54	Journal des Kontors der Ersten Sektion	Februar-Juli 1837
55	Journal des Kontors der Ersten Sektion	Juli-Dezember 1837
56	Votierprotokoll der Ersten Sektion	1837
57	Journal des Kontors der Zweiten Sektion	Januar-September 1837

58	Journal des Kontors der Zweiten Sektion	August 1837-Februar 1838
59	Votierprotokoll der Zweiten Sektion	1837
60	(2.) Expeditionsjournal für die Berichte der Regierung an die Immediatkollegien in Kopenhagen	März 1837-Mai 1839
61	Kopialbuch der Regierung für die Berichte an die Immediatkollegien in Kopenhagen	1837
62	Nachweisung der reponierten Nummern	1837
63	Diarium	1838
64	Namens-, Orts- und Sachregister zum Diarium	1838
65	Journal des Kontors der Ersten Sektion	Januar-Juni 1838
66	Journal des Kontors der Ersten Sektion	Juni-November 1838
67	Journal des Kontors der Ersten Sektion	November 1838-März 1839
68	Votierprotokoll der Ersten Sektion	1838
69	Journal des Kontors der Zweiten Sektion	Februar-Oktober 1838
70	Journal des Kontors der Zweiten Sektion	Oktober 1838-April 1839
71	Votierprotkoll der Zweiten Sektion	1838
72	Nachweisung der reponierten Nummern	1838
73	Diarium	1839
74	Namens-, Orts- und Sachregister zum Diarium	1839
75	Journal des Kontors der Ersten Sektion	März-September 1839
76	Journal des Kontors der Ersten Sektion	September 1839-Februar 1840

77 Journal für 1.3 (Journal für Referent 3 der Ersten Sektion) April 1839-Februar 1842

78 Votierprotokoll der Ersten Sektion 1839

79 Journal des Kontors der Zweiten Sektion April-September 1839

80 Journal des Kontors der Zweiten Sektion September 1839-März 1840

81 Votierprotokoll der Zweiten Sektion 1839

82 (3.) Expeditionsjournal für die Berichte der Regierung an die Immediatkollegien in Kopenhagen Mai 1839-Dezember 1841

208 Votierprotokoll der Zweiten Sektion und (3.) Expeditionsjournal für die Berichte der Regierung an die Immediatkollegien in Kopenhagen
Fotokopie von Abt. 49 Nr. 81 und Nr. 82 1839-1841

83 Nachweisung der reponierten Nummern 1839

84 Diarium 1840

85 Namens-, Orts- und Sachregister zum Diarium 1840

86 Journal des Kontors der Ersten Sektion Februar-Juli 1840

87 Journal des Kontors der Ersten Sektion Juli 1840-Januar 1841

88 Votierprotokoll der Ersten Sektion 1840

89 Journal des Kontors der Zweiten Sektion März-Juli 1840

90 Journal des Kontors der Zweiten Sektion Juli-Dezember 1840

91 Journal des Kontors der Zweiten Sektion Dezember 1840-Juli 1841

92 Votierprotokoll der Zweiten Sektion 1840

93 Nachweisung der reponierten Nummern 1840

94 Diarium 1841

95	Namens-, Orts- und Sachregister zum Diarium	1841
96	Journal des Kontors der Ersten Sektion	Januar-Juni 1841
97	Journal des Kontors der Ersten Sektion	Juni 1841-Januar 1842
98	Votierprotokoll der Ersten Sektion	1841
99	Journal des Kontors der Zweiten Sektion	Juli 1841-April 1842
100	Votierprotokoll der Zweiten Sektion	1841
101	(4.) Expeditionsjournal für die Berichte der Regierung an die Immediatkollegien in Kopenhagen	Dezember 1841-August 1847
102	Nachweisung der reponierten Nummern	1841
103	Diarium	1842
104	Namens-, Orts- und Sachregister zum Diarium	1842
105	Journal des Kontors der Ersten Sektion	Januar-August 1842
106	Journal des Kontors der Ersten Sektion	August 1842-April 1843
107	Journal für 1.3	Januar 1842-Dezember 1844
108	Votierprotokoll der Ersten Sektion	1842
109	Journal des Kontors der Zweiten Sektion	April 1842-Januar 1843
110	Votierprotokoll der Zweiten Sektion	1842
111	Nachweisung der reponierten Nummern	1842
112	Diarium	1843
113	Namens-, Orts- und Sachregister zum Diarium	1843
114	Journal des Kontors der Ersten Sektion	April 1843-Februar 1844
115	Journal der Kirchenangelegenheiten	März 1843-Januar 1844

116	Votierprotokoll der Ersten Sektion	1842
117	Journal des Kontors der Zweiten Sektion	Januar-September 1843
118	Journal des Kontors der Zweiten Sektion	September 1843-April 1844
119	Journal der Hafenangelegenheiten	1843-1846
120	Votierprotokoll der Zweiten Sektion	1843
121	Nachweisung der reponierten Nummern	1843
122	Diarium	1844
123	Namens-, Orts- und Sachregister zum Diarium	1844
124	Journal des Kontors der Ersten Sektion Band 1	1844
125	Journal des Kontors der Ersten Sektion Band 2	1844
126	Journal des Kontors der Ersten Sektion	1844-1845
127	Votierprotokoll der Ersten Sektion	1844
128	Journal des Kontors der Zweiten Sektion	April 1844-April 1845
129	Votierprotokoll der Zweiten Sektion	1844
130	Nachweisung der reponierten Nummern	1844
131	Diarium	1845
132	Namens-, Orts- und Sachregister zum Diarium	1845
133	Journal des Kontors der Ersten Sektion	1845-1846
134	Votierprotokoll der Ersten Sektion	1845
135	Journal des Kontors der Zweiten Sektion	April 1845-Juni 1846
136	Votierprotokoll der Zweiten Sektion	1845

137 Nachweisung der reponierten Nummern 1845

138 Journal der Wegeangelegenheiten
September 1845-Dezember 1846

139 Namens-, Orts- und Sachregister zum Diarium 1846

140 Journal des Kontors der Ersten Sektion Februar-September 1846

141 Journal der Kontore der Ersten und Zweiten Sektion (ab September 1846 nur noch des Ersten Kontors für Kommunen- und Gewerbeangelegenheiten) Juni-September 1846 (-1847)

142 Votierprotokoll der Ersten Sektion Januar-September 1846

143 Nachweisung der reponierten Nummern 1846

144 Journal des Zweiten Kontors für Kirchen- und Schulangelegenheiten
September 1846-März 1847

145 Berichterforderungsjournal des Zweiten Kontors
Oktober 1846-Februar 1851

146 Journal des Vierten Kontors für Polizeiangelegenheiten (Journal des Polizeibüros) September 1846-Mai 1847

147 Berichterforderungsjournal des Vierten Kontors
September 1846-Dezember 1847

148 Diarium 1847

149 Namens-, Orts- und Sachregister zum Diarium 1847

150 Journal des Ersten Kontors für Kommunen- und Gewerbeangelegenheiten 1847-1848

151 Journal des Zweiten Kontors für Kirchen- und Schulangelegenheiten
März-November 1847

152 Journal des Zweiten Kontors für Kirchen- und Schulangelegenheiten
November 1847-1848

156 Journal des Dritten Kontors für Wegeangelegenheiten 1847-1848

153 Journal des Vierten Kontors für Polizeiangelegenheiten Mai-Dezember 1847

154 (5.) Expeditionsjournal für die Berichte der Regierung an die Immediatkollegien in Kopenhagen August 1847-Februar 1851

155 Nachweisung der reponierten Nummern 1847

157 Diarium 1848

158 Namens-, Orts- und Sachregister zum Diarium 1848

159 Journal des Ersten Kontors für Kommunen- und Gewerbeangelegenheiten September 1848-1849

160 Journal des Zweiten Kontors für Kirchen- und Schulangelegenhetien April-November 1848

161 Journal des Zweiten Kontors für Kirchen- und Schulangelegenheiten November 1848-April 1849

165 Journal des Dritten Kontors für Wegeangelegenheiten 1848

166 Berichterforderungs- bzw. Expeditionsjournal für Wegeangelegenheiten Oktober 1848-Juli 1852

162 Journal des Vierten Kontors für Polizeiangelegenheiten 1848-1851

163 Berichterforderungsjournal des Vierten Kontors 1848-1851

164 Nachweisung der reponierten Nummern 1848

167 Diarium 1849

168 Namens-, Orts- und Sachregister zum Diarium 1849

169 Journal des Ersten Kontors für Kommunen- und Gewerbeangelegenheiten April 1849-April 1850

170 Journal des Zweiten Kontors für Kirchen- und Schulangelegenheiten April-September 1849

171 Journal des Zweiten Kontors für Kirchen- und Schulangelegenheiten September 1849-Mai 1850

172 Nachweisung der reponierten Nummern 1849

173 Journal des Dritten Kontors für Wegeangelegenheiten 1849

174 Diarium 1850

175 Namens-, Orts- und Sachregister zum Diarium 1850

176 Journal des Ersten Kontors für Kommunen- und Gewerbeangelegenheiten April 1850-Februar 1851

177 Journal des Zweiten Kontors für Kirchen- und Schulangelegenheiten Mai 1850-Februar 1851

180 Journal des Dritten Kontors für Wegeangelegenheiten 1850

178 Journal des Vierten Kontors für Polizeiangelegenheiten Januar 1850-Februar 1851

179 Nachweisung der reponierten Nummern 1850

6402 Diarium Januar-Februar 1851

181 Namens-, Orts- und Sachregister zum Diarium 1851

182 Journal des Dritten Kontors für Wegeangelegenheiten 1851

183 Gebührenjournal Oktober 1834-Juni 1835

184 Gebührenjournal Juni 1835-September 1836

185 Gebührenjournal September 1836-September 1837

186 Gebührenjournal September 1837-November 1838

187 Gebührenjournal November 1838-Januar 1840

188 Gebührenjournal Februar 1840-Februar 1842

189 Gebührenjournal Februar 1842-Mai 1844

190	Register über bezahlte Gebühren	1834
191	Register über bezahlte Gebühren	1835
192	Register über bezahlte Gebühren	1836
193	Register über bezahlte Gebühren	1837
194	Register über bezahlte Gebühren	1838
195	Register über bezahlte Gebühren	1839
196	Register über bezahlte Gebühren	1840
197	Register über bezahlte Gebühren	1841
198	Register über bezahlte Gebühren	1842
199	Register über bezahlte Gebühren	1843
200	Register über bezahlte Gebühren	1844
201	Register über bezahlte Gebühren	1845
202	Register über bezahlte Gebühren	1846
203	Register über bezahlte Gebühren	1847
204	Ausgabenverzeichnis der Regierungskasse	1834-1837
205	Ausgaben für Bürokosten	1843-1846
206	Protokoll (Aktiva- und Passivaverzeichnisse) über Geldangelegenheiten der Kommunen in den Landdistrikten Mit Ortsregister	1834-1846
207	Nachweisung reponierter Nummern	1847-1851

ALTE FIND- UND HILFSMITTEL

6439 Übersicht zu den Repertorien und Hilfsmitteln des Bestandes Abt. 49 1977, 2013

6440 Findbuch: Abt. 49 Protokolle 1974, 2013

6441 Verzeichnis der Akten der Schleswig-Holsteinischen Regierung mit Akten des Gottorfer Obergerichts im Regierungsarchiv sowie Verzeichnung der Protokolle und Journale 1922-1961

6442 Findbuch: Abt. 49 Präsidialarchiv [1967] 1974

6443 Repertorium: Schleswig-Holsteinische Regierung, Andere Kollegien, Auswärtige Verhältnisse, Landeshoheit, Kirche und Schule 1834-1970

6444 Auszug aus dem Repertorium zu Armenangelegenheiten 1922-1954

6445 Repertorium: Brandwesen, Kontagion, Deiche, Gefängnisse, Gewerbepolizei, Lotsen und Tonnenwesen, Maß und Gewicht, Medizinwesen 1834-[1967]

6446 Repertorium: Milde Stiftungen, Passwesen, Post, Presse, Strandangelegenheiten, Viehseuche, Wege, Andere Polizeiangelegenheiten 1834-1967

6447 Repertorium: Kammer- und Finanzwesen, Zoll, Militär, Bürgerliche Nahrung, Handel, Fabriken, Schifffahrt und Landökonomie, Kommunewesen 1834-1965

6448 Namens- und Ortsregister: bürgerliche Nahrung, Handel, Fabriken, Schifffahrt und Landökonomie [1968]

6449 Konzessionen: chronologisches Register 1834-[1965]

6450 Konzessionen: Namensregister 1834-[1965]

6451 Findbuch: Pinneberger Handwerker [1965]

6452 Krügerei und Hökerei: chronologisches Verzeichnis 1834-[1965]

6453 Krügerei und Hökerei: Namensregister 1834-1851

6454 Krügerei und Hökerei: Ortsregister 1968

6455 Repertorium: adlige Güter 1834-[1967]

6456 Repertorium: Klöster, lübsche Güter, Fideikommissgüter 1834-[1967]

6457 Repertorium: adlige Kirchen 1834-[1967]

6458 Repertorium: Propsteien Apenrade und Lügumkloster, Eiderstedt, Fehmarn, Flensburg, Gottorf, Hadersleben 1834-[1967]

6459 Repertorium: Propsteien Hütten, Husum-Bredstedt, Tondern, Törninglehn [1967]

6460 Repertorium: Konsistorien Münsterdorf, Plön, Rendsburg, Segeberg, Süderdithmarschen, Norderdithmarschen, Kieler Kirchen, Oldenburg, Trittau und Reinbek 1935-[1967]

6461 Repertorium: Ämter allgemein 1834-[1935]

6462 Repertorium: Ämter Apenrade und Lügumkloster, Amt Bredstedt, Landschaft Eiderstedt, Landschaft Fehmarn, Amt Flensburg, Amt Gottorf 1834-[1935]

6463 Repertorium: Amt Hadersleben, Amt Husum, Amt Hütten mit Stapelholm, Amt Tondern, Ämter Sonderburg und Norburg 1834-[1935]

6464 Repertorium: Ämter und Landschaften im Herzogtum Holstein 1834-[1967]

6465 Repertorium: Städte allgemein 1827-[1935]

6466 Repertorium: Aeröskøbing, Apenrade, Burg auf Fehmarn, Bredstedt, Kappeln, Eckernförde, Flensburg, Friedrichsort, Friedrichstadt, Garding 1834-[1935]

6467 Repertorium: Hadersleben, Husum, Lügumkloster, Norburg, Schleswig, Sonderburg, Tönning, Tondern 1834-[1935]

6468 Repertorium: Städte im Herzogtum Holstein, Grafschaft Rantzau, Insel und Werder auf der Elbe, Propstei Altona, Propstei Pinneberg, Laurvigsche Wildnis, Altona und Ottensen, Pinneberger Vogteien, Propstei Rantzau, Elmshorn 1834-1967

6469 Registrant des Archivs des Wegekontors 1842-1967

6369 Registrant: Verordnungen 1834-1849

6371 Archivnachweisungen: Sach- und Ortsregister zu den allgemeinen Konvoluten sowie Register der milden Stiftungen in den Herzogtümern [1834-1851]

6384 Archivnachweisungen: Sach- und Ortsregister zu den allgemeinen Konvoluten sowie Register zu den milden Stiftungen in den Herzogtümern [1834-1851]

6372 Sachregister zur Kirchen- und Schulregistratur des Gottorfer Archivs 1858

6376 Sach- und Ortsregister (A-H) zu den Kirchenangelegenheiten des Gottorfer Obergerichts bei Einrichtung der Schleswig-Holsteinischen Regierung [1834]

6377 Ortsregister (J-W) zu den Kirchenangelegenheiten des Gottorfer Obergerichts bei Einrichtung der Schleswig-Holsteinischen Regierung [1834]

6375 Registrant: sonstige Polizeiangelegenheiten und Zuchthaus 1834-1848

6373 Ortsregister zu den Schulen, zum Schulhausbau und zur Pensionierung der Schullehrer [1834-1851]

6381 Register zu den Schulen in den Herzogtümern mit Archivnachweisungen [1834-1851]

6374 Registrant: Examen und Konfirmation der Katechumenen 1646-1842

Bemerkung: Nachweis der Konfirmationsfälle im Herzogtum Holstein ab 1788, ab 1834 für beide Herzogtümer fortgeführt

6378 Registrant: Deichangelegenheiten 1834-1851, 1923, 1977

6379 Registrant: Strandangelegenheiten 1834-1863, 1923

6399 Registrant: Presse 1834-1851, 1923

6385 Vorläufiger Registrant: Städte, Flecken, Ämter, Landschaften, Güter und Klöster der Herzogtümer sowie zum Pinneberger und Rantzauer Archiv (1696-) 1864-1867, 1923

6382 Registrant: Wegeangelegenheiten 1834-1843

6383 Ortsregister, Übersichten und Archivnachweisungen zu Wege- und Eisenbahnangelegenheiten [1834]-1863, 1923

6397 Alfabetisch-chronologisches Register zu den Akten 1834-1842

6398 Alfabetisch-chronologisches Register zu den Akten und Übersicht über die 1852 an das Ministerium für das Herzogtum Schleswig abgegebenen Akten 1834-1849

6434 Auszüge aus dem Verzeichnis abgelieferter Rentekammerakten 1834

6386 Verzeichnis der an das Ministerium für das Herzogtum Schleswig abgelieferten Akten 1852

6400 Auflistung zum Präsidialarchiv 1942

6401 Auflistung des Regierungsbestandes im Staatsarchiv in Kiel und im Reichsarchiv in Kopenhagen 1942

REGISTER

Personenregister

Sachregister

Ortsregister

Konkordanz

alte Nr.	neue Nr.	alte Nr.	neue Nr.
49 Prot. 1	1	49 Prot. 45	45
49 Prot. 2	2	49 Prot. 46	46
49 Prot. 3	3	49 Prot. 47	47
49 Prot. 4	4	49 Prot. 48	48
49 Prot. 5	5	49 Prot. 49	49
49 Prot. 6	6	49 Prot. 50	50
49 Prot. 7	7	49 Prot. 51	51
49 Prot. 8	8	49 Prot. 52	52
49 Prot. 9	9	49 Prot. 53	53
49 Prot. 10	10	49 Prot. 54	54
49 Prot. 11	11	49 Prot. 55	55
49 Prot. 12	12	49 Prot. 56	56
49 Prot. 13	13	49 Prot. 57	57
49 Prot. 14	14	49 Prot. 58	58
49 Prot. 15	15	49 Prot. 59	59
49 Prot. 16	16	49 Prot. 60	60
49 Prot. 17	17	49 Prot. 61	61
49 Prot. 18	18	49 Prot. 62	62
49 Prot. 19	19	49 Prot. 63	63
49 Prot. 20	20	49 Prot. 64	64
49 Prot. 21	21	49 Prot. 65	65
49 Prot. 22	22	49 Prot. 66	66
49 Prot. 23	23	49 Prot. 67	67
49 Prot. 24	24	49 Prot. 68	68
49 Prot. 25	25	49 Prot. 69	69
49 Prot. 26	26	49 Prot. 70	70
49 Prot. 27	27	49 Prot. 71	71
49 Prot. 28	28	49 Prot. 72	72
49 Prot. 29	29	49 Prot. 73	73
49 Prot. 30	30	49 Prot. 74	74
49 Prot. 31	31	49 Prot. 75	75
49 Prot. 32	32	49 Prot. 76	76
49 Prot. 33	33	49 Prot. 77	77
49 Prot. 34	34	49 Prot. 78	78
49 Prot. 35	35	49 Prot. 79	79
49 Prot. 36	36	49 Prot. 80	80
49 Prot. 37	37	49 Prot. 81	81
49 Prot. 38	38	49 Prot. 82	82
49 Prot. 39	39	49 Prot. 83	83
49 Prot. 40	40	49 Prot. 84	84
49 Prot. 41	41	49 Prot. 85	85
49 Prot. 42	42	49 Prot. 86	86
49 Prot. 43	43	49 Prot. 87	87
49 Prot. 44	44	49 Prot. 88	88

alte Nr.	neue Nr.	alte Nr.	neue Nr.
49 Prot. 89	89	49 Prot. 133	133
49 Prot. 90	90	49 Prot. 134	134
49 Prot. 91	91	49 Prot. 135	135
49 Prot. 92	92	49 Prot. 136	136
49 Prot. 93	93	49 Prot. 137	137
49 Prot. 94	94	49 Prot. 138	138
49 Prot. 95	95	49 Prot. 139	139
49 Prot. 96	96	49 Prot. 140	140
49 Prot. 97	97	49 Prot. 141	141
49 Prot. 98	98	49 Prot. 142	142
49 Prot. 99	99	49 Prot. 143	143
49 Prot. 100	100	49 Prot. 144	144
49 Prot. 101	101	49 Prot. 145	145
49 Prot. 102	102	49 Prot. 146	146
49 Prot. 103	103	49 Prot. 147	147
49 Prot. 104	104	49 Prot. 148	148
49 Prot. 105	105	49 Prot. 149	149
49 Prot. 106	106	49 Prot. 150	150
49 Prot. 107	107	49 Prot. 151	151
49 Prot. 108	108	49 Prot. 152	152
49 Prot. 109	109	49 Prot. 153	153
49 Prot. 110	110	49 Prot. 154	154
49 Prot. 111	111	49 Prot. 155	155
49 Prot. 112	112	49 Prot. 156	156
49 Prot. 113	113	49 Prot. 157	157
49 Prot. 114	114	49 Prot. 158	158
49 Prot. 115	115	49 Prot. 159	159
49 Prot. 116	116	49 Prot. 160	160
49 Prot. 117	117	49 Prot. 161	161
49 Prot. 118	118	49 Prot. 162	162
49 Prot. 119	119	49 Prot. 163	163
49 Prot. 120	120	49 Prot. 164	164
49 Prot. 121	121	49 Prot. 165	165
49 Prot. 122	122	49 Prot. 166	166
49 Prot. 123	123	49 Prot. 167	167
49 Prot. 124	124	49 Prot. 168	168
49 Prot. 125	125	49 Prot. 169	169
49 Prot. 126	126	49 Prot. 170	170
49 Prot. 127	127	49 Prot. 171	171
49 Prot. 128	128	49 Prot. 172	172
49 Prot. 129	129	49 Prot. 173	173
49 Prot. 130	130	49 Prot. 174	174
49 Prot. 131	131	49 Prot. 175	175
49 Prot. 132	132	49 Prot. 176	176

alte Nr.	neue Nr.	alte Nr.	neue Nr.
49 Prot. 177	177	49.2 Nr. 13	221
49 Prot. 178	178	49.2 Nr. 14	222
49 Prot. 179	179	49.2 Nr. 15	223
49 Prot. 180	180	49.2 Nr. 16	224
49 Prot. 181	181	49.2 Nr. 17	225
49 Prot. 182	182	49.2 Nr. 18	226
49 Prot. 183	183	49.2 Nr. 19	227
49 Prot. 184	184	49.2 Nr. 20	228
49 Prot. 185	185	49.2 Nr. 21	229
49 Prot. 186	186	49.2 Nr. 22	230
49 Prot. 187	187	49.2 Nr. 23	231
49 Prot. 188	188	49.2 Nr. 24	232
49 Prot. 189	189	49.2 Nr. 25	233
49 Prot. 190	190	49.2 Nr. 26	234
49 Prot. 191	191	49.2 Nr. 27	235
49 Prot. 192	192	49.2 Nr. 29	236
49 Prot. 193	193	49.2 Nr. 30	237
49 Prot. 194	194	49.2 Nr. 31 a	238
49 Prot. 195	195	49.2 Nr. 31 b	239
49 Prot. 196	196	49.2 Nr. 32 a	240
49 Prot. 197	197	49.2 Nr. 32 b	241
49 Prot. 198	198	49.2 Nr. 33	242
49 Prot. 199	199	49.2 Nr. 34	243
49 Prot. 200	200	49.2 Nr. 35	244
49 Prot. 201	201	49.2 Nr. 36	245
49 Prot. 202	202	49.2 Nr. 37	246
49 Prot. 203	203	49.2 Nr. 38	247
49 Prot. 204	204	49.2 Nr. 39	248
49 Prot. 205	205	49.2 Nr. 40	249
49 Prot. 206	206	49.2 Nr. 41	250
49 Prot. 207	207	49.2 Nr. 42	251
49 Prot. 208	208	49.2 Nr. 43	252
49.2 Nr. 1	209	49.2 Nr. 44	253
49.2 Nr. 2	210	49.2 Nr. 45	254
49.2 Nr. 3	211	49.2 Nr. 46	255
49.2 Nr. 4	212	49.2 Nr. 47	256
49.2 Nr. 5	213	49.2 Nr. 48	257
49.2 Nr. 6	214	49.2 Nr. 49	258
49.2 Nr. 7	215	49.2 Nr. 50	259
49.2 Nr. 8	216	49.2 Nr. 51	260
49.2 Nr. 9	217	49.2 Nr. 52	261
49.2 Nr. 10	218	49.2 Nr. 53	262
49.2 Nr. 11	219	49.2 Nr. 54	263
49.2 Nr. 12	220	49.2 Nr. 55	264

alte Nr.	neue Nr.	alte Nr.	neue Nr.
49.2 Nr. 56	265	49.3 Nr. 23 Fasz. 42-46	309
49.2 Nr. 57	266	49.3 Nr. 23 Fasz. 47	310
49.2 Nr. 58	267	49.3 Nr. 24	311
49.2 Nr. 59	268	49.3 Nr. 25	312
49.2 Nr. 60	269	49.3 Nr. 26	313
49.2 Nr. 61	270	49.3 Nr. 27	314
49.2 Nr. 62	271	49.3 Nr. 28	315
49.2 Nr. 63	272	49.3 Nr. 29	316
49.2 Nr. 64	273	49.3 Nr. 30	317
49.2 Nr. 65	274	49.3 Nr. 31	318
49.2 Nr. 66	275	49.3 Nr. 32	319
49.2 Nr. 67	276	49.3 Nr. 33	320
49.2 Nr. 68	277	49.3 Nr. 34	321
49.2 Nr. 69	278	49.3 Nr. 35	322
49.2 Nr. 70	279	49.3 Nr. 36	323
49.3 Nr. 1	280	49.3 Nr. 37	324
49.3 Nr. 2	281	49.4 Nr. 1	325
49.3 Nr. 3	282	49.4 Nr. 2	326
49.3 Nr. 4	283	49.4 Nr. 3	327
49.3 Nr. 5	284	49.4 Nr. 4 Fasz. 1-8	328
49.3 Nr. 6	285	49.4 Nr. 4 Fasz. 9-28	329
49.3 Nr. 7	286	49.4 Nr. 4 Fasz. 29-56	330
49.3 Nr. 8	287	49.4 Nr. 4 Fasz. 57-78	331
49.3 Nr. 9	288	49.4 Nr. 4 Fasz. 79-86	332
49.3 Nr. 10	289	49.4 Nr. 5	333
49.3 Nr. 11	290	49.4 Nr. 6	334
49.3 Nr. 12	291	49.4 Nr. 7	335
49.3 Nr. 13	292	49.4 Nr. 8	336
49.3 Nr. 14	293	49.4 Nr. 9	337
49.3 Nr. 15	294	49.4 Nr. 10	338
49.3 Nr. 16	295	49.4 Nr. 11	339
49.3 Nr. 17	296	49.4 Nr. 12	340
49.3 Nr. 18	297	49.4 Nr. 13	341
49.3 Nr. 19	298	49.4 Nr. 14 I	342
49.3 Nr. 20	299	49.4 Nr. 14 II	343
49.3 Nr. 21	300	49.4 Nr. 15	344
49.3 Nr. 22	301	49.4 Nr. 16	345
49.3 Nr. 23 Fasz. 1-8	302	49.4 Nr. 17	346
49.3 Nr. 23 Fasz. 9-15	303	49.4 Nr. 18	347
49.3 Nr. 23 Fasz. 16-20	304	49.4 Nr. 19	348
49.3 Nr. 23 Fasz. 21-25	305	49.4 Nr. 20	349
49.3 Nr. 23 Fasz. 26-31	306	49.4 Nr. 21	350
49.3 Nr. 23 Fasz. 32-36	307	49.4 Nr. 22	351
49.3 Nr. 23 Fasz. 37-41	308	49.4 Nr. 23	352

alte Nr.	neue Nr.	alte Nr.	neue Nr.
49.4 Nr. 24	353	49.5 Nr. 48	397
49.5 Nr. 2	354	49.5 Nr. 49	398
49.5 Nr. 3	355	49.5 Nr. 50	399
49.5 Nr. 4	356	49.5 Nr. 50 a	400
49.5 Nr. 5	357	49.5 Nr. 52	401
49.5 Nr. 6	358	49.5 Nr. 53	402
49.5 Nr. 8	359	49.5 Nr. 54	403
49.5 Nr.9	360	49.5 Nr. 55	404
49.5 Nr. 10	361	49.5 Nr. 56	405
49.5 Nr. 11	362	49.5 Nr. 57	406
49.5 Nr. 12	363	49.5 Nr. 58	407
49.5 Nr. 13	364	49.5 Nr. 59	408
49.5 Nr. 14	365	49.5 Nr. 61	409
49.5 Nr. 16	366	49.5 Nr. 62	410
49.5 Nr. 17	367	49.5 Nr. 63	411
49.5 Nr. 18	368	49.5 Nr. 64	412
49.5 Nr. 19	369	49.5 Nr. 65	413
49.5 Nr. 20	370	49.5 Nr. 66	414
49.5 Nr. 21	371	49.5 Nr. 67	415
49.5 Nr. 23	372	49.5 Nr. 67 a	416
49.5 Nr. 23 a	373	49.5 Nr. 68	417
49.5 Nr. 24	374	49.5 Nr. 69	418
49.5 Nr. 25	375	49.5 Nr. 70	419
49.5 Nr. 26	373	49.5 Nr. 71	420
49.5 Nr. 27	377	49.5 Nr. 72	421
49.5 Nr. 28	378	49.5 Nr. 73	422
49.5 Nr. 29	379	49.5 Nr. 74	423
49.5 Nr. 29 a	380	49.5 Nr. 75	424
49.5 Nr. 30	381	49.5 Nr. 76	425
49.5 Nr. 31	382	49.5 Nr. 77	426
49.5 Nr. 33	383	49.5 Nr. 78	427
49.5 Nr. 34	384	49.5 Nr. 79	428
49.5 Nr. 36	385	49.5 Nr. 80	429
49.5 Nr. 37	386	49.5 Nr. 80 a	430
49.5 Nr. 38	387	49.5 Nr. 81	431
49.5 Nr. 39	388	49.5 Nr. 82	432
49.5 Nr. 40	389	49.5 Nr. 83	433
49.5 Nr. 41	390	49.5 Nr. 84	434
49.5 Nr. 42	391	49.5 Nr. 85	435
49.5 Nr. 43	392	49.5 Nr. 86	436
49.5 Nr. 44	393	49.5 Nr. 86 a	437
49.5 Nr. 45	394	49.5 Nr. 87	438
49.5 Nr. 46	395	49.5 Nr. 88	439
49.5 Nr. 47	396	49.5 Nr. 89	440

alte Nr.	neue Nr.	alte Nr.	neue Nr.
49.5 Nr. 90	441	49.6 Nr. 34	485
49.5 Nr. 91	442	49.6 Nr. 35	486
49.5 Nr. 92	443	49.6 Nr. 36	487
49.5 Nr. 93	444	49.7 Nr. 1 I	488
49.5 Nr. 94	445	49.7 Nr. 1 II	489
49.5 Nr. 96	446	49.7 Nr. 1 III Fasz. 1-8	490
49.5 Nr. 97	447	49.7 Nr. 1 III Fasz. 9-14	491
49.6 Nr. 1	448	49.7 Nr. 1 III Fasz. 15-20	492
49.6 Nr. 2 Fasz. 1-200	449	49.7 Nr. 1 IV	493
49.6 Nr. 2 Fasz. 201-411	450	49.7 Nr. 1 V	494
49.6 Nr. 3	451	49.7 Nr. 1 VI	495
49.6 Nr. 4	452	49.7 Nr. 1 VII	496
49.6 Nr. 5 I	453	49.7 Nr. 1 VIII	497
49.6 Nr. 5 II	454	49.7 Nr. 1 IX	498
49.6 Nr. 6	455	49.7 Nr. 1 X Fasz. 1	499
49.6 Nr. 7	456	49.7 Nr. 1 XII	500
49.6 Nr. 8 I	457	49.7 Nr. 1 X III	501
49.6 Nr. 8 II	458	49.7 Nr. 1 X IV	502
49.6 Nr. 9	459	49.7 Nr. 1 XV	503
49.6 Nr. 11	460	49.7 Nr. 1 XVI	504
49.6 Nr. 13 I	461	49.7 Nr. 2 Fasz. 1-50	505
49.6 Nr. 13 II	462	49.7 Nr. 2 Fasz. 51-170	506
49.6 Nr. 13 III	463	49.7 Nr. 2 Fasz. 171-288	507
49.6 Nr. 13 IV	464	49.7 Nr. 2 Fasz. 289-300	508
49.6 Nr. 15	465	49.7 Nr. 2 Fasz. 301-325	509
49.6 Nr. 16	466	49.7 Nr. 2 Fasz. 326-370	510
49.6 Nr. 18	467	49.7 Nr. 3 Fasz. 1-6	511
49.6 Nr. 19 I	468	49.7 Nr. 3 Fasz. 7	512
49.6 Nr. 19 II	469	49.7 Nr. 3 Fasz. 8	513
49.6 Nr. 19 III	470	49.7 Nr. 3 Fasz. 9	514
49.6 Nr. 20	471	49.7 Nr. 4	515
49.6 Nr. 21	472	49.7 Nr. 5	516
49.6 Nr. 24	473	49.7 Nr. 6 (1835-1837)	517
49.6 Nr. 25 I	474	49.7 Nr. 6 (1838-1844)	518
49.6 Nr. 25 II	475	49.7 Nr. 6 (1845-1850)	519
49.6 Nr. 25 III	476	49.7 Nr. 6 Fasz. 34-38	520
49.6 Nr. 26	477	49.7 Nr. 7 Fasz. 1-110	521
49.6 Nr. 27	478	49.7 Nr. 7 Fasz. 111-202	522
49.6 Nr. 28	479	49.7 Nr. 7 Qu.-Ber. 1-20	523
49.6 Nr. 29	480	49.7 Nr. 7 Qu.-Ber. 21-43	524
49.6 Nr. 31	481	49.7 Nr. 7 Qu.-Ber. 44-67	525
49.6 Nr. 32	482	49.7 Nr. 8	526
49.6 Nr. 33 I	483	49.7 Nr. 9	527
49.6 Nr. 33 II	484	49.7 Nr. 10 Fasz. 1-10	528

alte Nr.	neue Nr.	alte Nr.	neue Nr.
49.7 Nr. 10 Fasz. 11-40	529	49.7 Nr. 43 Fasz. 1-14	573
49.7 Nr. 10 Fasz. 41	530	49.7 Nr. 43 Fasz. 15-29	574
49.7 Nr. 11	531	49.7 Nr. 43 Fasz. 30-46	575
49.7 Nr. 12	532	49.7 Nr. 43 Fasz. 47-65	576
49.7 Nr. 13	533	49.7 Nr. 44	577
49.7 Nr. 14	534	49.7 Nr. 45	578
49.7 Nr. 16 Fasz. 1-10	535	49.7 Nr. 46 Fasz. 1-30	579
49.7 Nr. 16 Fasz. 11-35	536	49.7 Nr. 46 Fasz. 31-60	580
49.7 Nr. 16 Fasz. 36-64	537	49.7 Nr. 46 Fasz. 61-76	581
49.7 Nr. 16 Fasz. 65-105	538	49.7 Nr. 47 Fasz. 1-45	582
49.7 Nr. 16 Fasz. 106-118	539	49.7 Nr. 47 Fasz. 46-90	583
49.7 Nr. 17	540	49.7 Nr. 47 Fasz. 91-163	584
49.7 Nr. 18	541	49.7 Nr. 48	585
49.7 Nr. 19	542	49.7 Nr. 49	586
49.7 Nr. 20	543	49.7 Nr. 50	587
49.7 Nr. 21	544	49.7 Nr. 51	588
49.7 Nr. 22	545	49.7 Nr. 52	589
49.7 Nr. 23 Fasz. 1-5	546	49.7 Nr. 53	590
49.7 Nr. 23 Fasz. 6-21	547	49.7 Nr. 54 Fasz. 1-13	591
49.7 Nr. 23 Fasz. 22-46	548	49.7 Nr. 54 Fasz. 14-22	592
49.7 Nr. 23 Fasz. 47-70	549	49.7 Nr. 55	593
49.7 Nr. 23 Fasz. 71-83	550	49.7 Nr. 56	594
49.7 Nr. 24 Fasz. 1-15	551	49.7 Nr. 57	595
49.7 Nr. 24 Fasz. 16-26	552	49.7 Nr. 58 Fasz. 1-9	596
49.7 Nr. 25 Fasz. 1-12	553	49.7 Nr. 58 Fasz. 10-18	597
49.7 Nr. 25 Fasz. 13-72	554	49.7 Nr. 58 Fasz. 19-31	598
49.7 Nr. 26	555	49.7 Nr. 58 Fasz. 32-65	599
49.7 Nr. 27	556	49.7 Nr. 58 Fasz. 66-90	600
49.7 Nr. 28 Fasz. 1-60	557	49.7 Nr. 58 Fasz. 91-125	601
49.7 Nr. 28 Fasz. 61-70	558	49.7 Nr. 58 Fasz. 126-166	602
49.7 Nr. 29	559	49.7 Nr. 59	603
49.7 Nr. 30	560	49.7 Nr. 60	604
49.7 Nr. 31	561	49.7 Nr. 61	605
49.7 Nr. 32	562	49.7 Nr. 62	606
49.7 Nr. 33	563	49.7 Nr. 63	607
49.7 Nr. 34	564	49.7 Nr. 64	608
49.7 Nr. 36	565	49.7 Nr. 65	609
49.7 Nr. 37	566	49.7 Nr. 66	610
49.7 Nr. 38	567	49.7 Nr. 67	611
49.7 Nr. 40	568	49.7 Nr. 68	612
49.7 Nr. 41 Fasz. 1-5	569	49.7 Nr. 69	613
49.7 Nr. 41 Fasz. 6-9	570	49.7 Nr. 70 Fasz. 1-19	614
49.7 Nr. 41 Fasz. 10-21	571	49.7 Nr. 70 Fasz. 20-33	615
49.7 Nr. 41 Fasz. 23-28	572	49.7 Nr. 70 Fasz. 34-55	616

alte Nr.	neue Nr.	alte Nr.	neue Nr.
49.7 Nr. 71	617	49.8 Nr. 156-217	661
49.7 Nr. 72	618	49.8 Nr. 218-268	662
49.7 Nr. 73	619	49.8 Nr. 269-330	663
49.7 Nr. 74	620	49.8 Nr. 331-400	664
49.7 Nr. 75	621	49.8 Nr. 401-467	665
49.7 Nr. 76	622	49.8 Nr. 468-558	666
49.7 Nr. 77	623	49.8 Nr. 559-689	667
49.7 Nr. 78	624	49.9 Nr. 1 I	668
49.7 Nr. 79	625	49.9 Nr. 1 II	669
49.7 Nr. 80	626	49.9 Nr. 1 a	670
49.7 Nr. 81	627	49.9 Nr. 2	671
49.7 Nr. 82	628	49.9 Nr. 3	672
49.7 Nr. 83	629	49.9 Nr. 4 Fasz. 1-25	673
49.7 Nr. 84	630	49.9 Nr. 4 Fasz. 26-80	674
49.7 Nr. 85	631	49.9 Nr. 4 Fasz. 81-130	675
49.7 Nr. 86	632	49.9 Nr. 4 Fasz. 131-180	676
49.7 Nr. 87	633	49.9 Nr. 4 Fasz. 181-241	677
49.7 Nr. 88	634	49.9 Nr. 5 Fasz. 1-35	678
49.7 Nr. 89	635	49.9 Nr. 5 Fasz. 36-42	679
49.7 Nr. 90	636	49.9 Nr. 5 Fasz. 43-50	680
49.7 Nr. 91	637	49.9 Nr. 6	681
49.7 Nr. 92	638	49.9 Nr. 7	682
49.7 Nr. 93	639	49.9 Nr. 8 Fasz. 1-15	683
49.7 Nr. 94	640	49.9 Nr. 8 Fasz. 16-29	684
49.7 Nr. 95	641	49.9 Nr. 9 Fasz. 1-30	685
49.7 Nr. 96	642	49.9 Nr. 9 Fasz. 31-130	686
49.7 Nr. 97	643	49.9 Nr. 9 Fasz. 131-185	687
49.7 Nr. 98	644	49.9 Nr. 10	688
49.7 Nr. 99	645	49.9 Nr. 1 Fasz. 1 I	689
49.7 Nr. 100	646	49.9 Nr. 11 Fasz. 1 II	690
49.7 Nr. 101	647	49.9 Nr. 11 Fast. 1 III	691
49.7 Nr. 102	648	49.9 Nr. 11 Fasz. 2-8	692
49.7 Nr. 103	649	49.9 Nr. 11 Fasz. 9-17	693
49.7 Nr. 104	650	49.9 Nr. 11 Fasz. 18-22	694
49.7 Nr. 105	651	49.9 Nr. 12 Fasz. 1-35	695
49.7 Nr. 106	652	49.9 Nr. 12 Fasz. 36-37	696
49.7 Nr. 107	653	49.9 Nr. 13 Fasz. 1-13	697
49.7 Nr. 108	654	49.9 Nr. 13 Fasz. 14-33	698
49.7 Nr. 109	655	49.9 Nr. 13 Fasz. 34-44	699
49.7 Nr. 110	656	49.9 Nr. 14 Fasz. 1-70	700
49.7 Nr. 111	657	49.9 Nr. 14 Fasz. 71-154	701
49.8 Nr. 1-38	658	49.9 Nr. 14 Fasz. 155-208	702
49.8 Nr. 39-94	659	49.9 Nr. 14 Fasz. 209-208	703
49.8 Nr. 95-155	660	49.9 Nr. 14 Fasz. 229-245	704

alte Nr.	neue Nr.	alte Nr.	neue Nr.
49.9 Nr. 14 Fasz. 246-250	705	49.9 Nr. 40 Fasz. 6-25	749
49.9 Nr. 15	706	49.9 Nr. 40 Fasz. 26-60	750
49.9 Nr. 16	707	49.9 Nr. 40 Fasz. 61-74	751
49.9 Nr. 17	708	49.9 Nr. 41	752
49.9 Nr. 18	709	49.9 Nr. 42	753
49.9 Nr. 19	710	49.9 Nr. 43	754
49.9 Nr. 20 Fasz. 1-29	711	49.9 Nr. 44	755
49.9 Nr. 20 Nachtrag	712	49.9 Nr. 46	756
49.9 Nr. 22 Fasz. 1-16	713	49.9 Nr. 47	757
49.9 Nr. 22 Nachtrag	714	49.9 Nr. 48 Fasz. 1-13	758
49.9 Nr. 23	715	49.9 Nr. 48 Fasz. 14-30	759
49.9 Nr. 24	716	49.9 Nr. 8 Fasz. 31-42	760
49.9 Nr. 25 Fasz. 1-70	717	49.9 Nr. 49	761
49.9 Nr. 25 Fasz. 71-114	718	49.9 Nr. 50	762
49.9 Nr. 25 Fasz. 115-130	719	49.9 Nr. 51	763
49.9 Nr. 25 Fasz. 131-166	720	49.9 Nr. 52	764
49.9 Nr. 25 Fasz. 166 I	721	49.9 Nr. 53	765
49.9 Nr. 25 Fasz. 166 II	722	49.9 Nr. 54	766
49.9 Nr. 25 Fasz. 167-198	723	49.9 Nr. 55	767
49.9 Nr. 25 Fasz. 199-207	724	49.9 Nr. 56	768
49.9 Nr. 25 Fasz. 208-251	725	49.9 Nr. 57	769
49.9 Nr. 26 Fasz. 3-50	726	49.9 Nr. 58	770
49.9 Nr. 26 Fasz. 51-97	727	49.9 Nr. 59	771
49.9 Nr. 26 Fasz. 98-104	728	49.9 Nr. 60	772
49.9 Nr. 26 Fasz. 105-113	729	49.9 Nr. 61	773
49.9 Nr. 26 Fasz. 114-117	730	49.9 Nr. 63	774
49.9 Nr. 27	731	49.9 Nr. 64	775
49.9 Nr. 28 Fasz. 1-23	732	49.9 Nr. 65	776
49.9 Nr. 28 Fasz. 24-33	733	49.9 Nr. 66	777
49.9 Nr. 29 Fasz. 1-39	734	49.9 Nr. 67	778
49.9 Nr. 29 Fasz. 36-63	735	49.9 Nr. 68	779
49.9 Nr. 29 Fasz. 64-90	736	49.9 Nr. 69	780
49.9 Nr. 29 Fasz. 91-111	737	49.9 Nr. 70	781
49.9 Nr. 30	738	49.9 Nr. 71	782
49.9 Nr. 31	739	49.9 Nr. 72	783
49.9 Nr. 32	740	49.9 Nr. 73 Fasz. 1-13	784
49.9 Nr. 33	741	49.9 Nr. 73 Fasz. 14- 22	785
49.9 Nr. 34	742	49.9 Nr. 73 Fasz. 223-29	786
49.9 Nr. 35	743	49.9 Nr. 73 Fasz. 30-35	787
49.9 Nr. 36	744	49.9 Nr. 74	788
49.9 Nr. 37	745	49.9 Nr. 75	789
49.9 Nr. 38	746	49.9 Nr. 76	790
49.9 Nr. 39	747	49.9 Nr. 77	791
49.9 Nr. 40 Fasz. 1-5	748	49.9 Nr. 78	792

alte Nr.	neue Nr.	alte Nr.	neue Nr.
49.9 Nr. 79	793	49.11 Nr. 90	837
49.9 Nr. 80	794	49.11 Nr. 108	838
49.9 Nr. 81	795	49.11 Nr. 119	839
49.9 Nr. 82	796	49.11 Nr. 129	840
49.9 Nr. 83	797	49.11 Nr. 130	841
49.9 Nr. 84	798	49.11 Nr. 133	842
49.9 Nr. 85	799	49.11 Nr. 134	843
49.9 Nr. 86	800	49.11 Nr. 145	844
49.9 Nr. 87	801	49.11 Nr. 157	845
49.9 Nr. 88	802	49.11 Nr. 175	846
49.9 Nr. 89	803	49.11 Nr. 182	847
49.9 Nr. 90	804	49.11 Nr. 190	848
49.9 Nr. 91	805	49.11 Nr. 191	849
49.9 Nr. 92	806	49.11 Nr. 192	850
49.10 Nr. 1	807	49.11 Nr. 195	851
49.10 Nr. 2	808	49.11 Nr. 209	852
49.10 Nr. 3	809	49.11 Nr. 260	853
49.10 Nr. 6	810	49.11 Nr. 261	854
49.10 Nr. 10	811	49.11 Nr. 264	855
49.10 Nr. 11	812	49.11 Nr. 268	856
49.10 Nr. 12	813	49.11 Nr. 292	857
49.10 Nr. 15	814	49.11 Nr. 295	858
49.10 Nr. 16	815	49.11 Nr. 299	859
49.10 Nr. 17	816	49.11 Nr. 306	860
49.10 Nr. 18	817	49.11 Nr. 313	861
49.10 Nr. 20	818	49.11 Nr. 331	862
49.10 Nr. 21	819	49.11 Nr. 340	863
49.10 Nr. 22	820	49.11 Nr. 343	864
49.10 Nr. 23	821	49.11 Nr. 345	865
49.10 Nr. 24	822	49.11 Nr. 379	866
49.10 Nr. 25	823	49.11 Nr. 388	867
49.10 Nr. 26	824	49.11 Nr. 390	868
49.10 Nr. 27	825	49.11 Nr. 413	869
49.10 Nr. 28	826	49.11 Nr. 436	870
49.10 Nr. 29	827	49.11 Nr. 447	871
49.10 Nr. 30	828	49.11 Nr. 460 Fasz. 1-4	872
49.10 Nr. 31	829	49.11 Nr. 5-12	873
49.11 Nr. 7	830	49.11 Nr. 486	874
49.11 Nr. 8	831	49.11 Nr. 526	875
49.11 Nr. 17	832	49.11 Nr. 531	876
49.11 Nr. 23	833	49.11 Nr. 532	877
49.11 Nr. 39	834	49.11 Nr. 549	878
49.11 Nr. 49	835	49.11 Nr. 558	879
49.11 Nr. 87	836	49.11 Nr. 565	880

alte Nr.	neue Nr.	alte Nr.	neue Nr.
49.11 Nr. 566	881	49.11 Nr. 1353	925
49.11 Nr. 581	882	49.11 Nr. 1406	926
49.11 Nr. 588	883	49.11 Nr. 1419	927
49.11 Nr. 619	884	49.11 Nr. 1430	928
49.11 Nr. 622	885	49.11 Nr. 1438	929
49.11 Nr. 628 Fasz. 1-13	886	49.11 Nr. 1446	930
49.11 Nr. 628 Fasz. 14-49	887	49.11 Nr. 1452	931
49.11 Nr. 640	888	49.11 Nr. 1498	932
49.11 Nr. 648	889	49.11 Nr. 1507	933
49.11 Nr. 656	890	49.11 Nr. 1539	934
49.11 Nr. 667	891	49.11 Nr. 1552	935
49.11 Nr. 668	892	49.11 Nr. 1565	936
49.11 Nr. 696	893	49.11 Nr. 1592	937
49.11 Nr. 701	894	49.11 Nr. 1777	938
49.11 Nr. 709	895	49.11 Nr. 1781	939
49.11 Nr. 716	896	49.11 Nr. 1787	940
49.11 Nr. 774	897	49.11 Nr. 1850	941
49.11 Nr. 867	898	49.11 Nr. 1854	942
49.11 Nr. 879	899	49.11 Nr. 1885	943
49.11 Nr. 911	900	49.11 Nr. 1993	944
49.11 Nr. 911a	901	49.11 Nr. 2031	945
49.11 Nr. 937	902	49.11 Nr. 2035	946
49.11 Nr. 949 Fasz. 1-8	903	49.11 Nr. 2037	947
49.11 Nr. 949 Nr. 10-46	904	49.11 Nr. 2124	948
49.11 Nr. 954	905	49.11 Nr. 2140	949
49.11 Nr. 967	906	49.11 Nr. 2141	950
49.11 Nr. 973	907	49.11 Nr. 2142	951
49.11 Nr. 977	908	49.11 Nr. 2152	952
49.11 Nr. 1047	909	49.11 Nr. 2187	953
49.11 Nr. 1072	910	49.11 Nr. 2193	954
49.11 Nr. 1080	911	49.11 Nr. 2249	955
49.11 Nr. 1124	912	49.11 Nr. 2321	956
49.11 Nr. 1146	913	49.11 Nr. 2323	957
49.11 Nr. 1176	914	49.11 Nr. 2324	958
49.11 Nr. 1221	915	49.11 Nr. 2456	959
49.11 Nr. 1227	916	49.11 Nr. 2471	960
49.11 Nr. 1238	917	49.11 Nr. 2480	961
49.11 Nr. 1251	918	49.11 Nr. 2496	962
49.11 Nr. 1270	919	49.11 Nr. 2509	963
49.11 Nr. 1272	920	49.11 Nr. 2524	964
49.11 Nr. 1295	921	49.11 Nr. 2543	965
49.11 Nr. 1333	922	49.11 Nr. 2548	966
49.11 Nr. 1334	923	49.11 Nr. 2594	967
49.11 Nr. 1344	924	49.11 Nr. 2644	968

alte Nr.	neue Nr.	alte Nr.	neue Nr.
49.11 Nr. 2655	969	49.11 Nr. 3635	1013
49.11 Nr. 2672	970	49.11 Nr. 3636	1014
49.11 Nr. 2680	971	49.11 Nr. 3637	1015
49.11 Nr. 2765	972	49.11 Nr.3638	1016
49.11 Nr. 2829	973	49.11 Nr. 3639	1017
49.11 Nr. 2847	974	49.11 Nr. 3640	1018
49.11 Nr. 2897	975	49.11 Nr. 3641 I	1019
49.11 Nr. 3120	976	49.11 Nr. 3641 II	1020
49.11 Nr. 3129	977	49.11 Nr. 3642	1021
49.11 Nr. 3152	978	49.11 Nr. 3643 I	1022
49.11 Nr. 3574	979	49.11 Nr. 3643 II	1023
49.11 Nr. 3575	980	49.11 Nr. 3644	1024
49.11 Nr. 3600	981	49.11 Nr. 3645	1025
49.11 Nr. 3605	982	49.11 Nr. 3646	1026
49.11 Nr. 3606	983	49.11 Nr. 3647	1027
49.11 Nr. 3607	984	49.12 Nr. 1	1028
49.11 Nr. 3608	985	49.12 Nr. 3	1029
49.11 Nr. 3609	986	49.12 Nr. 8 I	1030
49.11 Nr. 3610	987	49.12 Nr. 8 II	1031
49.11 Nr. 3611 I	988	49.12 Nr. 10	1032
49.11 Nr. 3611 II	989	49.12 Nr. 13	1033
49.11 Nr. 3612	990	49.12 Nr. 15	1034
49.11 Nr. 3615 I	991	49.12 Nr. 16	1035
49.11 Nr. 3615 II	992	49.12 Nr. 17	1036
49.11 Nr. 3616	993	49.12 Nr. 18	1037
49.11 Nr. 3617 (1-14)	994	49.12 Nr. 19	1038
49.11 Nr. 3617 (15-36)	995	49.12 Nr. 21	1039
49.11 Nr. 3618 (1-7)	996	49.12 Nr. 22	1040
49.11 Nr. 3618 (8-32)	997	49.12 Nr. 23	1041
49.11 Nr. 3619	998	49.12 Nr. 24	1042
49.11 Nr. 3620 (1-20)	999	49.12 Nr. 25	1043
49.11 Nr. 3620 (21-32)	1000	49.12 Nr. 26 I	1044
49.11 Nr. 3621 (1-5)	1001	49.12 Nr. 26 II	1045
49.11 Nr. 3621 (6-10)	1002	49.13 Nr. 1-8	1046
49.11 Nr. 3621 (11-32)	1003	49.13 Nr. 9-32	1047
49.11 Nr. 3621 (33-40)	1004	49.13 Nr. 33-56	1048
49.11 Nr. 3625	1005	49.14 Nr. 1	1049
49.11 Nr. 3630 I	1006	49.14 Nr. 2	1050
49.11 Nr. 3630 II	1007	49.14 Nr. 3	1051
49.11 Nr. 3631	1008	49.14 Nr. 4	1052
49.11 Nr. 3632 I	1009	49.14 Nr. 5	1053
49.11 Nr. 3632 II	1010	49.14 Nr. 6	1054
49.11 Nr. 3633 I	1011	49.14 Nr. 7	1055
49.11 Nr. 3633 II	1012	49.14 Nr. 8	1056

alte Nr.	neue Nr.	alte Nr.	neue Nr.
49.14 Nr. 9	1057	49.15 Nr. 5 Fasz. 96-112	1101
49.14 Nr. 10	1058	49.15 Nr. 6	1102
49.14 Nr. 11	1059	49.15 Nr. 7	1103
49.14 Nr. 12	1060	49.15 Nr. 8	1104
49.14 Nr. 14	1061	49.15 Nr. 8 a	1105
49.14 Nr. 15	1062	49.15 Nr. 8 b	1106
49.14 Nr. 17	1063	49.15 Nr. 8 c	1107
49.14 Nr. 18	1064	49.15 Nr. 8 d	1108
49.14 Nr. 19	1065	49.15 Nr. 8 e	1109
49.14 Nr. 20	1066	49.15 Nr. 8 f	1110
49.14 Nr. 21	1067	49.15 Nr. 8 g	1111
49.14 Nr. 22	1068	49.15 Nr. 8 h	1112
49.14 Nr. 24	1069	49.15 Nr. 8 i	1113
49.14 Nr. 24 a	1070	49.15 Nr. 8 k	1114
49.14 Nr. 25	1071	49.15 Nr. 8 l	1115
49.14 Nr. 26	1072	49.15 Nr. 8 m	1116
49.14 Nr. 27	1073	49.15 Nr. 8 n	1117
49.14 Nr. 28	1074	49.15 Nr. 8 o	1118
49.14 Nr. 29-45 b	1075	49.15 Nr. 8 p	1119
49.14 Nr. 46	1076	49.15 Nr. 8 q	1120
49.14 Nr. 47	1077	49.15 Nr. 8 r	1121
49.14 Nr. 48	1078	49.15 Nr. 8 s	1122
49.14 Nr. 49	1079	49.15 Nr. 8 t	1123
49.14 Nr. 50	1080	49.15 Nr. 8 u	1124
49.14 Nr. 51	1081	49.15 Nr. 8 v	1125
49.14 Nr. 52 I	1082	49.15 Nr. 8 w	1126
49.14 Nr. 52 II	1083	49.15 Nr. 8 x	1127
49.14 Nr. 53	1084	49.15 Nr. 8 y	1128
49.14 Nr. 54	1085	49.15 Nr. 9	1129
49.14 Nr. 56-69	1086	49.15 Nr. 10	1130
49.14 Nr. 70-94	1087	49.15 Nr. 11	1131
49.14 Nr. 95	1088	49.15 Nr. 13	1132
49.14 Nr. 96	1089	49.15 Nr. 14	1133
49.14 Nr. 97-105	1090	49.15 Nr. 15	1134
49.14 Nr. 106-112	1091	49.15 Nr. 16	1135
49.14 Nr. 113-126	1092	49.15 Nr. 18 I	1136
49.14 Nr. 127	1093	49.15 Nr. 18 II	1137
49.14 Nr. 128	1094	49.15 Nr. 19	1138
49.15 Nr. 1	1095	49.15 Nr. 20	1139
49.15 Nr. 2	1096	49.15 Nr. 21	1140
49.15 Nr. 3	1097	49.15 Nr. 22	1141
49.15 Nr. 4	1098	49.15 Nr. 23	1142
49.15 Nr. 5 Fasz. 1-20	1099	49.15 Nr. 24	1143
49.15 Nr. 5 Fasz. 21-95	1100	49.15 Nr. 25	1144

alte Nr.	neue Nr.	alte Nr.	neue Nr.
49.15 Nr. 26	1145	49.15 Nr. 39 g	1189
49.15 Nr. 27	1146	49.15 Nr. 39 h	1190
49.15 Nr. 27 a I	1147	49.15 Nr. 39 i	1191
49.15 Nr. 27 a II	1148	49.15 Nr. 39 k	1192
49.15 Nr. 27 b	1149	49.15 Nr. 39 l	1193
49.15 Nr. 27 c	1150	49.15 Nr. 39 m	1194
49.15 Nr. 27 d	1151	49.15 Nr. 39 n	1195
49.15 Nr. 27 e	1152	49.15 Nr. 39 o	1196
49.15 Nr. 27 f I	1153	49.15 Nr. 40	1197
49.15 Nr. 27 f II	1154	49.15 Nr. 41	1198
49.15 Nr. 27 g	1155	49.15 Nr. 42	1199
49.15 Nr. 27 h	1156	49.15 Nr. 43	1200
49.15 Nr. 27 i	1157	49.15 Nr. 44 Fasz. 1-2	1201
49.15 Nr. 27 k I	1158	49.15 Nr. 44 Fasz. 3-7	1202
49.15 Nr. 27 k II	1159	49.15 Nr. 44 Fasz. 8-10	1203
49.15 Nr. 27 l	1160	49.15 Nr. 44 Fasz. 11-12	1204
49.15 Nr. 27 m	1161	49.15 Nr. 44 Fasz. 13-14	1205
49.15 Nr. 27 n	1162	49.15 Nr. 44 Fasz. 15	1206
49.15 Nr. 27 o	1163	49.15 Nr. 45	1207
49.15 Nr. 27 p	1164	49.15 Nr. 45 a	1208
49.15 Nr. 27 q	1165	49.15 Nr. 45 b	1209
49.15 Nr. 28	1166	49.15 Nr. 45 c	1210
49.15 Nr. 29	1167	49.15 Nr. 45 d	1211
49.15 Nr. 30	1168	49.15 Nr. 45 e	1212
49.15 Nr. 30 a	1169	49.15 Nr. 45 f	1213
49.15 Nr. 30 b	1170	49.15 Nr. 45 g	1214
49.15 Nr. 30 c	1171	49.15 Nr. 45 h	1215
49.15 Nr. 30 d	1172	49.15 Nr. 46	1216
49.15 Nr. 30 e	1173	49.15 Nr. 47	1217
49.15 Nr. 30 f	1174	49.16 Nr. 1-8	1218
49.15 Nr. 31	1175	49.16 Nr. 9	1219
49.15 Nr. 32	1176	49.16 Nr. 10	1220
49.15 Nr. 33	1177	49.16 Nr. 10 Fasz. 1-15	1221
49.15 Nr. 34	1178	49.16 Nr. 10 Fasz. 16-75	1222
49.15 Nr. 35	1179	49.16 Nr. 10 Fasz. 76-140	1223
49.15 Nr. 36	1180	49.16 Nr. 10 Fasz. 141-210	1224
49.15 Nr. 37	1181	49.16 Nr. 10 Fasz. 211-380	1225
49.15 Nr. 38	1182	49.16 Nr. 10 Fasz. 381-460	1226
49.15 Nr. 39 a	1183	49.16 Nr. 10 Fasz. 461-540	1227
49.15 Nr. 39 b	1184	49.16 Nr. 10 Fasz. 541-630	1228
49.15 Nr. 39 c	1185	49.16 Nr. 10 Fasz. 631-725	1229
49.15 Nr. 39 d	1186	49.16 Nr. 10 Fasz. 726-829	1230
49.15 Nr. 39 e	1187	49.16 Nr. 11	1231
49.15 Nr. 39 f	1188	49.16 Nr. 12	1232

alte Nr.	neue Nr.	alte Nr.	neue Nr.
49.16 Nr. 13	1233	49.16 Nr. 173	1281
49.16 Nr. 14	1234	49.16 Nr. 174-178	1282
49.16 Nr. 15	1235	49.16 Nr. 179-182	1283
49.16 Nr. 16	1236	49.16 Nr. 183-187	1284
49.16 Nr. 17	1237	49.16 Nr. 188	1285
49.16 Nr. 18-31	1238	49.16 Nr. 189	1286
49.16 Nr. 32	1239	49.16 Nr. 190	1287
49.16 Nr. 33	1240	49.16 Nr. 191	1288
49.16 Nr. 34	1241	49.16 Nr. 192	1289
49.16 Nr. 35	1242	49.16 Nr. 193	1290
49.16 Nr. 36-43, 45-51	1243	49.16 Nr. 194	1291
49.16 Nr. 44	1244	49.16 Nr. 195	1292
49.16 Nr. 52-57	1245	49.16 Nr. 196	1293
49.16 Nr. 58	1246	49.16 Nr. 197	1294
49.16 Nr. 59	1247	49.16 Nr. 198	1295
49.16 Nr. 60-68, 70-76	1248	49.16 Nr. 199	1296
49.16 Nr. 69	1249	49.16 Nr. 200	1297
49.16 Nr. 77-85	1250	49.16 Nr. 201	1298
49.16 Nr. 86	1251	49.16 Nr. 202	1299
49.16 Nr. 87-113	1252	49.16 Nr. 203	1300
49.16 Nr. 114-119	1253	49.16 Nr. 204	1301
49.16 Nr. 120, 121	1254	49.16 Nr. 205	1302
49.16 Nr. 122-125	1255	49.16 Nr. 206	1303
49.16 Nr. 126-131, 133-134	1256	49.16 Nr. 207	1304
49.16 Nr. 132	1257	49.16 Nr. 208	1305
49.16 Nr. 135	1258	49.16 Nr. 209	1036
49.16 Nr. 136	1259	49.16 Nr. 210	1307
49.16 Nr. 136 a	1260	49.16 Nr. 211	1308
49.16 Nr. 137	1261	49.16 Nr. 212	1309
49.16 Nr. 138	1262	49.16 Nr. 213	1310
49.16 Nr. 139	1263	49.16 Nr. 214	1311
49.16 Nr. 140	1264	49.16 Nr. 215	1312
49.16 Nr. 141	1265	49.16 Nr. 216	1313
49.16 Nr. 142	1266	49.16 Nr. 217	1314
49.16 Nr. 143	1267	49.16 Nr. 218	1315
49.16 Nr. 144	1268	49.16 Nr. 219	1316
49.16 Nr. 145	1269	49.16 Nr. 220	1317
49.16 Nr. 146	1270	49.16 Nr. 221	1318
49.16 Nr. 147-154	1271	49.16 Nr. 222	1319
49.16 Nr. 155-161	1272	49.16 Nr. 223	1320
49.16 Nr. 162	1273	49.16 Nr. 224-226	1321
49.16 Nr. 163-166	1274	49.16 Nr. 227	1322
49.16 Nr. 167	1275	49.16 Nr. 228	1323
49.16 Nr. 168	1276	49.16 Nr. 229	1324
49.16 Nr. 169	1277	49.16 Nr. 230	1325
49.16 Nr. 170	1278	49.16 Nr. 231-233	1326
49.16 Nr. 171	1279	49.16 Nr. 234	1327
49.16 Nr. 172	1280	49.16 Nr. 235	1328

alte Nr.	neue Nr.	alte Nr.	neue Nr.
49.16 Nr. 236	1329	49.16 Nr. 332 Fasz. 1-24	1373
49.16 Nr. 237-239	1330	49.16 Nr. 332 Fasz. 25-68	1374
49.16 Nr. 241	1331	49.16 Nr. 333	1375
49.16 Nr. 242-246	1322	49.16 Nr. 334	1376
49.16 Nr. 246	1333	49.16 Nr. 335-338	1377
49.16 Nr. 247	1334	49.16 Nr. 339-341	1378
49.16 Nr. 249	1335	49.16 Nr. 342	1379
49.16 Nr. 250	1336	49.16 Nr. 343-345	1380
49.16 Nr. 251-254	1337	49.16 Nr. 347-352	1381
49.16 Nr. 255	1338	49.16 Nr. 353	1382
49.16 Nr. 256-258	1339	49.16 Nr. 354-359	1383
49.16 Nr. 259	1340	49.16 Nr. 360-364	1384
49.16 Nr. 260-264	1341	49.16 Nr. 365-368	1385
49.16 Nr. 265-268	1342	49.16 Nr. 369	1386
49.16 Nr. 269-273	1343	49.16 Nr. 370	1387
49.16 Nr. 274	1344	49.16 Nr. 371-376	1388
49.16 Nr. 275	1345	49.16 Nr. 377-380	1389
49.16 Nr. 276	1346	49.16 Nr. 381-386	1390
49.16 Nr. 277	1347	49.16 Nr. 387-390	1391
49.16 Nr. 278	1348	49.16 Nr. 391-395	1392
49.16 Nr. 279	1349	49.16 Nr. 396-397	1393
49.16 Nr. 281	1350	49.16 Nr. 398	1394
49.16 Nr. 282-284	1351	49.16 Nr. 399	1395
49.16 Nr. 285-288	1352	49.16 Nr. 400 Fasz. 1-48	1396
49.16 Nr. 289 Fasz. 1-29	1353	49.16 Nr. 400 Fasz. 50-73 II	1397
49.16 Nr. 289 Fasz. 30-72	1354	49.16 Nr. 400 Fasz. 73 III-83	1398
49.16 Nr. 290-294	1355	49.16 Nr. 401-405	1399
49.16 Nr. 295-298	1356	49.16 Nr. 406-408	1400
49.16 Nr. 299-300	1357	49.16 Nr. 409-411	1401
49.16 Nr. 301	1358	49.16 Nr. 412-415	1402
49.16 Nr. 302	1359	49.16 Nr. 416-420	1403
49.16 Nr. 303	1360	49.16 Nr. 421-423	1404
49.16 Nr. 304	1361	49.16 Nr. 424-428	1405
49.16 Nr. 305	1362	49.16 Nr. 429-430	1406
49.16 Nr. 306	1363	49.16 Nr. 431-435	1407
49.16 Nr. 307-309	1364	49.16 Nr. 436-437	1408
49.16 Nr. 310-313	1365	49.16 Nr. 438	1409
49.16 Nr. 314	1366	49.16 Nr. 439-442	1410
49.16 Nr. 315	1367	49.16 Nr. 443-446	1411
49.16 Nr. 316	1368	49.16 Nr. 447	1412
49.16 Nr. 317-322	1369	49.16 Nr. 448	1413
49.16 Nr. 323-327	1370	49.16 Nr. 449	1414
49.16 Nr. 328	1371	49.16 Nr. 450-453	1415
49.16 Nr. 329-331	1372	49.16 Nr. 454-459	1416

alte Nr.	neue Nr.	alte Nr.	neue Nr.
49.16 Nr. 460	1417	49.19 Nr. 7	1461
49.16 Nr. 461-464	1418	49.19 Nr. 8 Fasz. 1-17	1462
49.16 Nr. 465-467	1419	49.19 Nr. 8 Fasz. 19-41	1463
49.16 Nr. 468	1420	49.19 Nr. 8 Fasz. 42-67	1464
49.16 Nr. 469-470	1421	49.19 Nr. 8 Fasz. 68-98	1465
49.16 Nr. 471	1422	49.19 Nr. 8 Fasz. 99-117	1466
49.16 Nr. 472-475	1423	49.19 Nr. 9	1467
49.16 Nr. 476-481	1424	49.19 Nr. 10	1468
49.16 Nr. 482-485	1425	49.19 Nr. 11	1469
49.16 Nr. 486-489	1426	49.19 Nr. 12	1470
49.16 Nr. 490	1427	49.19 Nr. 13	1471
49.16 Nr. 491	1428	49.19 Nr. 14	1472
49.16 Nr. 492-494	1429	49.19 Nr. 15	1473
49.16 Nr. 495	1430	49.19 Nr. 18	1474
49.16 Nr. 496	1431	49.19 Nr. 19	1475
49.16 Nr. 497	1432	49.19 Nr. 20	1476
49.16 Nr. 498-511	1433	49.19 Nr. 21	1477
49.16 Nr. 512-516	1434	49.19 Nr. 22	1478
49.16 Nr. 517-521	1435	49.19 Nr. 23	1479
49.16 Nr. 522-527	1436	49.19 Nr. 24	1480
49.16 Nr. 528	1437	49.19 Nr. 25	1481
49.16 Nr. 529-530	1438	49.19 Nr. 26	1482
49.16 Nr. 531-537	1439	49.19 Nr. 27	1483
49.16 Nr. 538-543	1440	49.19 Nr. 28	1484
49.16 Nr. 544-545	1441	49.19 Nr. 29	1485
49.16 Nr. 546	1442	49.19 Nr. 30	1486
49.16 Nr. 547-558	1443	49.19 Nr. 31	1487
49.16 Nr. 559	1444	49.19 Nr. 32	1488
49.16 Nr. 560-562	1445	49.19 Nr. 33	1489
49.16 Nr. 563-566	1446	49.19 Nr. 33 a	1490
49.16 Nr. 567	1447	49.19 Nr. 34 Fasz. 1-33	1491
49.16 Nr. 568	1448	49.19 Nr. 34 Fasz. 35-61	1492
49.16 Nr. 569-574	1449	49.19 Nr. 35	1493
49.16 Nr. 575	1450	49.19 Nr. 36	1494
49.16 Nr. 576-580	1451	49.19 Nr. 37	1495
49.16 Nr. 581-585	1452	49.19 Nr. 38	1496
49.17 Nr. 1-10	1453	49.19 Nr. 39	1497
49.17 Nr. 11-27	1454	49.19 Nr. 41	1498
49.18 Nr. 1-6	1455	49.19 Nr. 42 Fasz. 1-14	1499
49.18 Nr. 7-17	1456	49.19 Nr. 42 Fasz. 15-19	1500
49.19 Nr. 1	1457	49.19 Nr. 43	1501
49.19 Nr. 3	1458	49.19 Nr. 44	1502
49.19 Nr. 4	1459	49.19 Nr. 45	1503
49.19 Nr. 5	1460	49.19 Nr. 46	1504

alte Nr.	neue Nr.	alte Nr.	neue Nr.
49.19 Nr. 47	1505	49.20 Nr. 15 II	1549
49.19 Nr. 48	1506	49.20 Nr. 16	1550
49.19 Nr. 49	1507	49.20 Nr. 17	1551
49.19 Nr. 50	1508	49.20 Nr. 18	1552
49.19 Nr. 51	1509	49.20 Nr. 19 (1-47)	1553
49.19 Nr. 52	1510	49.20 Nr. 19 (48-112)	1554
49.19 Nr. 53	1511	49.20 Nr. 20 (1-10)	1555
49.19 Nr. 54	1512	49.20 Nr. 20 (11-80)	1556
49.19 Nr. 55	1513	49.20 Nr. 20 (81-122)	1557
49.19 Nr. 56	1514	49.20 Nr. 20 (123-152)	1558
49.19 Nr. 57	1515	49.20 Nr. 20 (153-178)	1559
49.19 Nr. 58	1516	49.20 Nr. 20 (179-205)	1560
49.19 Nr. 59	1517	49.20 Nr. 20 (206-232)	1561
49.19 Nr. 60	1518	49.20 Nr. 21	1562
49.19 Nr. 61	1519	49.20 Nr. 23	1563
49.19 Nr. 62	1520	49.20 Nr. 24	1564
49.19 Nr. 63	1521	49.20 Nr. 25	1565
49.19 Nr. 64	1522	49.20 Nr. 26	1566
49.19 Nr. 65	1523	49.20 Nr. 29	1567
49.19 Nr. 66	1524	49.20 Nr. 30	1568
49.19 Nr. 68	1525	49.20 Nr. 31 (1-50)	1569
49.20 Nr. 1 I	1526	49.20 Nr. 31 (51-126)	1570
49.20 Nr. 1 II	1527	49.20 Nr. 33 I	1571
49.20 Nr. 2 Fasz. 1-20	1528	49.20 Nr. 33 II	1572
49.20 Nr. 20 Fasz. 21-75	1529	49.20 Nr. 35	1573
49.20 Nr. 2 Fasz. 76-140	1530	49.20 Nr. 36	1574
49.20 Nr. 2 Fasz. 141-200	1531	49.20 Nr. 37	1575
49.20 Nr. 2 Fasz. 201-260	1532	49.20 Nr. 38	1576
49.20 Nr. 2 Fasz. 261-311	1533	49.20 Nr. 39	1577
49.20 Nr. 2 Fasz. 312-372	1534	49.20 Nr. 40	1578
49.20 Nr. 8 I	1535	49.20 Nr. 41	1579
49.20 Nr. 8 II	1536	49.20 Nr. 43	1580
49.20 Nr. 8 III	1537	49.20 Nr. 54	1581
49.20 Nr. 8 IV	1538	49.20 Nr. 62	1582
49.20 Nr. 10	1539	49.20 Nr. 63	1583
49.20 Nr. 11	1540	49.20 Nr. 65	1584
49.20 Nr. 12 (1-12)	1541	49.20 Nr. 67	1585
49.20 Nr. 12 (13-37)	1542	49.20 Nr. 69	1586
49.20 Nr. 12 (38-55)	1543	49.20 Nr. 70	1587
49.20 Nr. 12 (56-64)	1544	49.20 Nr. 71 Fasz. 1-9	1588
49.20 Nr. 13 (1-7)	1545	49.20 Nr. 71 Fasz. 10-19	1589
49.20 Nr. 13 (8-10)	1546	49.20 Nr. 71 Fasz. 20-32, 34-35	1590
49.20 Nr. 14	1547	49.20 Nr. 71 Fasz. 33	1591
49.20 Nr. 15 I	1548	49.20 Nr. 72	1592

alte Nr.	neue Nr.	alte Nr.	neue Nr.
49.20 Nr. 73	1593	49.20 Nr. 117	1637
49.20 Nr. 74	1594	49.20 Nr. 118	1638
49.20 Nr. 75 (1-9)	1595	49.20 Nr. 119	1639
49.20 Nr. 75 (9-12)	1596	49.20 Nr. 120	1640
49.20 Nr. 75 (13-16)	1597	49.20 Nr. 121	1641
49.20 Nr. 75 (17-20)	1598	49.20 Nr. 122	1642
49.20 Nr. 75 (21-24)	1599	49.20 Nr. 123	1643
49.20 Nr. 75 (25-28)	1600	49.20 Nr. 124	1644
49.20 Nr. 76	1601	49.20 Nr. 125	1645
49.20 Nr. 77 Fasz. 1-45	1602	49.20 Nr. 126	1646
49.20 Nr. 77 Fasz. 46-135	1603	49.20 Nr. 127	1647
49.20 Nr. 77 Fasz. 136-152	1604	49.20 Nr. 128	1648
49.20 Nr. 78	1605	49.20 Nr. 129	1649
49.20 Nr. 79	1606	49.20 Nr. 132	1650
49.20 Nr. 80	1607	49.20 Nr. 133	1651
49.20 Nr. 85	1608	49.20 Nr. 135	1652
49.20 Nr. 86	1609	49.20 Nr. 136	1653
49.20 Nr. 87	1610	49.20 Nr. 137	1654
49.20 Nr. 88	1611	49.20 Nr. 138	1655
49.20 Nr. 89	1612	49.20 Nr. 139	1656
49.20 Nr. 90	1613	49.20 Nr. 140	1657
49.20 Nr. 91	1614	49.20 Nr. 141	1658
49.20 Nr. 92	1615	49.20 Nr. 142	1659
49.20 Nr. 93	1616	49.20 Nr. 143	1660
49.20 Nr. 94	1617	49.20 Nr. 144	1661
49.20 Nr. 95	1618	49.20 Nr. 145	1662
49.20 Nr. 96	1619	49.20 Nr. 146	1663
49.20 Nr. 97	1620	49.20 Nr. 147 I+II	1664
49.20 Nr. 98	1621	49.20 Nr. 147 III	1665
49.20 Nr. 99	1622	49.21 Nr. 1	1666
49.20 Nr. 100	1623	49.21 Nr. 2-15	1667
49.20 Nr. 101	1624	49.21 Nr. 16-23	1668
49.20 Nr. 102	1625	49.21 Nr. 24 Fasz. 1-120	1669
49.20 Nr. 103	1626	49.21 Nr. 24 Fasz. 121-230	1670
49.20 Nr. 104	1627	49.21 Nr. 25-34	1671
49.20 Nr. 105	1628	49.21 Nr. 35-50	1672
49.20 Nr. 107	1629	49.21 Nr. 51-64	1673
49.20 Nr. 109	1630	49.21 Nr. 65	1674
49.20 Nr. 110	1631	49.21 Nr. 66-76	1675
49.20 Nr. 111	1632	49.21 Nr. 77-91	1676
49.20 Nr. 112	1633	49.21 Nr. 92-109	1677
49.20 Nr. 114	1634	49.21 Nr. 110-136	1678
49.20 Nr. 115	1635	49.21 Nr. 137-174	1679
49.20 Nr. 116	1636	49.21 Nr. 175-201	1680

alte Nr.	neue Nr.	alte Nr.	neue Nr.
49.22 Nr. 1-26	1681	49.25 Nr. 10 Fasz. 1-5	1725
49.22 Nr. 27	1682	49.25 Nr. 10 Fasz. 6-53	1726
49.22 Nr. 28-51	1683	49.25 Nr. 11	1727
49.23 Nr. 1	1684	49.25 Nr. 12 Fasz. 1-39	1728
49.23 Nr. 2-12, 14	1685	49.25 Nr. 12 Fasz. 40-53	1729
49.23 Nr. 13	1686	49.25 Nr. 13	1730
49.23 Nr. 15	1687	49.25 Nr. 14	1731
49.23 Nr. 17-27, 29-33	1688	49.25 Nr. 15	1732
49.23 Nr. 28	1689	49.25 Nr. 16	1733
49.23 Nr. 34	1690	49.25 Nr. 17	1734
49.23 Nr. 35-39, 41-61	1691	49.25 Nr. 19	1735
49.23 Nr. 40	1692	49.25 Nr. 21	1736
49.23 Nr. 62	1693	49.25 Nr. 22	1737
49.23 Nr. 63	1694	49.25 Nr. 23	1738
49.23 Nr. 64	1695	49.25 Nr. 24	1739
49.23 Nr. 65	1696	49.25 Nr. 25	1740
49.23 Nr. 66-70, 72-77	1697	49.25 Nr. 27	1741
49.23 Nr. 71	1698	49.25 Nr. 28	1742
49.23 Nr. 78	1699	49.25 Nr. 29	1743
49.23 Nr. 79	1700	49.25 Nr. 31	1744
49.23 Nr. 80-95	1701	49.25 Nr. 32	1745
49.23 Nr. 96-106	1702	49.26 Nr. 5	1746
49.23 Nr. 107	1703	49.26 Nr. 9	1747
49.23 Nr. 108-120	1704	49.26 Nr. 14	1748
49.23 Nr. 121-149	1705	49.26 Nr. 16	1749
49.23 Nr. 150-185	1706	49.26 Nr. 18	1750
49.23 Nr. 186-230	1707	49.26 Nr. 19	1751
49.24 Nr. 1-12	1708	49.26 Nr.22	1752
49.24 Nr. 13-21	1709	49.26 Nr. 24	1753
49.24 Nr. 22-36	1710	49.26 Nr. 28	1754
49.24 Nr. 37-60	1711	49.26 Nr. 29	1755
49.24 Nr. 61 Fasz. 1-35	1712	49.26 Nr. 30	1756
49.24 Nr. 61 Fasz. 36-48	1713	49.26 Nr. 36	1757
49.24 Nr. 62-78	1714	49.26 Nr. 37	1758
49.24 Nr. 78a-98	1715	49.26 Nr. 39	1759
49.24 Nr. 99-120	1716	49.26 Nr. 44 Fasz. 41-110	1760
49.24 Nr. 121-143	1717	49.26 Nr. 44 Fasz. 111-280	1761
49.24 Nr. 144-163	1718	49.26 Nr. 44 Fasz. 281-292	1762
49.24 Nr. 164-185	1719	49.26 Nr. 45	1763
49.24 Nr. 186-205	1720	49.26 Nr. 48	1764
49.25 Nr. 4	1721	49.26 Nr. 49	1765
49.25 Nr. 7	1722	49.26 Nr. 52	1766
49.25 Nr. 8	1723	49.26 Nr. 54	1767
49.25 Nr. 9	1724	49.26 Nr. 55	1768

alte Nr.	neue Nr.	alte Nr.	neue Nr.
49.26 Nr. 56	1769	49.26 Nr. 182	1814
49.26 Nr. 57	1770	49.26 Nr. 189	1815
49.26 Nr. 58	1771	49.26 Nr. 200	1816
49.26 Nr. 59	1772	49.26 Nr. 203	1817
49.26 Nr. 60	1773	49.26 Nr. 205	1818
49.26 Nr. 61	1774	49.26 Nr. 208	1819
49.26 Nr. 66	1775	49.26 Nr. 209	1820
49.26 Nr. 67	1776	49.26 Nr. 214	1821
49.26 Nr. 69	1777	49.26 Nr. 221	1822
49.26 Nr. 70	1778	49.26 Nr. 239	1823
49.26 Nr. 71	1779	49.26 Nr. 241	1824
49.26 Nr. 72	1780	49.26 Nr. 244	1825
49.26 Nr. 73	1781	49.26 Nr. 246	1826
49.26 Nr. 80	1782	49.26 Nr. 249	1827
49.26 Nr. 81	1783	49.26 Nr. 260 Fasz. 1-115	1828
49.26 Nr. 88	1784	49.26 Nr. 260 Fasz. 116-186	1829
49.26 Nr. 90	1785	49.26 Nr. 264 Fasz. 1-94	1830
49.26 Nr. 97	1786	49.26 Nr. 264 Fasz. 95-183	1831
49.26 Nr. 99	1787	49.27 Nr. 1	1832
49.26 Nr. 100	1788	49.27 Nr. 2	1833
49.26 Nr. 101	1789	49.27 Nr. 3 Fasz. 1-14	1834
49.26 Nr. 105	1790	49.27 Nr. 3 Fasz. 15-33	1835
49.26 Nr. 106	1791	49.27 Nr. 3 Fasz. 34-64	1836
49.26 Nr. 109	1792	49.27 Nr. 3 Fasz. 65-90	1837
49.26 Nr. 113	1793	49.27 Nr. 3 Fasz. 91-110	1838
49.26 Nr. 117 Fasz. 1-80	1794	49.27 Nr. 3 Fasz. 111-142	1839
49.26 Nr. 117 Fasz. 81-280	1795	49.27 Nr. 3 Fasz. 143-160	1840
49.26 Nr. 117 Fasz. 281-365	1796	49.27 Nr. 3 Fasz. 161-190	1841
49.26 Nr. 121	1797	49.27 Nr. 3 Fasz. 191-196	1842
49.26 Nr. 128	1798	49.27 Nr. 3 Fasz. 197-229	1843
49.26 Nr. 131	1799	49.27 Nr. 3 Fasz. 230-265	1844
49.26 Nr. 138	1800	49.27 Nr. 3 Fasz. 266-310	1845
49.26 Nr. 139	1801	49.27 Nr. 3 Fasz. 311-348	1846
49.26 Nr. 140	1802	49.27 Nr. 3 Fasz. 349-385	1847
49.26 Nr. 144	1803	49.27 Nr. 3 Fasz. 361	1848
49.26 Nr. 147	1804	49.27 Nr. 3 Fasz. 386-410	1849
49.26 Nr. 149 Fasz. 1-40	1805	49.27 Nr. 3 Fasz. 411-465	1850
49.26 Nr. 149 Fasz. 41-112	1806	49.27 Nr. 3 Fasz. 466-477	1851
49.26 Nr. 151	1807	49.27 Nr. 4	1852
49.26 Nr. 160	1808	49.27 Nr. 5 Fasz. 1-4	1853
49.26 Nr. 167	1809	49.27 Nr. 5 Fasz. 5-16	1854
49.26 Nr. 169	1810	49.27 Nr. 7	1855
49.26 Nr. 173	1811	49.27 Nr. 8 Fasz. 1-65	1856
49.26 Nr. 174	1812	49.27 Nr. 8 Fasz. 66-136	1857
49.26 Nr. 175	1813	49.27 Nr. 9 Fasz. 1-12	1858

alte Nr.	neue Nr.	alte Nr.	neue Nr.
49.27 Nr. 9 Fasz. 13-43	1859	49.27 Nr. 50	1904
49.27 Nr. 10	1860	49.27 Nr. 51	1905
49.27 Nr. 11	1861	49.27 Nr. 52	1906
49.27 Nr. 12 Fasz. 1-40	1862	49.27 Nr. 53	1907
49.27 Nr. 12 Fasz. 41-96	1863	49.27 Nr. 54	1908
49.27 Nr. 13	1864	49.27 Nr. 55	1909
49.27 Nr. 14	1865	49.27 Nr. 56	1910
49.27 Nr. 15	1866	49.27 Nr. 57	1911
49.27 Nr. 16	1867	49.27 Nr. 58	1912
49.27 Nr. 16 a	1868	49.27 Nr. 59	1913
49.27 Nr. 17	1869	49.27 Nr. 60	1914
49.27 Nr. 18	1870	49.27 Nr. 61	1915
49.27 Nr. 19	1871	49.27 Nr. 62	1916
49.27 Nr. 20	1872	49.27 Nr. 63	1917
49.27 Nr. 21 Fasz. 1-25	1873	49.27 Nr. 64	1918
49.27 Nr. 21 Fasz. 26-49	1874	49.27 Nr. 65	1919
49.27 Nr. 22	1875	49.27 Nr. 66	1920
49.27 Nr. 23	1876	49.27 Nr. 67	1921
49.27 Nr. 24	1877	49.27 Nr. 68	1922
49.27 Nr. 25	1878	49.27 Nr. 69	1923
49.27 Nr. 26	1879	49.27 Nr. 70	1924
49.27 Nr. 27	1880	49.27 Nr. 71	1925
49.27 Nr. 28	1881	49.27 Nr. 72	1926
49.27 Nr. 29	1882	49.27 Nr. 73	1927
49.27 Nr. 30	1883	49.27 Nr. 74	1928
49.27 Nr. 31	1884	49.27 Nr. 75	1929
49.27 Nr. 32	1885	49.27 Nr. 76	1930
49.27 Nr. 33	1886	49.27 Nr. 77	1931
49.27 Nr. 34	1887	49.27 Nr. 78	1932
49.27 Nr. 34 a (1-3)	1888	49.27 Nr. 79 Fasz. 1-16	1933
49.27 Nr. 34 a (4-6)	1889	49.27 Nr. 79 Fasz. 17-21	1934
49.27 Nr. 35	1890	49.27 Nr. 80	1935
49.27 Nr. 36	1891	49.27 Nr. 82	1936
49.27 Nr. 37	1892	49.27 Nr. 83	1937
49.27 Nr. 38	1893	49.27 Nr. 84	1938
49.27 Nr. 39	1894	49.27 Nr. 85	1939
49.27 Nr. 41	1895	49.27 Nr. 86	1940
49.27 Nr. 42	1896	49.27 Nr. 87	1941
49.27 Nr. 43	1897	49.27 Nr. 88	1942
49.27 Nr. 44	1898	49.27 Nr. 89	1943
49.27 Nr. 45	1899	49.27 Nr. 90	1944
49.27 Nr. 46	1900	49.27 Nr. 91	1945
49.27 Nr. 47	1901	49.27 Nr. 92	1946
49.27 Nr. 48	1902	49.27 Nr. 93	1947
49.27 Nr. 49	1903	49.27 Nr. 94	1948

alte Nr.	neue Nr.	alte Nr.	neue Nr.
49.27 Nr. 95	1949	49.28 Nr. 21	1994
49.28 Nr. 1 I Fasz. 1-120	1950	49.28 Nr. 22	1995
49.28 Nr. 1 I Fasz. 121-250	1951	49.28 Nr. 23	1996
49.28 Nr. 1 I Fasz. 251-360	1952	49.28 Nr. 24	1997
49.28 Nr. 1 II	1953	49.28 Nr. 25 Fasz. 1-7	1998
49.28 Nr. 1 IIa	1954	49.28 Nr. 25 Fasz. 8-13	1999
49.28 Nr. 1 III	1955	49.28 Nr. 26	2000
49.28 Nr. 1 IV	1956	49.28 Nr. 27	2001
49.28 Nr. 1 V Fasz. 1-3, 5-12	1957	49.28 Nr. 28	2002
49.28 Nr. 1 V Fasz. 4	1958	49.28 Nr. 29	2003
49.28 Nr. 1 VI	1959	49.28 Nr. 30	2004
49.28 Nr. 1 VII	1960	49.28 Nr. 31	2005
49.28 Nr. 1 VIII	1961	49.28 Nr. 32	2006
49.28 Nr. 1 IX	1962	49.28 Nr. 33	2007
49.28 Nr. 1 X	1963	49.28 Nr. 34	2008
49.28 Nr. 1 X a	1964	49.28 Nr. 35	2009
49.28 Nr. 1 XI	1965	49.28 Nr. 36	2010
49.28 Nr. 1 XI a	1966	49.28 Nr. 37	2011
49.28 Nr. 1 XII	1967	49.28 Nr. 38	2012
49.28 Nr. 1 XIII	1968	49.28 Nr. 39	2013
49.28 Nr. 1 XIV	1969	49.28 Nr. 40	2014
49.28 Nr. 1 XV	1970	49.28 Nr. 41	2015
49.28 Nr. 2	1971	49.28 Nr. 42	2016
49.28 Nr. 3	1972	49.28 Nr. 43	2017
49.28 Nr. 4 I	1973	49.28 Nr. 44	2018
49.28 Nr. 4 II	1974	49.28 Nr. 46	2019
49.28 Nr. 5	1975	49.28 Nr. 47	2020
49.28 Nr. 6	1976	49.28 Nr. 48	2021
49.28 Nr. 7	1977	49.28 Nr. 49	2022
49.28 Nr. 8	1978	49.28 Nr. 50	2023
49.28 Nr. 9	1979	49.28 Nr. 51	2024
49.28 Nr. 10	1980	49.28 Nr. 52	2025
49.28 Nr. 11	1981	49.28 Nr. 53	2026
49.28 Nr. 12	1982	49.28 Nr. 54	2027
49.28 Nr. 13	1983	49.28 Nr. 55	2028
49.28 Nr. 14	1984	49.28 Nr. 56	2029
49.28 Nr. 16	1985	49.28 Nr. 57	2030
49.28 Nr. 17	1986	49.28 Nr. 58	2031
49.28 Nr. 18 a I	1987	49.28 Nr. 59 Fasz. 1-12	2032
49.28 Nr. 18 a II	1988	49.28 Nr. 59 Fasz. 13-40	2033
49.28 Nr. 18 b	1989	49.28 Nr. 60	2034
49.28 Nr. 18 c	1990	49.28 Nr. 61	2035
49.28 Nr. 18 d	1991	49.28 Nr. 62	2036
49.28 Nr. 19	1992	49.28 Nr. 63	2037
49.28 Nr. 20	1993	49.28 Nr. 64	2038

alte Nr.	neue Nr.	alte Nr.	neue Nr.
49.28 Nr. 65	2039	49.29 Nr. 31	2082
49.28 Nr. 66	2040	49.29 Nr. 32	2083
49.28 Nr. 67	2041	49.29 Nr. 33	2084
49.28 Nr. 68	2042	49.29 Nr. 34-53	2085
49.28 Nr. 69	2043	49.29 Nr. 54-76	2086
49.28 Nr. 71	2044	49.29 Nr. 77-101	2087
49.28 Nr. 72	2045	49.29 Nr. 102	2088
49.28 Nr. 73	2046	49.29 Nr. 103-120	2089
49.28 Nr. 74	2047	49.30 Nr. 1	2090
49.28 Nr. 75	2048	49.30 Nr. 2 Fasz. 1-25	2091
49.28 Nr. 76	2049	49.30 Nr. 2 Fasz. 26-41	2092
49.28 Nr. 77	2050	49.30 Nr. 2 Fasz. 42-48	2093
49.28 Nr. 78	2051	49.30 Nr. 2 Fasz. 49-95	2094
49.28 Nr. 79	2052	49.30 Nr. 2 Fasz. 96-120	2095
49.28 Nr. 80	2053	49.30 Nr. 2 Fasz. 121 (1-28)	2096
49.28 Nr. 81	2054	49.30 Nr. 2 Fasz. 121 (29-120)	2097
49.28 Nr. 82 Fasz. 1-31	2055	49.30 Nr. 2 Fasz. 121 (121-187)	2098
49.28 Nr. 82 Fasz. 32-45	2056	49.30 Nr. 2 Fasz. 122 (1-22)	2099
49.28 Nr. 83	2057	49.30 Nr. 2 Fasz. 122 (23-173)	2100
49.28 Nr. 84	2058	49.30 Nr. 2 Fasz. 123-133	2101
49.28 Nr. 85	2059	49.30 Nr. 2 Fasz. 134-200	2102
49.28 Nr. 86	2060	49.30 Nr. 2 Fasz. 201-256	2103
49.28 Nr. 87	2061	49.30 Nr. 2 Fasz. 257-340	2104
49.28 Nr. 88	2062	49.30 Nr. 2 Fasz. 341-382	2105
49.28 Nr. 89	2063	49.30 Nr. 3	2106
49.28 Nr. 90	2064	49.30 Nr. 4	2107
49.28 Nr. 92	2065	49.30 Nr. 5	2108
49.28 Nr. 93	2066	49.30 Nr. 7	2109
49.28 Nr. 94	2067	49.30 Nr. 8	2110
49.28 Nr. 95 Fasz. 1-11, 15-46	2068	49.30 Nr. 9	2111
49.28 Nr. 95 Fasz. 12	2069	49.30 Nr. 10	2112
49.28 Nr. 96	2070	49.30 Nr. 11	2113
49.28 Nr. 97	2071	49.30 Nr. 12	2114
49.28 Nr. 98	2072	49.30 Nr. 13	2115
49.28 Nr. 100	2073	49.30 Nr. 14	2116
49.29 Nr. 1-24	2074	49.30 Nr. 15	2117
49.29 Nr. 25 Fasz. 1-61	2075	49.30 Nr. 16	2118
49.29 Nr. 25 Fasz. 62-132	2076	49.30 Nr. 17	2119
49.29 Nr. 26	2077	49.30 Nr. 18	2120
49.29 Nr. 27	2078	49.30 Nr. 19	2121
49.29 Nr. 28	2079	49.30 Nr. 22	2122
49.29 Nr. 29	2080	49.30 Nr. 23	2123
49.29 Nr. 30	2081	49.30 Nr. 24	2124

alte Nr.	neue Nr.	alte Nr.	neue Nr.
49.30 Nr. 25	2125	49.30 Nr. 67	2170
49.30 Nr. 26	2126	49.30 Nr. 68	2171
49.30 Nr. 27	2127	49.30 Nr. 69	2172
49.30 Nr. 28	2128	49.30 Nr. 70 Fasz. 1-38	2173
49.30 Nr. 29	2129	49.30 Nr. 70 Fasz. 39-80	2174
49.30 Nr. 30	2130	49.30 Nr. 70 Fasz. 81-140	2175
49.30 Nr. 31	2131	49.30 Nr. 71	2176
49.30 Nr. 32	2132	49.30 Nr. 72	2177
49.30 Nr. 33	2133	49.30 Nr. 73	2178
49.30 Nr. 34	2134	49.30 Nr. 74	2179
49.30 Nr. 35	2135	49.30 Nr. 75	2180
49.30 Nr. 36	2136	49.30 Nr. 76	2181
49.30 Nr. 37	2137	49.30 Nr. 77	2182
49.30 Nr. 38	2138	49.30 Nr. 78	2183
49.30 Nr. 39	2139	49.30 Nr. 79	2184
49.30 Nr. 40	2140	49.30 Nr. 80	2185
49.30 Nr. 41	2141	49.30 Nr. 81	2186
49.30 Nr. 42	2142	49.30 Nr. 82	2187
49.30 Nr. 43	2143	49.30 Nr. 83	2188
49.30 Nr. 45	2144	49.30 Nr. 84	2189
49.30 Nr. 46	2145	49.30 Nr. 85	2190
49.30 Nr. 47	2146	49.30 Nr. 86	2191
49.30 Nr. 49	2147	49.30 Nr. 87 Fasz. 1-11	2192
49.30 Nr. 50	2148	49.30 Nr. 87 Fasz. 12-31	2193
49.30 Nr. 51	2149	49.30 Nr. 88	2194
49.30 Nr. 52	2150	49.30 Nr. 89	2195
49.30 Nr. 53	2151	49.30 Nr. 90	2196
49.30 Nr. 54	2152	49.30 Nr. 91	2197
49.30 Nr. 55	2153	49.30 Nr. 92	2198
49.30 Nr. 56	2154	49.30 Nr. 93	2199
49.30 Nr. 57	2155	49.30 Nr. 94	2200
49.30 Nr. 58	2156	49.30 Nr. 95	2201
49.30 Nr. 59 Fasz. 1-15	2157	49.30 Nr. 96	2202
49.30 Nr. 59 Fasz. 17-37	2158	49.30 Nr. 97	2203
49.30 Nr. 59 Fasz. 38-62	2159	49.30 Nr. 98 Fasz. 1-9	2204
49.30 Nr. 59 Fasz. 63-84	2160	49.30 Nr. 98 Fasz. 10-34	2205
49.30 Nr. 59 Fasz. 85-121	2161	49.30 Nr. 99	2206
49.30 Nr. 59 Fasz. 122-142	2162	49.30 Nr. 101	2207
49.30 Nr. 60	2163	49.30 Nr. 102	2208
49.30 Nr. 61	2164	49.30 Nr. 103	2209
49.30 Nr. 62	2165	49.30 Nr. 104	2210
49.30 Nr. 63	2166	49.30 Nr. 105	2211
49.30 Nr. 64	2167	49.30 Nr. 106	2212
49.30 Nr. 65	2168	49.30 Nr. 107	2213
49.30 Nr. 66	2169	49.30 Nr. 108	2214

alte Nr.	neue Nr.
49.30 Nr. 109	2215
49.30 Nr. 110	2216
49.30 Nr. 111	2217
49.30 Nr. 112	2218
49.30 Nr. 113	2219
49.30 Nr. 114	2220
49.30 Nr. 115	2221
49.30 Nr. 116	2222
49.30 Nr. 117	2223
49.30 Nr. 118	2224
49.30 Nr. 119	2225
49.30 Nr. 120	2226
49.30 Nr. 122	2227
49.30 Nr. 123	2228
49.30 Nr. 124	2229
49.30 Nr. 125	2230
49.30 Nr. 126	2231
49.30 Nr. 127	2232
49.30 Nr. 128	2233
49.30 Nr. 129	2234
49.30 Nr. 130	2235
49.30 Nr. 131	2236
49.30 Nr. 132	2237
49.30 Nr. 133	2238
49.30 Nr. 134	2239
49.30 Nr. 135	2240
49.30 Nr. 136	2241
49.30 Nr. 137	2242
49.30 Nr. 138	2243
49.30 Nr. 139	2244
49.30 Nr. 140	2245
49.30 Nr. 141	2246
49.30 Nr. 142	2247
49.30 Nr. 143	2248
49.30 Nr. 144	2249
49.30 Nr. 145	2250
49.30 Nr. 145 a *zu Abt. 65.2 Nr. 2799*	-
49.30 Nr. 146	2251
49.30 Nr. 147	2252
49.30 Nr. 148	2253
49.30 Nr. 149	2254
49.30 Nr. 150	2255
49.30 Nr. 151	2256
49.30 Nr. 152	2257
49.30 Nr. 153	2258
49.30 Nr. 154	2259
49.30 Nr. 155	2260
49.30 Nr. 156	2261
49.30 Nr. 157	2262
49.30 Nr. 158	2263
49.30 Nr. 159	2264
49.30 Nr. 160	2265
49.30 Nr. 161	2266
49.30 Nr. 162	2267
49.30 Nr. 163	2268
49.30 Nr. 164	2269
49.30 Nr. 165	2270
49.30 Nr. 166	2271
49.30 Nr. 167	2272
49.30 Nr. 168	2273
49.30 Nr. 169	2274
49.30 Nr. 170	2275
49.30 Nr. 172	2276
49.30 Nr. 173	2277
49.30 Nr. 174	2278
49.30 Nr. 175	2279
49.30 Nr. 176	2280
49.30 Nr. 177	2281
49.30 Nr. 178	2282
49.30 Nr. 179	2283
49.30 Nr. 180	2284
49.30 Nr. 181	2285
49.30 Nr. 182	2286
49.30 Nr. 183	2287
49.30 Nr. 184	2288
49.30 Nr. 185	2289
49.30 Nr. 186	2290
49.30 Nr. 187	2291
49.30 Nr. 188	2292
49.30 Nr. 189	2293
49.30 Nr. 190	2294
49.30 Nr. 191	2295
49.30 Nr.192	2296
49.30 Nr. 193	2297
49.30 Nr. 194	2298
49.30 Nr. 195	2299
49.30 Nr. 196	2300
49.30 Nr. 197	2301
49.30 Nr. 198	2302
49.30 Nr. 199	2303

alte Nr.	neue Nr.	alte Nr.	neue Nr.
49.30 Nr. 200	2304	49.30 Nr. 247	2347
49.30 Nr. 201	2305	49.30 Nr. 248	2348
49.30 Nr. 202	2306	49.30 Nr. 249	2349
49.30 Nr. 203	2307	49.30 Nr. 250	2350
49.30 Nr. 204	2308	49.30 Nr. 251	2351
49.30 Nr. 205	2309	49.30 Nr. 252	2352
49.30 Nr. 206	2310	49.30 Nr. 253	2353
49.30 Nr. 207	2311	49.30 Nr. 254	2354
49.30 Nr. 208	2312	49.30 Nr. 255	2355
49.30 Nr. 209	2313	49.30 Nr. 256	2356
49.30 Nr. 210	2314	49.30 Nr. 257	2357
49.30 Nr. 211	2315	49.30 Nr. 258	2358
49.30 Nr. 212	2316	49.30 Nr. 259	2359
49.30 Nr. 214	2317	49.30 Nr. 260	2360
49.30 Nr. 215	2318	49.30 Nr. 261	2361
49.30 Nr. 216	2319	49.30 Nr. 262	2362
49.30 Nr. 218	2320	49.30 Nr. 263	2363
49.30 Nr. 219	2321	49.30 Nr. 264	2364
49.30 Nr. 220	2322	49.30 Nr. 265	2365
49.30 Nr. 221	2323	49.30 Nr. 266	2366
49.30 Nr. 222	2324	49.30 Nr. 267	2367
49.30 Nr. 223	2325	49.30 Nr. 268-269	2368
49.30 Nr. 224	2326	49.30 Nr. 268-269	2369
49.30 Nr. 225	2327	49.30 Nr. 268-269	2370
49.30 Nr. 227	2328	49.30 Nr. 268-269	2371
49.30 Nr. 228	2329	49.30 Nr. 268-269	2372
49.30 Nr. 229	2330	49.30 Nr. 268-269	2373
49.30 Nr. 230	2331	49.30 Nr. 268-269	2374
49.30 Nr. 231	2332	49.30 Nr. 268-269	2375
49.30 Nr. 232	2333	49.30 Nr. 270	2376
49.30 Nr. 233	2334	49.30 Nr. 271	2377
49.30 Nr. 234	2335	49.31 Nr. 1	2378
49.30 Nr. 235	2336	49.31 Nr. 2	2379
49.30 Nr. 236	2337	49.31 Nr. 3	2380
49.30 Nr. 237	2338	49.31 Nr. 4	2381
49.30 Nr. 238	2339	49.31 Nr. 5	2382
49.30 Nr. 239	2340	49.31 Nr. 6	2383
49.30 Nr. 241	2341	49.31 Nr. 7 Fasz. 1-8	2384
49.30 Nr. 242	2342	49.31 Nr. 7 Fasz. 9-33	2385
49.30 Nr. 243	2343	49.31 Nr. 7 Fasz. 34	2386
49.30 Nr. 244	2344	49.31 Nr. 7 Fasz. 35-39	2387
49.30 Nr. 245	2345	49.31 Nr. 7 Fasz. 40 (1-3)	2388
49.30 Nr. 246	2346	49.31 Nr. 7 Fasz. 40 (4-8)	2389

alte Nr.	neue Nr.	alte Nr.	neue Nr.
49.31 Nr. 7 Fasz. 40 (4-8)	2389	49.31 Nr. 25 Fasz. 20	2434
49.31 Nr. 7 Fasz. (9-16)	2390	49.31 Nr. 25 Fasz. 21	2435
49.31 Nr. 7 Fasz. 41 I	2391	49.31 Nr. 25 Fasz. 22 (1-7)	2436
49.31 Nr. 7 Fasz. 41 II	2392	49.31 Nr. 25 Fasz. 22 (8-24)	2437
49.31 Nr. 7 Fasz. 41 II	2393	49.31 Nr. 25 Fasz. 22 (25-32)	2438
49.31 Nr. 7 Fasz. 41 II	2394	49.31 Nr. 25 Fasz. 23	2439
49.31 Nr. 8	2395	49.31 Nr. 25 Fasz. 24	2440
49.31 Nr. 9	2396	49.31 Nr. 25 Fasz. 25	2441
49.31 Nr. 11	2397	49.31 Nr. 26 Fasz. 1	2442
49.31 Nr. 12	2398	49.31 Nr. 26 Fasz. 2 I	2443
49.31 Nr. 13	2399	49.31 Nr. 26 Fasz. 2 II	2444
49.31 Nr. 14	2400	49.31 Nr. 26 Fasz. 3 a I	2445
49.31 Nr. 15	2401	49.31 Nr. 26 Fasz. 3 a II	2446
49.31 Nr. 16	2402	49.31 Nr. 26 Fasz. 3 b	2447
49.31 Nr. 17	2403	49.31 Nr. 26 Fasz. 3 c	2448
49.31 Nr. 18	2404	49.31 Nr. 26 Fasz. 4 a I	2449
49.31 Nr. 19	2405	49.31 Nr. 26 Fasz. 4 a II	2450
49.31 Nr. 20	2406	49.31 Nr. 26 Fasz. 4 b	2451
49.31 Nr. 21	2407	49.31 Nr. 26 Fasz. 4 c I	2452
49.31 Nr. 22	2408	49.31 Nr. 26 Fasz. 4 c II	2453
49.31 Nr. 23	2409	49.31 Nr. 27	2454
49.31 Nr. 24	2410	49.31 Nr. 28	2455
49.31 Nr. 25 Fasz. 1	2411	49.31 Nr. 29	2456
49.31 Nr. 25 Fasz. 2	2412	49.31 Nr. 30	2457
49.31 Nr. 52 Fasz. 3	2413	49.31 Nr. 31	2458
49.31 Nr. 25 Fasz. 4	2414	49.31 Nr. 33	2459
49.31 Nr. 25 Fasz. 5	2415	49.31 Nr. 35	2460
49.31 Nr. 25 Fasz. 6	2416	49.31 Nr. 37 I+II	2461
49.31 Nr. 25 Fasz. 7 (1-43)	2417	49.31 Nr. 37 III	2462
49.31 Nr. 25 Fasz. 7 (44-142)	2418	49.31 Nr. 38	2463
49.31 Nr. 25 Fasz. 8	2419	49.31 Nr. 39	2464
49.31 Nr. 25 Fasz. 9	2420	49.31 Nr. 40	2465
49.31 Nr. 25 Fasz. 10 (1-15)	2421	49.31 Nr. 41	2466
49.31 Nr. 25 Fasz. 10 (16-64)	2422	49.31 Nr. 42	2467
49.31 Nr. 25 Fasz. 11	2423	49.31 Nr. 43	2468
49.31 Nr. 25 Fasz. 12	2424	49.31 Nr. 44	2469
49.31 Nr. 25 Fasz. 13	2425	49.31 Nr. 45	2470
49.31 Nr. 25 Fasz. 14 (1-20)	2426	49.31 Nr. 46	2471
49.31 Nr. 25 Fasz. 14 (21-50)	2427	49.31 Nr. 48	2472
49.31 Nr. 25 Fasz. 14 (51-70)	2428	49.31 Nr. 49	2473
49.31 Nr. 25 Fasz. 15	2429	49.31 Nr. 50	2474
49.31 Nr. 25 Fasz. 16	2430	49.31 Nr. 51	2475
49.31 Nr. 25 Fasz. 17	2431	49.31 Nr. 53	2476
49.31 Nr. 25 Fasz. 18	2432	49.31 Nr. 54	2477
49.31 Nr. 25 Fasz. 19	2433	49.31 Nr. 55	2478

alte Nr.	neue Nr.	alte Nr.	neue Nr.
49.31 Nr. 58	2481	49.31 Nr. 97	2526
49.31 Nr. 59	2482	49.31 Nr. 98	2527
49.31 Nr. 60	2483	49.31 Nr. 99	2528
49.31 Nr. 61	2484	49.31 Nr. 101	2529
49.31 Nr. 62	2485	49.31 Nr. 102	2530
49.31 Nr. 63	2486	49.31 Nr. 103	2531
49.31 Nr. 64	2487	49.31 Nr. 104	2532
49.31 Nr. 65	2488	49.31 Nr. 105	2533
49.31 Nr. 66	2489	49.31 Nr. 107	2534
49.31 Nr. 67	2490	49.31 Nr. 108	2535
49.31 Nr. 68	2491	49.31 Nr. 109	2536
49.31 Nr. 69 Fasz. 1-30	2492	49.31 Nr. 111	2537
49.31 Nr. 69 Fasz. 31-160	2493	49.31 Nr. 112	2538
49.31 Nr. 69 Fasz. 161-290	2494	49.31 Nr. 113	2539
49.31 Nr. 69 Fasz. 291-403	2495	49.31 Nr. 114	2540
49.31 Nr. 69 Fasz. 404-515	2496	49.31 Nr. 115	2541
49.31 Nr. 69 Fasz. 516-560	2497	49.31 Nr. 116	2542
49.31 Nr. 69 Fasz. 561	2498	49.31 Nr. 117	2543
49.31 Nr. 70	2499	49.31 Nr. 118	2544
49.31 Nr. 71	2500	49.31 Nr. 119	2545
49.31 Nr. 72	2501	49.31 Nr. 120	2546
49.31 Nr. 73	2502	49.31 Nr. 122	2547
49.31 Nr. 74	2503	49.31 Nr. 123	2548
49.31 Nr. 75	2504	49.31 Nr. 124	2549
49.31 Nr. 76	2505	49.31 Nr. 125	2550
49.31 Nr. 77	2506	49.31 Nr. 126	2551
49.31 Nr. 79	2507	49.31 Nr. 127	2552
49.31 Nr. 80	2508	49.31 Nr. 128	2553
49.31 Nr. 81	2509	49.31 Nr. 129 Fasz. 1-20	2554
49.31 Nr. 82 Fasz. 1-59	2510	49.31 Nr. 129 Fasz. 21-49	2555
49.31 Nr. 82 Fasz. 60-109	2511	49.31 Nr. 130	2556
49.31 Nr. 83	2512	49.31 Nr. 131	2557
49.31 Nr. 84	2513	49.31 Nr. 133	2558
49.31 Nr. 85	2514	49.31 Nr. 134	2559
49.31 Nr. 86	2515	49.31 Nr. 135	2560
49.31 Nr. 87	2516	49.31 Nr. 136	2561
49.31 Nr. 88	2517	49.31 Nr. 137	2562
49.31 Nr. 89	2518	49.31 Nr. 138	2563
49.31 Nr. 90	2519	49.31 Nr. 139	2564
49.31 Nr. 91	2520	49.31 Nr. 140	2565
49.31 Nr. 92	2521	49.31 Nr. 141	2566
49.31 Nr. 93	2522	49.31 Nr. 142	2567
49.31 Nr. 94	2523	49.31 Nr. 143	2568
49.31 Nr. 95	2524	49.31 Nr. 144	2569
49.31 Nr. 96	2525	49.31 Nr. 145	2570

alte Nr.	neue Nr.	alte Nr.	neue Nr.
49.31 Nr. 146	2571	49.31 Nr.191 I	2616
49.31 Nr. 147	2572	49.31 Nr. 191 II	2617
49.31 Nr. 148	2573	49.31 Nr. 191 III	2618
49.31 Nr. 149	2574	49.31 Nr. 191 IV	2619
49.31 Nr. 150	2575	49.31 Nr. 191 V	2620
49.31 Nr. 151	2576	49.31 Nr. 191 VI	2621
49.31 Nr. 152	2577	49.31 Nr. 192 I	2622
49.31 Nr. 153	2578	49.31 Nr. 192 II	2623
49.31 Nr. 154	2579	49.31 Nr. 192 III	2624
49.31 Nr. 155	2580	49.31 Nr. 192 IV	2625
49.31 Nr. 156	2581	49.31 Nr. 192 V	2626
49.31 Nr. 157	2582	49.31 Nr. 192 VI	2627
49.31 Nr. 158	2583	49.31 Nr. 193 I	2628
49.31 Nr. 159	2584	49.31 Nr. 193 II	2629
49.31 Nr. 160	2585	49.31 Nr. 193 III	2630
49.31 Nr. 161	2586	49.31 Nr. 193 IV	2631
49.31 Nr. 162	2587	49.31 Nr. 193 V	2632
49.31 Nr. 163	2588	49.31 Nr. 193 VI	2633
49.31 Nr. 164	2589	49.31 Nr. 194 I	2634
49.31 Nr. 165	2590	49.31 Nr. 194 II	2635
49.31 Nr. 166	2591	49.31 Nr. 194 III	2636
49.31 Nr. 167	2592	49.31 Nr. 194 IV	2637
49.31 Nr. 168	2593	49.31 Nr. 194 V	2638
49.31 Nr. 169	2594	49.31 Nr. 194 VI	2639
49.31 Nr. 170	2595	49.31 Nr. 194 VII	2640
49.31 Nr.171	2596	49.31 Nr. 195 I	2641
49.31 Nr. 172	2597	49.31 Nr. 195 II	2642
49.31 Nr. 173	2598	49.31 Nr. 195 III	2643
49.31 Nr. 174 Fasz. 1-25	2599	49.31 Nr. 195 IV	2644
49.31 Nr. 174 Fasz. 26-53	2600	49.31 Nr. 195 V	2645
49.31 Nr. 175	2601	49.31 Nr. 195 VI	2646
49.31 Nr. 176	2602	49.31 Nr. 196 I	2647
49.31 Nr. 177	2603	49.31 Nr. 196 II	2648
49.31 Nr. 178	2604	49.31 Nr. 196 III	2649
49.31 Nr. 179	2605	49.31 Nr. 197 I	2650
49.31 Nr. 180	2606	49.31 Nr. 197 II	2651
49.31 Nr. 181	2607	49.31 Nr. 197 III a	2652
49.31 Nr. 182	2608	49.31 Nr. 197 III b	2653
49.31 Nr. 183	2609	49.31 Nr. 198 I	2654
49.31 Nr. 184	2610	49.31 Nr. 198 II	2655
49.31 Nr. 185	2611	49.31 Nr. 198 III a	2656
49.31 Nr. 186	2612	49.31 Nr. 198 III b	2657
49.31 Nr. 188	2613	49.31 Nr. 198 IV a	2658
49.31 Nr. 189	2614	49.31 Nr. 198 IV b	2659
49.31 Nr. 190	2615	49.31 Nr.198 V	2660

alte Nr.	neue Nr.	alte Nr.	neue Nr.
49.31 Nr. 198 VI	2661	49.31 Nr. 204 IV	2706
49.31 Nr. 199 I	2662	49.31 Nr. 204 V	2707
49.31 Nr. 199 II	2663	49.31 Nr. 204 VI a	2708
49.31 Nr. 199 III a	2664	49.31 Nr. 204 VI b	2709
49.31 Nr. 199 III b	2665	49.31 Nr. 205	2710
49.31 Nr. 199 IV	2666	49.31 Nr. 205	2711
49.31 Nr. 199 V	2667	49.31 Nr. 206	2712
49.31 Nr. 199 VI a	2668	49.31 Nr. 206	2713
49.31 Nr. 199 VI b	2669	49.31 Nr. 207	2714
49.31 Nr. 200 I	2670	49.31 Nr. 208	2715
49.31 Nr. 200 II	2671	49.32 Nr. 1-26	2716
49.31 Nr. 200 III a	2672	49.32 Nr. 27	2717
49.31 Nr. 200 III b	2673	49.32 Nr. 28	2718
49.31 Nr. 200 IV	2674	49.32 Nr. 29	2719
49.31 Nr. 200 V	2675	49.32 Nr. 30	2720
49.31 Nr. 200 VI a	2676	49.32 Nr. 31	2721
49.31 Nr. 200 VI b	2677	49.32 Nr. 32	2722
49.31 Nr. 201 I	2678	49.32 Nr. 33	2723
49.31 Nr. 201 II	2679	49.32 Nr. 34	2724
49.31 Nr. 201 III a	2680	49.32 Nr. 35	2725
49.31 Nr. 201 III b	2681	49.32 Nr. 36	2726
49.31 Nr. 201 IV	2682	49.32 Nr. 37	2727
49.31 Nr. 201 V	2683	49.32 Nr. 38	2728
49.31 Nr. 201 VI a	2684	49.32 Nr. 39	2729
49.31 Nr. 201 VI b	2685	49.32 Nr. 40	2730
49.31 Nr. 202 I	2686	49.32 Nr. 41	2731
49.31 Nr. 202 II	2687	49.32 Nr. 42	2732
49.31 Nr. 202 III a	2688	49.32 Nr. 43	2733
49.31 Nr. 202 III b	2689	49.32 Nr. 44	2734
49.31 Nr. 202 IV	2690	49.32 Nr. 45 a	2735
49.31 Nr. 202 V	2691	49.32 Nr. 45 b	2736
49.31 Nr. 202 VI a	2692	49.32 Nr. 46	2737
49.31 Nr. 202 VI b	2693	49.32 Nr. 47	2738
49.31 Nr. 203 I	2694	49.32 Nr. 48	2739
49.31 Nr. 203 II	2695	49.32 Nr. 50	2740
49.31 Nr. 203 III a	2696	49.32 Nr. 51 A	2741
49.31 Nr. 203 III b	2697	49.32 Nr. 51 B	2742
49.31 Nr. 203 IV	2698	49.32 Nr. 52	2743
49.31 Nr. 203 V	2699	49.32 Nr. 53 A	2744
49.31 Nr. 203 VI a	2700	49.32 Nr. 53 B	2745
49.31 Nr. 203 VI b	2701	49.32 Nr. 54	2746
49.31 Nr. 204 I	2702	49.32 Nr. 55 A	2747
49.31 Nr. 204 II	2703	49.32 Nr. 55 B	2748
49.31 Nr. 204 III a	2704	49.32 Nr. 56	2749
49.31 Nr. 204 III b	2705	49.32 Nr. 57	2750

alte Nr.	neue Nr.
49.32 Nr. 58	2751
49.32 Nr. 59	2752
49.32 Nr. 60	2753
49.32 Nr. 61 A	2754
49.32 Nr. 61 B	2755
49.32 Nr. 62	2756
49.32 Nr. 63	2757
49.32 Nr. 64	2758
49.32 Nr. 65	2759
49.32 Nr. 66	2760
49.32 Nr. 67	2761
49.32 Nr. 68	2762
49.32 Nr. 69	2763
49.32 Nr. 70	2764
49.32 Nr. 71	2765
49.32 Nr. 72	2766
49.32 Nr. 73	2767
49.32 Nr. 74 A	2768
49.32 Nr. 74 B	2769
49.32 Nr. 75	2770
49.32 Nr. 76	2771
49.32 Nr. 77	2772
49.32 Nr. 78	2773
49.32 Nr. 79	2774
49.32 Nr. 80	2775
49.32 Nr. 81	2776
49.32 Nr. 82	2777
49.32 Nr. 83	2778
49.32 Nr. 84	2779
49.32 Nr. 85	2780
49.32 Nr. 158	2781
49.32 Nr. 159	2782
49.32 Nr. 160	2783
49.32 Nr. 161	2784
49.32 Nr. 162	2785
49.32 Nr. 163	2786
49.32 Nr. 164	2787
49.32 Nr. 165	2788
49.32 Nr. 166	2789
49.32 Nr. 167	2790
49.32 Nr. 168	2791
49.32 Nr. 169	2792
49.32 Nr. 170	2793
49.32 Nr. 171	2794
49.32 Nr. 172	2795
49.32 Nr. 173	2796
49.32 Nr. 174	2797
49.32 Nr. 175	2798
49.33 Nr. 1	2799
49.33 Nr. 2	2800
49.33 Nr. 3	2801
49.33 Nr. 4	2802
49.33 Nr. 5	2803
49.33 Nr. 6	2804
49.33 Nr. 7	2805
49.34 Nr. I	2806
49.34 Nr. II	2807
49.35 Nr. 1-19	2808
49.35 Nr. 20-39	2809
49.35 Nr. 40-61	2810
49.35 Nr. 62-78	2811
49.35 Nr. 79-97	2812
49.35 Nr. 98-118	2813
49.35 Nr. 119-151 a	2814
49.35 Nr. 152-167	2815
49.35 Nr. 168-189	2816
49.35 Nr. 190-206	2817
49.35 Nr. 207-216	2818
49.35 Nr. 217-237	2819
49.35 Nr. 238-257	2820
49.35 Nr. 258-278	2821
49.35 Nr. 279-304	2822
49.35 Nr. 305-323	2823
49.35 Nr. 324-342	2824
49.35 Nr. 343-356	2825
49.35 Nr. 357-380	2826
49.35 Nr. 381-402	2827
49.35 Nr. 403-427	2828
49.35 Nr. 428-453	2829
49.35 Nr. 454-472	2830
49.35 Nr. 473-491	2831
49.35 Nr. 492-516	2832
49.35 Nr. 517-538	2833
49.35 Nr. 539-560	2834
49.35 Nr. 561-592	2835
49.35 Nr. 593-624	2836
49.35 Nr. 625-653	2837
49.35 Nr. 654-680	2838
49.35 Nr. 681-711	2839
49.35 Nr. 712-740	2840

alte Nr.	neue Nr.	alte Nr.	neue Nr.
49.35 Nr. 741-772	2841	49.35 Nr. 2587-2626	2887
49.35 Nr. 773-803	2842	49.35 Nr. 2627-2668	2888
49.35 Nr. 804-850	2843	49.35 Nr. 2669-2705	2889
49.35 Nr. 851-894	2844	49.35 Nr. 2706-2755	2890
49.35 Nr. 895-925	2845	49.35 Nr. 2756-2800	2891
49.35 Nr. 926-959	2846	49.35 Nr. 2801-2842	2892
49.35 Nr. 960-994	2847	49.35 Nr. 2843-2875	2893
49.35 Nr. 995-1025	2848	49.35 Nr. 2876-2930	2894
49.35 Nr. 1026-1062	2849	49.35 Nr. 2931-2964	2895
49.35 Nr. 1063-1102	2850	49.35 Nr. 2965-2995	2896
49.35 Nr. 1103-1134	2851	49.35 Nr. 2996-3040	2897
49.35 Nr. 1135-1170	2852	49.35 Nr. 3041-3080	2898
49.35 Nr. 1171-1205	2853	49.35 Nr. 3081-3126	2899
49.35 Nr. 1206-1243	2854	49.35 Nr. 3127-3169	2900
49.35 Nr. 1244-1276	2855	49.35 Nr. 3170-3220	2901
49.35 Nr. 1277-1305	2856	49.35 Nr. 3221-3270	2902
49.35 Nr. 1306-1342	2857	49.35 Nr. 3270 a-3311	2903
49.35 Nr. 1344-1387	2858	49.35 Nr. 3312-3350	2904
49.35 Nr. 1388-1423	2859	49.35 Nr. 3351-3396	2905
49.35 Nr. 1424-1459	2860	49.35 Nr. 3397-3432	2906
49.35 Nr. 1460-1497	2861	49.35 Nr. 3433-3477	2907
49.35 Nr. 1498-1525	2862	49.35 Nr. 3478-3524	2908
49.35 Nr. 1526-1558	2863	49.35 Nr. 3525-3570	2909
49.35 Nr. 1559-1595	2864	49.35 Nr. 3571-3615	2910
49.35 Nr. 1596-1623	2865	49.35 Nr. 3616-3647	2911
49.35 Nr. 1624-1655	2866	49.35 Nr. 3648-3695	2912
49.35 Nr. 1656-1690	2867	49.36 Nr. 1	2913
49.35 Nr. 1691-1737	2868	49.36 Nr. 2	2914
49.35 Nr. 1738-1776	2869	49.36 Nr. 3	2915
49.35 Nr. 1777-1819	2870	49.36 Nr. 4	2916
49.35 Nr. 1820-1862	2871	49.36 Nr. 5 Fasz. 1-5	2917
49.35 Nr. 1863-1897	2872	49.36 Nr. 5 Fasz. 6-27	2918
49.35 Nr. 1898-1950	2873	49.36 Nr. 6	2919
49.35 Nr. 1951-1987	2874	49.36 Nr. 7	2920
49.35 Nr. 1988-2029	2875	49.36 Nr. 8	2921
49.35 Nr. 2030-2070	2876	49.36 Nr. 9	2922
49.35 Nr. 2071-2099	2877	49.36 Nr. 10	2923
49.35 Nr. 2100-2130	2878	49.37 Nr. 1	2924
49.35 Nr. 2131-2170	2879	49.37 Nr. 2	2925
49.35 Nr. 2171-2220	2880	49.37 Nr. 3	2926
49.35 Nr. 2221-2255	2881	49.37 Nr. 3 a	2927
49.35 Nr. 2256-2304	2882	49.37 Nr. 4	2928
49.35 Nr. 2305-2352	2883	49.37 Nr. 4 a	2929
49.35 Nr. 2353-2500	2884	49.37 Nr. 5	2930
49.35 Nr. 2501-2541	2885	49.37 Nr. 6	2931
49.35 Nr. 2542-2586	2886	49.37 Nr. 6 a	2932

alte Nr.	neue Nr.
49.37 Nr. 7	2933
49.37 Nr. 8	2934
49.37 Nr. 9	2935
49.37 Nr. 10	2936
49.37 Nr. 11	2937
49.37 Nr. 11 a	2938
49.37 Nr. 12	2939
49.37 Nr. 13	2940
49.37 Nr. 14	2941
49.37 Nr. 15	2942
49.37 Nr. 16	2943
49.37 Nr. 17	2944
49.37 Nr. 18	2945
49.37 Nr. 18 a	2946
49.37 Nr. 18 b	2947
49.37 Nr. 19	2948
49.37 Nr. 20	2949
49.37 Nr. 21	2950
49.37 Nr. 22	2951
49.37 Nr. 23	2952
49.37 Nr. 24	2953
49.37 Nr. 24 a	2954
49.37 Nr. 25	2955
49.37 Nr. 26	2956
49.37 Nr. 27	2957
49.37 Nr. 28	2958
49.37 Nr. 29	2959
49.37 Nr. 30	2960
49.37 Nr. 31	2961
49.37 Nr. 32	2962
49.38 Nr. 1	2963
49.38 Nr. 2	2964
49.38 Nr. 3	2965
49.38 Nr. 4 Fasz. 1-379	2966
49.38 Nr. 4 Fasz. 380-416	2967
49.38 Nr. 4 Fasz. 471-476	2968
49.38 Nr. 4 Fasz. 477-530	2969
49.38 Nr. 4 Fasz. 531-548	2970
49.38 Nr. 5	2971
49.38 Nr. 6	2972
49.38 Nr. 7	2973
49.38 Nr. 8	2974
49.38 Nr. 9	2975
49.38 Nr. 10	2976
49.38 Nr. 11	2977
49.38 Nr. 12	2978
49.38 Nr. 13 Fasz. 1-100	2979
49.38 Nr. 13 Fasz. 101-392	2980
49.38 Nr. 13 Fasz. 393-428	2981
49.38 Nr. 14	2982
49.38 Nr. 15 Fasz. 1-100	2983
49.38 Nr. 15 Fasz. 102-153	2984
49.38 Nr. 16	2985
49.38 Nr. 17 Fasz. 1-450	2986
49.38 Nr. 17 Fasz. 451-600	2987
49.38 Nr. 17 Fasz. 601-648	2988
49.38 Nr. 18	2989
49.38 Nr. 19	2990
49.38 Nr. 20	2991
49.38 Nr. 21	2992
49.38 Nr. 22	2993
49.38 Nr. 23	2994
49.38 Nr. 24	2995
49.38 Nr. 25	2996
49.38 Nr. 26	2997
49.38 Nr. 27	2998
49.38 Nr. 28	2999
49.38 Nr. 29	3000
49.38 Nr. 30	3001
49.38 Nr. 31	3002
49.38 Nr. 32	3003
49.38 Nr. 33	3004
49.38 Nr. 34-43	3005
49.38 Nr. 44	3006
49.38 Nr. 46	3007
49.38 Nr. 47	3008
49.38 Nr. 49 Fasz. 1-180	3009
49.38 Nr. 49 Fasz. 181-195	3010
49.38 Nr. 50	3011
49.38 Nr. 51	3012
49.38 Nr. 52	3013
49.38 Nr. 53 Fasz. 1-156	3014
49.38 Nr. 53 Fasz. 157-181	3015
49.38 Nr. 54-55	3016
49.38 Nr. 56	3017
49.38 Nr. 57-58	3018
49.38 Nr. 59	3019
49.38 Nr. 60	3020
49.38 Nr. 60 a	3021
49.38 Nr. 61	3022
49.38 Nr. 62	3023
49.38 Nr. 63	3024

alte Nr.	neue Nr.	alte Nr.	neue Nr.
49.38 Nr. 64	3025	49.38 Nr. 115	3071
49.38 Nr. 65	3026	49.38 Nr. 116	3072
49.38 Nr. 67	3027	49.38 Nr. 117	3073
49.38 Nr. 68	3028	49.38 Nr. 117 a	3074
49.38 Nr. 69	3029	49.38 Nr. 117 b	3075
49.38 Nr. 70	3030	49.38 Nr. 118	3076
49.38 Nr. 71	3031	49.38 Nr. 119	3077
49.38 Nr. 72	3032	49.38 Nr. 120	3078
49.38 Nr. 73	3033	49.38 Nr. 121	3079
49.38 Nr. 74	3034	49.38 Nr. 122	3080
49.38 Nr. 75	3035	49.38 Nr. 123	3081
49.38 Nr. 76	3036	49.38 Nr. 125	3082
49.38 Nr. 77	3037	49.38 Nr. 126	3083
49.38 Nr. 78	3038	49.38 Nr. 127	3084
49.38 Nr. 79	3039	49.38 Nr. 128	3085
49.38 Nr. 80-82	3040	49.38 Nr. 129	3086
49.38 Nr. 83	3041	49.38 Nr. 130	3087
49.38 Nr. 84	3042	49.38 Nr. 131	3088
49.38 Nr. 85	3043	49.38 Nr.132	3089
49.38 Nr. 86	3044	49.38 Nr. 133	3090
49.38 Nr. 87-89	3045	49.38 Nr. 134	3091
49.38 Nr. 90	3046	49.38 Nr. 135	3092
49.38 Nr. 91	3047	49.38 Nr. 136	3093
49.38 Nr. 92	3048	49.38 Nr. 137	3094
49.38 Nr. 93	3049	49.38 Nr. 138	3095
49.38 Nr. 94	3050	49.38 Nr. 139	3096
49.38 Nr. 95	3051	49.38 Nr. 140	3097
49.38 Nr. 96	3052	49.38 Nr. 141	3098
49.38 Nr. 97	3053	49.38 Nr. 142	3099
49.38 Nr. 98	3054	49.38 Nr. 143	3100
49.38 Nr. 99	3055	49.38 Nr. 144	3101
49.38 Nr. 100	3056	49.38 Nr. 145	3102
49.38 Nr. 101	3057	49.38 Nr. 145 a Fasz. 1-301	3103
49.38 Nr. 102	3058	49.38 Nr. 145 a Fasz. 302-566	3104
49.38 Nr. 103	3059	49.38 Nr. 146	3105
49.38 Nr. 104 Fasz. 1-50	3060	49.38 Nr. 147	3106
49.38 Nr. 104 Fasz. 51-75	3061	49.38 Nr. 148	3107
49.38 Nr. 105	3062	49.38 Nr. 149	3108
49.38 Nr. 106	3063	49.39 Nr. C	3109
49.38 Nr. 108	3064	49.39 Nr. D	3110
49.38 Nr. 109	3065	49.39 Nr. E	3111
49.38 Nr. 110	3066	49.39 Nr. F	3112
49.38 Nr. 111	3067	49.39 Nr. G	3113
49.38 Nr. 112	3068	49.39 Nr. H	3114
49.38 Nr. 113	3069	49.39 Nr. J	3115
49.38 Nr. 114	3070	49.39 Nr. 3	3116

alte Nr.	neue Nr.	alte Nr.	neue Nr.
49.39 Nr. 4	3117	49.40 Nr. 14	3162
49.39 Nr. 5	3118	49.40 Nr. 15	3163
49.39 Nr. 6	3119	49.40 Nr. 17	3164
49.39 Nr. 7	3120	49.40 Nr. 18	3165
49.39 Nr. 8	3121	49.40 Nr. 19	3166
49.39 Nr. 9	3122	49.40 Nr. 20	3167
49.39 Nr. 10	3123	49.40 Nr. 21	3168
49.39 Nr. 11	3124	49.40 Nr. 23	3169
49.39 Nr. 12	3125	49.40 Nr. 24	3170
49.39 Nr. 13	3126	49.40 Nr. 25	3171
49.39 Nr. 14	3127	49.40 Nr. 26	3172
49.39 Nr. 15	3128	49.40 Nr. 27	3173
49.39 Nr. 16	3129	49.40 Nr. 28	3174
49.39 Nr. 17	3130	49.40 Nr. 29	3175
49.39 Nr. 19	3131	49.40 Nr. 30	3176
49.39 Nr. 20	3132	49.40 Nr. 31	3177
49.39 Nr. 21	3133	49.40 Nr. 32	3178
49.39 Nr. 22	3134	49.40 Nr. 33	3179
49.39 Nr. 23	3135	49.40 Nr. 34	3180
49.39 Nr. 24	3136	49.40 Nr. 35	3181
49.39 Nr. 25	3137	49.40 Nr. 36	3182
49.39 Nr. 26	3138	49.40 Nr. 37	3183
49.39 Nr. 27	3139	49.41 Nr. 1	3184
49.39 Nr. 28	3140	49.41 Nr. 2	3185
49.39 Nr. 29	3141	49.41 Nr. 3	3186
49.39 Nr. 30	3142	49.41 Nr. 4	3187
49.39 Nr. 31	3143	49.41 Nr. 5	3188
49.39 Nr. 32	3144	49.41 Nr. 6	3189
49.39 Nr. 33	3145	49.41 Nr. 7	3190
49.39 Nr. 34	3146	49.41 Nr. 8	3191
49.39 Nr. 35	3147	49.41 Nr. 9	3192
49.39 Nr. 36	3148	49.41 Nr. 10	3193
49.39 Nr. 37	3149	49.42 Nr. 47	3194
49.40 Nr. 1	3150	49.42 Nr. 48	3195
49.40 Nr. 2	3151	49.43 Nr. 34	3196
49.40 Nr. 3	3152	49.43 Nr. 35 (1-16)	3197
49.40 Nr. 4	3153	49.43 Nr. 35 (17-32)	3198
49.40 Nr. 5	3154	49.43 Nr. 35 (33-43)	3199
49.40 Nr. 6	3155	49.43 Nr. 36	3200
49.40 Nr. 7	3156	49.43 Nr. 37	3201
49.40 Nr. 8	3157	49.43 Nr. 38	3202
49.40 Nr. 9	3158	49.43 Nr. 39	3203
49.40 Nr. 10	3159	49.43 Nr. 40	3204
49.40 Nr. 11	3160	49.43 Nr. 41 Fasz. 1-15	3205
49.40 Nr. 12	3161	49.43 Nr. 41 Fasz. 16-29	3206

alte Nr.	neue Nr.	alte Nr.	neue Nr.
49.43 Nr. 42	3207	49.46 Nr. 1 (61-75, 77-81)	3252
49.44 Dänischenhagen 1-9	3208	49.46 Nr. 1 (76)	3253
49.44 Gelting 1-2	3209	49.46 Nr. 2	3254
49.44 Gelting 4-10	3210	49.46 Nr. 3	3255
49.44 Gelting 11-18	3211	49.46 Nr. 4	3256
49.44 Gettorf 1-4	3212	49.46 Nr. 5	3257
49.44 Gettorf 5-14	3213	49.46 Nr. 6	3258
49.44 Kappeln 1-5	3214	49.46 Nr. 7	3259
49.44 Kappeln 4-9	3215	49.46 Nr. 8	3260
49.44 Krusendorf 1-2	3216	49.46 Nr. 9	3261
49.44 Nordstrand 1-3	3217	49.46 Nr. 10 (1-16)	3262
49.44 Rieseby 1-6	3218	49.46 Nr. 10 (17-91)	3263
49.44 Schwansen 1-6	3219	49.46 Nr. 11	3264
49.44 Sehestedt 1-5	3220	49.46 Nr. 12	3265
49.44 Sieseby 1	3221	49.46 Nr. 13	3266
49.44 Sieseby 2-8	3222	49.46 Nr. 14	3267
49.44 St. Johanniskloster 1-4	3223	49.46 Nr. 15	3268
49.44 Waabs 1-8	3224	49.46 Nr. 16	3269
49.45 Altenkrempe 26	3225	49.46 Nr. 17	3270
49.45 Barkau 26-30	3226	49.46 Nr. 18	3271
49.45 Blekendorf 10-14	3227	49.46 Nr. 19	3272
49.45 Bovenau 10-16	3228	49.46 Nr. 20	3273
49.45 Flemhude 13-15	3229	49.46 Nr. 21	3274
49.45 Giekau 12-16	3230	49.46 Nr. 22	3275
49.45 Hansühn 5-10	3231	49.46 Nr. 23	3276
49.45 Haselau 7-10	3232	49.46 Nr. 24	3277
49.45 Haseldorf 7-9	3233	49.46 Nr. 25	3278
49.45 Hohenstein 6-8	3234	49.46 Nr. 26	3279
49.45 Lebrade 8-11	3235	49.46 Nr. 27	3280
49.45 Lensahn 7-21	3236	49.46 Nr. 28	3281
49.45 Neukirchen 8, 17-20	3237	49.46 Nr. 29	3282
49.45 Kirchnüchel 12-16	3238	49.46 Nr. 30	3283
49.45 Preetz Flecken 16-23	3239	49.46 Nr. 31	3284
49.45 Preetz Kloster 3	3240	49.46 Nr. 32	3285
49.45 Probsteierhagen 8-11	3241	49.46 Nr. 33	3286
49.45 Sarau 13-16	3242	49.46 Nr. 34	3287
49.45 Schönberg 13-16	3243	49.46 Nr. 35	3288
49.45 Schönwalde 4-9	3244	49.46 Nr. 36	3289
49.45 Selent 2-3	3245	49.46 Nr. 37	3290
49.45 Stellau 11-12	3246	49.46 Nr. 38	3291
49.45 Sülfeld 45-47	3247	49.46 Nr. 39	3292
49.45 Westensee 15-19	3248	49.46 Nr. 40	3293
49.46 Nr. 1 (1-29)	3249	49.46 Nr. 41	3294
49.46 Nr. 1 (30-47)	3250	49.46 Nr. 43	3295
49.46 Nr. 1 (48-59)	3251	49.46 Nr. 44	3296

alte Nr.	neue Nr.
49.47 Nr. 1 (21-36)	3297
49.47 Nr. 1 (37-48)	3298
49.47 Nr. 1 (49-60)	3299
49.47 Nr. 1 (61-71)	3300
49.47 Nr. 1 (72-87)	3301
49.47 Nr. 2	3302
49.47 Nr. 3	3303
49.47 Nr. 4	3304
49.47 Nr. 5	3305
49.47 Nr. 6	3306
49.47 Nr. 7	3307
49.47 Nr. 8	3308
49.47 Nr. 9	3309
49.47 Nr. 10	3310
49.47 Nr. 11	3311
49.47 Nr. 12	3312
49.47 Nr. 13	3313
49.47 Nr. 14	3314
49.47 Nr. 15	3315
49.47 Nr. 16	3316
49.47 Nr. 17	3317
49.47 Nr. 18	3318
49.47 Nr. 19	3319
49.47 Nr. 20	3320
49.47 Nr. 21	3321
49.47 Nr. 22	3322
49.47 Nr. 23	3323
49.47 Nr. 24	3324
49.47 Nr. 25	3325
49.47 Nr. 26	3326
49.47 Nr. 27	3327
49.47 Nr. 28	3328
49.47 Nr. 29	3329
49.47 Nr. 30	3330
49.47 Nr. 31	3331
49.47 Nr. 32	3332
49.47 Nr. 33	3333
49.47 Nr. 34	3334
49.47 Nr. 35	3335
49.47 Nr. 37	3336
49.47 Nr. 38	3337
49.47 Nr. 39	3338
49.48 Nr. 1 (2-29)	3339
49.48 Nr. 1 (30-48)	3340
49.48 Nr. 1 (50-79)	3341
49.48 Nr. 1 (80-109)	3342
49.48 Nr. 1 (109a-120)	3343
49.48 Nr. 1 (121-133)	3344
49.48 Nr. 1 (134-149)	3345
49.48 Nr. 1 (150-165)	3346
49.48 Nr. 1 (166-175, 177-179)	3347
49.48 Nr. 1 (176)	3348
49.48 Nr. 1 (180-185)	3349
49.48 Nr. 1 (186-196)	3350
49.48 Nr. 1 (197-210)	3351
49.48 Nr. 1 (211-229)	3352
49.48 Nr. 1 (230, 1-30)	3353
49.48 Nr. 1 (230, 31-85)	3354
49.48 Nr. 1 (231-256)	3355
49.48 Nr. 2	3356
49.48 Nr. 3	3357
49.48 Nr. 4	3358
49.48 Nr. 5	3359
49.48 Nr. 6	3360
49.48 Nr. 7	3361
49.48 Nr. 8	3362
49.48 Nr. 10	3363
49.48 Nr. 11 (1-7)	3364
49.48 Nr. 11 (8-24)	3365
49.48 Nr. 12	3366
49.48 Nr. 13	3367
49.48 Nr. 14	3368
49.48 Nr. 15	3369
49.48 Nr. 16	3370
49.48 Nr. 17	3371
49.48 Nr. 18	3372
49.48 Nr. 19	3373
49.48 Nr. 21	3374
49.48 Nr. 22	3375
49.48 Nr. 23	3376
49.48 Nr. 24	3377
49.48 Nr. 25	3378
49.48 Nr. 26	3379
49.48 Nr. 27	3380
49.48 Nr. 28	3381
49.48 Nr. 29	3382
49.48 Nr. 30	3383
49.48 Nr. 31	3384
49.48 Nr. 33	3385
49.48 Nr. 34	3386

alte Nr.	neue Nr.	alte Nr.	neue Nr.
49.48 Nr. 35	3387	49.48 Nr. 81	3432
49.48 Nr. 36	3388	49.48 Nr. 82	3433
49.48 Nr. 37	3389	49.48 Nr. 83	3434
49.48 Nr. 38	3390	49.48 Nr. 84	3435
49.48 Nr. 39	3391	49.48 Nr. 85	3436
49.48 Nr. 40	3392	49.48 Nr. 86	3437
49.48 Nr. 41	3393	49.48 Nr. 87	3438
49.48 Nr. 42	3394	49.48 Nr. 89	3439
49.48 Nr. 43	3395	49.48 Nr. 90	3440
49.48 Nr. 44	3396	49.48 Nr. 91	3441
49.48 Nr. 45	3397	49.48 Nr. 92	3442
49.48 Nr. 46	3398	49.48 Nr. 93	3443
49.48 Nr. 47	3399	49.48 Nr. 94	3444
49.48 Nr. 48	3400	49.48 Nr. 95	3445
49.48 Nr. 49	3401	49.48 Nr. 96	3446
49.48 Nr. 50	3402	49.48 Nr. 97	3447
49.48 Nr. 51	3403	49.48 Nr. 98	3448
49.48 Nr. 52	3404	49.48 Nr. 99	3449
49.48 Nr. 54	3405	49.48 Nr. 100	3450
49.48 Nr. 55	3406	49.48 Nr. 101	3451
49.48 Nr. 56	3407	49.48 Nr. 102	3452
49.48 Nr. 57	3408	49.48 Nr. 104	3453
49.48 Nr. 58	3409	49.48 Nr. 105	3454
49.48 Nr. 59	3410	49.48 Nr. 106	3455
49.48 Nr. 60	3411	49.48 Nr. 107	3456
49.48 Nr. 61	3412	49.48 Nr. 108	3457
49.48 Nr. 62	3413	49.48 Nr. 109	3458
49.48 Nr. 63	3414	49.49 Nr. 1 (1-33)	3459
49.48 Nr. 64	3415	49.49 Nr. 1 (34-49)	3460
49.48 Nr. 65	3416	49.49 Nr. 1 (50-70)	3461
49.48 Nr. 66	3417	49.49 Nr. 1 (71-87)	3462
49.48 Nr. 67	3418	49.49 Nr. 1 (88-97)	3463
49.48 Nr. 68	3419	49.49 Nr. 1 (95-102)	3464
49.48 Nr. 69	3420	49.49 Nr. 1 (103-115)	3465
49.48 Nr. 70	3421	49.49 Nr. 1 (116-133)	3466
49.48 Nr. 71	3422	49.49 Nr. 1 (134-150)	3467
49.48 Nr. 72	3423	49.49 Nr. 1 (151-158, 160-168)	3468
49.48 Nr. 73	3424	49.49 Nr. 1 (159)	3469
49.48 Nr. 74	3425	49.49 Nr. 1 (169-192)	3470
49.48 Nr. 75	3426	49.49 Nr. 1 (193-210)	3471
49.48 Nr. 76	3427	49.49 Nr. 2	3472
49.48 Nr. 77	3428	49.49 Nr. 3	3473
49.48 Nr. 78	3429	49.49 Nr. 4	3474
49.48 Nr. 79	3430	49.49 Nr. 5	3475
49.48 Nr. 80	3431	49.49 Nr. 6	3476

alte Nr.	neue Nr.	alte Nr.	neue Nr.
49.49 Nr. 7	3477	49.49 Nr. 50	3523
49.49 Nr. 8	3478	49.49 Nr. 51	3524
49.49 Nr. 9	3479	49.49 Nr. 52	3525
49.49 Nr. 10	3480	49.49 Nr. 53	3526
49.49 Nr. 11 Fasz. 1-8	3481	49.49 Nr. 54	3527
49.49 Nr. 11 Fasz. 9-40	3482	49.49 Nr. 55	3528
49.49 Nr. 12 Fasz. 4-7	3483	49.49 Nr. 56	3529
49.49 Nr. 12 Fasz. 8-21	3484	49.49 Nr. 57	3530
49.49 Nr. 13	3485	49.49 Nr. 58	3531
49.49 Nr. 14	3486	49.49 Nr. 59	3532
49.49 Nr. 15	3487	49.49 Nr. 60	3533
49.49 Nr. 16	3488	49.49 Nr. 61	3534
49.49 Nr. 17	3489	49.49 Nr. 62	3535
49.49 Nr. 18	3490	49.49 Nr. 63	3536
49.49 Nr. 19	3491	49.49 Nr. 64	3537
49.49 Nr. 20	3492	49.49 Nr. 65	3538
49.49 Nr. 21	3493	49.49 Nr. 67	3539
49.49 Nr. 22	3494	49.49 Nr. 68	3540
49.49 Nr. 23	3496	49.49 Nr. 69	3541
49.49 Nr. 24	3497	49.49 Nr. 70	3542
49.49 Nr. 25	3498	49.49 Nr. 71	3543
49.49 Nr. 26	3499	49.49 Nr. 72	3544
49.49 Nr. 27	3500	49.49 Nr. 73	3545
49.49 Nr. 28	3501	49.49 Nr. 74	3546
49.49 Nr. 29	3502	49.49 Nr. 75	3547
49.49 Nr. 30	3503	49.49 Nr. 76	3548
49.49 Nr. 31	3504	49.49 Nr. 77	3549
49.49 Nr. 32	3505	49.49 Nr. 78	3550
49.49 Nr. 33	3506	49.49 Nr. 79	3551
49.49 Nr. 34	3507	49.49 Nr. 80	3552
49.49 Nr. 35	3508	49.49 Nr. 81	3553
49.49 Nr. 36	3509	49.49 Nr. 82	3554
49.49 Nr. 37	3510	49.49 Nr. 83	3555
49.49 Nr. 38	3511	49.49 Nr. 84	3556
49.49 Nr. 39	3512	49.49 Nr. 85	3557
49.49 Nr. 40	3513	49.49 Nr. 86	3558
49.49 Nr. 41	3514	49.49 Nr. 87	3559
49.49 Nr. 42	3515	49.49 Nr. 88	3560
49.49 Nr. 43	3516	49.49 Nr. 89	3561
49.49 Nr. 44	3517	49.49 Nr. 90	3562
49.49 Nr. 45	3518	49.50 Nr. 1 (1-15)	3563
49.49 Nr. 46	3519	49.50 Nr. 1 (16-31)	3564
49.49 Nr. 47	3520	49.50 Nr. 1 (32-46)	3565
49.49 Nr. 48	3521	49.50 Nr. 1 (47-63)	3566
49.49 Nr. 49	3522	49.50 Nr. 1 (64-75)	3567

alte Nr.	neue Nr.	alte Nr.	neue Nr.
49.50 Nr. 1 (76-84)	3568	49.50 Nr. 42	3613
49.50 Nr. 1 (85-101)	3569	49.50 Nr. 43	3614
49.50 Nr. 1 (102-119)	3570	49.50 Nr. 44	3615
49.50 Nr. 1 (120-135)	3571	49.50 Nr. 45	3616
49.50 Nr. 1 (136-163)	3572	49.50 Nr. 46	3617
49.50 Nr. 2	3573	49.50 Nr. 47	3618
49.50 Nr. 3	3574	49.50 Nr. 48	3619
49.50 Nr. 4	3575	49.50 Nr. 49	3620
49.50 Nr. 5	3576	49.50 Nr. 50	3621
49.50 Nr. 6	3577	49.50 Nr. 51	3622
49.50 Nr. 7	3578	49.50 Nr. 52	3623
49.50 Nr. 8	3579	49.50 Nr. 53	3624
49.50 Nr. 9	3580	49.50 Nr. 54	3625
49.50 Nr. 10	3581	49.50 Nr. 55	3626
49.50 Nr. 11	3582	49.50 Nr. 56	3627
49.50 Nr. 12	3583	49.50 Nr. 57	3628
49.50 Nr. 13	3584	49.51 Nr. 1 (1-15)	3629
49.50 Nr. 14	3585	49.51 Nr. 1 (16-29)	3630
49.50 Nr. 15	3586	49.51 Nr. 1 a (2-20)	3631
49.50 Nr. 16	3587	49.51 Nr. 1 a (21-35)	3632
49.50 Nr. 17	3588	49.51 Nr. 2 (1-20)	3633
49.50 Nr. 18	3589	49.51 Nr. 2 (21-40)	3634
49.50 Nr. 19	3590	49.51 Nr. 2 (41-45, 47-51)	3635
49.50 Nr. 20	3591	49.51 Nr. 2 (46)	3636
49.50 Nr. 21	3592	49.51 Nr. 2 (52-62)	3637
49.50 Nr. 22	3593	49.51 Nr. 2 (63-80)	3638
49.50 Nr. 23	3594	49.51 Nr. 2 (81-116)	3639
49.50 Nr. 24	3595	49.51 Nr. 2 (118-134)	3640
49.50 Nr. 25	3596	49.51 Nr. 2 (135-140)	3641
49.50 Nr. 26	3597	49.51 Nr. 3	3642
49.50 Nr. 27	3598	49.51 Nr. 3 a	3643
49.50 Nr. 28	3599	49.51 Nr. 4	3644
49.50 Nr. 29	3600	49.51 Nr. 4 a	3645
49.50 Nr. 30	3601	49.51 Nr. 5	3646
49.50 Nr. 31	3602	49.51 Nr. 6	3647
49.50 Nr. 32	3603	49.51 Nr. 7	3648
49.50 Nr. 33	3604	49.51 Nr. 8	3649
49.50 Nr. 34	3605	49.51 Nr. 9	3650
49.50 Nr. 35	3606	49.51 Nr. 10 (3-10)	3651
49.50 Nr. 36	3607	49.51 Nr. 10 (11-17)	3652
49.50 Nr. 37	3608	49.51 Nr. 11	3653
49.50 Nr. 38	3609	49.51 Nr. 12	3654
49.50 Nr. 39	3610	49.51 Nr. 12 a	3655
49.50 Nr. 40	3611	49.51 Nr. 13	3656
49.50 Nr. 41	3612	49.51 Nr. 14	3657

alte Nr.	neue Nr.	alte Nr.	neue Nr.
49.51 Nr. 15	3658	49.51 Nr. 62	3703
49.51 Nr. 16	3659	49.51 Nr. 63	3704
49.51 Nr. 17	3660	49.51 Nr. 64	3705
49.51 Nr. 18	3661	49.51 Nr. 65	3706
49.51 Nr. 19	3662	49.51 Nr. 66	3707
49.51 Nr. 20	3663	49.51 Nr. 67	3708
49.51 Nr. 22	3664	49.51 Nr. 68	3709
49.51 Nr. 23	3665	49.51 Nr. 69	3710
49.51 Nr. 24	3666	49.51 Nr. 70	3711
49.51 Nr. 25	3667	49.51 Nr. 71	3712
49.51 Nr. 26	3668	49.51 Nr. 72	3713
49.51 Nr. 27	3669	49.51 Nr. 73	3714
49.51 Nr. 28	3670	49.51 Nr. 74	3715
49.51 Nr. 29	3671	49.51 Nr. 75	3716
49.51 Nr. 30	3672	49.51 Nr. 76	3717
49.51 Nr. 31	3673	49.51 Nr. 77	3718
49.51 Nr. 32	3674	49.51 Nr. 78	3719
49.51 Nr. 34	3675	49.51 Nr. 79	3720
49.51 Nr. 35	3676	49.51 Nr. 80	3721
49.51 Nr. 36	3677	49.51 Nr. 81	3722
49.51 Nr. 37	3678	49.51 Nr. 82	3723
49.51 Nr. 38	3679	49.51 Nr. 83	3724
49.51 Nr. 39	3680	49.51 Nr. 84	3725
49.51 Nr. 40	3681	49.51 Nr. 85	3726
49.51 Nr. 41	3682	49.51 Nr. 86	3727
49.51 Nr. 42	3683	49.51 Nr. 87	3728
49.51 Nr. 43	3684	49.52 Nr. 1 (1-21)	3729
49.51 Nr. 44	3685	49.52 Nr. 1 (22-40)	3730
49.51 Nr. 45	3686	49.52 Nr. 1 (41-51)	3731
49.51 Nr. 46	3687	49.52 Nr. 1 (52-69)	3732
49.51 Nr. 47	3688	49.52 Nr. 1 (70-80)	3733
49.51 Nr. 48	3689	49.52 Nr. 1 (81-86)	3734
49.51 Nr. 49	3690	49.52 Nr. 1 (87-99)	3735
49.51 Nr. 50	3691	49.52 Nr. 1 (100-113)	3736
49.51 Nr. 51	3692	49.52 Nr. 1 (114-122)	3737
49.51 Nr. 52	3693	49.52 Nr. 1 (123-126, 129)	3738
49.51 Nr. 53	3694	49.52 Nr. 1 (128)	3739
49.51 Nr. 54	3695	49.52 Nr. 1 (128)	3740
49.51 Nr. 55	3696	49.52 Nr. 1 (130-138)	3741
49.51 Nr. 56	3697	49.52 Nr. 1 (139-153)	3742
49.51 Nr. 57	3698	49.52 Nr. 1 (154-175)	3743
49.51 Nr. 58	3699	49.52 Nr. 1 8176-200)	3744
49.51 Nr. 59	3700	49.52 Nr. 2 I	3745
49.51 Nr. 60	3701	49.52 Nr. 2 II	3746
49.51 Nr. 61	3702	49.52 Nr. 3	3747

alte Nr.	neue Nr.	alte Nr.	neue Nr.
49.52 Nr. 4	3748	49.52 Nr. 66	3793
49.52 Nr. 5	3749	49.52 Nr. 67	3794
49.52 Nr. 7	3750	49.52 Nr. 68	3795
49.52 Nr. 8	3751	49.52 Nr. 69	3796
49.52 Nr. 9	3752	49.52 Nr. 71	3797
49.52 Nr. 10 (1-4)	3753	49.52 Nr. 72	3798
49.52 Nr. 10 (5-14)	3754	49.52 Nr. 73	3799
49.52 Nr. 10 (15-28)	3755	49.52 Nr. 74	3800
49.52 Nr. 11	3756	49.52 Nr. 75	3801
49.52 Nr. 12	3757	49.52 Nr. 76	3802
49.52 Nr. 13	3758	49.52 Nr. 79	3803
49.52 Nr. 15	3759	49.52 Nr. 80	3804
49.52 Nr. 17	3760	49.52 Nr. 81	3805
49.52 Nr. 18	3761	49.52 Nr. 82	3806
49.52 Nr. 19	3762	49.52 Nr. 83	3807
49.52 Nr. 20	3763	49.52 Nr. 85	3808
49.52 Nr. 22	3764	49.52 Nr. 86	3809
49.52 Nr. 24	3765	49.52 Nr. 89	3810
49.52 Nr. 26	3766	49.52 Nr. 90	3811
49.52 Nr. 29	3767	49.52 Nr. 92	3812
49.52 Nr. 30	3768	49.52 Nr. 93	3813
49.52 Nr. 32	3769	49.53 Nr. 6	3814
49.52 Nr. 34	3770	49.53 Nr. 24	3815
49.52 Nr. 35	3771	49.54 Nr. 393 (40-58)	3816
49.52 Nr. 36	3772	49.54 Nr. 393 (60-61, 63-67)	3817
49.52 Nr. 37	3773	49.54 Nr. 393 (62)	3818
49.52 Nr. 38	3774	49.54 Nr. 393 (68-79)	3819
49.52 Nr. 39	3775	49.54 Nr. 393 (81-105)	3820
49.52 Nr. 41	3776	49.54 Nr. 393 (107-123)	3821
49.52 Nr. 44	3777	49.54 Nr. 393 (124-134)	3822
49.52 Nr. 47	3778	49.54 Nr. 469	3823
49.52 Nr. 48	3779	49.54 Nr. 474	3824
49.52 Nr. 50	3780	49.54 Nr. 477	3825
49.52 Nr. 51	3781	49.54 Nr. 501	3826
49.52 Nr. 52	3782	49.54 Nr. 520	3827
49.52 Nr. 53	3783	49.54 Nr. 524	3828
49.52 Nr. 54	3784	49.54 Nr. 530	3829
49.52 Nr. 55	3785	49.54 Nr. 531	3830
49.52 Nr. 56	3786	49.54 Nr. 533	3831
49.52 Nr. 57	3787	49.54 Nr. 540	3832
49.52 Nr. 59	3788	49.54 Nr. 563	3833
49.52 Nr. 62	3789	49.54 Nr. 607	3834
49.52 Nr. 63	3790	49.54 Nr. 610	3835
49.52 Nr. 64	3791	49.54 Nr. 672	3836
49.52 Nr. 65	3792	49.54 Nr. 690	3837

alte Nr.	neue Nr.	alte Nr.	neue Nr.
49.54 Nr. 692	3838	49.54 Nr. 737	3883
49.54 Nr. 693	3839	49.54 Nr. 738	3884
49.54 Nr. 694	3840	49.54 Nr. 739	3885
49.54 Nr. 695	3841	49.54 Nr. 740	3886
49.54 Nr. 696	3842	49.54 Nr. 741	3887
49.54 Nr. 697	3843	49.54 Nr. 742	3888
49.54 Nr. 698	3844	49.54 Nr. 743	3889
49.54 Nr. 700	3845	49.54 Nr. 744	3890
49.54 Nr. 701	3846	49.54 Nr. 745	3891
49.54 Nr. 702	3847	49.54 Nr. 746	3892
49.54 Nr. 703	3848	49.54 Nr. 747	3893
49.54 Nr. 704	3849	49.54 Nr. 748	3894
49.54 Nr. 705	3850	49.54 Nr. 749	3895
49.54 Nr. 706	3851	49.54 Nr. 750	3896
49.54 Nr. 707	3852	49.54 Nr. 751	3897
49.54 Nr. 708	3853	49.54 Nr. 752	3898
49.54 Nr. 709 (1-9)	3854	49.54 Nr. 753	3899
49.54 Nr. 709 (10-23)	3855	49.54 Nr. 754	3900
49.54 Nr. 709 (24-32)	3856	49.54 Nr. 755	3901
49.54 Nr. 710	3857	49.54 Nr. 756	3902
49.54 Nr. 711	3858	49.54 Nr. 757	3903
49.54 Nr. 712	3859	49.54 Nr. 758	3904
49.54 Nr. 713	3860	49.54 Nr. 759	3905
49.54 Nr. 714	3861	49.54 Nr. 760	3906
49.54 Nr. 715	3862	49.54 Nr. 761	3907
49.54 Nr. 716	3863	49.54 Nr. 762	3908
49.54 Nr. 717	3864	49.54 Nr. 763 (1-3)	3909
49.54 Nr. 718	3865	49.54 Nr. 763 (4-25)	3910
49.54 Nr. 719	3866	49.54 Nr. 764	3911
49.54 Nr. 720	3867	49.54 Nr. 765	3912
49.54 Nr. 722	3868	49.54 Nr. 766	3913
49.54 Nr. 723	3869	49.54 Nr. 767	3914
49.54 Nr. 724	3870	49.54 Nr. 768	3915
49.54 Nr. 725	3871	49.54 Nr. 769	3916
49.54 Nr. 726	3872	49.54 Nr. 770	3917
49.54 Nr. 727	3873	49.54 Nr. 771	3918
49.54 Nr. 728	3874	49.54 Nr. 772	3919
49.54 Nr. 729	3875	49.54 Nr. 773	3920
49.54 Nr. 730	3876	49.54 Nr. 774	3921
49.54 Nr. 731	3877	49.54 Nr. 775	3922
49.54 Nr. 732	3878	49.54 Nr. 776	3923
49.54 Nr. 733	3879	49.54 Nr. 777	3924
49.54 Nr. 734	3880	49.54 Nr. 778	3925
49.54 Nr. 735	3881	49.54 Nr. 779	3926
49.54 Nr. 736	3882	49.54 Nr. 780	3927

alte Nr.	neue Nr.
49.54 Nr. 781	3928
49.54 Nr. 782	3929
49.54 Nr. 783	3930
49.54 Nr. 784	3931
49.54 Nr. 785	3932
49.54 Nr. 786	3933
49.54 Nr. 787	3934
49.54 Nr. 788	3935
49.54 Nr. 789	3936
49.54 Nr. 790	3937
49.54 Nr. 791	3939
49.54 Nr. 792	3939
49.55 Nr. 104	3940
49.55 Nr. 172	3941
49.55 Nr. 217 (111-124)	3942
49.55 Nr. 217 (125-140)	3943
49.55 Nr. 217 (141-160)	3944
49.55 Nr. 217 (164-175)	3945
49.55 Nr. 217 (176-189)	3946
49.55 Nr. 237	3947
49.55 Nr. 244 I	3948
49.55 Nr. 244 II	3949
49.55 Nr. 256	3950
49.55 Nr. 276	3951
49.55 Nr. 291	3952
49.55 Nr. 322	3953
49.55 Nr. 332	3954
49.55 Nr. 337	3955
49.55 Nr. 357	3956
49.55 Nr. 368	3957
49.55 Nr. 369	3958
49.55 Nr. 370	3959
49.55 Nr. 371	3960
49.55 Nr. 372	3961
49.55 Nr. 373 (1-5)	3962
49.55 Nr. 373 (6-9)	3963
49.55 Nr. 374	3964
49.55 Nr. 375	3965
49.55 Nr. 376	3966
49.55 Nr. 378	3967
49.55 Nr. 380	3968
49.55 Nr. 381	3969
49.55 Nr. 383	3970
49.55 Nr. 389	3971
49.55 Nr. 393	3972

alte Nr.	neue Nr.
49.55 Nr. 395	3973
49.55 Nr. 397	3974
49.55 Nr. 398	3975
49.55 Nr. 399	3976
49.55 Nr. 401	3977
49.55 Nr. 402	3978
49.55 Nr. 405	3979
49.55 Nr. 406	3980
49.55 Nr. 407	3981
49.55 Nr. 408	3982
49.55 Nr. 409	3983
49.55 Nr. 412	3984
49.55 Nr. 414	3985
49.55 Nr. 419	3986
49.55 Nr. 422	3987
49.55 Nr. 423	3988
49.55 Nr. 425	3989
49.55 Nr. 426	3990
49.55 Nr. 427	3991
49.55 Nr. 428	3992
49.55 Nr. 429	3993
49.55 Nr. 430	3994
49.55 Nr. 431	3995
49.55 Nr. 434	3996
49.55 Nr. 435	3997
49.55 Nr. 436	3998
49.55 Nr. 437	3999
49.55 Nr. 438	4000
49.55 Nr. 439	4001
49.55 Nr. 440	4002
49.55 Nr. 441	4003
49.56 Nr. 99	4004
49.56 Nr. 102	4005
49.56 Nr. 118 I	4006
49.56 Nr. 118 II	4007
49.56 Nr. 179	4008
49.56 Nr. 196	4009
49.56 Nr. 198	4010
49.56 Nr. 199 (91-95)	4011
49.56 Nr. 199 (97-111)	4012
49.56 Nr. 199 (112-125)	4013
49.56 Nr. 199 (126-148)	4014
49.56 Nr. 199 (149-159)	4015
49.56 Nr. 199 (160-176)	4016
49.56 Nr. 199 (177-183)	4017

alte Nr.	neue Nr.	alte Nr.	neue Nr.
49.56 Nr. 204	4018	49.56 Nr. 400	4063
49.56 Nr. 248	4019	49.56 Nr. 401	4064
49.56 Nr. 261	4020	49.56 Nr. 402	4065
49.56 Nr. 276	4021	49.56 Nr. 403	4066
49.56 Nr. 280	4022	49.56 Nr. 404	4067
49.56 Nr. 288	4023	49.56 Nr. 405	4068
49.56 Nr. 302	4024	49.56 Nr. 406	4069
49.56 Nr. 309	4025	49.56 Nr. 407	4070
49.56 Nr. 329	4026	49.56 Nr. 408	4071
49.56 Nr. 338	4027	49.56 Nr. 409	4072
49.56 Nr. 339	4028	49.56 Nr. 410	4073
49.56 Nr. 361	4029	49.56 Nr. 411	4074
49.56 Nr. 364	4030	49.56 Nr. 412	4075
49.56 Nr. 368	4031	49.56 Nr. 413	4076
49.56 Nr. 369	4032	49.56 Nr. 414	4077
49.56 Nr. 370	4033	49.56 Nr. 415	4078
49.56 Nr. 372	4034	49.56 Nr. 416	4079
49.56 Nr. 373	4035	49.56 Nr. 417	4080
49.56 Nr. 374	4036	49.56 Nr. 418	4081
49.56 Nr. 375	4037	49.56 Nr. 419	4082
49.56 Nr. 376	4038	49.56 Nr. 420	4083
49.56 Nr. 377	4039	49.56 Nr. 422	4084
49.56 Nr. 378 (1-9)	4040	49.56 Nr. 423	4085
49.56 Nr. 378 (10-34)	4041	49.56 Nr. 424	4086
49.56 Nr. 379	4042	49.56 Nr. 425	4087
49.56 Nr. 380	4043	49.56 Nr. 426	4088
49.56 Nr. 381	4044	49.56 Nr. 427	4089
49.56 Nr. 382	4045	49.56 Nr. 428	4090
49.56 Nr. 383	4046	49.57 Nr. 161	4091
49.56 Nr. 384	4047	49.57 Nr. 171	4092
49.56 Nr. 385	4048	49.57 Nr. 255 (97)	4093
49.56 Nr. 386	4049	49.57 Nr. 255 (98-102)	4094
49.56 Nr. 387	4050	49.57 Nr. 255 (104-112)	4095
49.56 Nr. 388	4051	49.57 Nr. 255 (113-118)	4096
49.56 Nr. 389	4052	49.57 Nr. 255 (119-126, 131	4097
49.56 Nr. 390	4053	49.57 Nr. 255 (127-128)	4098
49.56 Nr. 391	4054	49.57 Nr. 255 (132-143)	4099
49.56 Nr. 392	4055	49.57 Nr. 255 (144-161)	4100
49.56 Nr. 393	4056	49.57 Nr. 255 (162-180)	4101
49.56 Nr. 394	4057	49.57 Nr. 255 (181-206)	4102
49.56 Nr. 395	4058	49.57 Nr. 255 (209-236)	4103
49.56 Nr. 396	4059	49.57 Nr. 286	4104
49.56 Nr. 397	4060	49.57 Nr. 301	4105
49.56 Nr. 398	4061	49.57 Nr. 338	4106
49.56 Nr. 399	4062	49.57 Nr. 383	4107

alte Nr.	neue Nr.	alte Nr.	neue Nr.
49.57 Nr. 391	4108	49.57 Nr. 505	4153
49.57 Nr. 393	4109	49.57 Nr. 506	4154
49.57 Nr. 402 I	4110	49.57 Nr. 507	4155
49.57 Nr. 402 II	4111	49.57 Nr. 508	4156
49.57 Nr. 451	4112	49.57 Nr. 509	4157
49.57 Nr. 464	4113	49.57 Nr. 510	4158
49.57 Nr. 468	4114	49.57 Nr. 511	4159
49.57 Nr. 471	4115	49.57 Nr. 512	4160
49.57 Nr. 473	4116	49.57 Nr. 513	4161
49.57 Nr. 474	4117	49.57 Nr. 514	4162
49.57 Nr. 475	4118	49.57 Nr. 515	4163
49.57 Nr. 476	4119	49.57 Nr. 516	4164
49.57 Nr. 47	4120	49.57 Nr. 517	4165
49.57 Nr. 478 (1-7)	4121	49.57 Nr. 518	4166
49.57 Nr. 478 (8-15)	4122	49.57 Nr. 519	4167
49.57 Nr. 478 (16-32)	4123	49.57 Nr. 520	4168
49.57 Nr. 478 (33-40, 42-43)	4124	49.57 Nr. 521	4169
49.57 Nr. 478 (41, 44-59)	4125	49.57 Nr. 522	4170
49.57 Nr. 479	4126	49.57 Nr. 523	4171
49.57 Nr. 480	4127	49.57 Nr. 524	4172
49.57 Nr. 481	4128	49.57 Nr. 525	4173
49.57 Nr. 482	4129	49.57 Nr. 526	4174
49.57 Nr. 483	4130	49.58 Nr. 199	4175
49.57 Nr. 484	4131	49.58 Nr. 219 (10-35)	4176
49.57 Nr. 485	4132	49.58 Nr. 219 (36-43)	4177
49.57 Nr. 486	4133	49.58 Nr. 219 (44-62)	4178
49.57 Nr. 486 a	4134	49.58 Nr. 219 (63-76)	4179
49.57 Nr. 487	4135	49.58 Nr. 219 (77-88, 90-94)	4180
49.57 Nr. 488	4136	49.58 Nr. 219 (89, 95-97)	4181
49.57 Nr. 489	4137	49.58 Nr. 219 (100-121)	4182
49.57 Nr. 490	4138	49.58 Nr. 222	4183
49.57 Nr. 491	4139	49.58 Nr. 239	4184
49.57 Nr. 492	4140	49.58 Nr. 250 I	4185
49.57 Nr. 493	4141	49.58 Nr. 250 II	4186
49.57 Nr. 494	4142	49.58 Nr. 316	4187
49.57 Nr. 495	4143	49.58 Nr. 317	4188
49.57 Nr. 496	4144	49.58 Nr. 348	4189
49.57 Nr. 497	4145	49.58 Nr. 361	4190
49.57 Nr. 498	4146	49.58 Nr. 371	4191
49.57 Nr. 499	4147	49.58 Nr. 372	4192
49.57 Nr. 500	4148	49.58 Nr. 373	4193
49.57 Nr. 501	4149	49.58 Nr. 374	4194
49.57 Nr. 502	4150	49.58 Nr. 375	4195
49.57 Nr. 503	4151	49.58 Nr. 376	4196
49.57 Nr. 504	4152	49.58 Nr. 377	4197

alte Nr.	neue Nr.	alte Nr.	neue Nr.
49.58 Nr. 378	4198	49.58 Nr. 424	4243
49.58 Nr. 379	4199	49.58 Nr. 425	4244
49.58 Nr. 380	4200	49.58 Nr. 426	4245
49.58 Nr. 381	4201	49.58 Nr. 427	4246
49.58 Nr. 383	4202	49.58 Nr. 428	4247
49.58 Nr. 384	4203	49.59 Nr. 43	4248
49.58 Nr.385	4204	49.59 Nr. 61	4249
49.58 Nr. 386	4205	49.59 Nr. 105	4250
49.58 Nr. 387	4206	49.59 Nr. 107 (122-130)	4251
49.58 Nr. 388	4207	49.59 Nr. 107 (131-156)	4252
49.58 Nr. 389	4208	49.59 Nr. 107 (158-171)	4253
49.58 Nr. 390	4209	49.59 Nr. 107 (173-194)	4254
49.58 Nr. 391	4210	49.59 Nr. 109	4255
49.58 Nr. 392	4211	49.59 Nr. 132	4256
49.58 Nr. 393	4212	49.59 Nr. 140	4257
49.58 Nr. 394	4213	49.59 Nr. 150	4258
49.58 Nr. 395	4214	49.59 Nr. 155	4259
49.58 Nr. 396	4215	49.59 Nr. 161	4260
49.58 Nr. 397	4216	49.59 Nr. 179	4261
49.58 Nr. 397 a	4217	49.59 Nr. 206	4262
49.58 Nr. 398	4218	49.59 Nr. 211	4263
49.58 Nr. 399	4219	49.59 Nr. 214	4264
49.58 Nr. 400	4220	49.59 Nr. 221	4265
49.58 Nr. 401	4221	49.59 Nr. 230	4266
49.58 Nr. 402	4222	49.59 Nr. 232	4267
49.58 Nr. 403	4223	49.59 Nr. 233	4268
49.58 Nr. 404	4224	49.59 Nr. 234	4269
49.58 Nr. 405	4225	49.59 Nr. 235	4270
49.58 Nr. 406	4226	49.59 Nr. 236	4271
49.58 Nr. 407	4227	49.59 Nr. 237	4272
49.58 Nr. 408	4228	49.59 Nr. 238	4273
49.58 Nr. 409	4229	49.59 Nr. 239	4274
49.58 Nr. 410	4230	49.59 Nr. 240	4275
49.58 Nr. 411	4231	49.59 Nr. 241	4276
49.58 Nr. 412	4232	49.59 Nr. 242	4277
49.58 Nr. 413	4233	49.59 Nr. 243	4278
49.58 Nr. 414	4234	49.59 Nr. 244	4279
49.58 Nr. 415	4235	49.59 Nr. 245	4280
49.58 Nr. 416	4236	49.59 Nr. 246	4281
49.58 Nr. 417	4237	49.59 Nr. 247	4282
49.58 Nr. 418	4238	49.59 Nr. 248	4283
49.58 Nr. 419	4239	49.59 Nr. 249	4284
49.58 Nr. 420	4240	49.59 Nr. 250	4285
49.58 Nr. 421	4241	49.59 Nr. 251	4286
49.58 Nr. 422	4242	49.59 Nr. 252	4287

alte Nr.	neue Nr.	alte Nr.	neue Nr.
49.59 Nr. 253	4288	49.60 Nr. 352 (24-161)	4333
49.59 Nr. 254	4289	49.60 Nr. 352 (164-180)	4334
49.59 Nr. 255	4290	49.60 Nr. 352 (181-200)	4335
49.59 Nr. 256	4291	49.60 Nr. 352 (201-212)	4336
49.59 Nr. 257	4292	49.60 Nr. 354 (1-118)	4337
49.59 Nr. 258	4293	49.60 Nr. 354 (119-138)	4338
49.59 Nr. 259	4294	49.60 Nr. 354 (139-157)	4339
49.59 Nr. 260	4295	49.60 Nr. 354 (158-178)	4340
49.59 Nr. 262	4296	49.60 Nr. 355	4341
49.59 Nr. 264	4297	49.61 Nr. 2	4342
49.59 Nr. 265	4298	49.61 Nr. 32	4343
49.59 Nr. 266	4299	49.61 Nr. 48	4344
49.59 Nr. 267	4300	49.61 Nr. 51	4345
49.59 Nr. 268	4301	49.61 Nr. 63 (1-23)	4346
49.59 Nr. 269	4302	49.61 Nr. 63 (24-26)	4347
49.59 Nr. 270	4303	49.61 Nr. 75	4348
49.59 Nr. 271	4304	49.61 Nr. 103	4349
49.59 Nr. 272	4305	49.61 Nr. 116	4350
49.59 Nr. 273	4306	49.61 Nr. 152	4351
49.59 Nr. 274	4307	49.61 Nr. 153	4352
49.59 Nr. 275	4308	49.61 Nr. 214	4353
49.59 Nr. 276	4309	49.61 Nr. 234	4354
49.59 Nr. 277	4310	49.61 Nr. 247	4355
49.59 Nr. 278	4311	49.61 Nr. 252 (1-145)	4356
49.59 Nr. 279	4312	49.61 Nr. 252 (146-290)	4357
49.59 Nr. 280	4313	49.61 Nr. 252 (291-439)	4358
49.59 Nr. 281	4314	49.61 Nr. 252 (440-520)	4359
49.59 Nr. 282	4315	49.61 Nr. 252 (521-587)	4360
49.59 Nr. 283	4316	49.61 Nr. 252 (588-672)	4361
49.59 Nr. 284	4317	49.61 Nr. 253	4362
49.59 Nr. 285	4318	49.61 Nr. 254	4363
49.59 Nr. 286	4319	49.61 Nr. 255	4364
49.59 Nr. 288	4320	49.61 Nr. 256	4365
49.59 Nr. 289	4321	49.61 Nr. 257	4366
49.59 Nr. 290	4322	49.61 Nr. 258	4367
49.59 Nr. 291	4323	49.61 Nr. 259	4368
49.59 Nr. 292	4324	49.61 Nr. 260	4369
49.59 Nr. 293	4325	49.61 Nr. 261	4370
49.60 Nr. 121 a	4326	49.61 Nr. 262	4371
49.60 Nr. 133	4327	49.61 Nr. 263	4372
49.60 Nr. 179	4328	49.61 Nr. 264	4373
49.60 Nr. 212	4329	49.61 Nr. 265	4374
49.60 Nr. 351 I	4330	49.61 Nr. 266	4375
49.60 Nr. 351 II	4331	49.61 Nr. 267	4376
49.60 Nr. 352 (1-23)	4332	49.61 Nr. 268	4377

alte Nr.	neue Nr.
49.61 Nr. 269	4378
49.61 Nr. 270	4379
49.61 Nr. 271	4380
49.61 Nr. 272	4381
49.61 Nr. 273	4382
49.61 Nr. 274	4383
49.61 Nr. 275	4384
49.61 Nr. 276	4385
49.61 Nr. 277	4386
49.61 Nr. 278	4387
49.61 Nr. 279	4388
49.61 Nr. 280	4389
49.61 Nr. 281	4390
49.61 Nr. 282	4391
49.61 Nr. 283	4392
49.61 Nr. 284	4393
49.61 Nr. 285	4394
49.61 Nr. 286	4395
49.61 Nr. 286 a	4396
49.61 Nr. 287	4397
49.61 Nr. 288	4398
49.61 Nr. 289	4399
49.61 Nr. 290	4400
49.61 Nr. 291	4401
49.61 Nr. 292	4402
49.61 Nr. 293	4403
49.61 Nr. 294	4404
49.61 Nr. 295	4405
49.61 Nr. 296	4406
49.61 Nr. 297	4407
49.61 Nr. 298	4408
49.61 Nr. 299	4409
49.62 Nr. 1	4410
49.62 Nr. 20 (1-30)	4411
49.62 Nr. 20 (31-185)	4412
49.62 Nr. 20 (186-208)	4413
49.62 Nr. 20 (209-216)	4414
49.62 Nr. 20 (217-229)	4415
49.62 Nr. 20 (230-249)	4416
49.62 Nr. 20 (250-259)	4417
49.62 Nr. 73	4418
49.62 Nr. 135	4419
49.62 Nr. 126	4420
49.62 Nr. 143	4421
49.62 Nr. 151	4422
49.62 Nr. 152	4423
49.62 Nr. 153	4424
49.62 Nr. 172	4425
49.62 Nr. 179	4426
49.62 Nr. 182	4427
49.62 Nr. 211	4428
49.62 Nr. 213	4429
49.62 Nr. 214	4430
49.62 Nr. 215	4431
49.62 Nr. 216	4432
49.62 Nr. 217 (1-8)	4433
49.62 Nr. 217 (9-27)	4434
49.62 Nr. 217 (28-40)	4435
49.62 Nr. 218	4436
49.62 Nr. 219	4437
49.62 Nr. 220	4438
49.62 Nr. 221	4439
49.62 Nr. 224	4440
49.62 Nr. 226	4441
49.62 Nr. 227	4442
49.62 Nr. 228	4443
49.62 Nr. 229	4444
49.62 Nr. 230	4445
49.62 Nr. 230 a	4446
49.62 Nr. 231	4447
49.62 Nr. 232	4448
49.62 Nr. 233	4449
49.62 Nr. 234	4450
49.62 Nr. 235	4451
49.62 Nr. 236	4452
49.62 Nr. 238	4453
49.62 Nr. 239	4454
49.62 Nr. 240	4455
49.62 Nr. 241	4456
49.62 Nr. 242	4457
49.62 Nr. 243	4458
49.62 Nr. 244	4459
49.62 Nr. 245	4460
49.62 Nr. 246	4461
49.62 Nr. 247	4462
49.62 Nr. 248, 249	4463
49.62 Nr. 250	4464
49.62 Nr. 251	4465
49.63 Nr. 1 a (1-70)	4466
49.63 Nr. 1 a (71-94)	4467

alte Nr.	neue Nr.	alte Nr.	neue Nr.
49.63 Nr. 1 a (95-97)	4468	49.63 Nr. 216	4513
49.63 Nr. 1 a (98-125)	4469	49.63 Nr. 217	4514
49.63 Nr. 1 a (126-130)	4470	49.63 Nr. 218	4515
49.63 Nr. 5	4471	49.63 Nr. 219	4516
49.63 Nr. 9	4472	49.63 Nr. 220	4517
49.63 Nr. 10	4473	49.63 Nr. 221	4518
49.63 Nr. 18	4474	49.63 Nr. 222	4519
49.63 Nr. 24	4475	49.63 Nr. 223	4520
49.63 Nr. 28	4476	49.63 Nr. 224	4521
49.63 Nr. 29	4477	49.63 Nr. 225	4522
49.63 Nr. 43	4478	49.63 Nr. 226	4523
49.63 Nr. 49	4479	49.63 Nr. 227	4524
49.63 Nr. 60 (1-42)	4480	49.63 Nr. 228	4525
49.63 Nr. 60 (43-145)	4481	49.63 Nr. 229	4526
49.63 Nr. 62	4482	49.63 Nr. 230	4527
49.63 Nr. 80	4483	49.63 Nr. 231	4528
49.63 Nr. 100	4484	49.63 Nr. 232	4529
49.63 Nr. 101	4485	49.63 Nr. 233	4530
49.63 Nr. 110	4486	49.63 Nr. 235	4531
49.63 Nr. 124	4487	49.63 Nr. 236	4532
49.63 Nr. 125 (1-25)	4488	49.63 Nr. 237	4533
49.63 Nr. 125 (26-90)	4489	49.64 Nr. 17	4534
49.63 Nr. 140 (1-80)	4490	49.64 Nr. 18	4535
49.63 Nr. 140 (81-121)	4491	49.65 Nr. 6 a	4536
49.63 Nr. 145	4492	49.65 Nr. 7	4537
49.63 Nr. 155	4493	49.65 Nr. 8	4538
49.63 Nr. 160	4494	49.65 Nr. 9	4539
49.63 Nr. 174	4495	49.65 Nr. 10 a	4540
49.63 Nr. 177	4496	49.65 Nr. 13	5441
49.63 Nr. 178 (1-70)	4497	49.65 Nr. 14	4542
49.63 Nr. 178 (71-126)	4498	49.65 Nr. 15	4543
49.63 Nr. 202	4499	49.65 Nr. 18	4544
49.63 Nr. 203	4500	49.65 Nr. 18 a	4545
49.63 Nr. 204	4501	49.65 Nr. 20	4546
49.63 Nr. 205	4502	49.65 Nr. 22 a	4547
49.63 Nr. 206	4503	49.65 Nr. 23	4548
49.63 Nr. 207	4504	49.65 Nr. 24	4549
49.63 Nr. 208	4505	49.65 Nr. 26	4550
49.63 Nr. 209	4506	49.65 Nr. 28	4551
49.63 Nr. 210	4507	49.65 Nr. 31	4552
49.63 Nr. 211	4508	49.65 Nr. 32	4553
49.63 Nr. 212	4509	49.65 Nr. 33	4554
49.63 Nr. 213	4510	49.66 Nr. 15	4555
49.63 Nr. 214	4511	49.66 Nr. 18 (1-7)	4556
49.63 Nr. 215	4512	49.66 Nr. 18 (8-25)	4557

alte Nr.	neue Nr.	alte Nr.	neue Nr.
49.66 Nr. 18 (25 a-27)	4558	49.66 Nr. 77	4603
49.66 Nr. 18 (29-34)	4559	49.66 Nr. 78	4604
49.66 Nr. 18 (35-41)	4560	49.67 Nr. 9	4605
49.66 Nr. 18 (42-44)	4561	49.67 Nr. 21	4606
49.66 Nr. 20	4562	49.67 Nr. 23	4607
49.66 Nr. 22	4568	49.67 Nr. 27	4608
49.66 Nr. 23	4569	49.67 Nr. 30	4609
49.66 Nr. 25	4563	49.67 Nr. 35	4610
49.66 Nr. 26	4564	49.67 Nr. 36	4611
49.66 Nr. 27	4565	49.67 Nr. 38	4612
49.66 Nr. 28	4566	49.67 Nr. 42	4613
49.66 Nr. 29 (1-14)	4567	49.67 Nr. 45 (1-38)	4614
49.66 Nr. 29 (15-33)	4570	49.67 Nr. 45 (39-49)	4615
49.66 Nr. 30	4571	49.67 Nr. 47	4616
49.66 Nr. 32	4572	49.67 Nr. 48	4617
49.66 Nr. 33	4573	49.67 Nr. 49	4618
49.66 Nr. 34	4574	49.67 Nr. 50	4619
49.66 Nr. 35	4575	49.67 Nr. 51	4620
49.66 Nr. 37	4576	49.67 Nr. 52	4621
49.66 Nr. 39	4577	49.67 Nr. 53	4622
49.66 Nr. 42	4578	49.67 Nr. 54	4623
49.66 Nr. 45	4579	49.67 Nr. 55	4624
49.66 Nr. 53	4580	49.68 Nr. 9	4625
49.66 Nr. 54	4581	49.68 Nr. 10	4626
49.66 Nr. 55	4582	49.68 Nr. 13	4627
49.66 Nr. 56	4583	49.68 Nr. 14	4628
49.66 Nr. 57	4584	49.68 Nr. 17	4629
49.66 Nr. 58	4585	49.68 Nr. 18	4630
49.66 Nr. 59	4586	49.68 Nr. 20	4631
49.66 Nr. 60	4587	49.68 Nr. 22	4632
49.66 Nr. 61	4588	49.68 Nr. 23	4633
49.66 Nr. 62	4589	49.68 Nr. 25	4634
49.66 Nr. 63	4590	49.68 Nr. 27	4635
49.66 Nr. 64	4591	49.68 Nr. 29	4636
49.66 Nr. 65	4592	49.68 Nr. 33	4637
49.66 Nr. 66	4593	49.68 Nr. 35	4638
49.66 Nr. 67	4594	49.68 Nr. 36	4639
49.66 Nr. 69	4595	49.68 Nr. 37 (1-10 II)	4640
49.66 Nr. 70	4596	49.68 Nr. 37 (10 III-V)	4641
49.66 Nr. 71	4597	49.68 Nr. 38	4642
49.66 Nr. 72	4598	49.68 Nr. 39 (14-95)	4643
49.66 Nr. 73	4599	49.68 Nr. 39 (101-495)	4644
49.66 Nr. 74	4600	49.68 Nr. 39 (497-770)	4645
49.66 Nr. 75	4601	49.68 Nr. 40	4646
49.66 Nr. 76	4602	49.68 Nr. 41	4647

alte Nr.	neue Nr.	alte Nr.	neue Nr.
49.68 Nr. 42	4648	49.69 Nr. 45	4693
49.68 Nr. 43 (1-54)	4649	49.69 Nr. 47	4694
49.68 Nr. 43 (55, 1-52)	4650	49.69 Nr. 48	4695
49.68 Nr. 43 (55, 53-69)	4651	49.69 Nr. 49	4696
49.68 Nr. 43 (57-75)	4652	49.69 Nr. 50	4697
49.68 Nr. 43 (76-170)	4653	49.69 Nr. 52	4698
49.68 Nr. 43 (171-182)	4654	49.69 Nr. 53	4699
49.68 Nr. 44	4655	49.69 Nr. 54	4700
49.68 Nr. 45	4656	49.69 Nr. 55	4701
49.68 Nr. 46	4657	49.69 Nr. 56	4702
49.68 Nr. 47	4658	49.69 Nr. 57	4703
49.68 Nr. 49	4659	49.69 Nr. 58	4704
49.68 Nr. 50	4660	49.69 Nr. 59	4705
49.68 Nr. 51	4661	49.69 Nr. 60	4706
49.68 Nr. 52	4662	49.69 Nr. 61	4707
49.68 Nr. 53	4663	49.70 Nr. 7	4708
49.68 Nr. 54	4664	49.70 Nr. 8	4709
49.68 Nr. 55	4665	49.70 Nr. 9	4710
49.68 Nr. 56	4666	49.70 Nr. 9 a	4711
49.69 Nr. 2	4667	49.70 Nr. 17	4712
49.69 Nr. 4 (1-34)	4668	49.70 Nr. 18 a (1-35)	4713
49.69 Nr. 4 (35-56)	4669	49.70 Nr. 18 a (36-72)	4714
49.69 Nr. 8	4670	49.70 Nr. 22 (1-120)	4715
49.69 Nr. 15	4671	49.70 Nr. 22 (121-191)	4716
49.69 Nr. 20	4672	49.70 Nr. 22 II (88-123)	4717
49.69 Nr. 21	4673	49.70 Nr. 22 II (124-208)	4718
49.69 Nr. 22	4674	49.70 Nr. 24	4719
49.69 Nr. 23 a	4675	49.70 Nr. 27	4720
49.69 Nr. 24	4676	49.70 Nr. 29	4721
49.69 Nr. 25	4677	49.70 Nr. 31	4722
49.69 Nr. 26	4678	49.70 Nr. 32	4723
49.69 Nr. 28	4679	49.70 Nr. 34	4724
49.69 Nr. 29	4680	49.70 Nr. 36	4725
49.69 Nr. 30	4681	49.70 Nr. 38	4726
49.69 Nr. 31	4682	49.70 Nr. 39	4727
49.69 Nr. 32	4683	49.70 Nr. 40 (1-7)	4728
49.69 Nr. 35	4684	49.70 Nr. 40 (8-54)	4729
49.69 Nr. 37	4685	49.70 Nr. 45	4730
49.69 Nr. 39	4686	49.70 Nr. 45 a	4737
49.69 Nr. 40 (1-35)	4687	49.70 Nr. 48	4731
49.69 Nr. 40 (36-77)	4688	49.70 Nr. 51	4732
49.69 Nr. 42	4689	49.70 Nr. 53	4733
49.69 Nr. 43	4690	49.70 Nr. 53 A (1-30)	4734
49.69 Nr. 44 I	4691	49.70 Nr. 53 A (31-100)	4735
49.69 Nr. 44 II	4692	49.70 Nr. 53 A (101-195)	4736

alte Nr.	neue Nr.	alte Nr.	neue Nr.
49.70 Nr. 53 a	4738	49.71 Nr. 5	4783
49.70 Nr. 54	4739	49.71 Nr. 7	4784
49.70 Nr. 55	4740	49.71 Nr. 8	4785
49.70 Nr. 56	4741	49.71 Nr. 10	4786
49.70 Nr. 57	4742	49.71 Nr. 11	4787
49.70 Nr. 58	4743	49.71 Nr. 12	4788
49.70 Nr. 59	4744	49.71 Nr. 13 (1-5)	4789
49.70 Nr. 61	4745	49.71 Nr. 13 (6-50)	4790
49.70 Nr. 62	4746	49.71 Nr. 13 (51-58)	4791
49.70 Nr. 63	4747	49.71 Nr. 16	4792
49.70 Nr. 64	4748	49.71 Nr. 17	4793
49.70 Nr. 65	4749	49.71 Nr. 18	4794
49.70 Nr. 66	4750	49.71 Nr. 20 (1-25)	4795
49.70 Nr. 67	4751	49.71 Nr. 20 (26-67)	4796
49.70 Nr. 68	4752	49.71 Nr. 22	4797
49.70 Nr. 69	4753	49.71 Nr. 25	4798
49.70 Nr. 70	4754	49.71 Nr. 26	4799
49.70 Nr. 71	4755	49.71 Nr. 27	4800
49.70 Nr. 72	4756	49.71 Nr. 31	4801
49.70 Nr. 73	4757	49.71 Nr. 32	4802
49.70 Nr. 74	4758	49.71 Nr. 33	4803
49.70 Nr. 75	4759	49.71 Nr. 34	4804
49.70 Nr. 76	4760	49.71 Nr. 35	4805
49.70 Nr. 77	4761	49.71 Nr. 36 (18-96)	4806
49.70 Nr. 78	4762	49.71 Nr. 36 (116-502)	4807
49.70 Nr. 79	4763	49.71 Nr. 37	4808
49.70 Nr. 80	4764	49.71 Nr. 38	4809
49.70 Nr. 81	4765	49.71 Nr. 39	4810
49.70 Nr. 82	4766	49.71 Nr. 40	4811
49.70 Nr. 83	4767	49.71 Nr. 41	4812
49.70 Nr. 84	4768	49.71 Nr. 42	4813
49.70 Nr. 85	4769	49.71 Nr. 43	4814
49.70 Nr. 86	4770	49.71 Nr. 44	4815
49.70 Nr. 87	4771	49.71 Nr. 45	4816
49.70 Nr. 88	4772	49.71 Nr. 46	4817
49.70 Nr. 89	4773	49.71 Nr. 47	4818
49.70 Nr. 90	4774	49.71 Nr. 48	4819
49.70 Nr. 91	4775	49.71 Nr. 49	4820
49.70 Nr. 92	4776	49.71 Nr. 50	4821
49.70 Nr. 93	4777	49.71 Nr. 51	4822
49.70 Nr. 94	4778	49.71 Nr. 52	4823
49.70 Nr. 95	4779	49.71 Nr. 53	4824
49.70 Nr. 96	4780	49.71 Nr. 54	4825
49.70 Nr. 97	4781	49.71 Nr. 55	4826
49.71 Nr. 4	4782	49.71 Nr. 56	4827

alte Nr.	neue Nr.	alte Nr.	neue Nr.
49.71 Nr. 57	4828	49.72 Nr. 63	4873
49.71 Nr. 58	4829	49.72 Nr. 64	4874
49.72 Nr. 1 (1-5)	4830	49.72 Nr. 66	4875
49.72 Nr. 1 (7-9)	4831	49.72 Nr. 67	4876
49.72 Nr. 2 (1-5)	4832	49.73 Nr. 68	4877
49.72 Nr. 2 (6-10)	4833	49.73 Nr. 69	4878
49.72 Nr. 3	4834	49.73 Nr. 70	4879
49.72 Nr. 4	4835	49.73 Nr. 71	4880
49.72 Nr. 6	4836	49.73 Nr. 72	4881
49.72 Nr. 10	4837	49.73 Nr. 73	4882
49.72 Nr. 11 (1-20)	4838	49.73 Nr. 74	4883
49.72 Nr. 11 (21-55)	4839	49.73 Nr. 75	4884
49.72 Nr. 11 (56-62)	4840	49.73 Nr. 76	4885
49.72 Nr. 14	4841	49.73 Nr. 77	4886
49.72 Nr. 16 (1-105)	4842	49.74 Nr. 404	4887
49.72 Nr. 16 (105-254)	4843	49.74 Nr. 405	4888
49.72 Nr. 16 (255-352)	4844	49.74 Nr. 406	4889
49.72 Nr. 16 I+II	4845	49.74 Nr. 407	4890
49.72 Nr. 17	4846	49.74 Nr. 408	4891
49.72 Nr. 24	4847	49.74 Nr. 409	4892
49.72 Nr. 27	4848	49.74 Nr. 411	4893
49.72 Nr. 30	4849	49.74 Nr. 412	4894
49.72 Nr. 31	4850	49.74 Nr. 413	4895
49.72 Nr. 32	4851	49.74 Nr. 414	4896
49.72 Nr. 34	4852	49.74 Nr. 415	4897
49.72 Nr. 36	4853	49.74 Nr. 416	4898
49.72 Nr. 37	4854	49.74 Nr. 417	4899
49.72 Nr. 39	4855	49.74 Nr. 418	4900
49.72 Nr. 40	4856	49.74 Nr. 419	4901
49.72 Nr. 41	4857	49.74 Nr. 420	4902
49.72 Nr. 43	4858	49.74 Nr. 421	4903
49.72 Nr. 45	4859	49.74 Nr. 423	4904
49.72 Nr. 46	4860	49.74 Nr. 424	4905
49.72 Nr. 47	4861	49.74 Nr. 425	4906
49.72 Nr. 48	4862	49.74 Nr. 426	4907
49.72 Nr. 49	4863	49.74 Nr. 427	4908
49.72 Nr. 50	4864	49.74 Nr. 428	4909
49.72 Nr. 51	4865	49.74 Nr. 429	4910
49.72 Nr. 53	4866	49.74 Nr. 433	4911
49.72 Nr. 56	4867	49.74 Nr. 434	4912
49.72 Nr. 57	4868	49.74 Nr. 435	4913
49.72 Nr. 59	4869	49.74 Nr. 436	4914
49.72 Nr. 60	4870	49.74 Nr. 437	4915
49.72 Nr. 61	4871	49.74 Nr. 438	4916
49.72 Nr. 62	4872	49.74 Nr. 439	4917

alte Nr.	neue Nr.	alte Nr.	neue Nr.
49.74 Nr. 441	4918	49.75 Nr. 305	4963
49.74 Nr. 443	4919	49.75 Nr. 306	4964
49.74 Nr. 444	4920	49.75 Nr. 307	4965
49.74 Nr. 445	4921	49.76 Nr. 131	4966
49.75 Nr. 262	4922	49.76 Nr. 132	4967
49.75 Nr. 263	4923	49.76 Nr. 133	4968
49.75 Nr. 265	4924	49.76 Nr. 134	4969
49.75 Nr. 266	4925	49.76 Nr. 135	4970
49.75 Nr. 267	4926	49.76 Nr. 136	4971
49.75 Nr. 268	4927	49.76 Nr. 137	4972
49.75 Nr. 269	4928	49.76 Nr. 138	4973
49.75 Nr. 270	4929	49.76 Nr. 139	4974
49.75 Nr. 271	4930	49.76 Nr. 140	4975
49.75 Nr. 272	4931	49.76 Nr. 141	4976
49.75 Nr. 273	4932	49.76 Nr. 142	4977
49.75 Nr. 274	4933	49.76 Nr. 143	4978
49.75 Nr. 275	4934	49.77 Nr. 104	4979
49.75 Nr. 276	4935	49.77 Nr. 105	4980
49.75 Nr. 277	4936	49.77 Nr. 106	4981
49.75 Nr. 278	4937	49.77 Nr. 107	4982
49.75 Nr. 279	4938	49.77 Nr. 108	4983
49.75 Nr. 280	4939	49.77 Nr. 109	4984
49.75 Nr. 281	4940	49.77 Nr. 110	4985
49.75 Nr. 282	4941	49.77 Nr. 111	4986
49.75 Nr. 283	4942	49.77 Nr. 112	4987
49.75 Nr. 284	4943	49.77 Nr. 113	4988
49.75 Nr. 285	4944	49.77 Nr. 114	4989
49.75 Nr. 286	4945	49.77 Nr. 115	4990
49.75 Nr. 287	4946	49.77 Nr. 116	4991
49.75 Nr. 288	4947	49.77 Nr. 117	4992
49.75 Nr. 289	4948	49.77 Nr. 118	4993
49.75 Nr. 290	4949	49.77 Nr. 119	4994
49.75 Nr. 292	4950	49.77 Nr. 120	4995
49.75 Nr. 293	4951	49.77 Nr. 121	4996
49.75 Nr. 294	4952	49.77 Nr. 122	4997
49.75 Nr. 295	4953	49.77 Nr. 123	4998
49.75 Nr. 296	4954	49.77 Nr. 124	4999
49.75 Nr. 297	4955	49.77 Nr. 125	5000
49.75 Nr. 298	4956	49.77 Nr. 126	5001
49.75 Nr. 299	4957	49.77 Nr. 127	5002
49.75 Nr. 300	4958	49.77 Nr. 128	5003
49.75 Nr. 301	4959	49.77 Nr. 129	5004
49.75 Nr. 302	4960	49.77 Nr. 130	5005
49.75 Nr. 303	4961	49.77 Nr. 131	5006
49.75 Nr. 304	4962	49.78 Nr. 274	5007

alte Nr.	neue Nr.	alte Nr.	neue Nr.
49.78 Nr. 276	5008	49.80 Nr. 187	5053
49.78 Nr. 280	5009	49.80 Nr. 188	5054
49.78 Nr. 282	5010	49.80 Nr. 189	5055
49.78 Nr. 283	5011	49.80 Nr. 190	5056
49.78 Nr. 284	5012	49.80 Nr. 192	5057
49.78 Nr. 285	5013	49.80 Nr. 193	5058
49.78 Nr. 286	5014	49.80 Nr. 194	5059
49.78 Nr. 287	5015	49.80 Nr. 195	5060
49.78 Nr. 288	5016	49.80 Nr. 196	5061
49.78 Nr. 290	5017	49.80 Nr. 197	5062
49.78 Nr. 291	5018	49.80 Nr. 198	5063
49.78 Nr. 294	5019	49.80 Nr. 199	5064
49.78 Nr. 295	5020	49.81 Nr. 214 (4-415)	5065
49.78 Nr. 296	5021	49.81 Nr. 214 (417-647)	5066
49.78 Nr. 297	5022	49.81 Nr. 242	5067
49.78 Nr. 298	5023	49.81 Nr. 243	5068
49.78 Nr. 299	5024	49.81 Nr. 244	5069
49.78 Nr. 300	5025	49.81 Nr. 245	5070
49.78 Nr. 301	5026	49.81 Nr. 246	5071
49.78 Nr. 302	5027	49.81 Nr. 247	5072
49.78 Nr. 303	5028	49.81 Nr. 248	5073
49.78 Nr. 304	5029	49.81 Nr. 249	5074
49.78 Nr. 305	5030	49.81 Nr. 250	5075
49.78 Nr. 306	5031	49.81 Nr. 252	5076
49.78 Nr. 307	5032	49.81 Nr. 253	5077
49.78 Nr. 308	5033	49.81 Nr. 254	5078
49.79 Nr. 234	5034	49.81 Nr. 255	5079
49.79 Nr. 235	5035	49.82 Nr. 326 (4-204)	5080
49.79 Nr. 236	5036	49.82 Nr. 326 (241-612)	5081
49.79 Nr. 237	5037	49.82 Nr. 327	5082
49.79 Nr. 238	5038	49.82 Nr. 328	5083
49.79 Nr. 239	5039	49.82 Nr. 329	5084
49.79 Nr. 240	5040	49.82 Nr. 330	5085
49.79 Nr. 241	5041	49.82 Nr. 331	5086
49.79 Nr. 242	5042	49.82 Nr. 332	5087
49.79 Nr. 244	5043	49.82 Nr. 333	5088
49.79 Nr. 245	5044	49.82 Nr. 335	5089
49.79 Nr. 246	5045	49.82 Nr. 336	5090
49.79 Nr. 247	5046	49.82 Nr. 337	5091
49.79 Nr. 248	5047	49.82 Nr. 338	5092
49.79 Nr. 250	5048	49.82 Nr. 339	5093
49.80 Nr. 183	5049	49.82 Nr. 340	5094
49.80 Nr. 184	5050	49.82 Nr. 341	5095
49.80 Nr. 185	5051	49.82 Nr. 342	5096
49.80 Nr. 186	5052	49.82 Nr. 343	5097

alte Nr.	neue Nr.	alte Nr.	neue Nr.
49.83 Nr. 20	5098	49.85 Nr. 5	5143
49.83 Nr. 21	5099	49.85 Nr. 6	5144
49.83 Nr. 22	5100	49.85 Nr. 7	5145
49.83 Nr. 23 (1-40)	5101	49.85 Nr. 8	5146
49.83 Nr. 23 (41-85)	5102	49.85 Nr. 9	5147
49.83 Nr. 23 (87-131)	5103	49.85 Nr. 10	5148
49.83 Nr. 24	5104	49.86 Nr. 1	5149
49.83 Nr. 25	5105	49.86 Nr. 2	5150
49.83 Nr. 26	5106	49.86 Nr. 3 (1-20)	5151
49.83 Nr. 27	5107	49.86 Nr. 3 (21-45)	5152
49.83 Nr. 28	5108	49.86 Nr. 4	5153
49.83 Nr. 29	5109	49.86 Nr. 7	5154
49.83 Nr. 30	5110	49.86 Nr. 8	5155
49.84 Nr. 3	5111	49.86 Nr. 9 (1-23)	5156
49.84 Nr. 4	5112	49.86 Nr. 9 (24-47)	5157
49.84 Nr. 6	5113	49.86 Nr. 9 (49-82)	5158
49.84 Nr. 7	5114	49.86 Nr. 9 (83-114)	5159
49.84 Nr. 8	5115	49.86 Nr. 10	5160
49.84 Nr. 9	5116	49.86 Nr. 12	5161
49.84 Nr. 10	5117	49.86 Nr. 13	5162
49.84 Nr. 11	5118	49.86 Nr. 14	5163
49.84 Nr. 12	5119	49.86 Nr. 15	5164
49.84 Nr. 13	5120	49.86 Nr. 16	5165
49.84 Nr. 14	5121	49.86 Nr. 17	5166
49.84 Nr. 15	5122	49.86 Nr. 18	5167
49.84 Nr. 16	5123	49.86 Nr. 19	5168
49.84 Nr. 17	5124	49.86 Nr. 20	5169
49.84 Nr. 18	5125	49.87 Nr. 2 I	5170
49.84 Nr. 19	5126	49.87 Nr. 2 II (1-121)	5171
49.84 Nr. 20	5127	49.87 Nr. 2 II (122-130)	5172
49.84 Nr. 21	5128	49.87 Nr. 3	5173
49.84 Nr. 22	5129	49.87 Nr. 4	5174
49.84 Nr. 23	5130	49.87 Nr. 4 a	5175
49.84 Nr. 24	5131	49.87 Nr. 5 (1-30)	5176
49.84 Nr. 25	5132	49.87 Nr. 5 (32-192)	5177
49.84 Nr. 26	5133	49.87 Nr. 6	5178
49.84 Nr. 27	5134	49.87 Nr. 7	5179
49.84 Nr. 28	5135	49.87 Nr. 8	5180
49.84 Nr. 29	5136	49.87 Nr. 9	5181
49.84 Nr. 30	5137	49.87 Nr. 10	5182
49.84 Nr. 31	5138	49.87 Nr. 14 (1-12)	5183
49.84 Nr. 32	5139	49.87 Nr. 14 (13-24)	5184
49.85 Nr. 1	5140	49.87 Nr. 15	5185
49.85 Nr. 2	5141	49.87 Nr. 16	5209
49.85 Nr. 4	5142	49.87 Nr. 17	5186

alte Nr.	neue Nr.	alte Nr.	neue Nr.
49.87 Nr. 18	5187	49.88 Nr. 22	5233
49.87 Nr. 19	5188	49.88 Nr. 23	5234
49.87 Nr. 20 (1-7)	5189	49.88 Nr. 24	5235
49.87 Nr. 20 (8-16)	5190	49.88 Nr. 25	5236
49.87 Nr. 21	5191	49.88 Nr. 26	5237
49.87 Nr. 22	5192	49.88 Nr. 27	5238
49.87 Nr. 23	5193	49.88 Nr. 28	5239
49.87 Nr. 24	5194	49.88 Nr. 29	5240
49.87 Nr. 25	5195	49.88 Nr. 32	5241
49.87 Nr. 26	5196	49.88 Nr. 33	5242
49.87 Nr. 27	5197	49.88 Nr. 34	5243
49.87 Nr. 28	5198	49.88 Nr. 35 (1-15)	5244
49.87 Nr. 29	5199	49.88 Nr. 35 (816-59)	5245
49.87 Nr. 30	5200	49.88 Nr. 36 (1-6)	5246
49.87 Nr. 31	5201	49.88 Nr. 36 (10-25)	5247
49.87 Nr. 32	5202	49.88 Nr. 37	5248
49.87 Nr. 33	5203	49.88 Nr. 38 (5-48)	5249
49.87 Nr. 34	5204	49.88 Nr. 38 (54-123)	5250
49.87 Nr. 35	5205	49.88 Nr. 38 (124, 1-40)	5251
49.87 Nr. 36	5206	49.88 Nr. 38 (124, 41-50)	5252
49.87 Nr. 38	5207	49.88 Nr. 38 (125-130)	5253
49.87 Nr. 39	5208	49.88 Nr. 39	5254
49.87 Nr. 40	5210	49.88 Nr. 40	5255
49.87 Nr. 41	5211	49.88 Nr. 41	5256
49.87 Nr. 42	5212	49.88 Nr. 42 (1-100)	5257
49.87 Nr. 43	5213	49.88 Nr. 42 (101-127)	5258
49.87 Nr. 44	5214	49.88 Nr. 43	5259
49.87 Nr. 45	5215	49.88 Nr. 44	5260
49.87 Nr. 46	5216	49.88 Nr. 45	5261
49.87 Nr. 47	5217	49.88 Nr. 46	5262
49.87 Nr. 48	5218	49.88 Nr. 47	5263
49.87 Nr. 49	5219	49.88 Nr. 48	5264
49.87 Nr. 50	5220	49.88 Nr. 49	5265
49.87 Nr. 51	5221	49.88 Nr. 50	5266
49.88 Nr. 6	5222	49.88 Nr. 51	5267
49.88 Nr. 7	5223	49.88 Nr. 52	5268
49.88 Nr. 8	5224	49.88 Nr. 53	5269
49.88 Nr. 8 a	5225	49.88 Nr. 54	5270
49.88 Nr. 11	5226	49.88 Nr. 55	5271
49.88 Nr. 12	5227	49.88 Nr. 57	5272
49.88 Nr. 13	5228	49.88 Nr. 58	5273
49.88 Nr. 14	5229	49.88 Nr. 59	5274
49.88 Nr. 17	5230	49.88 Nr. 60	5275
49.88 Nr. 19	5231	49.88 Nr. 61	5276
49.88 Nr. 21	5232	49.88 Nr. 62	5277

alte Nr.	neue Nr.	alte Nr.	neue Nr.
49.88 Nr. 63	5278	49.90 Nr. 29	5323
49.88 Nr. 64	5279	49.90 Nr. 30	5324
49.88 Nr. 65	5280	49.90 Nr. 31	5325
49.88 Nr. 67	5281	49.90 Nr. 32 (1-50)	5326
49.88 Nr. 68	5282	49.90 Nr. 32 (51-130)	5327
49.88 Nr. 69	5283	49.90 Nr. 32 (131-188)	5328
49.88 Nr. 70	5284	49.90 Nr. 33	5329
49.88 Nr. 71	5285	49.90 Nr. 34	5330
49.88 Nr. 73	5286	49.90 Nr. 35	5331
49.88 Nr. 75	5287	49.90 Nr. 36	5332
49.88 Nr. 76	5288	49.90 Nr. 37	5333
49.88 Nr. 77	5289	49.90 Nr. 38	5334
49.88 Nr. 78	5290	49.90 Nr. 39	5335
49.89 Nr. 2	5291	49.90 Nr. 40	5336
49.89 Nr. 3	5292	49.90 Nr. 41	5337
49.89 Nr. 4	5293	49.90 Nr. 42	5338
49.89 Nr. 5	5294	49.90 Nr. 43	5339
49.89 Nr. 6	5295	49.90 Nr. 44	5340
49.89 Nr. 7	5296	49.90 Nr. 45	5341
49.89 Nr. 8	5297	49.90 Nr. 46	5342
49.89 Nr. 9	5298	49.90 Nr. 47	5343
49.89 Nr. 10	5299	49.90 Nr. 48	5344
49.89 Nr. 11	5300	49.90 Nr. 49	5345
49.90 Nr. 1	5301	49.90 Nr. 50	5346
49.90 Nr. 2 (1-40)	5302	49.90 Nr. 51	5347
49.90 Nr. 2 (41-54)	5303	49.91 Nr. 5	5348
49.90 Nr. 4	5304	49.91 Nr. 7 (1-37 a)	5349
49.90 Nr. 7	5305	49.91 Nr. 7 (37 b-115)	5350
49.90 Nr. 8	5306	49.91 Nr. 7 (116-129)	5351
49.90 Nr. 9	5307	49.91 Nr. 7 a	5352
49.90 Nr. 10	5308	49.91 Nr. 7 b	5353
49.90 Nr. 11	5309	49.91 Nr. 8	5354
49.90 Nr. 12	5310	49.91 Nr. 9	5355
49.90 Nr. 14	5311	49.91 Nr. 10	5356
49.90 Nr. 15	5312	49.91 Nr. 12	5357
49.90 Nr. 16	5313	49.91 Nr. 13	5358
49.90 Nr. 19	5314	49.91 Nr. 14	5359
49.90 Nr. 20	5315	49.91 Nr. 15	5360
49.90 Nr. 22	5316	49.91 Nr. 16	5361
49.90 Nr. 24 I	5317	49.91 Nr. 17	5362
49.90 Nr. 24 II	5318	49.91 Nr. 18	5363
49.90 Nr. 25	5319	49.91 Nr. 19	5364
49.90 Nr. 26	5320	49.91 Nr. 20	5365
49.90 Nr. 27	5321	49.91 Nr. 21	5366
49.90 Nr. 28	5322	49.91 Nr. 22	5367

alte Nr.	neue Nr.
49.91 Nr. 23	5368
49.92 Nr. 12	5369
49.93 Nr. 2	5370
49.93 Nr. 4	5371
49.93 Nr. 5	5372
49.93 Nr. 6 (1-13)	5373
49.93 Nr. 6 (14-42)	5374
49.93 Nr. 7 (1-20)	5375
49.93 Nr. 7 (21-43)	5376
49.93 Nr. 8	5377
49.93 Nr. 9 (1-70)	5378
49.93 Nr. 9 (71-132)	5379
49.93 Nr. 10	5380
49.93 Nr. 11	5381
49.93 Nr. 12	5382
49.93 Nr. 13	5383
49.93 Nr. 14	5384
49.93 Nr. 15	5385
49.93 Nr. 16	5386
49.93 Nr. 17	5387
49.93 Nr. 19	5388
49.93 Nr. 20	5389
49.93 Nr. 21	5390
49.93 Nr. 22	5391
49.93 Nr. 23	5392
49.93 Nr. 24	5393
49.93 Nr. 25	5394
49.93 Nr. 26	5395
49.93 Nr. 27	5396
49.93 Nr. 28	5397
49.93 Nr. 29	5398
49.93 Nr. 30	5399
49.93 Nr. 31	5400
49.93 Nr. 32	5401
49.93 Nr. 33	5402
49.93 Nr. 34	5403
49.93 Nr. 35	5404
49.93 Nr. 36	5405
49.94 Nr. 2 (1-150)	5406
49.94 Nr. 2 (151-200)	5407
49.94 Nr. 2 (201-235)	5408
49.94 Nr. 2 (236-298)	5409
49.94 Nr. 2 Beilagen	5410
49.94 Nr. 3	5411
49.94 Nr. 3 a	5412

alte Nr.	neue Nr.
49.94 Nr. 4	5413
49.94 Nr. 5 I	5414
49.94 Nr. 5 II	5415
49.94 Nr. 5 a	5416
49.94 Nr. 6	5417
49.94 Nr. 6 a	5418
49.94 Nr. 7	5419
49.94 Nr. 9	5420
49.94 Nr. 10 A (1-95)	5421
49.94 Nr. 10 A (96)	5422
49.94 Nr. 10 A (97-105)	5423
49.94 Nr. 10 B	5424
49.94 Nr. 11 (1-57)	5425
49.94 Nr. 11 (58-75)	5426
49.94 Nr. 12	5427
49.94 Nr. 13	5428
49.94 Nr. 14	5425
49.94 Nr. 14 a	5430
49.94 Nr. 16	5431
49.94 Nr. 17	5432
49.94 Nr. 18	5433
49.94 Nr. 19	5434
49.94 Nr. 21	5435
49.94 Nr. 23	5436
49.94 Nr. 24	5437
49.94 Nr. 24 a	5438
49.94 Nr. 25	5439
49.94 Nr. 26	5440
49.94 Nr. 27	5441
49.94 Nr. 28	5442
49.94 Nr. 29	5443
49.94 Nr. 30	5444
49.94 Nr. 31	5445
49.94 Nr. 32	5446
49.94 Nr. 33	5447
49.94 Nr. 34	5448
49.94 Nr. 35 (1-65)	5449
49.94 Nr. 35 (66-130)	5450
49.94 Nr. 35 (131-144)	5451
49.94 Nr. 35 (145-160)	5452
49.94 Nr. 35 (161-171)	5453
49.94 Nr. 35 (173-182)	5454
49.94 Nr. 35 (183-193)	5455
49.94 Nr. 35 (8194-202)	5456
49.94 Nr. 35 Beilagen	5457

alte Nr.	neue Nr.
49.94 Nr. 35 Beilagen	5458
49.94 Nr. 36 (1-30)	5459
49.94 Nr. 36 (31-56)	5460
49.94 Nr. 36 (57-76)	5461
49.94 Nr. 36 (77-83, 85-87)	5462
49.94 Nr. 36 (84 I)	5463
49.94 Nr. 36 (84 II)	5464
49.94 Nr. 36 (89-107)	5465
49.94 Nr. 36 (108-122)	5466
49.94 Nr. 37	5467
49.94 Nr. 38	5468
49.94 Nr. 39	5469
49.94 Nr. 40	5470
49.94 Nr. 41 (1-50)	5471
49.94 Nr. 41 (51-71)	5472
49.94 Nr. 42	5473
49.94 Nr. 43 (1)	5474
49.94 Nr. 43 (2-18)	5475
49.94 Nr. 45	5476
49.94 Nr. 46	5477
49.94 Nr. 47	5478
49.94 Nr. 48 I	5479
49.94 Nr. 48 II	5480
49.94 Nr. 49	5481
49.94 Nr. 50	5482
49.94 Nr. 51	5483
49.94 Nr. 52	5484
49.94 Nr. 53	5485
49.94 Nr. 54	5486
49.94 Nr. 55	5487
49.94 Nr. 56	5488
49.94 Nr. 57	5489
49.94 Nr. 58	5490
49.94 Nr. 59 (1-7)	5491
49.94 Nr. 59 (8-20)	5492
49.94 Nr. 60	5493
49.94 Nr. 61	5494
49.94 Nr. 62	5495
49.94 Nr. 63	5496
49.94 Nr. 64	5497
49.94 Nr. 65	5498
49.94 Nr. 66	5499
49.94 Nr. 67	5500
49.94 Nr. 68	5501
49.94 Nr. 69	5502
49.94 Nr. 70	5503
49.94 Nr. 71	5504
49.94 Nr. 72	5505
49.94 Nr. 73	5506
49.94 Nr. 74	5507
49.94 Nr. 75	5508
49.94 Nr. 76	5509
49.94 Nr. 77	5510
49.94 Nr. 78	5511
49.94 Nr. 79	5512
49.94 Nr. 80	5513
49.94 Nr. 81	5514
49.94 Nr. 82	5515
49.94 Nr. 83	5516
49.94 Nr. 84	5517
49.94 Nr. 85	5518
49.94 Nr. 86	5519
49.94 Nr. 87	5520
49.94 Nr. 88	5521
49.94 Nr. 89	5522
49.94 Nr. 90	5523
49.94 Nr. 91	5524
49.94 Nr. 92	5525
49.94 Nr. 93	5526
49.95 Nr. 5	5527
49.95 Nr. 6	5528
49.95 Nr. 7	5529
49.95 Nr. 7 a	5530
49.95 Nr. 9	5531
49.95 Nr. 10	5532
49.95 Nr. 11	5533
49.95 Nr. 12	5534
49.95 Nr. 13	5535
49.95 Nr. 14	5536
49.95 Nr. 15	5537
49.95 Nr. 16	5538
49.95 Nr. 17	5539
49.95 Nr. 18	5540
49.95 Nr. 19	5541
49.95 Nr. 20	5542
49.95 Nr. 21	5543
49.95 Nr. 22	5544
49.95 Nr. 23	5545
49.95 Nr. 24	5546
49.95 Nr. 25	5547

alte Nr.	neue Nr.	alte Nr.	neue Nr.
49.95 Nr. 26	5548	49.98 Nr. 291	5593
49.95 Nr. 27	5549	49.98 Nr. 292	5594
49.95 Nr. 28	5550	49.98 Nr. 293	5595
49.95 Nr. 29	5551	49.98 Nr. 294	5596
49.95 Nr. 30	5552	49.98 Nr. 294 a	5597
49.95 Nr. 31	5553	49.98 Nr. 295	5598
49.95 Nr. 32	5554	49.98 Nr. 296	5599
49.95 Nr. 33	5555	49.98 Nr. 297	5600
49.95 Nr. 35	5556	49.98 Nr.298	5601
49.95 Nr. 36	5557	49.98 Nr. 299	5602
49.95 Nr. 37	5558	49.98 Nr. 300	5603
49.95 Nr. 38	5559	49.98 Nr. 301	5604
49.95 Nr. 39	5560	49.98 Nr. 302	5605
49.95 Nr. 40	5561	49.98 Nr. 303	5606
49.95 Nr. 41	5562	49.98 Nr. 304	5607
49.95 Nr. 42	5563	49.98 Nr. 305	5608
49.95 Nr. 44	5564	49.98 Nr. 306	5609
49.95 Nr. 45	5565	49.98 Nr. 307	5610
49.95 Nr. 46	5566	49.98 Nr. 308	5611
49.95 Nr. 47	5567	49.98 Nr. 309	5612
49.96 Nr. 15 (1-130)	5568	49.98 Nr. 309 a	5613
49.96 Nr. 15 (131-165)	5569	49.98 Nr. 310	5614
49.96 Nr. 15 (166-181)	5570	49.98 Nr. 311	5615
49.96 Nr. 15 (185-191, 196-202)	5571	49.98 Nr. 312	5616
49.96 Nr. (192-195)	5572	49.98 Nr. 313	5617
49.96 Nr. 27 a	5573	49.98 Nr. 314	5618
49.96 Nr. 39	5574	49.98 Nr. 314 a	5619
49.97 Nr. 189	5575	49.98 Nr. 315	5620
49.97 Nr. 192	5576	49.98 Nr. 316 I	5621
49.97 Nr. 193	5577	49.98 Nr. 316 IIa	5622
49.97 Nr. 194	5578	49.98 Nr. 316 IIb	5623
49.97 Nr. 195	5579	49.98 Nr. 317	5624
49.97 Nr. 196	5580	49.98 Nr. 318	5625
49.97 Nr. 197	5581	49.98 Nr. 319	5626
49.97 Nr. 198	5582	49.98 Nr. 320	5627
49.97 Nr. 199	5583	49.98 Nr. 321	5628
49.97 Nr. 200	5584	49.98 Nr.322	5629
49.97 Nr. 201	5585	49.98 Nr. 323	5630
49.97 Nr. 202	5586	49.98 Nr. 324	5631
49.97 Nr. 203	5587	49.98 Nr. 325	5632
49.97 Nr. 204	5588	49.98 Nr. 326	5633
49.97 Nr. 205	5589	49.99 Nr. 79	5634
49.97 Nr. 206	5590	49.99 Nr. 80	5635
49.97 Nr. 207	5591	49.99 Nr. 81	5636
49.97 Nr. 208	5592	49.99 Nr. 82	5637

alte Nr.	neue Nr.
49.99 Nr. 83	5638
49.99 Nr. 84	5639
49.99 Nr. 85	5640
49.99 Nr. 86	5641
49.99 Nr. 87	5642
49.99 Nr. 88	5643
49.99 Nr. 89	5644
49.99 Nr. 90	5645
49.99 Nr. 91	5646
49.99 Nr. 92	5647
49.99 Nr. 93	5648
49.99 Nr. 94	5649
49.99 Nr. 95	5650
49.99 Nr. 96	5651
49.99 Nr. 97	5652
49.99 Nr. 98	5653
49.99 Nr. 99	5654
49.99 Nr. 100	5655
49.99 Nr. 101	5656
49.99 Nr. 102	5657
49.99 Nr. 103	5658
49.99 Nr. 104	5659
49.99 Nr. 104	5660
49.99 Nr. 105	5661
49.100 Nr. 272	5662
49.100 Nr. 273	5663
49.100 Nr. 274 (1-37)	5664
49.100 Nr. 274 (39-47)	5665
49.100 Nr. 275	5666
49.100 Nr. 276	5667
49.100 Nr. 277	5668
49.100 Nr. 278	5669
49.100 Nr. 279	5670
49.100 Nr. 280	5671
49.100 Nr. 281	5672
49.100 Nr. 282	5673
49.100 Nr. 283	5674
49.100 Nr. 284	5675
49.100 Nr. 285	5676
49.100 Nr. 286	5677
49.100 Nr. 287	5678
49.100 Nr. 288	5679
49.100 Nr. 289	5680
49.100 Nr. 290	5681
49.100 Nr. 291	5682

alte Nr.	neue Nr.
49.100 Nr. 292	5683
49.100 Nr. 293	5684
49.100 Nr. 294	5685
49.101 Nr. 138	5686
49.101 Nr. 139 (1-19)	5687
49.101 Nr. 139 (20-29)	5688
49.101 Nr. 140	5689
49.101 Nr. 141	5690
49.101 Nr. 143	5691
49.101 Nr. 144	5692
49.101 Nr. 145	5693
49.101 Nr. 146	5694
49.101 Nr. 148	5695
49.101 Nr. 149	5696
49.101 Nr. 150	5697
49.101 Nr. 151	5698
49.101 Nr. 152	5699
49.101 Nr. 153	5700
49.101 Nr. 154	5701
49.101 Nr. 155	5702
49.101 Nr. 156	5703
49.101 Nr. 157	5704
49.101 Nr. 158	5705
49.101 Nr. 159 (1-13)	5706
49.101 Nr. 159 (14-31)	5707
49.101 Nr. 160	5708
49.101 Nr. 161	5709
49.101 Nr.163	5710
49.101 Nr. 164	5711
49.101 Nr. 165 (3-23)	5712
49.101 Nr. 165 (24-32)	5713
49.101 Nr. 166	5714
49.101 Nr. 167	5715
49.101 Nr. 167 a	5716
49.101 Nr. 168	5717
49.101 Nr. 169	5718
49.101 Nr. 170	5719
49.101 Nr. 171	5720
49.101 Nr. 172	5721
49.101 Nr. 173	5722
49.101 Nr. 174	5723
49.101 Nr. 175	5724
49.101 Nr. 176	5725
49.101 Nr. 177	5726
49.101 Nr. 178	5727

alte Nr.	neue Nr.	alte Nr.	neue Nr.
49.101 Nr. 179	5728	49.104 Nr. 106	5773
49.101 Nr. 180	5729	49.104 Nr. 107	5774
49.102 Nr. 89	5730	49.104 Nr. 108	5775
49.102 Nr. 90	5731	49.104 Nr. 109	5776
49.102 Nr. 91	5732	49.104 Nr. 110	5777
49.102 Nr. 92	5733	49.104 Nr. 111	5778
49.102 Nr. 92 a	5734	49.104 Nr. 112	5779
49.102 Nr. 93	5735	49.104 Nr. 113	5780
49.102 Nr. 94	5736	49.104 Nr. 114	5781
49.102 Nr. 95	5737	49.104 Nr. 115	5782
49.102 Nr. 96	5738	49.104 Nr. 116	5783
49.102 Nr. 97	5739	49.104 Nr. 117	5784
49.102 Nr. 98	5740	49.105 Nr. 151	5785
49.102 Nr. 99	5741	49.105 Nr. 152	5786
49.102 Nr. 100	5742	49.105 Nr. 153	5787
49.102 Nr. 101	5743	49.105 Nr. 154 (1-12)	5788
49.102 Nr. 102	5744	49.105 Nr. 154 (13-107)	5789
49.102 Nr. 103	5745	49.105 Nr. 155	5790
49.102 Nr. 104	5746	49.105 Nr. 156	5791
49.102 Nr. 105	5747	49.105 Nr. 157	5792
49.103 Nr. 59	5748	49.105 Nr. 158	5793
49.103 Nr. 60	5749	49.105 Nr. 159	5794
49.103 Nr. 61	5750	49.105 Nr. 160	5795
49.103 Nr. 62	5751	49.105 Nr. 161	5796
49.103 Nr. 63	5752	49.105 Nr. 162	5797
49.103 Nr. 64	5753	49.105 Nr. 163	5798
49.103 Nr. 65	5754	49.105 Nr. 164	5799
49.103 Nr. 66	5755	49.105 Nr. 165	5800
49.103 Nr. 67	5756	49.105 Nr. 166	5801
49.103 Nr. 68	5757	49.105 Nr. 167	5802
49.103 Nr. 69	5758	49.105 Nr. 168	5803
49.103 Nr. 70	5759	49.105 Nr. 169	5804
49.103 Nr. 71	5760	49.105 Nr. 170	5805
49.103 Nr. 72	5761	49.105 Nr. 171	5806
49.103 Nr. 73	5762	49.106 Nr. 124	5807
49.103 Nr. 74	5763	49.106 Nr. 125	5808
49.103 Nr. 75	5764	49.106 Nr. 126	5809
49.103 Nr. 76	5765	49.106 Nr. 127	5810
49.103 Nr. 77	5766	49.106 Nr. 128	5811
49.103 Nr. 79	5767	49.106 Nr. 129	5812
49.103 Nr. 81	5768	49.106 Nr. 130	5813
49.104 Nr. 101	5769	49.106 Nr. 131 (1-3)	5814
49.104 Nr. 102	5770	49.106 Nr. 131 (4-15)	5815
49.104 Nr. 103	5771	49.106 Nr. 132	5816
49.104 Nr. 105	5772	49.106 Nr. 133	5817

alte Nr.	neue Nr.	alte Nr.	neue Nr.
49.106 Nr. 134	5818	49.107 Nr. 236	5863
49.106 Nr. 135	5819	49.107 Nr. 237	5864
49.106 Nr. 136	5820	49.107 Nr. 238	5865
49.106 Nr. 137 (1-7)	5821	49.107 Nr. 239	5866
49.106 Nr. 137 (8-14)	5822	49.107 Nr. 240	5867
49.106 Nr. 138	5823	49.107 Nr. 241	5868
49.106 Nr. 139	5824	49.107 Nr. 242	5869
49.106 Nr. 140	5825	49.107 Nr. 244	5870
49.106 Nr. 141	5826	49.107 Nr. 245	5871
49.106 Nr. 142	5827	49.107 Nr. 246	5872
49.106 Nr. 143	5828	49.107 Nr. 247	5873
49.106 Nr. 144	5829	49.107 Nr. 248	5874
49.106 Nr. 145	5830	49.107 Nr. 249	5875
49.106 Nr. 146	5831	49.107 Nr. 250	5876
49.106 Nr. 147	5832	49.107 Nr. 251	5877
49.106 Nr. 148	5833	49.107 Nr. 252	5878
49.106 Nr. 149	5834	49.107 Nr. 253	5879
49.106 Nr. 150	5835	49.107 Nr. 254	5880
49.106 Nr. 151	5836	49.107 Nr. 255	5881
49.106 Nr. 152	5837	49.107 Nr. 256	5882
49.107 Nr. 210	5838	49.107 Nr. 257	5883
49.107 Nr. 213	5839	49.107 Nr. 258	5884
49.107 Nr. 214	5840	49.107 Nr. 259	5885
49.107 Nr. 215 (1-8)	5841	49.107 Nr. 260	5886
49.107 Nr. 215 (10-18)	5842	49.107 Nr. 261	5887
49.107 Nr. 216	5843	49.107 Nr. 262	5888
49.107 Nr. 217	5844	49.107 Nr. 263	5889
49.107 Nr. 218	5845	49.107 Nr. 264	5890
49.107 Nr. 219	5846	49.107 Nr. 265	5891
49.107 Nr. 220	5847	49.107 Nr. 266	5892
49.107 Nr. 221	5848	49.107 Nr. 268	5893
49.107 Nr. 222	5849	49.107 Nr. 269	5894
49.107 Nr. 223	5850	49.107 Nr. 270	5895
49.107 Nr. 224	5851	49.107 Nr. 271	5896
49.107 Nr. 225	5852	49.108 Nr. 107	5897
49.107 Nr. 226	5853	49.108 Nr. 108	5898
49.107 Nr. 227	5854	49.108 Nr. 109	5899
49.107 Nr. 228	5855	49.108 Nr. 110	5900
49.107 Nr. 229	5856	49.108 Nr. 111	5901
49.107 Nr. 230	5857	49.108 Nr. 112	5902
49.107 Nr. 231	5858	49.108 Nr. 113	5903
49.107 Nr. 232	5859	49.108 Nr. 114	5904
49.107 Nr. 233	5860	49.108 Nr. 115	5905
49.107 Nr. 234	5861	49.108 Nr. 116	5906
49.107 Nr. 235	5862	49.108 Nr. 117	5907

alte Nr.	neue Nr.	alte Nr.	neue Nr.
49.108 Nr. 118	5908	49.112 Nr. 1	5953
49.108 Nr. 119	5909	49.112 Nr. 2	5954
49.108 Nr. 120	5910	49.112 Nr. 3	5955
49.108 Nr. 121	5911	49.112 Nr. 4	5956
49.108 Nr. 122	5912	49.112 Nr. 6	5957
49.108 Nr. 123	5913	49.112 Nr. 7	5958
49.108 Nr. 124	5914	49.112 Nr. 8	5959
49.108 Nr. 125	5915	49.112 Nr. 9	5960
49.108 Nr. 125	5916	49.112 Nr. 10	5961
49.109 Nr. 160	5917	49.112 Nr. 11	5962
49.109 Nr. 161	5918	49.112 Nr. 12	5963
49.109 Nr. 162	5919	49.112 Nr. 13	5964
49.109 Nr. 163	5920	49.112 Nr. 14	5965
49.109 Nr. 164	5921	49.112 Nr. 15	5966
49.109 Nr. 166	5922	49.112 Nr. 16	5967
49.109 Nr. 167	5923	49.112 Nr. 17	5968
49.109 Nr. 168	5924	49.112 Nr. 18	5969
49.109 Nr. 169	5925	49.112 Nr. 19	5970
49.109 Nr. 170	5926	49.112 Nr. 20	5971
49.109 Nr. 171	5927	49.112 Nr. 21	5972
49.109 Nr. 172	5928	49.112 Nr. 22	5973
49.109 Nr. 173	5929	49.112 Nr. 23	5974
49.109 Nr. 174	5930	49.112 Nr. 24	5975
49.109 Nr. 175	5931	49.112 Nr. 25	5976
49.109 Nr. 176	5932	49.112 Nr. 26	5977
49.109 Nr. 177	5933	49.112 Nr. 27	5978
49.109 Nr. 178	5934	49.112 Nr. 28	5979
49.110 Nr. 87	5935	49.112 Nr. 29	5980
49.110 Nr. 88	5936	49.112 Nr. 30	5981
49.110 Nr. 89	5937	49.112 Nr. 31	5982
49.110 Nr. 90	5938	49.113 Nr. 237 (163-180)	5983
49.110 Nr. 91	5939	49.113 Nr. 237 (181-200)	5984
49.110 Nr. 92	5940	49.113 Nr. 237 (201-216)	5985
49.110 Nr. 93	5941	49.113 Nr. 386	5986
49.110 Nr. 94	5942	49.113 Nr. 387	5987
49.110 Nr. 95	5943	49.113 Nr. 388	5988
49.110 Nr. 96	5944	49.113 Nr. 389	5989
49.110 Nr. 97	5945	49.113 Nr. 390	5990
49.110 Nr. 98	5946	49.113 Nr. 391	5991
49.110 Nr. 99	5947	49.113 Nr. 392	5993
49.110 Nr. 100	5948	49.113 Nr. 393	5992
49.110 Nr. 101	5949	49.113 Nr. 394 (1-8, 10-45)	5994
49.110 Nr. 102	5950	49.113 Nr. 394 (9)	5995
49.111 Nr. 22	5951	49.113 Nr. 395	5996
49.111 Nr. 23	5952	49.113 Nr. 396	5997

alte Nr.	neue Nr.	alte Nr.	neue Nr.
49.113 Nr. 397	5998	49.113 Nr. 442	6043
49.113 Nr. 398	5999	49.113 Nr. 443	6044
49.113 Nr. 399	6000	49.113 Nr. 444	6045
49.113 Nr. 400	6001	49.114 Nr. 39	6046
49.113 Nr. 401	6002	49.115 Nr. 189	6047
49.113 Nr. 402	6003	49.115 Nr. 189 a	6048
49.113 Nr. 403	6004	49.115 Nr. 190	6049
49.113 Nr. 404	6005	49.115 Nr. 191	6050
49.113 Nr. 405	6006	49.115 Nr. 192	6051
49.113 Nr. 406	6007	49.115 Nr. 193	6052
49.113 Nr. 407	6008	49.115 Nr. 194	6053
49.113 Nr. 408	6009	49.115 Nr. 195	6054
49.113 Nr. 409	6010	49.115 Nr. 196	6055
49.113 Nr. 410	6011	49.115 Nr. 197	6056
49.113 Nr. 411	6012	49.115 Nr. 198	6057
49.113 Nr. 412	6013	49.115 Nr. 199	6058
49.113 Nr. 413	6014	49.115 Nr. 200	6059
49.113 Nr. 414	6015	49.115 Nr. 201	6060
49.113 Nr. 114 a	6016	49.115 Nr. 202	6061
49.113 Nr. 415	6017	49.115 Nr. 203	6062
49.113 Nr. 416	6018	49.116 Nr. 122	6063
49.113 Nr. 417	6019	49.116 Nr. 123	6064
49.113 Nr. 418	6020	49.116 Nr. 124	6065
49.113 Nr. 419	6021	49.116 Nr. 125	6066
49.113 Nr. 420	6022	49.116 Nr. 126	6067
49.113 Nr. 421	6023	49.116 Nr. 127	6068
49.113 Nr. 422	6024	49.116 Nr. 128	6069
49.113 Nr. 423	6025	49.116 Nr. 129	6070
49.113 Nr. 424	6026	49.116 Nr. 130	6071
49.113 Nr. 425	6027	49.116 Nr. 131	6072
49.113 Nr. 426	6028	49.116 Nr. 132	6073
49.113 Nr. 427	6029	49.116 Nr. 133	6074
49.113 Nr. 428	6030	49.116 Nr. 134	6075
49.113 Nr. 429	6031	49.116 Nr. 135	6076
49.113 Nr. 430	6032	49.116 Nr. 136	6077
49.113 Nr. 431	6033	49.116 Nr. 137	6078
49.113 Nr. 432	6034	49.116 Nr. 138	6079
49.113 Nr. 433	6035	49.116 Nr. 140	6080
49.113 Nr. 434	6036	49.116 Nr. 141	6081
49.113 Nr. 435	6037	49.117 Nr. 19 (70-90)	6082
49.113 Nr. 436	6038	49.117 Nr. 19 (91-95)	6083
49.113 Nr. 437	6039	49.117 Nr. 19 (96-101)	6084
49.113 Nr. 438	6040	49.117 Nr. 89	6085
49.113 Nr. 440	6041	49.117 Nr. 90	6086
49.113 Nr. 441	6042	49.117 Nr. 91	6087

alte Nr.	neue Nr.	alte Nr.	neue Nr.
49.117 Nr. 92	6088	49.119 Nr. 2	6133
49.117 Nr. 93	6089	49.119 Nr. 3	6134
49.117 Nr. 94	6090	49.119 Nr. 4	6135
49.117 Nr. 96	6091	49.119 Nr. 5	6136
49.117 Nr. 97	6092	49.119 Nr. 6	6137
49.117 Nr. 98	6093	49.119 Nr. 7	6138
49.117 Nr. 99	6094	49.119 Nr. 8	6139
49.117 Nr. 100	6095	49.119 Nr. 9	6140
49.117 Nr. 101	6096	49.119 Nr. 10	6141
49.117 Nr. 102	6097	49.119 Nr. 11	6142
49.117 Nr. 103	6098	49.119 Nr. 12	6143
49.117 Nr. 104	6099	49.119 Nr. 13	6144
49.117 Nr. 107	6100	49.119 Nr. 14	6145
49.117 Nr. 108	6101	49.119 Nr. 15	6146
49.117 Nr. 109	6102	49.119 Nr. 16	6147
49.117 Nr. 110	6103	49.119 Nr. 17	6148
49.117 Nr. 111	6104	49.119 Nr. 18	6149
49.117 Nr. 111 a	6105	49.119 Nr. 19	6150
49.117 Nr. 112	6106	49.119 Nr. 20	6151
49.117 Nr. 113	6107	49.119 Nr. 21	6152
49.117 Nr. 114	6108	49.119 Nr. 22	6153
49.117 Nr. 115	6109	49.119 Nr. 23	6154
49.117 Nr. 116	6110	49.119 Nr. 24	6155
49.117 Nr. 116 a	6111	49.119 Nr. 25	6156
49.117 Nr. 117	6112	49.119 Nr. 26	6157
49.117 Nr. 118	6113	49.119 Nr. 27	6158
49.117 Nr. 119	6114	49.119 Nr. 28	6159
49.117 Nr. 121	6115	49.119 Nr. 29	6160
49.117 Nr. 122	6116	49.119 Nr. 30	6161
49.117 Nr. 123	6117	49.119 Nr. 31	6162
49.117 Nr. 124	6118	49.119 Nr. 32	6163
49.117 Nr. 125	6119	49.119 Nr. 33	6164
49.117 Nr. 126	6120	49.119 Nr. 34	6165
49.117 Nr. 127	6121	49.119 Nr. 35	6166
49.117 Nr. 128	6122	49.119 Nr. 36	6167
49.118 Nr. 10	6123	49.119 Nr. 37	6168
49.118 Nr. 11	6124	49.119 Nr. 38	6169
49.118 Nr. 12	6125	49.119 Nr. 39	6170
49.118 Nr. 13	6126	49.119 Nr. 40 I	6171
49.118 Nr. 14	6127	49.119 Nr. 40 II	6172
49.118 Nr. 15	6128	49.119 Nr. 40 III	6173
49.118 Nr. 16	6129	49.119 Nr. 41	6174
49.118 Nr. 18	6130	49.119 Nr. 42	6175
49.118 Nr. 19	6131	49.119 Nr. 43	6176
49.119 Nr. 1	6132	49.119 Nr. 44	6177

alte Nr.	neue Nr.	alte Nr.	neue Nr.
49.119 Nr. 45	6178	49.119 Nr. 88	6223
49.119 Nr. 46	6179	49.119 Nr. 89 I	6224
49.119 Nr. 47	6180	49.119 Nr. 89 II	6225
49.119 Nr. 48	6181	49.119 Nr. 90	6226
49.119 Nr. 49	6182	49.119 Nr. 91	6227
49.119 Nr. 50	6183	49.119 Nr. 92	6228
49.119 Nr. 51	6184	49.119 Nr. 93	6229
49.119 Nr. 52	6185	49.119 Nr. 94	6230
49.119 Nr. 53	6186	49.119 Nr. 95	6231
49.119 Nr. 54	6187	49.119 Nr. 96	6232
49.119 Nr. 55	6188	49.119 Nr. 97	6233
49.119 Nr. 56	6189	49.119 Nr. 98	6234
49.119 Nr. 57	6190	49.119 Nr. 99	6235
49.119 Nr. 58	6191	49.119 Nr. 100	6236
49.119 Nr. 59	6192	49.119 Nr. 101	6237
49.119 Nr. 60	6193	49.119 Nr. 102 I	6238
49.119 Nr. 61	6194	49.119 Nr. 102 II.1	6239
49.119 Nr.62	6195	49.119 Nr. 102 II.2	6240
49.119 Nr.63	6196	49.119 Nr. 103	6241
49.119 Nr. 64	6197	49.119 Nr. 104 I	6242
49.119 Nr. 65	6198	49.119 Nr. 104 II	6243
49.119 Nr. 66	6199	49.119 Nr. 4104 III	6244
49.119 Nr. 67	6200	49.119 Nr. 105 I	6245
49.119 Nr. 68	6201	49.119 Nr. 105 II	6246
49.119 Nr. 69	6202	49.119 Nr. 105 III	6247
49.119 Nr. 70	6203	49.119 Nr. 106	6248
49.119 Nr. 71	6204	49.119 Nr. 107 I	6249
49.119 Nr. 72	6205	49.119 Nr. 107 II	6250
49.119 Nr. 73	6206	49.119 Nr. 108	6251
49.119 Nr. 74	6207	49.119 Nr. 109	6252
49.119 Nr. 75	6208	49.119 Nr. 110	6253
49.119 Nr. 76 I	6209	49.119 Nr. 111	6254
49.119 Nr. 76 II	6210	49.119 Nr. 112	6255
49.119 Nr. 77 I	6211	49.119 Nr. 113	6256
49.119 Nr. 77 II	6212	49.119 Nr. 114	6257
49.119 Nr. 78	6213	49.119 Nr. 115	6258
49.119 Nr. 79	6214	49.119 Nr. 116	6259
49.119 Nr. 80	6215	49.119 Nr. 117	6260
49.119 Nr. 81	6216	49.119 Nr. 118	6261
49.119 Nr. 82	6217	49.119 Nr. 119	6262
49.119 Nr. 83	6218	49.119 Nr. 120	6263
49.119 Nr. 84	6219	49.119 Nr. 121	6264
49.119 Nr. 85	6220	49.119 Nr. 122	6265
49.119 Nr. 86	6221	49.119 Nr. 123	6266
49.119 Nr. 87	6222	49.119 Nr. 124	6267

alte Nr.	neue Nr.
49.119 Nr. 125	6268
49.119 Nr. 126	6269
49.119 Nr. 127	6270
49.119 Nr. 128	6271
49.119 Nr. 129	6272
49.119 Nr. 130	6273
49.119 Nr. 131	6274
49.119 Nr. 132	6275
49.119 Nr. 133	6276
49.119 Nr. 134	6277
49.119 Nr. 135	6278
49.119 Nr. 136	6279
49.119 Nr. 137	6280
49.119 Nr. 138	6281
49.119 Nr. 139	6282
49.119 Nr. 140	6283
49.119 Nr. 141	6284
49.119 Nr. 142	6285
49.119 Nr. 143	6286
49.119 Nr. 144	6287
49.119 Nr. 145	6288
49.119 Nr. 146	6289
49.119 Nr. 147	6290
49.119 Nr. 148	6291
49.119 Nr. 149	6292
49.119 Nr. 150-160	6293
49.119 Nr. 161-179	6294
49.119 Nr. 180-200	6295
49.119 Nr. 201-224, 226-232	6296
49.119 Nr. 225, 257-259	6297
49.119 Nr. 233-255	6298
49.119 Nr. 256	6299
49.119 Nr. 260	6300
49.119 Nr. B 1	6301
49.119 Nr. B 2 I	6302
49.119 Nr. B 2 II	6303
49.119 Nr. B 4	6304
49.119 Nr. B 5 I	6305
49.119 Nr. B 5 II	6306
49.119 Nr. B 6 I	6307
49.119 Nr. B 6 II	6308
49.119 Nr. B 7 I	6309
49.119 Nr. B 7 II	6310
49.119 Nr. B 8	6311
49.119 Nr. B 9	6312
49.119 Nr. B 10	6313
49.119 Nr. B 11	6314
49.119 Nr. B 12	6315
49.119 Nr. B 13	6316
49.119 Nr. 14	6317
49.119 Nr. B 15	6318
49.119 Nr. B 16	6319
49.119 Nr. B 17	6320
49.119 Nr. B 18	6321
49.119 Nr. B 19	6322
49.119 Nr. B 20 I	6323
49.119 Nr. 20 II	6324
49.119 Nr. 20 III	6325
49.119 Nr. 20 IV	6326
49.119 Nr. 21 I	6327
49.119 Nr. 21 II	6328
49.119 Nr. 22 I	6329
49.119 Nr. 22 II	6330
49.119 Nr. 23 I	6331
49.119 Nr. 23 II	6332

Veröffentlichungen des Landesarchivs Schleswig-Holstein

Band 1: Findbuch der Bestände Abt. 268 und 285: Lübecker Domkapitel mit Großvogtei und Vikarien sowie Amt Großvogtei, von Wolfgang Prange. 1975. XVII, 324 Seiten. ISBN 3-931292-01-0

Band 2: Findbuch des Bestandes Abt. 400.5: Von der Universitätsbibliothek Kiel übernommene Handschriften, von Wolfgang Prange. 1975. IV, 84 Seiten. ISBN 3-931292-02-9

Band 3: Findbuch des Bestandes Abt. 320 Eckernförde: Kreis Eckernförde, von Hans Wilhelm Schwarz. 1976. VIII, 89 Seiten. Vergriffen. Neuauflage siehe Band 44. ISBN 3-931292-03-7

Bände 4 und 5: Findbuch des Bestandes Abt. 7: Herzöge von Schleswig-Holstein-Gottorf 1544–1713. 1. und 2. Band, von Kurt Hector. 1977. XVI, XII, 852 Seiten. Nur zusammen zu beziehen. Auf die Nachträge und Indices, die als Band 11 erschienen sind, wird ausdrücklich verwiesen. ISBN 3-931292-04-5

Band 6: Findbuch des Bestandes Abt. 320 Eiderstedt: Kreis Eiderstedt 1867–1950, von Reimer Witt. 1978. VIII, 144 Seiten. Vergriffen. Neuauflage siehe Band 62. ISBN 3-931292-06-1

Band 7: Findbuch des Bestandes Abt. 218: Lauenburgisches Konsistorium zu Ratzeburg, von Wolfgang Prange. 1979. V, 148 Seiten. ISBN 3-931292-07-X

Band 8: Findbuch des Bestandes Abt. 320 Steinburg: Kreis Steinburg, von Robert Knull und Dagmar Unverhau. 1980. XVI, 215 Seiten. ISBN 3-931292-08-8

Band 9: Findbuch des Bestandes Abt. 65.1: Deutsche Kanzlei zu Kopenhagen bis 1730, von Konrad Wenn. 1981. VII, 171 Seiten. Vergriffen. ISBN 3-931292-09-6

Band 10: Findbuch des Bestandes Abt. 107: Ämter Cismar und Oldenburg, von Wolfgang Prange. 1982. VIII, 73 Seiten. Vergriffen. ISBN 3-931292-10-X

Band 11: Findbuch des Bestandes Abt. 7: Herzöge von Schleswig-Holstein-Gottorf 1544–1713. 3. Band, von Kurt Hector und Heinrich Frhr. von Hoyningen gen. Huene. 1983. Enthält Nachträge und Indices zu Band 4 und 5. XXIV, 422 Seiten. ISBN 3-931292-11-8

Band 12: Findbuch der Bestände Abt. 231, 232, 233 und 234: Ämter Lauenburg, Ratzeburg, Schwarzenbek und Steinhorst, von Wolfgang Prange und Konrad Wenn. 1984. XVII, 358 Seiten. ISBN 3-931292-12-6

Band 13: Findbuch des Bestandes Abt. 210: Lauenburgische Regierung zu Ratzeburg, von Wolfgang Prange und Konrad Wenn. 1985. XVII, 597 Seiten. ISBN 3-931292-13-4

Band 14: Findbuch des Bestandes Abt. 320 Segeberg: Kreis Segeberg, von Robert Knull und Dagmar Unverhau. 1985. XVIII, 140 Seiten. ISBN 3-931292-14-2

Band 15: Findbuch des Bestandes Abt. 320 Plön: Kreis Plön, von Hartmut Haase und Hans Wilhelm Schwarz. 1986. VIII, 262 Seiten. ISBN 3-931292-15-0

Bände 16 und 17: Findbuch der Reichskammergerichtsakten (Abt. 390 und andere), von Hans-Konrad Stein-Stegemann. 1986. 2 Bände: Titelaufnahmen und Indices. XIX, 734 Seiten. Nur zusammen zu beziehen. ISBN 3-931292-16-9

Bände 18 und 19: Findbuch der Reichskammergerichtsakten im Archiv der Hansestadt Lübeck, von Hans-Konrad Stein-Stegemann. 1987. 2 Bände: Titelaufnahmen und Indices. XXI, 1067 Seiten. Nur zusammen zu beziehen. ISBN 3-931292-18-5

Band 20: Schleswig-Holsteinische Archivtage 1985–1987 – Ansprachen und Vorträge –. Hrsg. von Angelika Menne-Haritz. 1987. 137 Seiten. ISBN 3-931292-20-7

Band 21: Schleswig-Holsteinische Regesten und Urkunden. Band 9: Herrschaft Breitenburg 1256–1598. Bearb. von Kurt Hector und Wolfgang Prange. Neumünster 1988. XI, 657 Seiten. Nur im Buchhandel erhältlich. ISBN 3-931292-21-5

Band 22: Landschaft und Siedlung im Wandel. Alte Flurkarten aus Schleswig-Holstein, Erdbücher, Urkunden, Vermessungsinstrumente. Eine Ausstellung im Landesarchiv Schleswig-Holstein 1989/1990, von Susanna Misgajski. 1989. 64 Seiten. ISBN 3-931292-22-3

Band 23: Schleswig-Holsteinische Regesten und Urkunden. Band 10: Kloster Ahrensbök 1328–1565. Bearb. von Wolfgang Prange. Neumünster 1989. 455 Seiten. Nur im Buchhandel erhältlich. ISBN 3-931292-23-1

Band 24: Findbuch des Bestandes Abt. 8.1: Schleswig-Holstein-Gottorfisches (Großfürstliches) Geheimes Regierungs-Conseil zu Kiel 1720–1773, von Wolfgang Prange und Konrad Wenn. 1989. X, 258 Seiten. ISBN 3-931292-24-X

Band 25: Findbuch des Bestandes Abt. 8.2: Schleswig-Holstein-Gottorfische (Großfürstliche) Rentekammer zu Kiel 1720–1778, von Wolfgang Prange. 1990. IX, 209 Seiten. ISBN 3-931292-25-8

Band 26: Schleswig-Holsteinische Regesten und Urkunden. Band 11: Die Protokolle des Lübecker Domkapitels 1535–1540. Bearb. von Wolfgang Prange. Neumünster 1990. 330 Seiten. Nur im Buchhandel erhältlich.
ISBN 3-931292-26-6

Band 27: Durchs Objektiv gesehen. Aspekte der Filmgeschichte in Schleswig-Holstein. Eine Ausstellung im Landesarchiv Schleswig-Holstein 1992/1993, von Jutta Matz. 1992. 59 Seiten. ISBN 3-931292-27-4

Band 28: Historisches Ortsnamenlexikon von Schleswig-Holstein, von Wolfgang Laur. 2., völlig veränderte und erweiterte Auflage. Neumünster 1992. 755 Seiten. Vergriffen. ISBN 3-931292-28-2

Band 29: Findbuch der Bestände Abt. 216 und 217: Lauenburgische Gerichte, von Wolfgang Prange. 1992. 149 Seiten. ISBN 3-931292-29-0

Band 30: Schleswig-Holsteinische Regesten und Urkunden. Band 12: Die Protokolle des Lübecker Domkapitels 1522–1530. Bearb. von Wolfgang Prange. Neumünster 1992. 874 Seiten. Nur im Buchhandel erhältlich.
ISBN 3-931292-30-4

Bände 31 bis 33: Findbuch des Bestandes Abt. 66: Rentekammer zu Kopenhagen, Schleswig-Holsteinische Kammer auf Gottorf, General-Landwesens-Kollegium, Steuerkommissionen, von Wolfgang Prange und Konrad Wenn. 1993. 3 Bände. 1077 Seiten. Nur zusammen zu beziehen. ISBN 3-931292-31-2

Band 34: Findbuch des Bestandes Abt. 320 Bordesholm: Kreis Bordesholm 1867–1932, von Veronika Eisermann und Hans Wilhelm Schwarz. 1993. V, 79 Seiten. ISBN 3-931292-34-7

Band 35: Urkundenbuch des Bisthums Lübeck. Teil 1. Hrsg. von Wilhelm Leverkus. Neudruck der Ausgabe von 1856. Neumünster 1994. XXXII, 901 Seiten. Nur im Buchhandel erhältlich. ISBN 3-931292-35-5

Band 36: Schleswig-Holsteinische Regesten und Urkunden. Band 13: Urkundenbuch des Bistums Lübeck. Band 2: Urkunden 1220–1439. Bearb. von Wolfgang Prange. Neumünster 1994. XIV, 656 Seiten. ISBN 3-931292-36-3

Band 37: Schleswig-Holsteinische Regesten und Urkunden. Band 8: Kloster Itzehoe 1256–1564. Bearb. von Hans Harald Hennings. Neumünster 1993. XIV, 569 Seiten. ISBN 3-931292-37-1

Band 38: Schienen zum Fortschritt. 150 Jahre Eisenbahn in Schleswig-Holstein. Ausstellungen zum Jubiläum der Eisenbahn in Schleswig-Holstein, von Christian Küster, Susanna Misgajski, Manfred Schulz und Günther Ungerbieler. 1994. 113 Seiten. Vergriffen. ISBN 3-931292-38-X

Band 39: „Der Stand der Frauen, wahrlich, ist ein harter Stand". Frauenleben im Spiegel der Landesgeschichte. Hrsg. von Elke Imberger. 1994. 231 Seiten. ISBN 3-931292-39-8

Band 40: Schleswig-Holsteins Lied und Farben im Wandel der Zeiten. Vorträge und Diskussionen eines wissenschaftlichen Symposiums: „150 Jahre Schleswig-Holstein-Lied". Hrsg. vom Schleswig-Holsteinischen Heimatbund und dem Landesarchiv Schleswig-Holstein. 1995. 112 Seiten. ISBN 3-931292-40-1

Band 41: Der 8. Mai als politische Zäsur. Ansprachen und Vorträge zum Symposium „Ende und Anfang im Mai 1945" in der Marineschule Mürwik am 17. Mai 1995 (Landeszentrale für Politische Bildung. Labskaus 4). 41 Seiten. ISBN 3-931292-41-X

Band 42: Der Kaiser, der Kanal und die Kinematographie. Begleitheft zur Ausstellung im Landesarchiv Schleswig-Holstein: Birt Acres – 100 Jahre Film in Schleswig-Holstein, von Hauke Lange-Fuchs. 1995. 71 Seiten. ISBN 3-931292-42-8

Band 43: Archive in Schleswig-Holstein. Bearb. von Veronika Eisermann und Hans Wilhelm Schwarz. 1996. 115 Seiten. ISBN 3-931292-43-6

Band 44: Findbuch des Bestandes Abt. 320.3: Kreis Eckernförde 1867–1950, von Veronika Eisermann und Hans Wilhelm Schwarz. 2., wesentlich erweiterte Auflage. 1996. VIII, 290 Seiten. ISBN 3-931292-44-4

Band 45: Schleswig-Holsteinische Regesten und Urkunden. Band 14: Urkundenbuch des Bistums Lübeck. Band 3: Urkunden 1439–1509. Bearb. von Wolfgang Prange. Neumünster 1995. 806 Seiten. ISBN 3-931292-45-2

Band 46: Schleswig-Holsteinische Regesten und Urkunden. Band 15: Urkundenbuch des Bistums Lübeck. Band 4: Urkunden 1510–1530 und andere Texte. Bearb. von Wolfgang Prange. Neumünster 1996. 839 Seiten. ISBN 3-931292-46-0

Band 47: Landgraf Carl von Hessen 1744–1836. Statthalter in den Herzogtümern Schleswig und Holstein. Eine Ausstellung im Landesarchiv Schleswig-Holstein, von Jens Ahlers, Jürgen Ostwald, Reimer Witt und Heyo Wulf. 1996. 215 Seiten. Vergriffen. ISBN 3-931292-47-9

Band 48: Findbuch des Bestandes Abt. 320.9: Kreis Husum 1867–1950, von Marion Dernehl und Reimer Witt. 1997. VII, 119 Seiten. ISBN 3-931292-48-7

Band 49: Die Wappen der Kreise, Ämter, Städte und Gemeinden in Schleswig-Holstein. Bearb. von Martin Reißmann unter Mitwirkung von Uta Hess, Jutta Matz und Hans Wilhelm Schwarz. Husum 1997. 415 Seiten. Vergriffen. ISBN 3-931292-49-5

Bände 50 bis 53: Findbuch des Bestandes Abt. 260: Regierung des Bistums, Fürstentums, Landesteils Lübeck zu Eutin, von Gertrud Nordmann, Wolfgang Prange und Konrad Wenn. 1997. 4 Bände. 1896 Seiten. Nur zusammen zu beziehen. ISBN 3-931292-50-9

Band 54: Die Anfänge des Landes Schleswig-Holstein. Vier Vorträge aus Anlaß des 50jährigen Landesjubiläums. Hrsg. vom Schleswig-Holsteinischen Heimatbund und dem Landesarchiv Schleswig-Holstein. 1997. 103 Seiten mit 10 Abb. ISBN 3-931292-51-7

Band 55: Landgraf Carl von Hessen 1744–1836. Vorträge zu einer Ausstellung. Hrsg. von Reimer Witt und Heyo Wulf. 1997. 163 Seiten. Vergriffen. ISBN 3-931292-52-5

Band 56: Der Hesterberg. 125 Jahre Kinder- und Jugendpsychiatrie und Heilpädagogik in Schleswig. Eine Ausstellung im Landesarchiv Schleswig-Holstein, von Susanna Misgajski. 1997. 157 Seiten. ISBN 3-931292-53-3

Band 57: Die Gottorfer auf dem Weg zum Zarenthron. Russisch-gottorfische Verbindungen im 18. Jahrhundert. Katalog zur Ausstellung im Landesarchiv Schleswig-Holstein, von Michail Lukitschev und Reimer Witt, unter Mitwirkung von Svetlana Dolgova, Jutta Matz, Marina Osekina und Sven Schoen. 1997. 203 Seiten. Vergriffen. ISBN 3-931292-54-1

Band 58: Schleswig-Holsteinische Regesten und Urkunden. Band 16: Urkundenbuch des Bistums Lübeck. Band 5: Siegelzeichnungen, Überlieferung, Indices. Bearb. von Wolfgang Prange. Neumünster 1997. 363 Seiten. ISBN 3-931292-32-0

Band 59: Schleswig-Holsteinische Beamte 1816–1848, von Gertrud Nordmann. 1997. VII, 445 Seiten. ISBN 3-931292-56-8

Band 60: Findbuch des Bestandes Abt. 170: Landschaft Stapelholm 1699–1867 (–1925), von Marion Dernehl. 1998. V, 52 Seiten. ISBN 3-931292-17-7

Band 61: Findbuch des Bestandes Kreis Herzogtum Lauenburg (Ratzeburg) 1873–1950, von Cordula Bornefeld und Hartmut Haase. 2001. 2 Bände. XIII, VIII, 687 Seiten. ISBN 3-931292-33-9

Band 62: Findbuch des Bestandes Abt. 320.4: Kreis Eiderstedt 1867–1950. Neu bearb. von Marion Dernehl und Reimer Witt. 1998. 2., erweiterte Auflage. IX, 167 Seiten. ISBN 3-931292-19-3

Band 63: Die Staatsgrundgesetze 1848/49 in Schleswig-Holstein und Lauenburg: Reprint zeitgenössischer Drucktexte. Hrsg. vom Verein zur Förderung des Landesarchivs Schleswig-Holstein e. V. 1998. 63 Seiten. ISBN 3-931292-55-X

Band 64: Heinrich Rantzau (1526–1598) – Statthalter in Schleswig und Holstein. Ein Humanist beschreibt sein Land. Katalog zur Ausstellung im Landesarchiv Schleswig-Holstein. Landesbeschreibung – Aufsätze – Katalog. Hrsg. von Marion Bejschowetz-Iserhoht, Hans Braunschweig, Reimer Witt und Heyo Wulf. 1999. 346 Seiten. ISBN 3-931292-57-6

Band 65: Arkivfortegnelse/Findbuch der Bestände Tønder kreds/Kreis Tondern 1867–1920 und/og Kreis Südtondern/Sydtønder kreds 1920–1950 i/im Landsarkivet for Sønderjylland und/og Landesarchiv Schleswig-Holstein. Redaktion Bettina Reichert und Hans Schultz Hansen. 1999. XIII, 353 Seiten. ISBN 3-931292-58-4

Band 66: Staatsgrundgesetze 1848/49 in Schleswig-Holstein und Lauenburg. Katalog zur Ausstellung im Haus Mecklenburg, Ratzeburg, 11. Mai bis 7. November 1999, von Hans Wilhelm Schwarz. 1999. 104 Seiten. ISBN 3-931292-61-4

Band 67: Findbuch des Bestandes Abt. 20: Herzöge von Schleswig-Holstein-Sonderburg-Plön, von Wolfgang Prange und Konrad Wenn. 1999. XVIII, 221 Seiten. ISBN 3-931292-62-2

Band 68: Findbuch des Bestandes Abt. 2002: Landesfilmarchiv, von Dirk Jachomowski. 1999. XVI, 258 Seiten mit 70 Abb. ISBN 3-931292-59-2

Band 69: Gilden in Schleswig-Holstein. Vorträge zur Ausstellung im Landesarchiv Schleswig-Holstein. Hrsg. von Marion Bejschowetz-Iserhoht, Reimer Witt und Heyo Wulf. 2000. 171 Seiten mit 17 Abb. ISBN 3-931292-63-0

Band 70: Findbuch Helgoländer Bestände: Abt. 174 Landschaft und britische Kronkolonie Helgoland, Abt. 131 Landgemeinde Helgoland, Abt. 320.22 Inselkreis Helgoland, von Malte Bischoff und Robert Knull. 2003. 70 Seiten. ISBN 3-931292-60-6

Band 71: Wappen – Zwischen Tradition und Fortschritt. Begleitheft zur Ausstellung im Landesarchiv Schleswig-Holstein, von Martin Reißmann. 2000. 35 Seiten mit 24 Abb. ISBN 3-931292-65-7

Band 72: Findbuch des Bestandes Abt. 3: Grafschaft Holstein-Schauenburg-Pinneberg. Bearb. von Malte Bischoff und Lars E. Worgull. 2002. 89 Seiten. ISBN 3-931292-66-5

Band 73: Arkivfortegnelse/Findbuch der Bestände Tønder amt til 1867/Amt Tondern bis 1867 i/im Landsarkivet for Sønderjylland og/und Landesarchiv Schleswig-Holstein. Bettina Reichert und Jesper Thomassen. 2001. XXX, 377 Seiten. ISBN 3-931292-67-3

Band 74: Im Spannungsfeld zwischen Regional- und Landesgeschichte. Vorträge eines Regionalsymposiums im Landesarchiv Schleswig-Holstein. Hrsg. von Reimer Witt. 2003. 115 Seiten. ISBN 3-931292-64-9

Band 75: Von Gottesfurcht und Kirchenzucht. Aspekte kirchlichen Lebens in Schleswig-Holstein im 17. Jahrhundert. Katalog zur Ausstellung im Landesarchiv Schleswig-Holstein. Hrsg. von Marion Bejschowetz-Iserhoht, Malte Bischoff und Reimer Witt. 2001. 71 Seiten mit 38 Abb. ISBN 3-931292-68-1

Band 76: Beiträge zur schleswig-holsteinischen Geschichte. Ausgewählte Aufsätze, von Wolfgang Prange. Neumünster 2002. XIV, 610 Seiten. ISBN 3-529-02212-8

Band 77: Archivalien zur Geschichte Schleswig-Holsteins im Niedersächsischen Staatsarchiv in Stade, von Robert Gahde. 2002. 91 Seiten. ISBN 3-931292-69-X

Band 78: Kirchliches Leben in Schleswig-Holstein im 17. Jahrhundert. Vorträge zu einer Ausstellung im Landesarchiv Schleswig-Holstein. Hrsg. von Marion Bejschowetz-Iserhoht und Reimer Witt. 2003. 215 Seiten. ISBN 3-931292-71-1

Band 79: Nicht erschienen.

Band 80: Schleswig-Holstein und die Niederlande – Aspekte einer historischen Verbundenheit. Katalog zur Ausstellung im Landesarchiv Schleswig-Holstein-Hrsg. von Ernst Joachim Fürsen und Reimer Witt. 2003. 183 Seiten. ISBN 3-931292-72-X

Band 81: Findbuch des Bestandes Abt. 320.12: Kreis Pinneberg, von Robert Knull. 2003. IX, 127 Seiten. ISBN 3-931292-73-8

Band 82: Das dritte Elbherzogtum. Der Kreis Herzogtum Lauenburg und seine Geschichte. Eine Ausstellung des Landesarchivs Schleswig-Holstein und des Kreises Herzogtum Lauenburg, von Eckardt Opitz und Martin Knauer. 2003. [34] Bl. Vergriffen. ISBN 3-931292-74-6

Band 83: Von ehrbaren Handwerkern und Böhnhasen – Handwerksämter in Schleswig-Holstein. Katalog zur Ausstellung im Landesarchiv Schleswig-Holstein. Hrsg. von Marion Bejschowetz-Iserhoht und Reimer Witt. 2004. 76 Seiten mit 36 Abb. ISBN 3-931292-75-4

Band 84: Findbuch des Bestandes Abt. 320.11: Kreis Oldenburg 1867–1950. Bearb. von Veronika Eisermann. 2004. VI, 46 Seiten. ISBN 3-931292-76-2

Band 85: Findbuch des Bestandes Abt. 314: Oberversicherungsamt, von Wulf Pingel. 2005. V, 51 Seiten. ISBN 3-931292-77-0

Band 86: Belli Dithmarsici vera descriptio – Wahre Beschreibung des Dithmarscher Krieges, von Heinrich Rantzau (Christianus Cilicius Cimber). Edition, Einleitung und Übersetzung von Fritz Felgentreu. 2009. 252 Seiten mit 12 Abb. ISBN 978-3-931292-78-2

Band 87: Findbuch des Bestandes Abt. 301: Oberpräsidium und Provinzialrat der Provinz Schleswig-Holstein, von Elke Imberger. 2005. XXVIII, 576 Seiten. ISBN 3-931292-79-7

Band 88: Findbuch des Bestandes Abt. 111: Ämter Reinbek, Trittau, Tremsbüttel, von Dirk Jachomowski und Wulf Pingel. 2006. XI, 261 Seiten. ISBN 3-931292-80-0

Band 89: Das Landesarchiv Schleswig-Holstein. Eine Betrachtung aus archivtechnischer Sicht, von Roland Lucht. 2., komplett überarb. Auflage. 2014. 95 Seiten mit 22 Abb. ISBN 978-3-943423-11-2

Band 90: Findbuch des Bestandes Abt. 47: Christian-Albrechts-Universität Kiel. Teil 1: 1665–1945, von Georg Asmussen. 2007. VI, 185 Seiten. ISBN 978-3-937816-43-2

Band 91: Findbuch des Bestandes Abt. 47.1: Kuratorium der Christian-Albrechts-Universität, von Georg Asmussen. 2007. VIII, 61 Seiten. ISBN 978-3-937816-44-9

Band 92: 99 Silbermünzen. Der Haselauer Münzfund aus der Zeit des Dreißigjährigen Krieges. Katalog zur Ausstellung im Landesarchiv Schleswig-Holstein. Hrsg. von Marion Bejschowetz-Iserhoht und Rainer Hering. 2008. 215 Seiten mit 151 Abb. ISBN 978-3-931292-82-9

Band 93: Die Ordnung der Natur. Historische Gärten und Parks in Schleswig-Holstein. Katalog zur Ausstellung des Landesarchivs Schleswig-Holstein in Zusammenarbeit mit dem Archiv für Architektur und Ingenieurbaukunst. Hrsg. von Marion Bejschowetz-Iserhoht und Rainer Hering. 2008. 215 Seiten mit 121 Abb. ISBN 13: 3-931292-83-6

Band 94: Findbuch des Bestandes Abt. 79: Ministerium für das Herzogtum Schleswig zu Kopenhagen 1851–1864, von Jörg Rathjen. 2008. XI, 121 Seiten.
ISBN 978-3-937816-48-7

Band 95: Archive zwischen Konflikt und Kooperation/Arkiver mellem konflikt og samarbejde. 75 Jahre deutsch-dänisches Archivabkommen von 1933/75 år dansk-tysk arkivoverenskomst af 1933. Hrsg. von/udgivet af Rainer Hering, Johan Peter Noack, Steen Ousager und/og Hans Schultz Hansen (Landesarchiv Schleswig-Holstein/Statens Arkiver i Danmark). 2008. 159 Seiten mit 1 Abb. ISBN 978-3-937816-59-3

Band 96: Die Ordnung der Natur. Vorträge zu historischen Gärten und Parks in Schleswig-Holstein. Hrsg. von Rainer Hering. 2009. 271 Seiten mit 119 Abb. ISBN978-3-937816-65-4

Band 97: Findbuch der Bestände Abt. 80 und 56: Ministerium für die Herzogtümer Holstein und Lauenburg zu Kopenhagen 1852–1864 sowie Holsteinische Regierung zu Kopenhagen bzw. Plön 1862–1864, von Jörg Rathjen. 2010. XXII, 620 Seiten. ISBN 978-3-937816-66-1

Band 98: Findbuch des Bestandes Abt. 109: Ämter Reinfeld, Rethwisch, Traventhal, von Wulf Pingel. 2010. VII, 116 Seiten. ISBN 978-3-937816-77-7

Band 99: Findbuch der Bestände Abt. 51 bis Abt. 55: Regierungen der Herzogtümer während der Erhebung 1848–1851, Dänische Immediatkommission zur gemeinsamen Regierung der Herzogtümer in Sonderburg 1848–1849, Landesverwaltung für das Herzogtum Schleswig 1849–1851 und Dänischer Regierungskommissar 1850–1851, Oberste Zivilbehörde für das Herzogtum Holstein in Kiel 1851–1852 sowie Militärische Behörden der Erhebungszeit 1848–1851, von Jörg Rathjen. 2010. XV, 606 Seiten.
ISBN 978-3-937816-78-4

Band 100: Archivführer Schleswig-Holstein. Archive und ihre Bestände. Hrsg. vom Landesarchiv Schleswig-Holstein, dem Verband schleswig-holsteinischer Kommunalarchivarinnen und -archivare e. V. (VKA) und dem Nordelbischen Kirchenarchiv. 2011. 504 Seiten mit zahlreichen Abb.
ISBN 978-3-937816-83-8

Band 101: Das Gedächtnis unseres Landes. Archive in Schleswig-Holstein. Begleitschrift zur Ausstellung. Hrsg. von Manfred von Essen, Rainer Hering, Anke Rannegger und Johannes Rosenplänter. 2011. 50 Seiten mit zahlreichen Abb. ISBN 978-3-931292-85-0

Band 102: Findbuch des Bestandes Abt. 22: Herzöge von Schleswig-Holstein-Sonderburg-Augustenburg, von Jörg Rathjen. 2012. X, 213 Seiten.
ISBN 978-3-937816-89-0

Band 103: Findbuch der Bestände Abt. 57 bis Abt. 62: Bundeskommissare für die Herzogtümer Holstein und Lauenburg 1863–1864, Österreichisch-preußische Oberste Zivilbehörde für das Herzogtum Schleswig 1864, Österreichisch-preußische Oberste Zivilbehörde für die Herzogtümer Schleswig, Holstein und Lauenburg 1864–1865, Österreichischer Statthalter für das Herzogtum Holstein, Preußischer Gouverneur für das Herzogtum Schleswig, Oberpräsident für die Herzogtümer Schleswig und Holstein (von Scheel-Plessen) in Kiel, Holsteinische Landesregierung in Kiel 1864–1866, Schleswig-Holsteinische Landesregierung in Schleswig 1865, Schleswigsche Regierung zu Schleswig 1865–1868, Zivilverwaltung/Regierung für Holstein 1866–1868, von Jörg Rathjen. 2012. XIII, 262 Seiten.
ISBN 978-3-937816-90-6

Band 104: Wie mächtig sind Archive? Perspektiven der Archivwissenschaft. Hrsg. von Rainer Hering und Dietmar Schenk. 2013. 204 Seiten mit 18 Abb.
ISBN 978-3-943423-03-7

Band 105: Prinz Heinrich von Preußen. Großadmiral, Kaiserbruder, Technikpionier. Hrsg. von Rainer Hering und Christina Schmidt. 2013. 256 Seiten mit zahlreichen Abb. ISBN 978-3-529-06100-4

Band 106: Findbuch der Bestände Abt. 18 und 19: Generalsuperintendent für Schleswig und Generalsuperintendent für Holstein, von Jörg Rathjen. 2016. X, 158 Seiten. ISBN 978-3-943423-14-3

Band 107: Schleswig-Holsteinische Regesten und Urkunden. Band 17: Das Protokoll des Lübecker Domkapitels 1544–1549 mit ergänzenden Texten. Bearb. von Wolfgang Prange. In Verbindung mit der Gesellschaft für Schleswig-Holsteinische Geschichte hrsg. vom Landesarchiv Schleswig-Holstein. 2016. 201 Seiten mit 4 Abb. ISBN 978-3-943423-26-6

Band 108: 1864 – Menschen zwischen den Mächten/1864 – Mennesker mellem magterne. Hrsg. von/udgivet af Rainer Hering und/og Hans Schultz Hansen unter Mitarbeit von/under medvirken af Elke Imberger. Übersetzungen/Oversættelser: Eckhard Bodenstein. 2015. 478 Seiten mit 54 Abb.
ISBN 978-3-943423-24-2

Band 109: Die „Reichskristallnacht“ in Schleswig-Holstein. Der Novemberpogrom im historischen Kontext. Hrsg. von Rainer Hering. 2016. 394 Seiten mit 41 Abb.
ISBN 978-3-943423-30-3

Band 110: Findbuch des Bestandes Abt. 13: Obergericht zu Gottorf 1713–1834, von Jörg Rathjen. 2017. IX, 185 Seiten. ISBN 978-3-943423-17-4

Band 111: Findbuch des Bestandes Abt. 320.6: Kreis Flensburg-Land 1867–1968, von Hartmut Haase. 2017. VI, 163 Seiten. ISBN 978-3-943423-18-1

Band 112: Findbuch des Bestandes Abt. 49: Schleswig-Holsteinische Regierung auf Gottorf 1834–1851, von Jörg Rathjen. 2017. XIII, 604 Seiten.
ISBN 978-3-943423-32-7

Die Ausstellungskataloge sowie vor Band 89 erschienene Werke sind direkt über das Landesarchiv zu beziehen. Die Preise dieser Bände beinhalten die Versandkosten.

Landesarchiv Schleswig-Holstein
Prinzenpalais
24837 Schleswig
Telefon 04621 8618-00
Fax 04621 1618-01
landesarchiv@la.landsh.de
www.schleswig-holstein.de/landesarchiv

Ab Band 89 stehen die Bände, die bei Hamburg University Press veröffentlicht werden (ISSN 1864-9912), zum kostenlosen Lesen und Herunterladen sowie als hochwertige Printversion zur Verfügung. Die Printversion kann über den Buchhandel oder direkt beim Verlag bezogen werden:

Hamburg University Press
Verlag der Staats- und Universitätsbibliothek Hamburg Carl von Ossietzky
Von-Melle-Park 3
20146 Hamburg
Telefon 040 42838-7146
Fax 040 42838-3352
order.hup@sub.uni-hamburg.de
hup.sub.uni-hamburg.de